# 경성풍경

지도와 사진으로 만나는 근대 서울의 원형

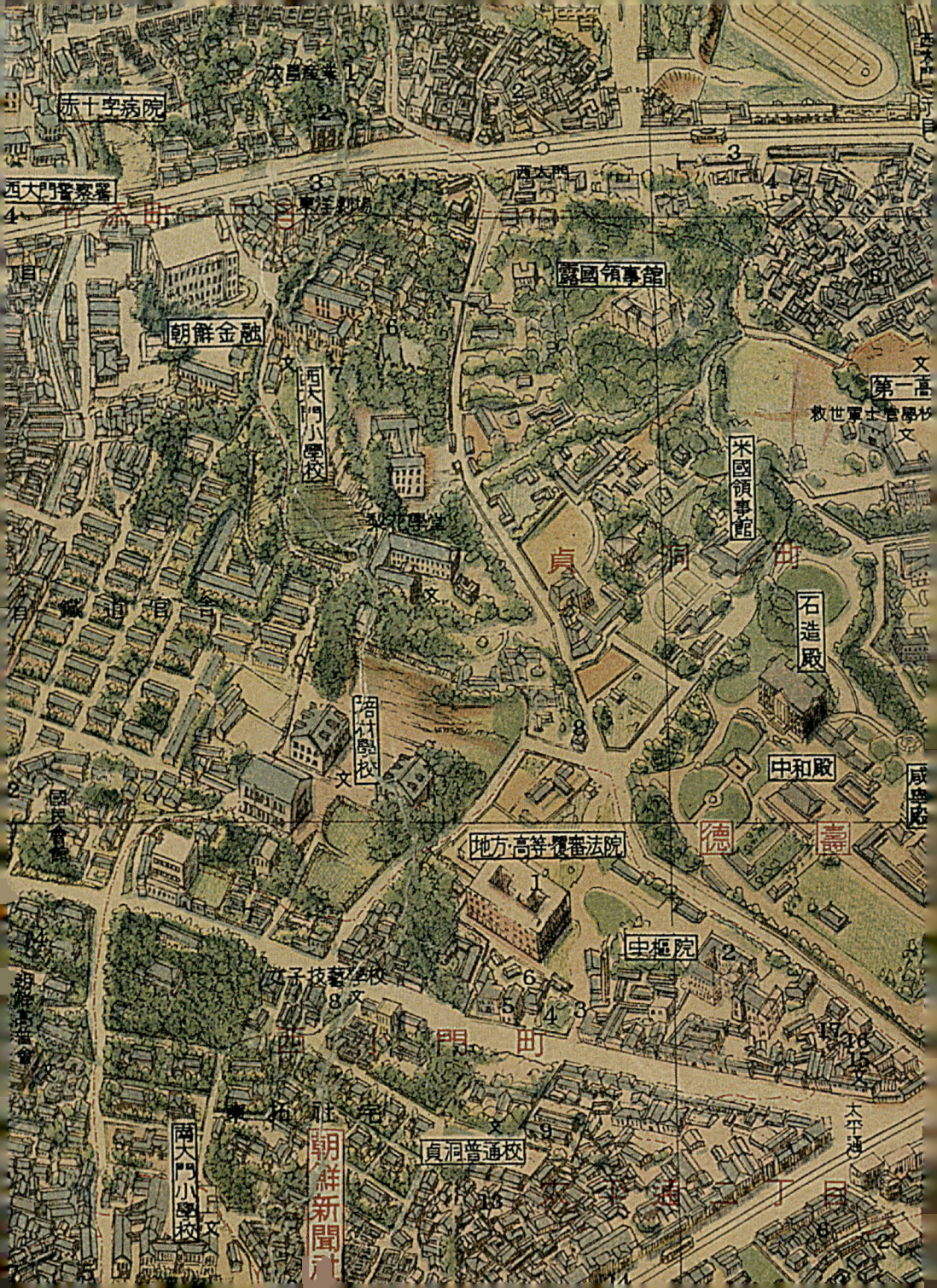

# 경성 풍경

지도와 사진으로 만나는
근대 서울의 원형

김상엽 지음

## 책을 펴내며

1989년 봄, 제대 후 홍익대학교 대학원 미술사학과에 복학한 나는 이주성 학형을 만났다. 큰 키에 어딘지 헐거운 옷을 걸치고 다니던 그와 술자리를 자주 가졌고 숙식을 함께 하기도 하며 많은 대화를 나눴다. 사진과 영화에 조예가 깊었던 그는 당시에는 아무도 관심을 두지 않던 근대의 도서 장정 같은 분야에 주목하는 등 선구적 안목이 있었다. 1930년대 문학가와 미술가 들에 얽힌 일화를 들려주던 형이 무심한 듯 건넨 초간본 백석 시집의 촉감이 아직도 생생하다. 조선시대 회화사 관련 석사학위 논문을 준비하던 그 무렵의 나에게 1930년대는 거리가 멀어 가기는 어렵지만 꼭 한번 가보고 싶은 그런 곳이었다.

2015년 여름, 우연히 들른 서울역사박물관에서 『대경성부대관』이라는 책을 소개 받았다. 1936년 일제가 조선 시정施政 25주년을 기념하여 항공사진으로 촬영한 경성부와 인천부를 그림으로 그려 만든 파노라마 지도 〈대경성부대관〉을 여러 부분으로 나누어 편집한 책이다. 〈대경성부대관〉에 그려진 경성의 아름다움에 놀랐다. 〈대경성부대관〉을 살펴볼수록 1:4000이라는 고축척高縮尺에 건물명, 인명, 번지 등 다양한 정보를 담고 있는 〈경성정밀지도〉가 겹쳐졌다. 한국 근대의 미술품 수장가와 미술시장 관련 연구를 진행하던 중 1933년 제작한 〈경성정밀지도〉를 통해 미술품 경매회사인 경성미술구락부 위치를 비롯해 근대 미술시장 관련 여러 사실을 확인한 기억이 떠오른 것이다. 〈경성정밀지도〉와 〈대경성부대관〉에 당시 거리와 건물 등의 사진 이미지를 결합하면 1930년대 경성의 모습을 시각화할 수 있겠다는 데까지 생각이 미쳤다.

그때부터 1930년대 경성 관련 자료 수집을 시작했다. 어느 정도 자료를 모은 뒤 한국미술정보개발원에서 운영하는 웹사이트 'koreanart21'에 '경성미술지도-1930년대'라는 제목으로 격주 연재를 시작했다. 2015년 12월에 시작한 연재는 서촌의 벽수산장, 시인 이상과 화가 구본웅, 다방과 카페로 이어졌다. 연재는 여러 사정으로 5회에 그쳤지만 조회수는 예상을 크게 웃돌았다. 근대 서울의 모습에 대한 일반의 관심을 확인한 것은 큰 수확이었다. 2018년 출판사를 시작한 이현화 대표가 출간을 제안하여 덜컥 계약한 것이 2019년의 일이다. 그렇게 시작해서 책의 출간을 목전에 두고 있다. 연재에서 책으로 내보자는 제의와 계약, 그리고 출간까지 꼬박 10년이 걸린 셈이다.

경성 관련 자료 수집은 예상보다 훨씬 많은 시간이 들었다. 돌이켜보면 이 책의 방향 설정을 둘러싼 혼란이 가장 큰 원인이 아니었을까 싶다. 처음에는 미술 관련 내용과 지리 정보를 종합하는 정도였는데 점차 그 시절의 언론, 출판, 공연, 여가, 음식, 주거, 빈민, 소비, 유흥 등으로 관심이 확대되어 감당하기 어려울 만큼 자료가 쌓였다. 자료의 분류와 연구는 차후에 진행하고 지금은 경성의 전체적인 모습을 소개하고 윤곽을 잡는 게 우선이라는 편집자의 말에 동의한 뒤에야 작업에 속도가 붙었다. 지금까지 소개된 근대 관련 사진은 특정 인물이나 장면에 집중하는 경우가 대부분이었기 때문에 이해의 폭이 제한적이었다. 이 책에서는 근대 서울의 시각적 이해를 위해 지도와 사진 이미지의 연결을 시도했다. 처음 시도하는 방식이라 중압감이 컸지만 성공적으로 완수해야 한다는 일종의 사명감마저 들었다면 과장일지 모르겠다.

이 책은 미래에 대한 아무런 확신도 없던 시절 이주성 학형이 학교 벤치와 허름한 술집에서 내게 들려준 1930년대에 관한 여러 '말'에서 시작되었다. 오래 전 유명을 달리했지만 이주성 형은 1930년대 경성의 모습을 시각화한 이 책의 출간을 누구보다 기뻐하고 있을 것만 같다. 이 책이 근대 서울의 모습, 나아가 오늘날 서울의 원형에 관심 있는 분들에게 도움이 되길 바랄 따름이다.

2025년 여름
김상엽

이 책을 준비하며 많은 도움을 받았다.

자료 요청에 협조해 주신 서울역사박물관, 부산박물관, 용산역사박물관, 우정박물관,
수원광교박물관, 성균관대학교박물관, 서울시립대학교박물관, 간송미술문화재단,
서문당, 시공사, 깊은샘, 미국의회도서관 관계자 여러 분께 감사드린다.
〈대경성부대관〉을 처음 소개해준 서울역사박물관 최형수 선생과 최인호 선생께 감사드린다.
문우서림 대표 김영복 선생님과 김상익 선생님의 한결같은 응원에 감사드린다.
김영복 선생님은 『대경성도시대관』을 직접 촬영할 수 있도록 빌려주어 큰 도움이 되었다.
한양대학교 건축학부 한동수 선생님의 조언과 도움에 감사드린다.
용산학연구센터 김천수 소장님은 용산 관련 자료를 흔쾌히 제공해 주셨고,
한국미술정보개발원 윤철규 대표님은 '경성미술지도-1930년대' 연재 기획을 주셨다.
동국대학교 김광식 교수님, 이화여자대학교 오영찬 교수님, 민족문제연구소 이순우 선생님,
우정박물관 이경은 선생님의 도움에 감사드린다. 한국해연구소 소장 이돈수 님,
홍익대학교 대학원 미술사학과 박사과정 한세현 님, 도쿄 한센병연구센터 김귀분 님,
아모레퍼시픽뮤지엄 홍성택 님, 『대경성도시대관』을 촬영해준 최중화 님에게 감사드린다.
이 책을 기획하고 원고를 기다려준 이현화 대표와 수많은 도판을 디자인하느라 고생한 김명선
디자이너께도 감사드린다. 책을 낼 때면 더욱 지지부진해지는 나를 견뎌준 처 박신애와
딸 서영이에게도 고마움을 전한다.

내가 지금까지 미술사를 전공할 수 있었던 것은 안휘준 선생님과 김리나 선생님께서 보여주신
학문을 향한 진지한 접근 방식과 엄격한 지도 덕분이다.
홍선표 선생님의 예리한 시각과 문제의식은 나의 좁은 안목을 넓혀 주는 길잡이가 되고 있다.
선생님들의 건강을 기원하며 존경의 말씀을 올린다.

# 차례

책을 펴내며 • 4
이 책 보는 법 • 21

**서장**     경성 지도를 따라 경성의 원형 속으로 • 31

**01~08**     홍제동 • 53

경성목장 • 64 | 경기상업학교 • 65 | 백운장 • 66

**09~10**     현저동, 관동, 교북동, 행촌동, 옥천동 • 69

서대문형무소 • 76 | 화산華山보통학교 • 78 | 가타쿠라片倉제사방적주식회사 • 78 | 딜쿠샤 • 79 | 독립문과 독립관 • 80 | 제생원 맹아부(양육부) • 81

**11**     누상동, 필운동, 사직동 • 83

신명新明보통학교 • 90 | 배화培花여자고등보통학교 • 91 | 매동梅洞보통학교 • 92 | 이해창의 집 • 92 | 사직단社稷壇공원 • 93

**12**     청운동, 신교동, 옥인동 • 95

제생원 양육부(맹아부) • 100 | 청운淸雲보통학교 • 101 | 경성제이第二고등보통학교 • 101 | 진명眞明여자고등보통학교 • 103 | 체신국이원吏員양성소 • 103 | 경성부립 순화順化병원 • 103 | 세계홍만자회世界紅卍字會(벽수산장) • 104 | 영추문 부근 • 106 | 사이토齋藤임업공무소 • 108 | 이항구의 집 • 109

**13~14   팔판동, 삼청동 · 111**

민규식의 집 • 116 | 무샤 렌조의 집 • 116 | 박물관(조선민족미술관) • 116 | 세균 검사실·두묘痘苗작업소(세균시험소) • 118

**15~16   성북동 · 121**

이강 공의 집 • 125 | 삼산三山소학교 • 125 | 북단北壇 • 126

**17~18   아현동, 북아현동, 충정로3가 · 129**

연희장延禧莊 사무소 • 136 | 경성공립직업학교 • 136 | 아현공립보통학교 • 137 | 감리교신학교 • 138 | 나카무라구미中村組 • 140 | 프랑스영사관 • 141 | 동양선교회 • 142 | 구세군 남자 육아 홈 • 143

**19   천연동, 교남동, 냉천동, 충정로1~2가, 의주로 · 145**

다케조에竹添공립보통학교 • 150 | 대창大昌산업 • 151 | 적십자병원 • 152 | 서대문경찰서 • 152 | 동양극장 • 153 | 조선금융조합연합회 • 154 | 서대문공립소학교 • 155 | 이화학교(이화학당) • 156 | 배재학교(배재학당) • 157 | 전매지국 공장 • 158 | 미동渼洞공립보통학교 • 159 | 서대문우체국 • 160 | 미키三木합자회사 • 161 | 시바타구미柴田組 • 164 | 금화원金華園(금화장주택지) • 165 | 조선유지油脂공업소 • 166 | 경성향상向上여자실업학교(향상회관) • 167 | 경성측후소測候所 • 168 | 독일영사관 • 169 | 조선총독부 토목출장소 • 170 | 서대문금융조합 • 171 | 한성정미소 • 171

**20   서대문로1~2가, 내자동, 내수동, 당주동, 태평로1가, 정동 · 173**

보인輔仁보통학교 • 182 | 경무국警務局 • 183 | 협성協成보통학교 • 184 | 아악대雅樂隊(이왕직 아악부) • 185 | 경성세무감독국 • 186 | 조선화재해상보험주식

회사・186 | 조선제련製鍊주식회사・187 | 조선미술품제작소・188 | 경성덕수德壽보통학교・189 | 조선일보사・190 | 경성부민관府民館・194 | 영국영사관・196 | 구세군 사관학교・196 | 경성제일공립고등여학교・197 | 덕수궁 석조전・198 | 미국영사관・199 | 러시아영사관・200 | 구세군 조선 본영本營・201 | 경성중학교・202 | 조선미술관・203 | 경성방송국・206

## 21 세종로, 종로1가, 적선동, 도렴동, 수송동, 중학동, 청진동・209

조선총독부청사・216 | 경복궁 동십자각・222 | 경기도청・223 | 중동中東학교・224 | 각황사覺皇寺・225 | 조선불교중앙교무원・226 | 종로소학교・227 | 종로중앙시장・227 | 남계양행南桂洋行・228 | 중앙일보사(조선중앙일보사)・229 | 종로경찰서・230 | 삼흥三興보통학교・231 | 숙명여자고등보통학교・232 | 수송壽松공립보통학교・233 | 기마경찰 힐소詰所・233 | 광화문우편국・234 | 조선금융조합연합회 경기도지부・235 | 동아일보사・236 | 기념비전・238 | 체신국 간이보험국・239 | 관립경성법학전문학교・240 | 조선총독부체신국・241 | 경성중앙전화국 광화문 분국・242 | 경찰관 강습소・243 | 조선미술원・244 | 명월관 분점・245 | 최선익의 집・245 | 조선도서주식회사・246 | 평화당주식회사・247

## 22 소격동, 화동, 사간동, 송현동, 안국동, 재동, 견지동・249

경성제일고등보통학교・254 | 재동齋洞보통학교・255 | 경성공립여자고등보통학교・260 | 이우 공의 집・261 | 교동校洞보통학교・262 | 천도교 중앙대교당・263 | 관립경성여자사범학교・264 | 이건 공의 집・265 | 경성여자상업학교・266 | 동덕여자고등보통학교・267 | 이문당以文堂・268 | 조선생명보험주식회사・269 | 창덕궁 별궁・270 | 조선식산은행 사택・271 | 근화槿花여학교・272 | 보성普成전문학교・273 | 경성의학전문학교 병원・274 | 조선총독부 박물관・275 | 광화문・276 | 활문사活文社・280 | 시천교당・281 | 한성도서주식회사・282 | 선광鮮光인쇄주식회사・283 | 선일지물鮮一紙物・283 | 윤치소의 집・284 | 민홍기의 집・284 | 박승빈의 집・284 | 윤택영의 집・285 | 박영철의 집・285

### 23 가회동, 계동, 원서동, 와룡동 · 287

중앙고등보통학교 · 294 | 대동大東상업학교 · 295 | 이왕가박물관 · 296 | 이왕직李王職 · 298 | 창덕궁 경찰서 · 299 | 휘문徽文고등보통학교 · 300 | 양재하의 집 · 301 | 고희동의 집 · 301 | 송진우의 집 · 301 | 민병석의 집 · 302 | 최린의 집 · 302 | 한상룡의 집 · 302 | 박흥식의 집 · 303 | 한창수의 집 · 303 | 김성수의 집 · 303

### 24~25 명륜동1~4가, 혜화동, 돈암동 · 305

창경궁 식물원 · 310 | 중앙불교전문학교 · 314 | 보성普成고등보통학교 · 315 | 혜화惠化보통학교 · 316 | 천주당 · 317 | 동성東星상업학교 · 318 | 경성고등상업학교 · 319

### 26~29 마포, 토정동, 용강동, 도화동, 공덕동, 신공덕동, 대현동 · 321

형무소 연와공장(마포연와제조소) · 332 | 하세가와長谷川석회공장 · 333 | 공덕동 경의선 철교 · 334 | 경성형무소 · 335

### 30 만리동2가, 대현동, 청파동 · 339

경성남자공립고등소학교 · 344 | 균명학교均明學校 · 344 | 미도리가오카綠ヶ丘주택지 · 345

### 31 중림동, 합동, 동자동 · 347

대륙고무공장 · 356 | 가명加明보통학교 · 356 | 천주교당(약현성당) · 357 | 후쿠시마구미福島組 경성출장소 · 358 | 아사히구미朝日組 · 359 | 경성역 · 360 | 하야시야林屋호텔 · 364 | 아사히朝日자동차 · 364 | 경성철공소 · 365 | 조선인쇄주식회사 · 366 | 양정養正고등보통학교 · 367

## 32. 의주로, 순화동, 남대문로4~5가, 동자동, 양동, 남창동 • 369

국민협회 회관 • 376 | 경성여자기예학교 • 376 | 남대문공립심상소학교 • 377 | 조선신문사 • 378 | 상공장려관(상품진열관) • 379 | 중앙물산주식회사 • 380 | 일화日華생명빌딩 • 380 | 도다戶田사무소 • 381 | 도쿠모토德本상점 • 381 | 조선우선郵船주식회사 • 382 | 세브란스병원 • 383 | 부상교扶桑教 히도노미치人の道 교단 • 388 | 조선운송주식회사 • 389 | 철도우편국 • 390 | 미에三重여관 • 391 | 봉래교 • 392 | 경성어시장(경성수산주식회사) • 394 | 경일京—텐트상회 • 404 | 나카니시中西텐트 • 404 | 명시당明時堂 • 405 | 후타미二見여관 • 406 | 국제운수 빌딩 • 406 | 아사히자동차 • 407 | 마쓰오카松岡의원 • 407 | 이데미쓰出光상회 • 408 | 소화기린맥주주식회사 경성지점 • 409

## 33. 태평로2가, 소공동, 북창동, 남대문로2~3가, 충무로1가, 회현동 • 411

조선체신사업회관 • 420 | 경성일보사 · 매일신보사 · 서울프레스The Seoul Press • 421 | 법정학교 • 424 | 다다공무점多田工務店 • 425 | 경성부청사 • 426 | 불이흥업不二興業주식회사 • 434 | 총독부도서관 • 435 | 조선호텔 • 436 | 경성상공회의소 • 438 | 모리나가森永제과 • 440 | 야스다安田은행 경성지점 • 440 | 조지야丁子屋백화점 • 441 | 조선상업은행 • 442 | 미나카이三中井백화점 • 443 | 경성우편국 • 446 | 시노자키篠崎빌딩 • 448 | 미쓰코시三越백화점 • 449 | 조선저축은행 • 450 | 아사히旭빌딩 • 451 | 본권번本券番 • 452 | 경성식료품시장(남대문시장) • 454 | 조선은행 • 455 | 일본항공운수주식회사 • 456 | 경성치과의학전문학교 • 457 | 공옥攻玉보통학교 • 458 | 경성구락부 • 458 | 아가와구미阿川組 • 459 | 하야시카네林兼상점 경성냉동판매소 • 459 | 노다野田장유주식회사 조선 출장소 • 460 | 경성기독교청년회관 • 461 | 정동貞洞보통학교 • 462 | 중추원中樞院 • 463 | 경성재판소 • 464 | 아서원雅敍園 • 474 | 미야바야시宮林상점 • 475 | 사카자와近澤상점 • 475 | 하세가와長谷川양복점 • 476 | 조선제약합자회사 • 476 | 비젠야備前屋여관 • 477 | 도미타야富田屋 • 477 | 경성자동차 • 484 | 다나카田中사진

관•484 | 경성부립도서관•485 | 조선토지신탁주식회사•486 | 나카무라中村의원•487 | 테일러Taylor상회•488 | 하라다原田상회•490 | 조선공론사•491 | 낙랑파라•492 | 문명상회文明商會•494 | 대해당大海堂인쇄주식회사•495 | 다카노高野상점•496 | 도자와戶澤상점•497 | 성문당盛文堂•497 | 일본타이프라이타タイプライタ주식회사 경성출장소•498 | 아카오赤尾상점 경성출장소•499 | 오기와라지점荻原紙店•499 | 아오키도靑木堂•500 | 다카세高瀨합명회사•502 | 카페 후지富士•502 | 사카이坂井모자점•503

## 34 종로, 다동, 삼각동, 을지로1~2가, 명동1~2가, 남대문로1~2가•505

조선주양조조합•514 | 화신和信백화점•515 | 수향水鄕상회•516 | 동일東一은행•517 | 백상회白商會•518 | 한성漢城은행•519 | 해동海東은행•520 | 조선신탁주식회사•520 | 수하동水下洞공립보통학교•521 | 삼영三榮상회•521 | 전매국•522 | 천리교天理敎 경성지교회京城支敎會•523 | 중앙관中央館•523 | 프랑스교회(천주교회당· 명동성당)•524 | 기라쿠관喜樂館•526 | 가네보鐘然 서비스스테이션•527 | 다마다玉田건축사무소•528 | 쓰키모토月本상점•528 | 야마무라山邑주조 경성지점•529 | 마루비루丸ビール회관•529 | 오하라大原증권•530 | 메이지좌明治座•530 | 중국영사관•531 | 동양척식주식회사 조선지점•532 | 봉래각蓬萊閣•533 | 경성주식현물거래소(조선취인소)•534 | 닛타 요시타미新田義民상점•535 | 나니와관浪花館•536 | 치요다千代田생명보험주식회사 경성지점•537 | 다이이치은행 경성지점•538 | 미와은행 경성지점•538 | 경성전기주식회사•539 | 조선식산殖産은행•540 | 일본생명빌딩•541 | 나카야마양지中山洋紙•544 | 대륙상회•544 | 시미즈구미淸水組•545 | 오타키大瀧상점•546 | 제국생명보험주식회사•546 | 마루젠丸善서점 경성출장소•547 | 미쓰이三#물산 경성지점•548 | 동양면화주식회사•549 | 동양자동차학교•549 | 종로양복점•554 | 신문관과 조선광문회•555 | 회동서관匯東書館•556 | 식도원食道園•557 | 대동大同생명•558 | 미쿠니三國상회•558 | 민토明東호텔•559 | 박용남朴容南의 집(박태원)•560 | 에가시라江頭안과의원•562 | 경성유치원•563 | 화단花壇•564 | 다키가와瀧川자전거 본점•564 | 조선화재해상보험주식회사•565 | 경성도쿠리키德力주식회사•565 | 시마다성창당島田

誠昌堂・566 | 마쓰시게松繁상점・566 | 구니유키國行도료점・567 | 히노마루日の丸여관・567 | 명동 공설시장・568 | 욱문당郁文堂・568 | 와타나베渡邊치과의원・569 | 금강당金剛堂・569 | 구라하시다다미점倉橋疊店 경성지점・570 | 나가시마中島병원・570 | 우메사와梅澤 오복점・571 | 동순태同順泰본점・572 | 야마토탕大和湯・573 | 세에뉴사精乳舍・576 | 우에무라植村외과병원・577 | 무라카미유리점村上硝子店・577 | 사카이酒井부인외과의원・578 | 하시모토橋本인쇄소・578 | 공제무진共濟無盡주식회사・579

## 35
### 인사동, 종로2~3가, 낙원동, 돈의동, 수은동, 관수동, 장사동, 수표동, 입정동, 을지로3가・581

협성協成실업학교・593 | 명월관明月館・594 | 대본산大本山 묘심사妙心寺 별원・596 | 화광和光보통학교・596 | 기독감리회・597 | 천풍당天風堂약국・598 | 파고다공원(탑골공원)・599 | 경성부립도서관 종로분관・600 | 길성吉星지물포・601 | 우미관優美館・602 | 조선극장・603 | 기독교청년회관(YMCA)・604 | 태화泰和여학교・608 | 단성사團成社・609 | 방응모의 집・610 | 낙원회관・610 | 멕시코다방・611 | 박문서관博文書館・612 | 엔젤카페・613 | 계명구락부・614 | 경성유치원・615

## 36
### 봉익동, 훈정동, 인의동, 원남동, 종로4가, 예지동・617

경성지방전매국・624 | 동대문경찰서・624 | 제일극장・625 | 천일天一약방・626 | 박승직의 집・626 | 전형필의 집・627 | 이병직의 집・627

## 37~38
### 연건동, 동숭동, 연지동, 효제동, 이화동, 충신동, 홍수동・629

경성제국대학 의학부와 부속병원・638 | 경성제국대학・639 | 조선총독부 중앙시험소・642 | 경성고등공업학교・643 | 경성의학전문학교・644 | 어의동보통학교・645 | 정신貞信여학교・648 | 협성실업학교 분관・649 | 경신儆新학교・650 | 이용문의 집・651 | 임종상의 집・651

## 39~41　도화동, 도원동, 청파동, 청암동, 신창동 • 653

마쓰미야松宮석회공장 • 662 | 마포공립보통학교 • 662 | 프랑스교회(예수성심성당) • 663 | 야요이초유곽 • 664 | 조선계기計器회사 • 668 | 서본원사西本願寺 • 668 | 복수양행福壽洋行 • 669 | 조선서적인쇄주식회사 • 670 | 용산발전소(마포발전소) • 671

## 42~43　효창동, 청파동 • 673

효창원(효창공원) • 682 | 수양단修養團조선연합 본부 • 684 | 선린善隣상업학교 • 685 | 경성불교 자제원慈濟園 • 688 | 서룡사瑞龍寺 • 688 | 효창동錦町 철도관사 • 689 | 용산공립보통학교 • 689 | 시마야島屋양조소 • 690 | 아사히朝日비누 • 690 | 용산공설시장 • 691 | 이와무라구미岩村組 경성출장소 • 692 | 효창孝昌보통학교 • 693 | 경성고무공업소 • 694 | 미유키三幸양행 • 694 | 가네사カネサ장유醬油 • 695

## 44　동자동, 갈월동, 후암동 • 697

조선철도주식회사 • 708 | 천리교 조선포교관리소 • 708 | 구스미구미楠見組 경성지점 • 709 | 미사카三坂심상尋常고등소학교 • 710 | 간토구미關東組 • 710 | 경성제이第二공립고등여학교 • 711 | 경광사京光社 영업소 • 712 | 도보구미當房組 • 712 | 미요시三好주택지 • 713 | 아오키靑木상회 • 714 | 마쓰바구미松葉組 • 714 | 미쓰비시三菱 경성합숙소 • 715 | 오쓰카大塚유리제조소 • 716 | 다이쇼大正콘크리트공업소 • 717 | 경성과자주식회사 • 718 | 경성전기학교 • 719 | 가타야마片山상회 • 720 | 도비시마구미飛島組 경성지점 • 721

## 45　도동, 갈월동, 후암동 • 723

남묘南廟 • 728 | 조선신궁 • 729 | 하세가와長谷川제과소 • 730 | 가마쿠라鎌倉보육원 경성지부 • 731

## 46   회현동2~3가, 남산동1~2가 · 733

호국사護國寺 · 738 | 송엽정松葉亭 · 738 | 남산공립심상소학교 · 739 | 진사眞砂 · 739 | 화월花月별장 · 740 | 은월장銀月莊 · 740 | 경성신사 · 741 | 남양장南陽莊 · 742 | 안노료岸の寮 · 742 | 백수白水 · 743 | 남산아파트 · 743 | 경희구京喜久 · 744 | 천대본千代本 · 744 | 천대신千代新 · 745 | 이케다池田병원 · 745 | 남산공원 · 746

## 47   충무로2~3가, 남산동, 예장동, 남학동, 필동 · 749

본정本町경찰서 · 764 | 와카바若葉여관 · 765 | 엔케이관演藝館 · 766 | 히노데日之出소학교 · 767 | 시키志岐공업주식회사 · 768 | 조선총독관저 · 769 | 조선헌병대사령부 · 770 | 총독부과학관(옛 총독부청사) · 771 | 동본원사京城東本願寺, 眞宗大谷派京城別院 · 772 | 일본적십자사 조선본부 · 773 | 경성호텔 · 773 | 메이지明治제과 경성판매점 · 776 | 본정호텔 · 777 | 다나카田中시계점 · 778 | 경성영림소營林所 · 779 | 천진루天眞樓 · 780 | 파주정巴州亭 · 780 | 경성미술구락부 · 781

## 48   초동, 인현동, 예관동, 충무로4~5가, 필동, 묵정동 · 783

약초관음若草觀音 본당(조동종 별원) · 788 | 쇼치쿠좌松竹座(동아구락부·고가네좌) · 789 | 마스다사다무忞田定금물점 · 790 | 사쿠라이櫻井공립심상소학교 · 790 | 신마치대좌부조합 · 791 | 동권번東券番 · 791 | 전매국 인쇄공장 · 792 | 기무라木村약방 · 792 | 조계사曹谿寺 · 793 | 정무총감 관저 · 794 | 개교원開敎院 · 795 | 와카쿠사若草극장 · 796 | 니시모토구미西本組 경성지점 · 798 | 본파본원사本派本願寺, 眞宗本願寺別院 · 799 | 홋보北方재목점 · 799 | 일본자동차 경성출장소 · 800 | 다이쇼관大正館 · 800 | 인현仁峴공립보통학교 · 801

**49**      예지동, 주교동, 방산동, 을지로5가, 오장동, 쌍림동, 광희동 • 803

이마무라양행今村洋行 • 808 | 주교舟橋공립보통학교 • 809 | 경성사범학교 부속 소학교 • 810 | 경성사범학교 • 811 | 경성승마구락부(경마구락부) • 812 | 우에다上田철공소 • 816 | 무라카미공무소村上工務所 • 816 | 고야산高野山 조선 별원 • 817 | 신마치구미新町組택시 • 817 | 중앙상공商工주식회사 • 818 | 아사히좌朝日座 • 819

**50**      종로5~6가, 을지로6~7가 • 821

경성여자고등실업학교 • 834 | 고양군청 • 834 | 경성운동장 • 835 | 니시오西尾토지경영부 • 840 | 대본산 본능사本能寺 경성별원 • 841 | 경성부립 부민府民병원 • 842 | 동대문공립심상소학교 • 843 | 경성약학藥學전문학교 • 844 | 오노大野재목점 • 845 | 사카이酒井운수주식회사 • 845

**51**      창신동, 숭인동 • 847

창신공립보통학교 • 852 | 동덕여자고등보통학교 • 853 | 경성도수장屠獸場 • 854 | 흥인興仁배재보통학교 • 855

**52~54**      원효로1가, 신계동, 문배동 • 857

용산역 • 870 | 모토마치元町공립심상소학교 • 872 | 쓰게津下재목점 • 873 | 가토加藤신사 • 873 | 금광교金光敎 용산교회소 • 874 | 야노矢野주양소 • 875 | 일본공업합자회사 경성지점 • 875 | 가이세이좌開盛座 • 876 | 신옥新玉 • 876 | 야베구미矢部組 • 877 | 용산금융조합 • 877

**55**      원효로, 신계동, 문배동, 한강로 • 879

용산경찰서 • 886 | 쓰지무라辻村상점 경성지점 • 887 | 용산공작주식회

사・887 | 아베 소스케의 집・888 | 창덕彰德가정여학교・889 | 오카구미岡組 경성지점・889 | 용산공립심상소학교・890 | 가시마구미鹿島組・890 | 도요쿠니豊國제분주식회사・891 | 구스모토楠本자동차공장・891 | 세구치瀨口고무공업소・892 | 동아공업주식회사・892 | 시마다島田철공소・893 | 하시모토橋本제작소・893

## 56~60 남영동, 갈월동, 한강로1~5가・895

게이류관京龍館・906 | 나가오카永岡상점・907 | 용산중학교・908 | 노인정老人亭・909 | 고양高陽금융조합・910 | 중앙토목합자회사・911 | 와다주공소和田鑄工所・911 | 야마모토山本재목점・912 | 용산정미소・912 | 오쓰카유리제조소・913 | 용산공설시장・913

## 61~62 장충동・915

남산장南山莊・924 | 장충단공원・925 | 박문사博文寺・928 | 등선각登仙閣・929 | 조선총독부 관사・930 | 백화원百花園주택지・931 | 화월花月지점・932 | 아리랑・933

## 63~64 신당동, 광희동・935

용곡龍谷고등여학교・946 | 경성원예학교・946 | 경성공립상업학교・947 | 훗타堀田철공소・947

## 65~67 용산・949

철도국・958 | 산쿄三協상회・959 | 철도병원・960 | 철도구락부(철도국우회局友會)・961 | 철도종사원양성소・962 | 철도공원과 철도운동장・963 | 철도관사・964 | 신용산금융조합・965 | 용산우편국・965 | 하자마구미間組조선지점・970 | 동아잠사東亞蠶絲주식회사・970 | 용산극장・971 | 일신日新

인쇄주식회사 • 971 | 마쓰모토구미松本組 경성지점 • 972 | 무겐공사無限公司 • 972 | 철도도서관 • 973 | 조선군사령부 • 974 | 용산총독관저 • 975

## 68~76 용산, 한강로, 신당동 • 977

대념사大念寺 • 994 | 야마모토구미山本組 • 994 | 용광사龍光寺 • 995 | 용산전화분국 • 995 | 일만日滿토목주식회사 • 996 | 애국장愛國莊 • 997 | 사쿠라가오카櫻ヶ丘주택지 • 998 | 보병 제40여단 사령부 • 999 | 제20사단 사령부 • 1000 | 용산연병장 • 1001 | 보병 제78연대 • 1002 | 보병 제79연대 • 1003 | 조선군사령관 숙사 • 1004 | 용산 해행사偕行社 • 1005 | 위수衛戍병원 • 1006

## * 명수대와 영등포 • 1009

명수대주택지 • 1016 | 한강신사(노량진 웅진강熊津江 신사) • 1018 | 용봉정온천 • 1019 | 한강철교 • 1020 | 용산공작소(용산공작주식회사) 영등포지점 • 1024 | 영등포 나가시마長島 연와공장 • 1024 | 경성방직京城紡織주식회사 • 1025 | 영등포경찰서 • 1026 | 대일본맥주(조선맥주)주식회사 • 1027 | 영등포고등심상소학교 • 1028 | 가네보鐘淵주식회사 • 1028 | 영등포변전소 • 1029 | 조선염색정리공장 • 1029 | 창화昌和공업주식회사 • 1030 | 후지세藤瀨의원 • 1031 | 영등포우편국 • 1031 | 영등포연예관 • 1032 | 경성전기 영등포출장소 • 1033 | 영등포역 • 1034 | 소화맥주주식회사 • 1036

## 부록

일제강점기 경성의 지명 변화 • 1040
주요 참고문헌 • 1048
유형별 인덱스 • 1058
이름순 인덱스 • 1064

• 일러두기

1. 이 책은 미술사학자 김상엽이 1930년대 제작한 〈경성정밀지도〉와 〈대경성부대관〉을 저본으로 삼아 그 시대 경성 시가지의 주요 건물 및 가로 관련 이미지를 조사, 연구하여 서술한 것이다.

2. 이 책의 시대적 배경은 1930년대로서, 당시 서울의 지명은 경성으로, 우리나라는 조선으로, 우리나라 사람은 조선 사람으로 표시했다. 행정구역명과 거리명을 포함한 지명은 기본적으로 오늘날의 지명으로 표시하고 필요한 경우 당시의 것을 병기했다. 책 뒤의 '부록'에 「일제강점기 경성의 지명 변화」를 표로 정리하여 실었다.

3. 이 책의 저본으로 삼은 〈경성정밀지도〉와 〈대경성부대관〉은 모두 서울역사박물관 소장품이다. 〈경성정밀지도〉는 한국지리학의 선구자 이찬李燦, 1923~2003의 기증품이다.(서울역사013209) 미에三重출판사 경성지점에서 1933년 발행한 것으로 저작 겸 발행자는 시라카와 유키하루白川行晴, 인쇄 담당자는 마에다 데이조前田締藏, 인쇄소는 에리구치정판인쇄소江里口精版印刷所로 나와 있다. 컬러로 제작했으며 전체 크기는 183×113.센티미터이다.
〈대경성부대관〉은 한국 근대 건축가 마종유馬鍾儒, 1895~?의 손자 마상윤의 기증품이다. (서울역사기증006957) 일본의 조선시정施政 25주년 기념으로 1936년 8월 1일에 발행한 파노라마 지도로, 편집 및 작도作圖는 오노 가즈마사小野三正, 저작자는 이시카와 류조石川隆三, 발행자는 와다 시게요시和田重義, 발행소는 조선신문사, 인쇄소는 정판精版인쇄주식회사로 나와 있다. 컬러로 제작했으며 전체 크기는 171×168센티미터, 지도 크기는 141×153.5센티미터이다. 원본 그림의 소유자나 정확한 소재는 오늘날 알 수 없고 1935년 조선박람회 개최를 주관한 언론사 조선신문사가 조선박람회를 기념하여 제작 배포한 것으로 여겨진다. 이외 책에 수록한 이미지의 크기 단위는 센티미터cm로 단위 표시는 모두 생략했다.

4. 지도에 등장하는 관공서, 학교, 회사, 상점 등의 사진과 해설은 『대경성부도시대관大京城府都市大觀』을 주요하게 참조했다. 『대경성부도시대관』은 조선신문사에서 1937년 5월에 발간한 사진첩으로 〈대경성부대관〉의 자매편이다. 저작 겸 발행인은 와다 시게요시, 인쇄 담당자는 조덕준趙德俊, 인쇄소는 영일英一활판소 인쇄부, 발행소는 조선신문사로 나와 있다.

5. 각 표제지에 따라 정리한 지역 소개의 글은 서울특별시 각 구의 구지區誌와 서울시정개발연구원·서울시립대학교 서울학연구소 편, 『서울 20세기 생활·문화변천사』2001의 내용을 중심으로 서술했고, 지명의 유래에 대해서는 서울역사편찬원, 『서울지명사전』2009를 참고했다.

6. 미국의회도서관 서울 사진 관련 도판해설은 『미국의회도서관 소장 서울사진』(서울역사박물관, 2024)의 도판해설을 참조했다.

7. 지번은 2014년부터 행정안전부 관장 하에 국제표준 체계인 '도로명주소'가 전면시행되어 기존 지번주소 체계를 사용하지 않고 있다. 다만 서울 4대문 안의 지번은 일제 식민통치 초기에 대폭 바꾸어 정해 놓은 뒤 현재까지 거의 변동 없이 지속되어 오고 있다는 점을 고려하여 이 책에서는 일제강점기 지번을 중심으로 하고 기존 지번주소 체계를 사용했다.

8. 본문에 등장한 외래어는 국립국어연구원의 외래어 표기법에 따르는 것을 원칙으로 했으나 표기법이 정확하지 않거나 이미 그 표기로 익숙한 경우 발음을 중심으로 표시하고 필요한 경우 원어를 병기했다. 일본어 표기 관련해서는 상호명의 경우 대체로 일반 한자일 경우에는 그대로 표기했고 일본식 단어가 확실할 경우에는 일본식 발음으로 표기했다.[예: 편창片倉제사 → 가타쿠라片倉제사, 삼영森永제과 → 모리나가森永제과 등] 이외 일본어 발음으로 읽는 것보다 한자 발음으로 읽는 것이 낫다고 생각될 경우에는 한자 발음대로 표기했다.[예: 동본원사東本願寺, 본정本町경찰서 등]

9. 전시회명, 단체와 기관명, 특별한 용어 등은 처음 나올 때 작은 따옴표(' ')로 표시하고, 이후부터는 별도 표시를 하지 않았다.

10. 본문의 이해를 돕거나 출처 등을 밝힐 필요가 있을 경우 해당 페이지 하단에 관련 내용을 각주로 정리했으며, 참고한 주요 문헌 및 자료 등은 책 뒤 '부록'에 「주요 참고문헌」으로 따로 정리했다. '부록'에는 「유형별 인덱스」를 따로 두어 본문에 실린 개별 장소의 유형을 한눈에 모아서 볼 수 있게 했고, 「이름순 인덱스」를 두어 이름으로 해당 장소를 쉽게 찾아볼 수 있게 했다.

11. 책에 실린 이미지 등은 필요한 경우 관계 기관의 허가를 거쳤으며, 확인 가능한 정보를 최대한 표시했다. 이밖에 최선을 다했으나 저작권자 및 관련 정보를 찾지 못한 사항은 확인이 되는 대로 다음 쇄에 표시하고 적법한 절차를 밟겠다.

이 책
보는 법

1. 이 책의 기본 구성은 1936년 발행한 〈대경성부대관〉[도01]과 1933년 발행한 〈경성정밀지도〉[도02]를 바탕으로 1930년대 경성의 시가를 구성하는 주요 건물들의 위치를 표시하고 관련 자료를 함께 보여주는 방식을 택했다.

도01. 〈대경성부대관〉, 1936, 지도 142×153, 전체 171×168, 서울역사박물관.

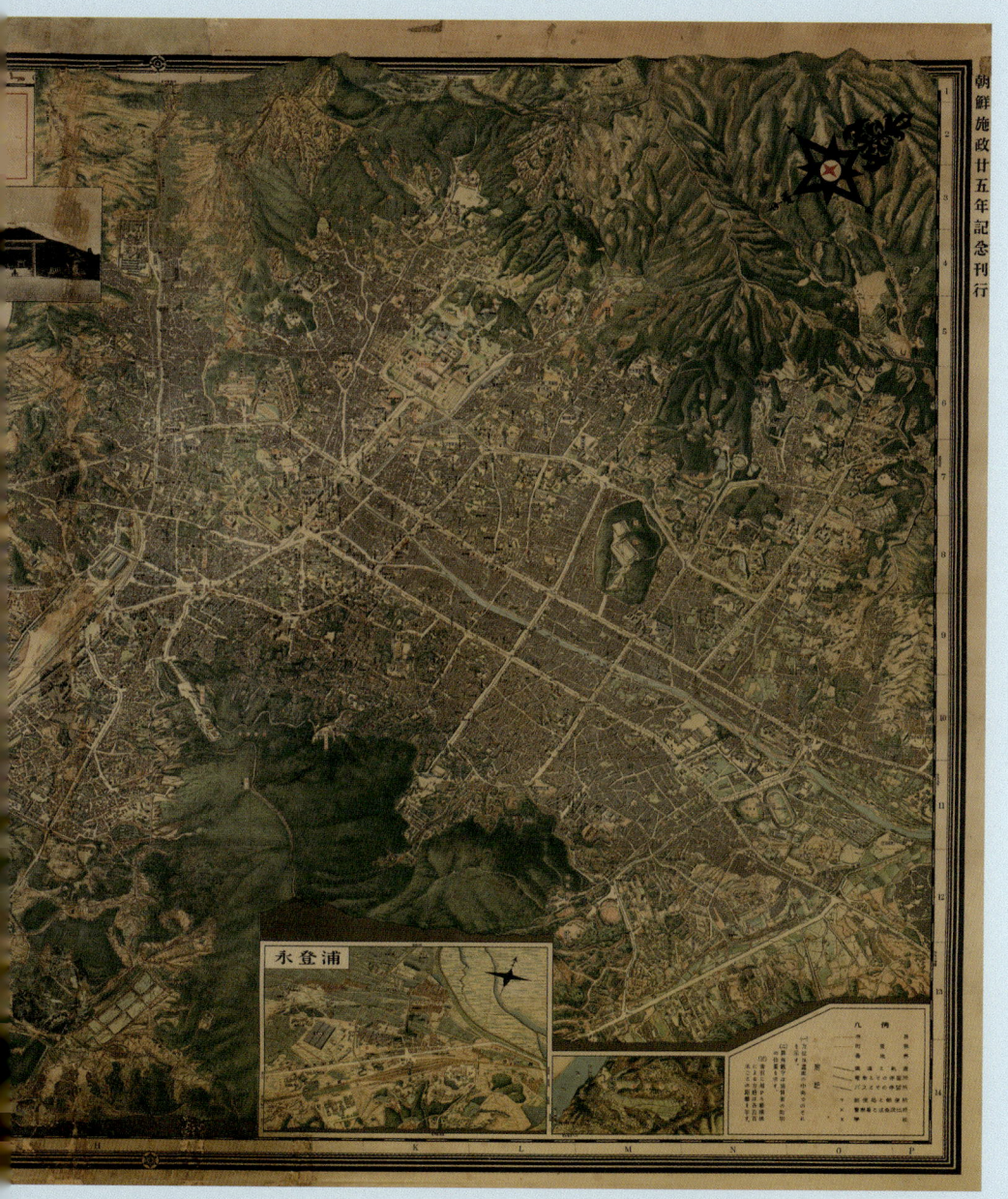

이 책 보는 법

도02. 〈경성정밀지도〉, 1933, 183×113, 서울역사박물관.

2. 이 책의 각 장은 〈대경성부대관〉[도01]을 일정한 구획으로 나누어 그 일련번호에 따라 순서대로 배치했다.[도01-01] 여기에 1933년 발행한 〈경성정밀지도〉를 〈대경성부대관〉의 위치를 참고하여 구획을 나눈 뒤 함께 배치하여 비슷한 지역을 상세히 살펴볼 수 있게 했다.[도02-01] 〈경성정밀지도〉의 구획은 해당사항에 따라 겹치는 곳도 있으며, 매 장마다 모두 있는 것도 아니다. 〈대경성부대관〉과 겹치는 사항이 없는 경우 생략하기도 했다.

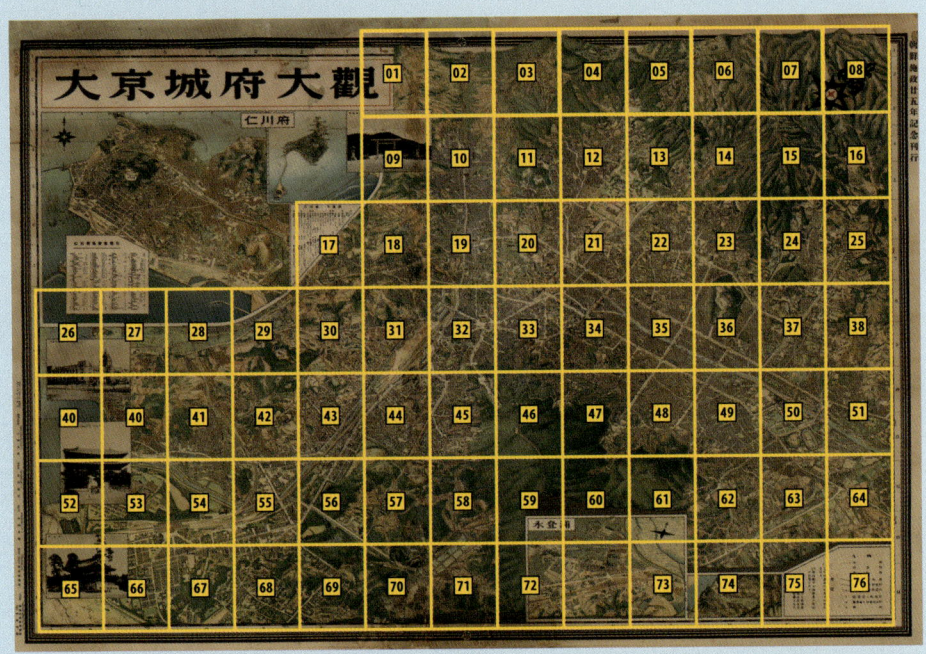

도01-01. 〈대경성부대관〉 구획 안내. 지도 안의 일련번호를 각 장의 순서로 삼았다.

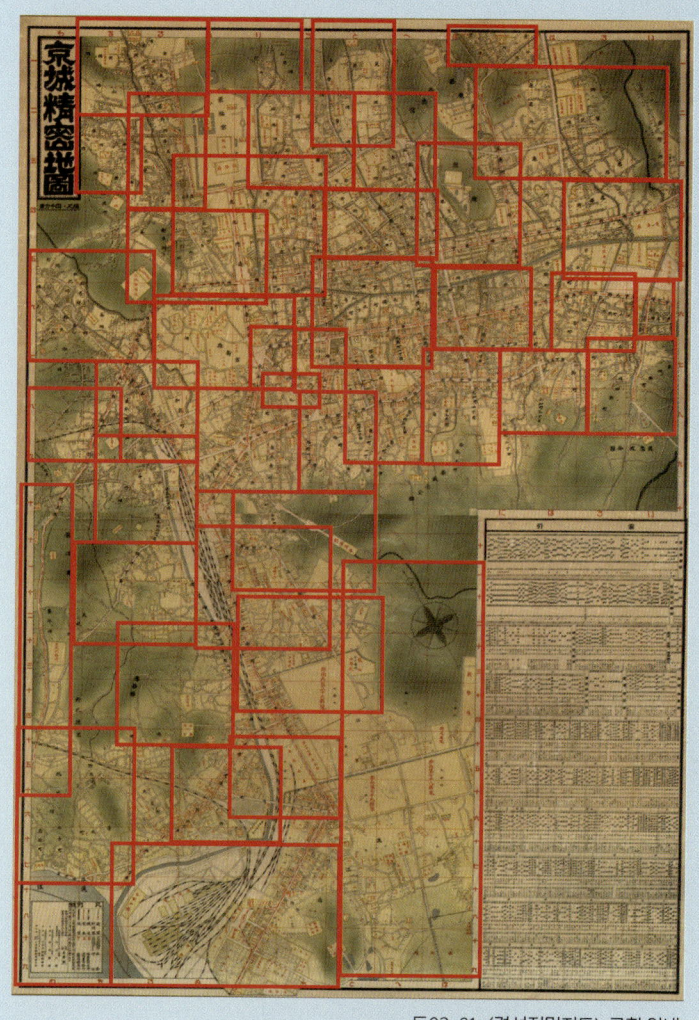

도02-01. 〈경성정밀지도〉 구획 안내.
〈대경성부대관〉의 일련번호에 가급적 맞춰 구획을 나눠 표시했다.

이 책 보는 법

3. 각 장은 기본적으로 번호 하나를 하나의 장으로 삼았으나 해당 사항이 많지 않은 경우 여러 구획을 모아 하나의 장으로 구성했다.

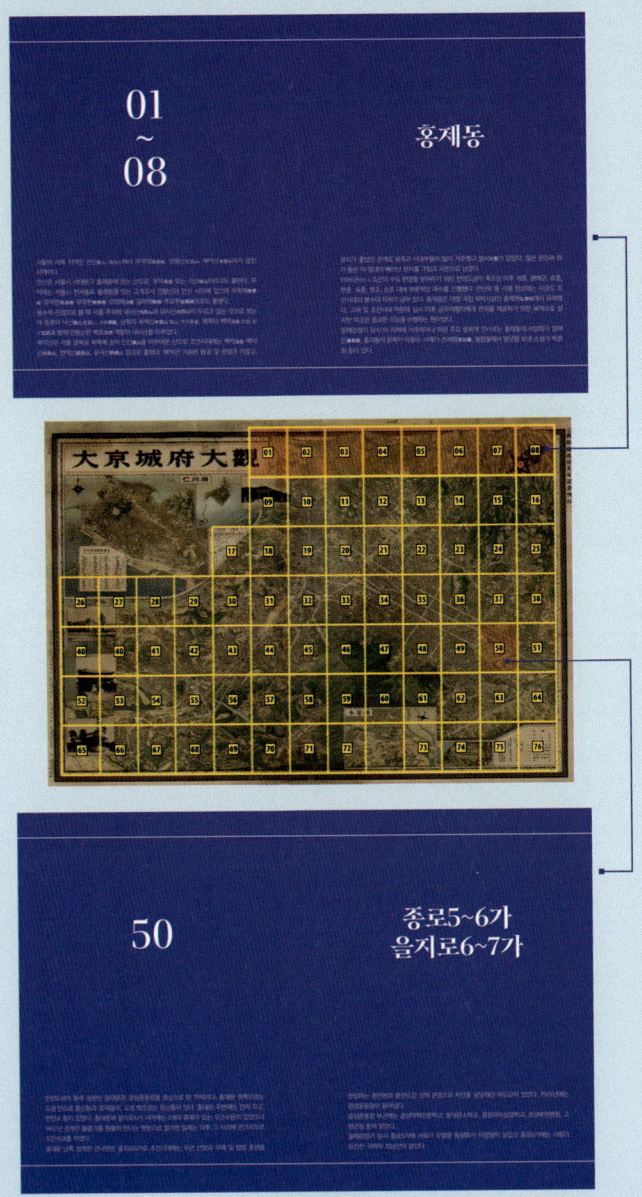

4. 각 장의 도입부는 〈대경성부대관〉의 해당 부분을 먼저 보여주고, 그 지도 위에 본문에 언급한 각 장소의 위치를 일련번호로 표시한 것을 작게 배치하여 해당 장에서 볼 수 있는 개별 장소의 위치를 한눈에 알아볼 수 있게 했다. 〈경성정밀지도〉를 함께 다룬 장에서는 같은 방식으로 이어서 배치했다. 다만 〈경성정밀지도〉 확대 이미지는 해당 위치를 더 잘 보여주기 위해 구획 표시의 형태와 다르게 표시하기도 했고, 〈대경성부대관〉의 구획에 맞추기 위해 중복 배치하기도 했다. 필요에 따라 중복 배치한 구획의 개별 장소를 제외하지 않고 수록하기도 했다.

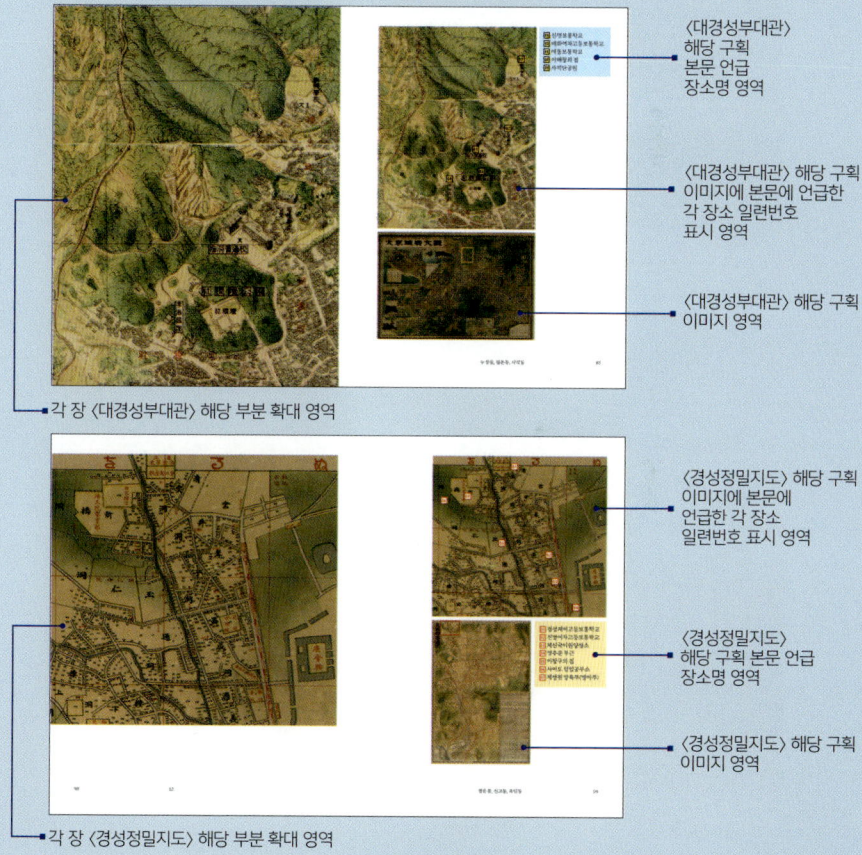

이 책 보는 법

5. 지도에 표시한 일련번호의 순서대로 해당 구획에 속한 개별 장소를 당시 사진, 관련 설명 등과 함께 배치했다. 그 순서는 〈대경성부대관〉의 번호를 우선으로 삼았다. 개별 장소명 옆에는 〈대경성부대관〉의 일련번호 [01]와 〈경성정밀지도〉의 일련번호[01]를 순서대로 표시했다.

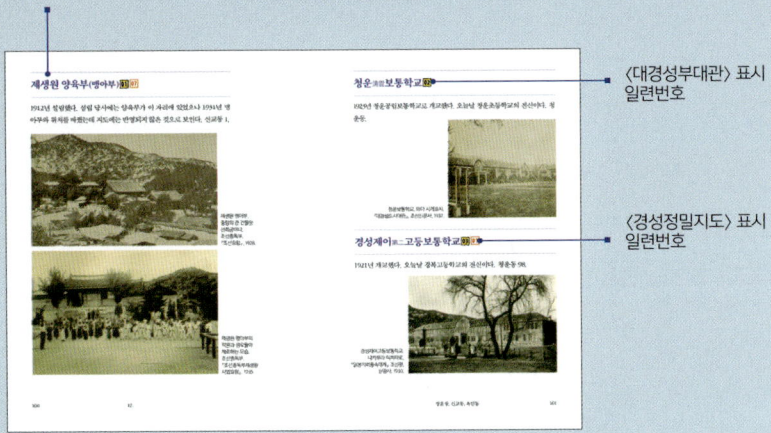

6. 각 장에는 개별 장소로 특정하지는 않았으나 해당 지역의 당시 전경을 보여주는 이미지들을 최대한 확보하여 배치했다.

서장

# 경성 지도를 따라 경성의 원형 속으로

## 서울·한양·한성·경성, 하나의 도시를 부르는 서로 다른 이름들

조선왕조는 한반도의 중심이라는 지리적 중요성, 육로 교통 및 한강을 통한 수로 교통의 편리함 등의 이점으로 서울을 도읍으로 정했다. 지리적 이점 외에도 서울은 빼어난 지세와 산세로 인해 풍수 등 전통지리학적인 측면에서도 주목을 받아왔다.*

서울의 빼어난 형승과 풍수적 중요성은 일찍이 알려져 있었다. 『고려사』, 『신증동국여지승람』, 『택리지』 등 전통시대 주요 역사서와 지리서는 한결같이 서울의 형승과 풍수지리적 입지 조건을 더할 나위 없이 훌륭하다고 평가한다. 이는 일차적으로 서울의 입지 조건이 뛰어나기도 했지만, 한편으로는 수도를 중심으로 국토를 파악하는 사고에 의해서이기도 했다.

수도를 중심으로 국토를 파악하는 사고는 전통시대 일반적인 현상이었다. 수도를 둘러싼 도성은 왕조의 방위를 위한 것이자 왕조의 권위를 나타내는 상징물이기도 했으며, 전통시대 사람들의 우주관과 세계관의 측면에서 볼 때 성聖과 속俗이 만나는 소우주의 상징적인 중심이었기 때문이다. [도01]

'서울'이라는 단어는 한 나라의 으뜸가는 도시 곧 수도를 뜻하는 우리말이다. 그 기원은 신라의 수도 '금성'金城의 순 우리말이 서라벌이었던 것으로 추정한다. 금을 '쇠', 성을 '울'로 풀면 '쇠울'이 된다. 조선시대에 사용한 '수선'首善, '경도'京都, '경조'京兆, '경사'京師라는 한자어도 나라에서 으뜸가는 도시라는 뜻이다.

오늘날 서울의 한강 이북 지역 일대를 한양으로 부르게 된 것은 신라가 삼국을 통일한 이후인 757년경덕왕 16 한양군을 설치한 뒤부터다. 삼국시

---

* 이 글의 첫째, 둘째 소제목 해당 부분은 김상엽, 「도성대지도의 회화사적 의의」, 『도성대지도』, 서울역사박물관, 2004, 78~89쪽의 글을 바탕으로 서술했다.

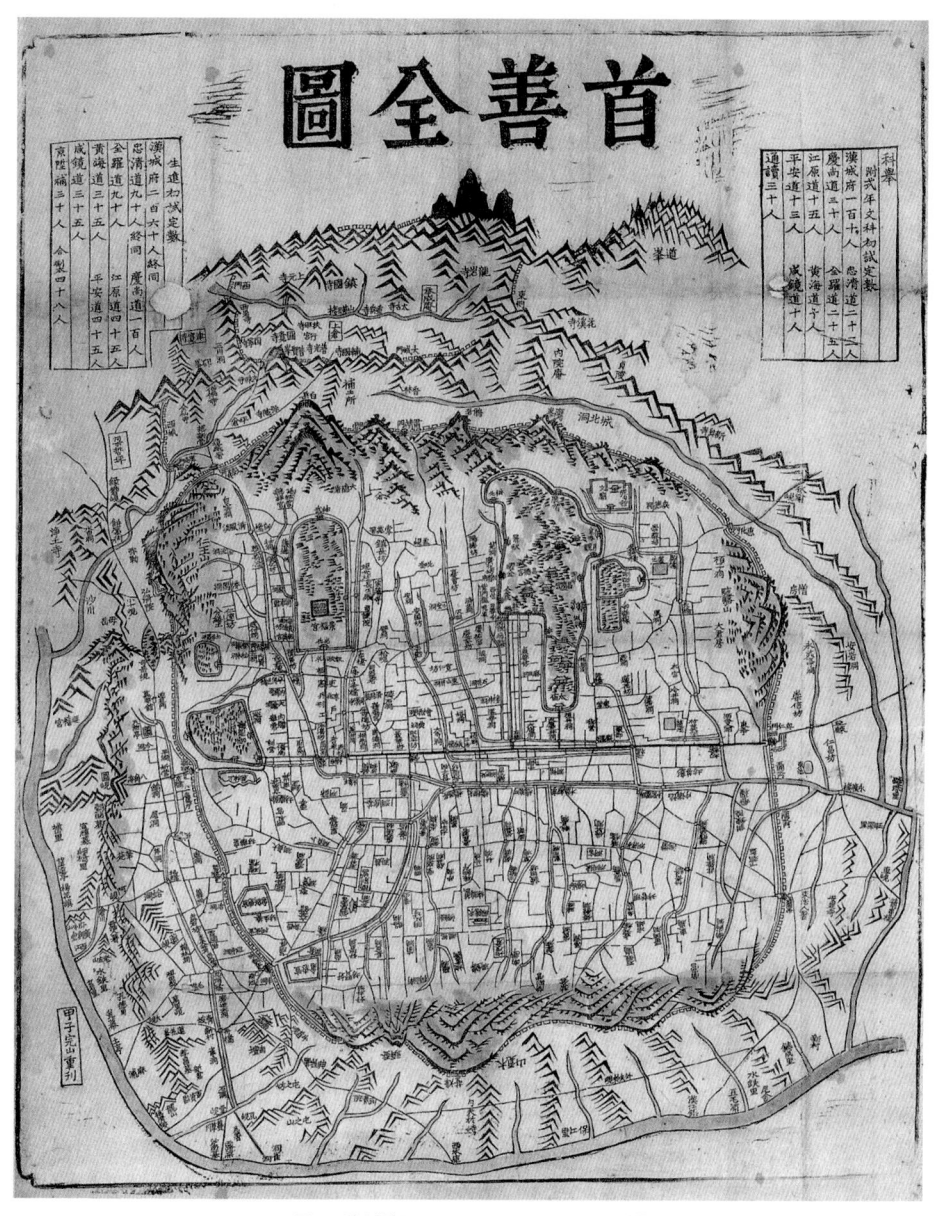

도01. 〈수선전도〉首善全圖, 1864, 160.8×79, 서울역사박물관. 수선은 서울을 의미한다. 목판으로 인쇄한 뒤 산과 하천, 주요 궁궐 등을 옅게 채색했다.

대에 들어온 것으로 추정하는 풍수지리설에 따르면 산의 남쪽, 물의 북쪽 곧 산남수북山南水北이 양지陽地가 되는데, 이에 따라 한산漢山, 북한산의 남쪽, 한강의 북쪽이 한양이 되었다. 고려시대 이 지역 행정 명칭은 양주, 남경 등으로 바뀌기도 했으나 이와 무관하게 한양은 지명이 되었다.*

조선시대 서울의 공식 행정명칭은 한성부漢城府였다. 1910년 조선을 식민지화한 일본은 지방제도 개정을 통해 대한제국 수도 한성부를 경기도 소속으로 격하시키고 경성부京城府로 개칭했다. '경성'이라는 명칭은 이미 조선시대부터 서울을 지칭하는 용어의 하나였고 개항기에는 일반적으로 사용했으며 통감부 시기에도 사용했다. 하지만 식민지가 된 뒤 일본이 선택한 경성이라는 용어는 일본인에게는 자부심과 우월감, 우리에게는 상실감과 회한이 서린 이름이 되었다. 일제강점기 서울의 공식 명칭에는 경성이 일반적으로 들어갔고, 경성이라는 용어를 쓰는 단체나 회사는 대부분 일본인 단체나 일본인이 주도권을 잡고 있는 경우가 많았다.

식민지 시기 초기까지만 해도 당시 조선사람들은 경성 대신 한성, 서울, 중앙, 재경在京 등의 용어를 많이 썼지만 1930년대 이후 경성이라는 용어 사용이 늘었다. 식민지 시기가 길어지면서 용례도 변화한 것으로 보인다.**

"경성은 근대 조선 문화의 발원지오. 조선 역사의 축소판입니다. 경성을 아는 것은 조선을 아는 것입니다. 노방路傍에 구르는 돌 한 개, 폐허에 꽂힌 나무 한 개라도 역사적 의의를 가지지 않은 것은 하나도 없을 것입니다."

* 전우용, 『서울은 깊다』, 돌베개, 2008, 15~17쪽.
** 김제정, 「근대 '경성'의 용례와 그 의미와 변화」, 『서울학연구』 제49호, 2012, 1~29쪽.

"반도의 수도 경성은 거의 그 중앙에 위치하고, 약간 서해안에 치우친다고는 하나, 자연스레 전 반도의 추축樞軸을 이뤄, 교통상에 있어서 경부·경의 양 선의 연접점에 해당하고, 북조선으로 향하는 경원·함경선도 또한 여기서부터 뻗어간다. 바닷길도 인천을 거쳐 반도·내륙·내지로 방사放射되고, 아울러 최근에는 부산·울산을 거쳐 오는 항공기가 여기서 더욱 서쪽의 내륙으로 이어진다. 또한 북, 봉천을 거쳐 아시아 유럽 양 대륙으로 뻗쳐나가는 것도 그리 먼 장래의 일은 아닐 터이다. 이리하여 경성은 일본이 대륙을 건너는 다리로서 세계적·국제적인 교통 노선의 중요한 관절을 이룰 뿐 아니라, 그 정치상의 지위는 더더욱 중대하다."

두 개의 인용문 가운데 앞의 것은 1929년 간행한 『경성백승』京城百勝, 뒤의 것은 1930년 간행한 『일본지리풍속대계: 조선편 하』의 일부분이다.*
앞의 인용문에서는 경성의 역사적 의미와 중요성을 잃지 말아야 한다는 비분강개함이 엿보이고, 뒤의 것에서는 경성의 지리적 중요성을 요약한 뒤 중국을 넘어 아시아·유럽으로 진출하려는 일본의 팽창 의도를 숨기지 않고 있다. 두 글의 지향은 다르지만 서울 곧 경성을 당시 조선인들은 "조선 문화의 발원지"이자 "조선 역사의 축소판"으로, 일본인들은 "반도의 추축"이자 "세계적·국제적인 교통 노선의 중요한 관절"이라 하는 등 역사적·지

---

* 『경성백승』은 1929년 11월 23일자 『동아일보』에 50회(1회에 2곳씩 소개) 연재한 '내 동리 명물'의 연재기사를 모은 책이다. 『경성백승』(동아일보사 출판부 편, 1929. 11.) 광고, 『동아일보』 1929. 11. 23.; 나카무라 미치타로中村道太郎, 「경성부」, 『일본지리풍속대계: 조선편 하』, 신광사新光社, 1930, 122쪽.; 신승모·오태영, 「식민지시기 '경성'의 문화지정학적 연구」, 『서울학연구』 제38호, 2010, 108쪽 재인용. 인용문 안의 노방路傍은 길의 양쪽 가장자리를, 추축樞軸은 가장 중요한 부분을 뜻한다.

리적·정치적 중요성을 높게 평가하고 있음은 같다.

경기도의 한 부분인 경성부에서 서울로의 법률적 지위 회복은 광복 이듬해인 1946년 8월 10일 미군정청이 공포한 「서울시헌장」에 의해 이루어졌다. 「서울시헌장」 제1장 제1조는 "경성부를 서울시라 칭하고 이를 특별자유시로 함"이었다. 이로써 서울은 일본의 지방 도시 중 하나로 격하된 지 36년 만에 법률적으로 수도의 지위를 회복했다.*


### 현전하지는 않으나 존재했던 지도 제작의 역사와 그 배경

우리나라 지도 제작은 삼국시대로 거슬러 올라가지만 고려시대 지도조차 전해지지 않아 전모를 파악하기 힘들다. 그러나 몇몇 기록과 고분벽화를 통해 삼국시대에도 지도를 제작했음을 알 수 있다. 『삼국사기』 고구려 영류왕 11년628 9월조와 『구당서』 「동이전」 '고려조'에 "고구려 사신이 고구려의 지도[封域圖]를 당에 바쳤다"는 기록이 있다.** 이때 보낸 지도의 내용을 알 수는 없지만 고구려 고분벽화 가운데 안악安岳 1호분 전각도殿閣圖, 요동성총遼東城塚 성곽도, 약수리藥水里 벽화고분 성곽도, 용강대총龍岡大塚 성곽도 등이 남아 있어 이 시대 지도의 양상을 일부 짐작할 수 있다.***

고려시대 초기에는 왕도 정치와 관련된 감계적鑑戒的 의미를 지닌 실경도류 회화를 제작했음을 〈탐라화산도〉耽羅火山圖를 통해 알 수 있다. 〈서산도〉瑞山圖라고도 하는 〈탐라화산도〉는 천변지이의 자연현상을 통해 정치의

---

* 전우용, 앞의 책, 19쪽.
** "遣使入唐, 賀太宗擒突厥頡利可汗, 兼上封域圖", 『三國史記』 「高句麗本紀」 8, 榮留王 11년 秋九月; 방동인, 『한국의 지도』 교양 국사 총서 17, 세종대왕기념사업회, 1976, 37쪽 재인용.
*** 안휘준, 「한국의 궁궐도」 『동궐도』 문화재관리국, 1991, 24~25쪽 참조.

성과를 가늠하고 위정자의 수성修省 자료로 삼았던 조류와 밀접한 연관이 있는 것으로 보인다. 1002년목종 5 요나라에 보낸 〈지리도〉地理圖 역시 그 내용은 알 수 없지만 공물로 보냈다는 점에서 실경도류에 가까운 순수 회화식 지도일 것으로 추정하며, 북송의 소식蘇軾이 '고려사절단이 와서 '산수형승'山川形勝을 그려가는 것을 막아야 한다'고 진언한 것으로도 고려에서 지도에 관심이 많았고 꾸준히 제작했음을 알 수 있다.*

현전하는 서울 지도는 18세기 중엽 이후의 지도들이라 18세기 중엽 이전 지도에 대해서는 문헌 기록을 살필 수밖에 없다. 조선시대 한양 천도를 결정한 1394년태조 3 9월 태조 이성계는 권중화·정도전 등 중신들을 한양으로 보내 종묘·사직·궁궐·시장 등의 터를 살펴보게 했다. 『태조실록』은 판문하부사의 직을 맡은 권중화 등이 궁궐과 종묘의 터 등을 정한 뒤 지도로 그려 바쳤다고 기록하고 있다. 서울이 계획 도시이며 서울로의 천도를 계획할 때부터 지도를 제작했음을 보여준다. 서울 지도는 신도시 서울의 도시 형성 과정과 그 역사를 같이했다. 송악에서 한양으로의 천도가 단지 풍수지리설의 영향으로 이루어진 것이 아니라 유가적 지리론이 크게 작용했음은 이미 밝혀진 바 있다.** 서울은 선사시대 이래의 오랜 역사를 가진 곳이지만 도읍으로서의 서울은 계획 도시로 출발했다.

조선 초기 지도 제작 기록 가운데 1454년단종 2 수양대군의 명으로 서울 지도의 초본이 만들어진 것은 특기할 만하다. 수양대군은 예조참판 정척鄭陟, 집현전 직제학 강희안姜希顏, 직전直殿 양성지梁誠之, 화원畵員 안귀생

---

* 방동인, 앞의 책, 33~35쪽; 홍선표, 「고려시대 일반회화의 발전」, 『조선시대회화사론』, 문예출판사, 1999, 129~131쪽 참조.
** 이태진, 「한양 천도와 풍수설의 패퇴」, 『한국사 시민강좌』 14, 일조각, 1994, 44~69쪽 참조.

安貴生, 상지相地 안효례安孝禮, 산사算士 박수미朴壽彌 등을 대동하고 삼각산 보현봉에 올라 도성의 산형수파山形水派를 살펴 서울 지도의 초본을 만들었다. 이들 가운데 정척은 산천형세에 관통했고 강희안은 그림을 잘 그렸으며 양성지는 지도에 예의銳意가 있어 참고했다는 기록으로 보면 각 분야의 전문가를 동원해 팔도 지도와 서울 지도를 만들었음을 알 수 있다.*

1462년세조 8에 세조는 권람權擥에게 〈한강도〉漢江圖를 하사했고, 1467년 세조 13에는 실제로 도성을 측량, 서울 지도를 제작했다. 홍섬洪暹이 1560년 명종 15에 지은 「한양궁궐도기」漢陽宮闕圖記의 내용은 궁궐만이 아닌 성곽과 한강까지 그려진 대형 서울 지도가 있었음을 알 수 있게 해준다.

지도 제작에 대한 사회적 요구와 필요성은 임진왜란과 병자호란 이후에 더욱 강화되었다. 임진왜란 당시에도 작전의 수립, 적세敵勢의 파악, 명나라와의 합동 작전, 일본과의 화의교섭 등 다각도로 지도를 이용했고,** 전후의 관방關防 정책 수립 및 국가 재조再造 사업에도 필수적으로 활용했음을 알 수 있다. 특히 숙종 대1661~1720에 이루어진 서울 도성 수축과 북한산성 축조 등을 위해서는 상세한 서울 지도 제작이 반드시 필요했다.***

18세기 중엽에 이루어진 여러 전국 지도와 서울 지도 편찬은 지도가 통치와 행정의 수단이자 도구로 자리 잡을 만큼 그 효용성을 인정 받았음

---

* "世祖 擬欲作八道及京城地圖 與禮曹參判鄭陟 集賢殿直提學姜希顔 直殿梁誠之 畵員安貴生 相地 安孝禮 算士朴壽彌 上三角山普賢峯 審定山形水派 世祖手草京城地圖 陟慣之山川形勢 希顔善畵 誠之銳意地圖 故亦參之",『端宗實錄』卷11, 端宗 2년 4월 戊戌; 이찬.양보경,「조선시대 서울의 옛 지도」,『서울의 옛 지도』, 서울학연구소, 1995, 123쪽 재인용. 조선시대의 서울 지도 제작 관계는 이 글을 참조했다.
** 이상태,『한국 고지도 발달사』, 혜안, 1999, 69쪽 참조.
*** 이태진,『조선후기의 정치와 군영제 변천』, 한국연구총서 53, 재단법인 한국연구원, 1985, 232~246쪽.

을 뜻한다. 또한 국가나 관청에서는 물론 민간에서도 지도 제작이 활발해지는데 서울 지도도 예외가 아니었다. 이 시기는 임진왜란과 병자호란 이후 국가 재조 사업의 성공과 국제무역의 흑자 등으로 인해 상품화폐가 발달하고 도시가 팽창한 시기다. 국가의 수취 체계를 거의 마비시킨 양란 이후 수취 체계와 관방 제도를 다시 정비할 필요를 절감했으며 이를 위해 조선의 인문·자연 지리적 이해와 재지 사족의 기득권 강화를 돕기 위한 지방지地方誌 제작이 필요해지면서 지도 제작에 관심을 갖게 되었다. 여기에 전란으로 인한 주민 이동은 각 지방의 자연 환경과 교통로 등 국토에 대한 인식을 강화시켰다. 이에 따라 지도의 생산과 활용은 양반이나 관청만이 아니라 일반 민인民人들도 그 주체가 될 정도로 그 폭이 넓어졌다.*

### 경성 원형의 길라잡이, 〈경성정밀지도〉와 〈대경성부대관〉

메이지유신1868~1871 이후 일본인들은 활발하게 조선 지도를 제작했다. 1883년 일본 육군이 1:10000 축척의 〈조선국경성지약도〉朝鮮國京城之略圖를 발행했고, 청일전쟁이 일어난 1894년에는 10여 종의 서울 지도를 발행했다. 일본정부의 조선 지도 제작은 1904년 러일전쟁 승리 이후 더욱 늘어났고 1910년 한일합병 이후에는 조선총독부에 조선임시토지조사국을 두어 한반도의 측지와 지도 제작 사업에 힘을 기울였다. 조선총독부가 측량 사업을 완료한 1915년, 지형도 제작을 완성한 1918년 이후에도 서울 지도의 제작과 수정·보완 작업을 지속해 많은 서울 지도를 발행했다. 일제가 제작한 당시 지도를 통해 일본 세력의 진출에 따라 급격히 변해 가는 경성의 모

---

* 조광, 「조선후기 지도제작의 역사적 배경」, 『서울 하늘·땅·사람』, 서울역사박물관, 2002, 231~232쪽.

도02. 〈최신경성전도〉, 1907, 1:10,000, 74.8×52.9, 서울역사박물관. 1905년 을사늑약 이후 제작된 지도로 지명을 일본식으로 바꾸고 남촌의 일본인 상점들만 표시하는 등 당시 일본의 경성 진출 상황을 알 수 있게 한다.

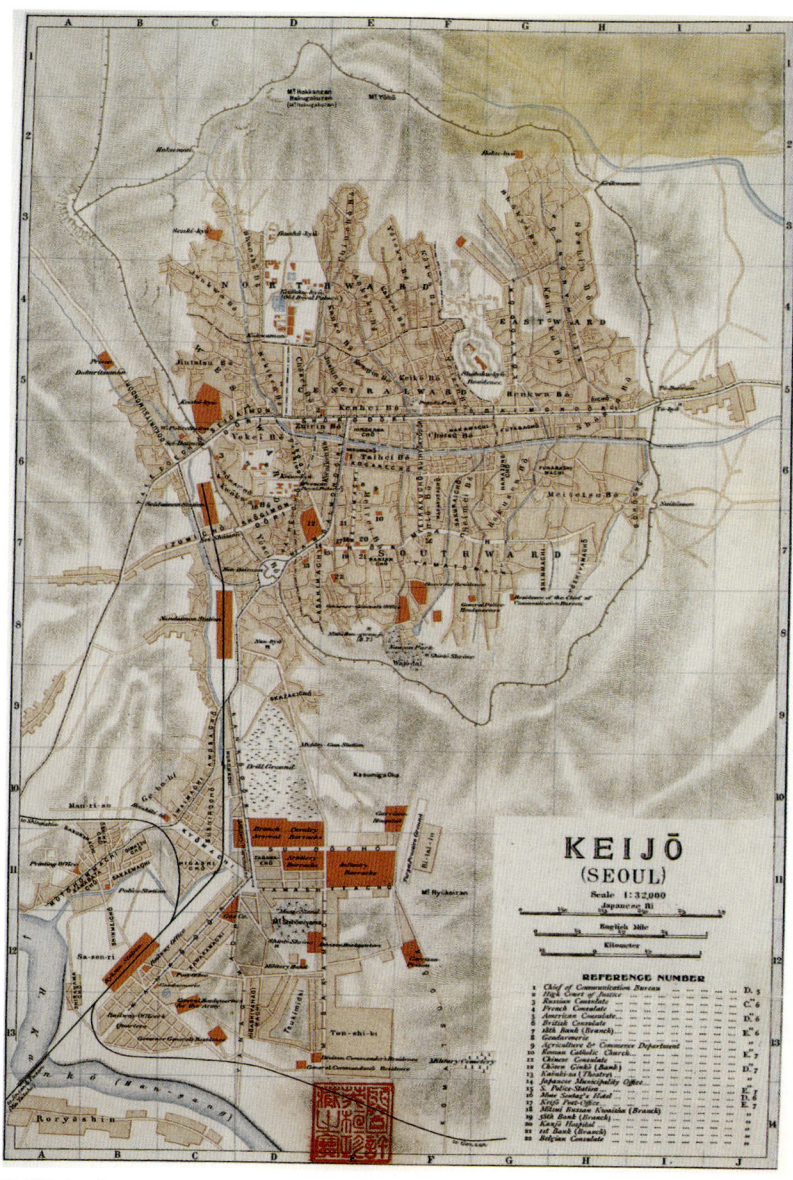

도03. 〈KEIJO(SEOUL)〉, 1913, 1:32,000, 72.7×32.6, 서울역사박물관. 1913년 일본제국 철도국이 서양인들을 위하여 발간한 안내서 『AN OFFICIAL GUIDE TO EASTERN ASIA Vol. I(Manchurias and Chosen)』에 들어 있는 지도다. 전차 노선과 신용산 부근 병영 배치상황 등 경성의 변모 양상이 잘 드러난다.

습을 확인할 수 있다.* [도02][도03]

　　일제강점기 발행한 서울 지도 가운데 1933년에 발행한 〈경성정밀지도〉京城情密地圖는 정밀성과 정보의 양에서, 1936년 발행한 〈대경성부대관〉大京城府大觀은 예술성과 사실성에서 다른 지도와 비교하기 어렵다.

　　〈경성정밀지도〉는 경성부의 주요 시가지인 도성과 용산을 크게 확대하기 위하여 지도를 서쪽으로 약간 틀었다는 점, 일반 지도와 달리 1:4000의 대축척 지도라는 점, 지번을 적어 놓은 점, 산악을 등고선으로 표시하지 않고 녹색으로 처리한 점 등이 주요 특징이다.** 당시 서울의 인문·사회적 요소가 자세하며, 지번이 표시되어 있어 지적도地籍圖의 요소도 지니고 있다. 세로 183, 가로 113센티미터 크기에 세로 19칸, 가로 13칸의 방안方眼을 그리고 세로에는 숫자를, 가로에는 일본어의 히라가나를 적어 지역이나 시설의 위치를 좌표를 통해 쉽게 찾게 했다. 오른쪽 하단 색인에는 관공서·군대·관공사립학교·은행·금융·신용조합·사원·교회·신문·잡지사·극장·상설관·회사·상점 기타의 순으로 명칭과 좌표 사용 위치를 표시했다. 주요 건축물이나 공장·전차역 등은 붉은색으로, 지명·공원 및 지번 등은 검은색으로 적었는데, 특히 거리명을 큰 글씨로 적어 놓아 한눈에 알아볼 수 있도록 했다는 점이 중요하다. [도04][도04-01][도04-02]

　　〈경성정밀지도〉의 특징과 중요성 등은 실물로 보기 전에는 실감하기 어렵다. 직접 가까이에서 보아야 그 진가가 드러나는 '작품'이자 그 시대의 지리적·인문적 '사료'임을 실감할 수 있다는 뜻이다. 다시 말해 〈경성정밀

---

\* 허영환, 「서울 지도 600년사」, 『정도 600년 서울 지도』, 범우사, 1994, 224~225쪽.
\*\* 「도판 해설」, 『이찬 기증 우리 옛 지도』, 서울역사박물관, 2006. 1, 282쪽; 「도판 해설」, 『서울 지도』, 서울역사박물관, 2006. 12, 226쪽.

도04. 〈경성정밀지도〉, 1933, 183×113, 서울역사박물관.

경성 지도를 따라 경성의 원형 속으로

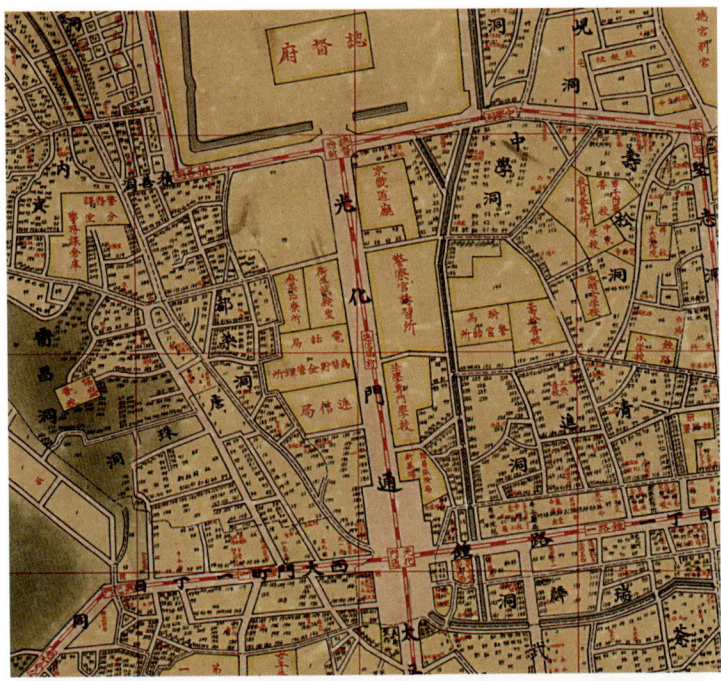

도04-01. 〈경성정밀지도〉 광화문 부분. 광화문 앞 오늘날의 세종로를 중심으로 한 지역이다. 거리와 동명은 검은색, 관공서 등은 붉은색으로 되어 있다.

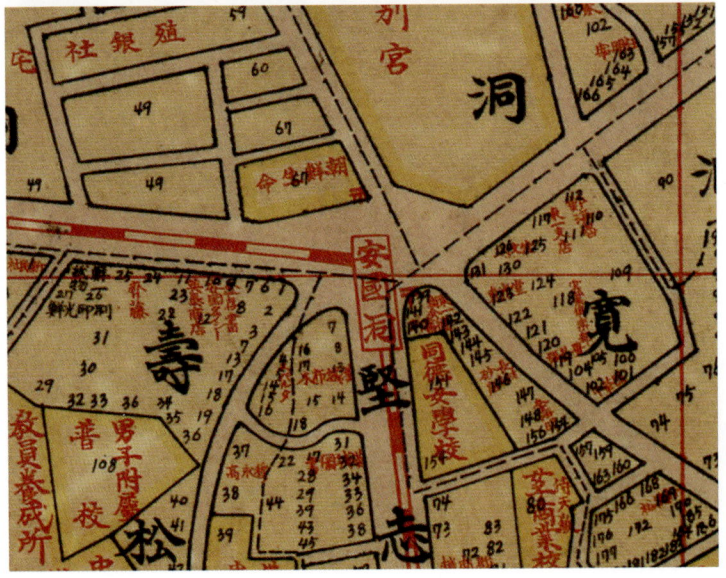

도04-02. 〈경성정밀지도〉 안국동육거리 부분. '학생6거리'라고도 불린 오늘날 안국동 로터리 부근이다. 전차역과 전차선, 학교, 관공서 등은 붉은색으로 되어 있고 동명과 지번은 검은색으로 되어 있다.

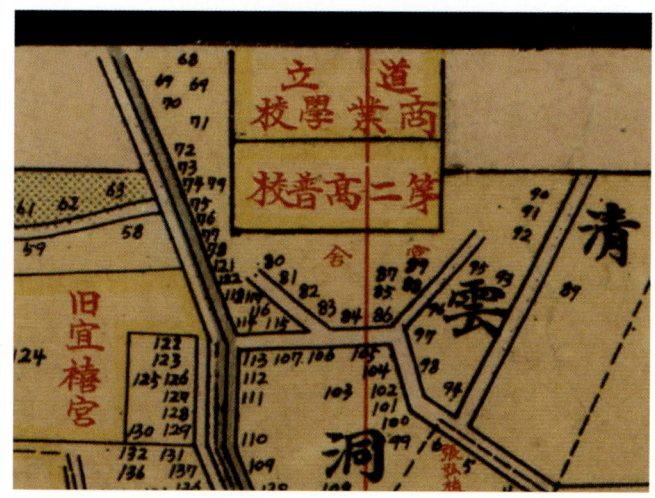

도04-03. 〈경성정밀지도〉 청운동 부분. 제이고등학교와 경기도립상업학교를 지도에 넣기 위하여 두 학교를 지도의 외곽선을 넘긴 상태로 그렸다. 여러 정보를 넣기 위해 지도를 변형한 사례 가운데 하나다.

지도〉는 1930년대 초반 경성의 모습을 그려볼 수 있게 해주는 인문적, 지리적 길잡이라 할 수 있다. 1:4000이라는 큰 축척으로 제작해 1930년대 초반 서울 사대문 안과 그 주변, 용산의 모습을 상세히 알 수 있다. 당시 관공서·학교·상점·병원 등 주요 건물의 위치의 상세한 지번은 물론이고, 그 시점에 누가 어디에 거주하고 있는지도 알 수 있다. 북촌에는 한국인이, 남촌에는 일본인 일색이라는 것을 알 수 있고, 정동과 서대문 등에는 서양인들의 인명도 보인다.

남산·인왕산·낙산 등과 궁궐·종묘·효창원·용산 군부대 등은 녹색으로, 거리명·동명洞名·정명町名·공원 등은 대체로 검은색으로, 조선총독부·총독관저·외교와 종교 시설·군부대·역·학교 등 주요 건물명과 인명은 붉은색으로 쓰는 것을 원칙으로 삼았다. 한편 다양한 정보를 넣기 위해 실제와 다르게 그린 부분도 있다. 전철 마포선이 거의 수직으로 그려진 점, 청운동의 제이고등보통학교·경기도립상업학교와 오늘날의 명륜2~3가인

경성 지도를 따라 경성의 원형 속으로

숭이동·숭삼동의 경학원·고등상업학교를 표시하기 위해 지도를 변형한 것 등을 예로 들 수 있다.* [도04-03]

조선신문사에서 조선 시정 25주년 기념으로 1936년 8월 1일에 발행한 파노라마 지도인 〈대경성부대관〉은 경성부를 비롯해 인천부, 영등포, 명수대를 대상으로 그렸다. 파노라마 지도는 조감도처럼 한 지점에서 주위의 넓은 경관을 입체적으로 그린 것을 말한다. 〈대경성부대관〉의 본체를 이루는 경성부는 1935년 촬영한 항공사진을 바탕으로 제작했다. 공중에서 도시와 건축을 바라보고 그렸기 때문에 당시 경성의 구조뿐만 아니라 건물의 입면과 형태, 곧 입체적인 모습까지 파악할 수 있다.** 세로 142, 가로 153센티미터 크기로 남산 위에서 북서쪽으로, 북악산과 인왕산을 내려다보는 듯한 구도다. 중심에는 남산과 의주로가 남북으로 놓여 수직축을 이루고, 이 축을 중심으로 왼쪽에는 경성역에서 용산으로 가는 오늘날의 한강대로가, 오른쪽에는 종로·청계천·을지로가 있어 'ㅅ'자 구도를 형성하고 있다. 북쪽으로는 북악산 정상, 동쪽으로는 동대문 밖 창신동, 남쪽으로는 용산, 서쪽으로는 안산 일부 및 마포-서대문 구간 전차 노선을 포함한다. [도05][도05-01][도05-02]

〈대경성부대관〉에 나타난 모든 사물의 외곽선은 옅은 흑선으로 그려

---

* 〈경성정밀지도〉는 천주당(오늘날 약현성당)을 천수당天守堂으로, 각황사覺皇寺를 각왕사覺王寺로, 양정고보養正高普를 양성養成고보로 표기하는 등 잘못된 표기도 종종 보인다. 이러한 현상은 제작자들이 경성에 익숙하지 않았기 때문으로 보인다.

** 한국 근대 건축가 마종유(馬鍾儒, 1895~?)의 손자 마상윤이 2014년 6월 서울역사박물관에 기증했다. 〈대경성부대관〉의 입수 경위와 경성부 관련 사항은 김지연, 「〈대경성부대관〉 입수 경위」, 『대경성부대관』, 서울역사박물관, 2015, 122~123쪽; 최종현·도미이 마사노리·이수연, 「〈대경성부대관〉 경성부 해설」, 앞의 책, 124~130쪽의 내용을 정리했다. 130쪽에서는 "지금까지 진행된 근대 도시 및 건축의 연구가 수행하지 못했던 대상에 접근할 수 있는 역사적 자료로서의 특별한 의미를 가진다"는 평가를 했다.

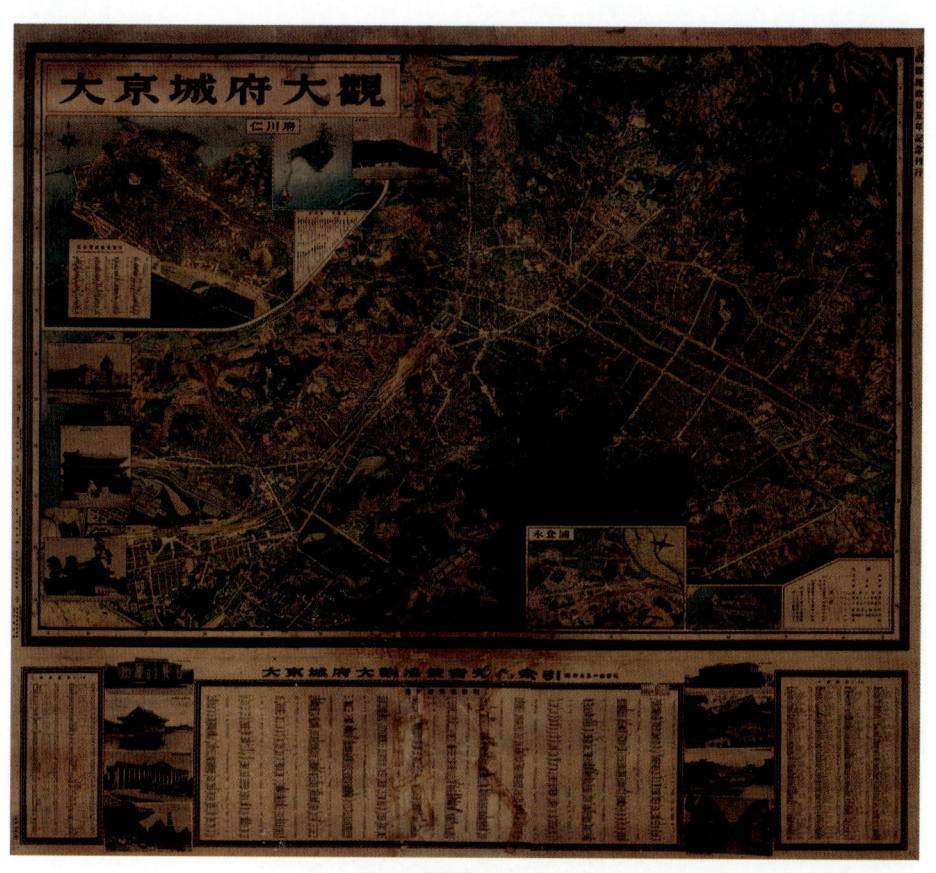

도05. 〈대경성부대관〉, 1936, 지도 142×153, 전체 171×168, 서울역사박물관.

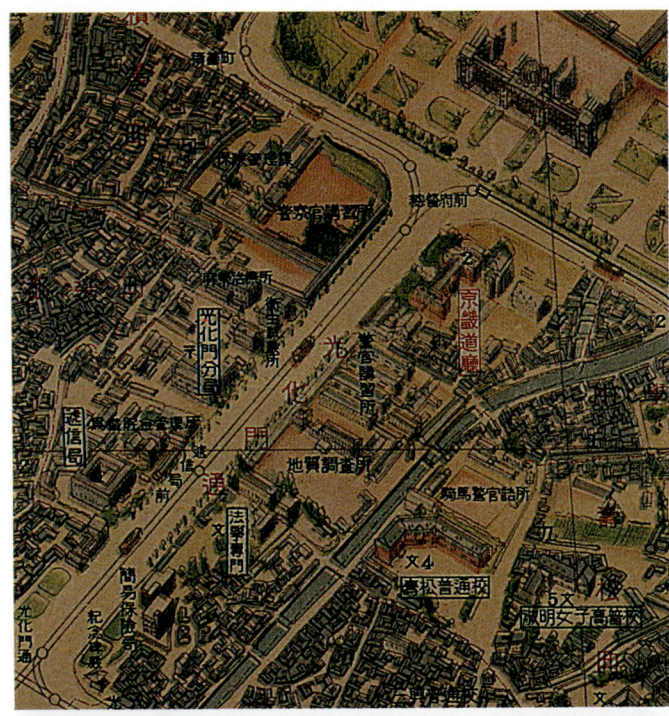

도05-01. 〈대경성부대관〉
광화문 부분. 사물의 윤곽선은
옅은 흑색으로 그리고, 그 안을
채색하는 방식으로 그려졌다.

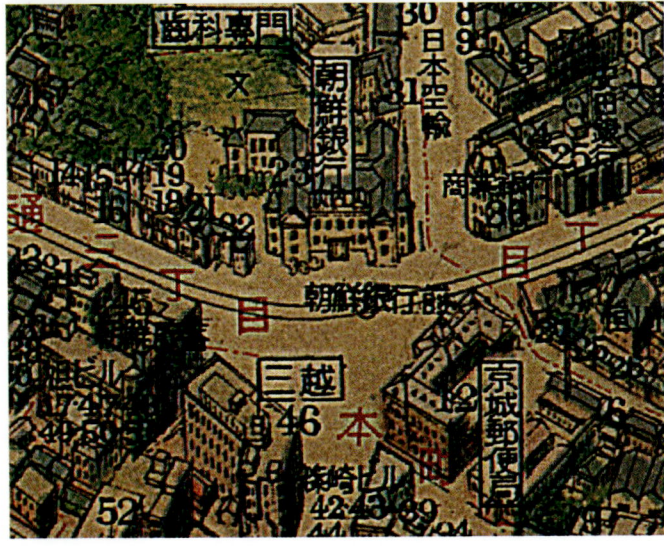

도05-02. 〈대경성부대관〉
조선은행 앞 광장 부분.
건물 전체 외형과 창문 형태,
층수까지 식별할 수 있을
정도로 정밀하다.

져 있고 그 안을 채색하는 형태로 완성했다. 산은 전체적으로 녹색이지만 굴곡에 따라 음영을 가미했고, 북악산이나 인왕산 암반은 옅게 칠했다. 청계천과 한강 및 그 지류의 물은 푸른색을 사용했다. 건물 또한 외곽선 안을 채색했는데, 세심하게 그려 건물의 전체 외형과 창문, 층수까지 식별할 수 있다. 1931년 만주사변 이후 군사 정보 유출에 민감할 때 제작한 것이라 정치 정보와 군사 정보 관리를 엄격히 했음을 확인할 수 있다. 조선총독부는 앞면의 2분의 1만 그렸고 뒷면은 마무리하지 않은 상태로 남겨뒀다. 용산 군부대 지역은 우거진 수풀로 처리했으며 사진과 색인표로 주요 항구 및 공장 지대를 가리기도 했다. 경성부 지역 마포, 용산역 서쪽 철도공장, 철도 사택단지는 경승지 사진으로 가렸다.

〈대경성부대관〉은 기존 파노라마 지도와는 달리 정확한 항공사진을 바탕으로 삼아 왜곡도가 현저히 낮다. 500미터마다 그린 격자망은 축척으로 사용할 만한 기준선이 되며, 1:5000~1:9000 사이의 축척으로 도시와 건축물을 그려놓아 건물 배치, 건물과 도로 관계도 파악 가능하다.

앞에서 살펴본 바와 같이 1933년 발행한 〈경성정밀지도〉와 1936년 발행한 〈대경성부대관〉은 제작 당시 경성의 모습을 지도에 충실히 반영했지만 제작 시기와 제작 방식의 차이에 따라 기록 내용이 조금씩 다르다. 서로 보완할 수 있는 부분이 많다는 뜻이다.

〈경성정밀지도〉는 일반적인 지도 제작 방식 곧 지면을 수직으로 바라본 방향으로 평면화시키는 방식으로 제작되었고, 〈대경성부대관〉은 조감도를 제작하듯 그림으로 그렸다. 〈경성정밀지도〉는 각 지역의 거리와 건물, 시설, 상점이 표시되어 있고 누가 거주하는지도 상세하게 표시해 놓았다. 경성과 용산 거리의 건물과 상점에 간판을, 집들에는 문패를 일일이 달아 놓은 듯하다. 〈대경성부대관〉은 경성의 모습을 한 폭의 서정적인 풍경화와 같은 감상물로 표현했다. 준엄한 북한산과 안온한 남산 사이에 펼쳐 있는 경성 시가지와 용산의 모습은 섬세하고 선명하며 정확하다.

1933년 발행한 〈경성정밀지도〉와 1936년 발행한 〈대경성부대관〉은 제작년도의 차이가 3년에 불과하다. 두 지도에 반영된 경성은 1930년대 초반에서 중반의 모습이다. 1930년대 조선사회는 '만주 특수特需'와 '황금광 시대'라 불리는 투기의 시기였다. 1930년 1월부터 일본이 금본위제로 복귀하면서 조선총독부가 추진한 산금産金정책에 따라 한반도에 금광 개발 열기가 불어 닥쳤고 금값이 폭등했으며, 1931년부터 시작된 일본의 만주 침략으로 인한 만주 특수로 주식이 최고의 호황을 맞았다. 골동품 수집 열기가 고조되어 남산동2가에 있던 미술품 경매회사 경성미술구락부는 호황의 시절을 보냈다.* 이처럼 우리나라 근대에서 1930년대 초중반은 '황금광시대'의 정점으로 다가가는 시기로서 당시의 자본가들은 낙관과 희망으로 가득했지만 식민지 지식인들과 민중들에게는 "암울한 공포의 시대"이기도 했다.**

이 책은 두 지도의 지리 정보와 당시 사진을 통해 '1930년대 경성의 풍경'을 재구성하기 위한 시도다. 이를 위해 1930년대 경성의 풍경을 당시의 지도 속에서 확인하고 구체화하려 했다. 사진 이미지와 지리 정보의 연결을 시도한다는 뜻이다.

그동안 여러 기관과 연구자 들의 노력에 의해 한국 근대, 일제강점기

---

* 전봉관,『황금광 시대: 식민지 시대 한반도를 뒤흔든 투기와 욕망의 인간사』, 살림, 2005. 1; 한수영,「하바꾼에서 황금광까지: 채만식의 소설에 나타난 식민지 사회의 투기 열풍」, 박지향 외 엮음,『해방전후사의 재인식 1』, 책세상, 2006, 2, 64~106쪽; 허영란,「전시체제기(1937~1945) 생활필수품 배급 통제 연구」,『국사관논총』88, 2000, 298~330쪽; 김상엽,『미술품 컬렉터들』, 돌베개, 2015, 49~62쪽.
** 조용만,『일제하 한국신문화운동사』, 정음사, 1975, 194쪽.

당시의 사진들이 많이 소개되어 근대기의 모습과 시대의 변화상 등을 시각적으로 확인할 수 있었다. 근대의 사진 이미지를 발굴, 정리, 소개하는 작업은 근대사에 관련된 우리의 이해를 시각적으로 확장할 수 있게 해준다는 점에서 중요하다. 다만 지금까지 소개된 우리나라 근대기 사진 이미지들은 대체로 개별 장소나 사건 또는 인물을 중심으로 촬영했기 때문에, 그 사진 이미지와 주변을 연결하여 이해하기 어려웠다. 사진 속 장소가 구체적으로 어느 곳인지 알 수 없었고 사진에 나타난 장소와 주변은 어떠한 관계가 있었는지를 이해하기 힘들었다는 의미이다. 개별적인 또는 파편화된 사진 이미지로는 경성의 전체적인 모습의 파악은 물론 거리나 장소에 관한 종합적인 이해도 쉽지 않다는 생각이다.

　이 책에서는 사진 이미지와 지리 정보의 연결과 함께 사진 이미지 주변의 모습도 제시하고자 했다. 사진에 나온 건물, 기관, 상점, 저택 등이 경성의 어느 위치에 있었는가를 〈경성정밀지도〉와 〈대경성부대관〉을 통해 살폈고 사진 이미지 속의 지역과 거리의 모습도 함께 제시하려 노력했다는 뜻이다. 지금까지 진행되어온 경성 관련 사진 이미지 소개를 넘어 그 의미를 지역과 장소로 확장하여 이해하려는 시도라고 할 수 있겠다. 개별적 이미지로만 소개되던 건물이나 장소를 당시 지도와 주변 거리 이미지와 함께 제시한다면 그 장소와 상황에 대한 우리의 인식이 훨씬 확장할 수 있겠다는 착안에서 비롯했다. 이와 같은 작업이 좀 더 시도된다면 당시를 살았던 사람들의 삶의 모습에도 한층 자연스럽게 다가갈 수 있지 않을까 기대를 해본다. 1930년대 경성의 모습, 나아가 일제강점기의 경성과 당시를 살았던 사람들의 삶의 모습에 좀 더 가까이 다가가는 데에 이 책이 일조할 수 있기를 바란다.

# 01 ~ 08

서울의 서쪽 지역인 안산鞍山·母岳山에서 무악재母岳岾, 인왕산仁王山, 북악산北岳山까지 걸친 지역이다.
안산은 서울시 서대문구 홍제동에 있는 산으로, 무악母岳 또는 기산岐山이라고도 불린다. 무악재는 서울시 현저동과 홍제동을 잇는 고개로서 인왕산과 안산 사이에 있으며 무학재無學岾·무악현母岳峴·무학현無學峴·모래재沙峴·길마재鞍峴·추모현追慕峴으로도 불렸다.
풍수적 관점으로 볼 때 서울 주위에 내사산內四山과 외사산外四山이 두르고 있는 것으로 보는데 동쪽의 낙산駱山·駝駱山, 청룡青龍, 남쪽의 목멱산木覓山·南山, 주작朱雀, 북쪽의 백악白岳·北岳, 현무玄武과 함께 인왕산은 백호白虎 역할의 내사산을 이루었다.
북악산은 서울 경복궁 북쪽에 솟아 진산鎭山을 이루어온 산으로 조선시대에는 백악白岳·백악산白岳山, 면악산面岳山, 공극산拱極山 등으로 불렸다. 북악산 기슭은 왕궁 및 관청과 가깝

# 홍제동

고, 경치가 좋았던 관계로 왕족과 사대부들이 많이 거주했고 별서別墅가 많았다. 많은 문인과 화가 들은 이 일대의 빼어난 경치를 그림과 시문으로 남겼다.

1396년태조 5 조선의 수도 한양을 방위하기 위한 한양도성이 축조된 이후 세종, 광해군, 효종, 현종, 숙종, 영조, 순조 대에 부분적인 개수를 진행했다. 안산의 동·서봉 정상에는 지금도 조선시대의 봉수대 자취가 남아 있다. 홍제동은 대형 국립 숙박시설인 홍제원弘濟院에서 유래했다. 고려 및 조선시대 역원제 실시 이후 공무여행자에게 편의를 제공하기 위한 목적으로 설치한 이곳은 중요한 기능을 수행하는 원이었다.

일제강점기 당시 이 지역에 거주하거나 머문 주요 문화계 인사로는 홍제동의 서양화가 염태진廉泰鎭, 홍지동의 문학가 이광수·서예가 손재형孫在馨, 평창동에서 말년을 보낸 소설가 박종화 등이 있다.

01 경성목장
02 경기상업학교
03 백운장

홍제동

# 경성목장 01

일제강점기 당시 경성에는 홍제동의 경성목장, 돈암동의 평산平山목장, 신설동의 동양목장을 비롯해 신당동 등에도 목장이 있었다. 후쿠다 다케이치 福田武一가 1922년 홍제동 131에 창업한 경성목장은 1930년대 후반에는 만주 방면으로의 확장을 도모할 정도로 번창했다.

경성목장.
와다 시게요시,
『대경성도시대관』,
조선신문사, 1937.

평산목장 우유 포장 장면. 와다 시게요시,
『대경성도시대관』,
조선신문사, 1937.

## 경기상업학교 02

1923년 경기도립갑종상업학교로 종로구 동숭동에서 개교한 뒤 1926년 종로구 청운동 89로 이전했다. 오늘날 경기상업고등학교의 전신이다.

경기상업학교. 서울역사박물관.

## 백운장 白雲莊 03

대한제국 정부의 장관급 이상 고위 관리 가운데 유일하게 독립운동을 위해 망명한 인물인 동농東農 김가진金嘉鎭, 1846~1922의 별서別墅다. 병자호란 때 강화성에서 순절한 김상용의 12대 손인 김가진이 1904년 비원장秘苑長으로 창덕궁 후원 공사를 성공적으로 마치자 고종이 남은 자재로 김가진의 집을 짓도록 지시하여 '장안에서 으뜸가는 주택' 백운장이 탄생했다. 김가진은 1919년 10월 74세의 나이에 아들 김의한과 중국 상하이로 망명, 대동단 총재와 임시정부 고문으로 활동했다. 1920년에는 임시정부를 대표하는 여성 독립운동가가 된 며느리 정정화도 상하이로 망명했다. 김가진 일가가 중국으로 망명한 뒤 일제강점기 내내 백운장은 일본인이 청향원淸香園 등 요정으로 사용했고, 광복 이후에도 1961년 박정희 정권 때 불하를 결정하기 전까지 이곳에서 이른바 요정 정치가 이루어졌다.* 청운동.

* 최종현·김창희, 『오래된 서울』, 동하, 2013, 248~263쪽; 유영호, 『서촌을 걷는다: 과거와 현재를 잇는 서울역사산책』, 창해, 2018, 89~93쪽.

일제강점기 엽서 속 백운장. 서울역사박물관.

일제강점기 엽서 속 백운장. 오른쪽 바위에 김가진의 글씨 "백운동천"白雲洞天이 보인다. 서울역사박물관.

홍제동

# 09 ~ 10

서울 서쪽 현저동, 관동, 교북동, 행촌동, 옥천동 등 일대다. 현저동은 현저동과 홍제동을 잇는 고개로서 인왕산과 안산 사이에 있는 무악재의 아래 마을이라는 의미이고, 관동이라는 명칭은 조선시대 명나라와 청나라의 사신을 영접하던 모화관慕華館이 있었기 때문에 붙여진 이름인데, 1946년 영천동으로 개칭했다. 교북동은 부근에 돌로 만든 다리가 있다고 하여 그 다리의 남쪽 동네를 교남동, 북쪽 동네를 교북동이라 한데서 비롯되었다. 행촌동은 서부 반송방의 은행동과 신촌동에서 각각 '행'자와 '촌'자를 따서 합성한 데서 마을 이름이 유래했다. 옥천동은 옥폭이라는 폭포가 있어서 옥폭동이라 불렸고 옥폭동 부근에 옥천암이라는 암자가 있었기 때문에 생겨난 동명이다.

# 현저동
# 관동
# 교북동
# 행촌동
# 옥천동

청일전쟁 이후 모화관은 폐지되고 1896년 독립협회를 세운 서재필 등이 모화관을 독립관으로 개수하여 독립정신을 고취하는 회관으로 사용하는 한편 중국 사신을 맞던 영은문迎恩門 대신 독립문을 세우면서 이 지역은 우리나라 근대 역사의 중요한 현장이 되었다.
서대문형무소로 명칭이 바뀌었는데 일제강점기 당시 이 지역에 거주하거나 머문 주요 문화계 인사로는 현저동의 서양화가 박득순朴得錞, 행촌동의 음악가 홍난파, 소설가·문학평론가·시인으로 유명한 김동인, 소설가 염상섭 등이 있었다. 일제강점기 조선에서 활동한 일본인 도자 연구가 아사카와 다쿠미淺川巧가 1914년 경 독립문 근처에 살았다.

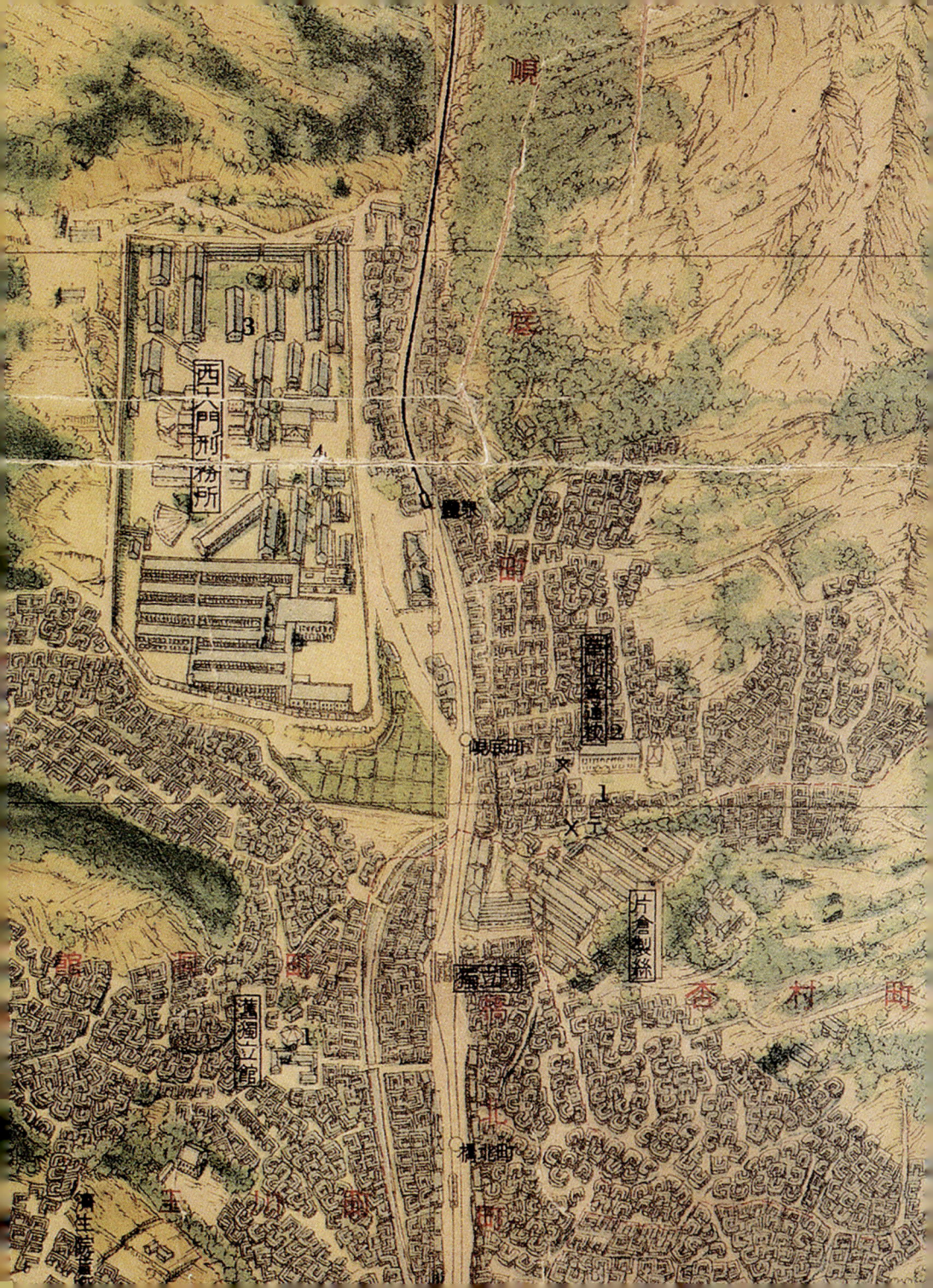

01 서대문형무소
02 화산보통학교
03 가타쿠라제사방적주식회사
04 딜쿠샤
05 독립문과 독립관
06 제생원 맹아부(양육부)

1902~1903년경의 독립문 근처 모습. 지금의 의주로, 무악재 일대는 중국으로 사행길을 떠나는 길목이어서 서울 거주 서양인들은 대개 이곳을 북경로라 불렀다. 중앙에 독립문이 보이고 그 오른쪽 기와집이 독립관으로 변한 옛 모화관이다.
이돈수 한국해연구소장 제공.

현저동, 관동, 교북동, 행촌동, 옥천동

일제강점기 발행한 엽서 속 독립문. 의주로에서 바라본 모습이다. 부산박물관.

# 서대문형무소 01

통감부가 식민통치에 저항하는 항일의병들을 투옥하기 위해 1908년 서대문 현저동에 완공한 근대적 감옥이다. 경성감옥이라는 이름으로 처음 건립했다. 경성감옥의 수용 능력 부족으로 1912년 마포에 지은 새로운 감옥이 경성감옥이라는 이름을 승계했고 기존 시설을 서대문감옥으로 개칭했다. 독립운동가들을 수감하고 고문한 것으로 악명이 높았다. 1923년 일제가 감옥이라는 이름을 폐기하고 형무소로 일괄 변경함에 따라 경성감옥은 경성형무소, 서대문감옥은 서대문형무소가 되었다. 서대문형무소는 광복 후에는 서울형무소로 불렸고 1961년 서울교도소, 1967년에는 서울구치소로 개칭했다. 서울구치소의 경기도 의왕시 이전 이후 1987년 10월 원래 건물을 폐쇄하고 1988년 대한민국 사적으로 지정했다. 1998년 11월 5일 서울시 서대문구가 관리하는 서대문형무소 역사관으로 재개장했다.

서대문형무소 구치감과 부속운동시설인 격벽장. 격벽장은 조선 유일의 시설로 간수 한 명이 죄수 열 명을 감시할 수 있었다. 조선치형(治刑)협회, 『조선형무소사진첩』, 1924.

서대문형무소. 조선총독부, 『조선요람』朝鮮要覽, 1933.

공산당 재건공작 사건
면소자 출감 광경을 실은 기사.
『중앙일보』, 1933. 4. 30.

## 화산華山보통학교 02

1922년 개교했다. 현저동 46.

화산보통학교. 와다 시게요시,
『대경성도시대관』, 조선신문사, 1937.

## 가타쿠라片倉제사방적주식회사 03

본점은 도쿄에 있었다. 행촌동.

가타쿠라제사방적주식회사, 조선매일신
문사, 『대경성 안내서』, 1925.

# 딜쿠샤 04

산스크리트어로 기쁜 마음의 궁전이라는 뜻인 딜쿠샤Dilkusha는 금광개발업자이자 통신사 UPAUPI의 전신의 특파원이었던 미국인 앨버트 테일러Albert W. Taylor, 1875~1948와 영국인 부인 메리Mary L. Taylor, 1889~1982 부부의 집이다. 앨버트 테일러는 1919년 3·1운동과 일제에 의한 제암리 민간인 학살사건을 최초로 세계에 알린 인물이다. 1924년 완공한 딜쿠샤는 2017년 국가등록문화재 제687호로 지정되었고 2020년 원형복원 후, 2021년 3월 1일 서울역사박물관 분관으로 개관했다.* 행촌동 1번지.

딜쿠샤 외관. 건물 앞 무성한 은행나무는 지금도 그 자리에 있다. 서울역사박물관.

* 이순우, 「테일러 일가의 서울생활과 그 의미」, 『딜쿠샤와 호박목걸이』 기증유물 특별전, 서울역사박물관, 2018, 186~215쪽. 최지혜, 『딜쿠샤, 경성 살던 서양인의 옛집』, 혜화1117, 2021.

# 독립문과 독립관 05

자주민권과 자강운동의 기념물이다. 높이 14.28미터, 너비 11.48미터로, 1894년 갑오개혁 이후 자주독립의 결의를 다짐하기 위해 중국 사신을 영접하여 사대외교의 표상으로 인식된 영은문을 헐고 그 자리에 건립했다.

독립관은 중국 사신을 영접하는 모화관을 개수하여 대한제국기 독립협회 사무실로 사용한 건물이다. 1896년 독립문 완공과 1897년 독립관 개수 및 독립협회의 사용 등은 서재필의 발의와 고종의 동의, 많은 애국지사와 국민 들의 호응에 힘입었다. 독립문과 영은문의 주초는 1963년 사적으로 지정되었고 독립관은 1996년 서울시에서 재건, 순국선열들의 위패 봉안 및 전시실로 사용하고 있다.

일제강점기 발행한 엽서 속 독립문과 영은문 자취. 전기, 전차, 자전거 등 신문물의 도입으로 거리의 변화된 모습이 보인다. 서울역사박물관.

## 제생원 맹아부(양육부) 06

제생원은 1912년 설립된 구휼사업기관으로 고아를 보육하는 양육부와 시각장애인과 청각장애인을 교육하는 맹아부로 이루어졌다. 설립 당시에는 양육부가 신교동 1, 옛 선희궁에 있었고 맹아부는 천연동 98, 옛 숭의묘에 있었다. 1931년 양육부와 맹아부의 위치를 바꿨는데 지도에는 반영하지 않은 것으로 보인다. 오늘날 서울맹盲학교, 서울농聾학교의 전신이다.

육아부가 있던 선희궁은 영조의 후궁이자 사도세자의 생모인 영빈 이씨의 제향을 위해 건립된 제사궁祭祀宮이다. 본래 지금의 서울시 종로구 신교동에 해당하는 한성부 북부 순화방에 있었으나 이후 인근 궁정동에 있는 칠궁七宮으로 옮겨갔다. 맹아부가 있던 숭의묘는 촉한의 시조 유비의 초상을 모신 사당으로 1902년 건립했다.

제생원 양육부 아동 숙사. 조선총독부, 『조선총독부제생원사업요람』, 1935.

# 11

경복궁 서쪽의 누상동, 필운동, 사직동 지역이다.
누상동의 지명은 광해군 때 세우다 완성되지 못한 채 폐기된 인경궁仁慶宮의 누각 위쪽에 있다 하여 유래했다. 누상동 서쪽 인왕산 골짜기는 골이 깊고 수석水石이 아름다우며 수목이 울창한 서울의 명승 중 하나였다.
필운동이라는 지명은 필운대弼雲臺에서 유래했다. 필운은 서산, 곧 인왕산을 의미하며 필운대의 살구꽃은 성북동의 복사꽃, 동대문 밖 버드나무, 천연정의 연꽃, 삼청동·탕춘대의 수석과 함께 서울의 5대 명소로 꼽혔다.

# 누상동
# 필운동
# 사직동

사직동은 사직단에서 유래했다. 사직단은 조선 시대에 국가에서 토지의 신인 사社와 곡식의 신인 직稷에게 제사를 지내던 곳이다.
일제강점기 당시 이 지역에 거주하거나 머문 주요 문화계 인사로는 먼저 누상동에서 탄생한 국학자 최남선이 꼽힌다. 누상동에는 소설가 김송金松의 집에서 하숙을 한 윤동주, 서양화가 이중섭이 있었다. 필운동에는 최초의 표현주의 화가라 불리는 구본웅, 서양화가 이제창李濟昶, 조각가 김복진, 소설가 염상섭, 언론인이자 작가인 이상협李相協이 살았다. 사직동에는 서양화가 이종우李鍾禹·김중현金重鉉·김복진의 제자 이국전李國銓 등이 살았다.

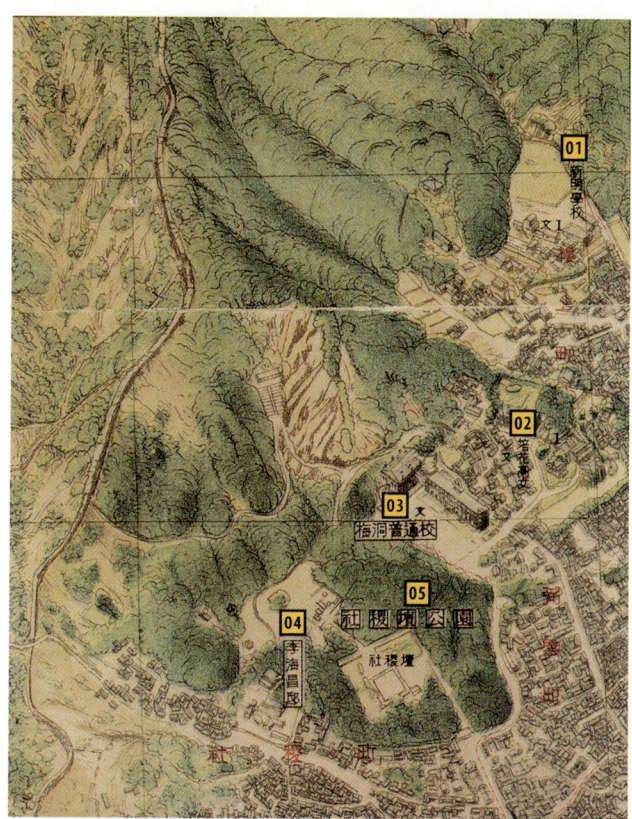

01 신명보통학교
02 배화여자고등보통학교
03 매동보통학교
04 이해창의 집
05 사직단공원

누상동, 필운동, 사직동

01 매화여학교
02 배화여학교
03 사직(사직단 공원)

누상동, 필운동, 사직동

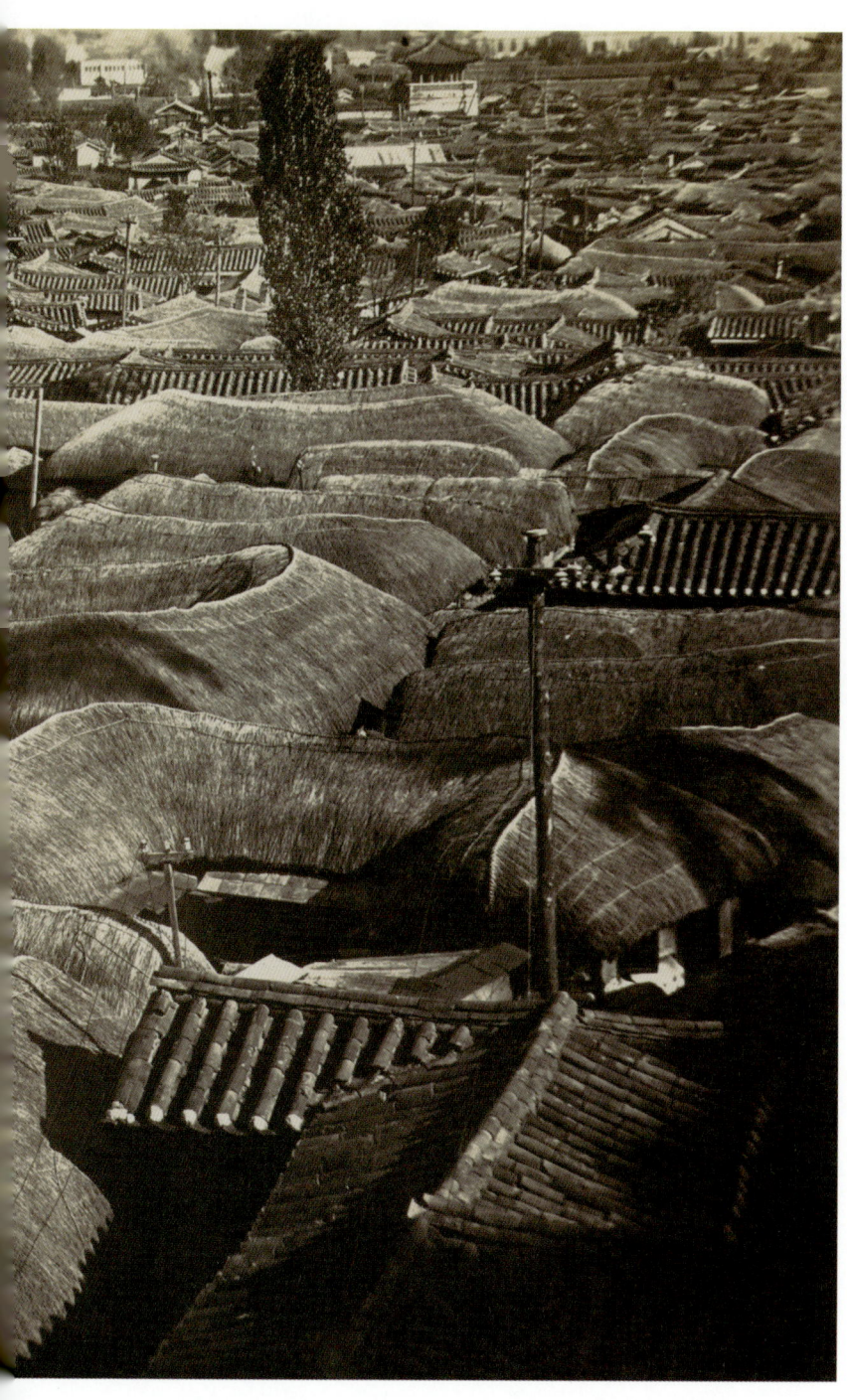

사직단 부근에서 경복궁 방향을 바라본 광경이다. 앞쪽 마을은 사직단 주변의 필운동, 체부동, 내자동 등으로 보인다. 화면 오른쪽 상단 위쪽의 망루는 경복궁 서쪽의 경비를 담당하는 서십자각이다. 화면 상단 중앙 부근의 공사 중인 건물은 조선총독부 청사로 여겨진다. 조선총독부 청사는 1926년 건축되었기 때문에 이 사진은 1926년 이전으로 추정된다. 미국의회도서관.

# 신명新明보통학교 01

1907년 누상동 150에서 개교했다.

신명보통학교. 와다 시게요시, 『대경성도시대관』, 조선신문사, 1937.

## 배화培花여자고등보통학교 02 02

1898년 미국 남감리회 여성 선교사 캠벨Josephine Eaton Peel Campbell 여사에 의해 내자동에서 개교한 뒤 1916년 필운동으로 이전했다. 오늘날 배화학당의 전신이다. 이 자리는 조선 선조 때 영의정을 지낸 이항복이 살던 곳으로 필운대라는 글씨가 있다.

배화여자고등보통학교. 서울역사박물관.

# 매동梅洞보통학교 03 01

1895년 필운동 32에 관립 장동壯洞소학교로 개교한 뒤 1911년 매동공립보통학교로 개칭했다. 오늘날 매동초등학교의 전신이다.

매동보통학교. 조선연구회, 『대경성』, 1925.

# 이해창의 집 04

원래 선조의 친부 덕흥대원군의 사저이자 선조의 잠저인 도정궁都正宮이었다. 이해창李海昌, 1865~1945은 덕흥부원군의 14대 사손嗣孫이자 대한제국기 관료를 지낸 금융인으로 친일반민족행위자다. 사직동.

## 사직단社稷壇공원 05 03

조선시대 토지를 주관하는 신神인 사社와 오곡五穀을 주관하는 신인 직稷에게 제사를 지내던 곳이다. 조선 태조가 한양에 도읍을 정하면서 『주례』周禮 「고공기」考工記의 '좌묘우사'左廟右社 원칙에 따라 경복궁 동쪽엔 종묘를, 서쪽엔 사직단을 배치했다. 중춘仲春·중추仲秋·납일臘日이 되면 대향사大享祀, 정월에는 기곡제祈穀祭, 가뭄에는 기우제를 각각 행했고, 1426년세종 8에는 사직단 바깥의 북쪽에 사직서社稷署를 세워 관리했다. 1908년 일제의 강압으로 순종 황제가 사직제를 폐지한다는 칙령을 내린 뒤 1911년에는 사직단 부지가 아예 총독부로 넘어갔다. 그뒤 일제는 1922년 사직단 주위에 도로를 내고 1924년에는 사직단 일원을 공원으로 만들었다. 1926년에는 테니스 코트, 공동변소, 휴게시설 등이 들어섰다.

1924년 일제에 의해 공원이 된 뒤의 사직단이 일제강점기 엽서에 등장했다. 서울역사박물관.

# 12

경복궁 서쪽 지역으로 청운동, 신교동, 옥인동, 궁정동, 효자동, 창성동, 누하동, 체부동, 통의동에 해당된다.
청운·궁정·효자·신교동은 이른바 '잣골막바지'라고 불리던 도성 안에서는 상대적으로 외진 곳으로서 장동壯洞 김씨신 안동 김씨의 본거지였다. 청운보통학교 뒤쪽 일대의 청풍계淸風溪는 명승으로 유명했다. 이곳의 남쪽인 통인·옥인·누상·누하·창성·필운·사직동은 조선시대 '우대僮'라 하여 행정직 중인들이 모여 살던 곳으로 여항閭巷, 委巷문학이 싹튼 곳이다. 오늘날 옥인동 47번지 일대는 인왕산에서 흘러내리는 옥류동 계곡이 관통하는 곳으로 경관이 뛰어나 조선 중기부터 많은 양반과 중인들이 찾았다. 이곳에 18세기의 여항시인 천수경千壽慶이 송석원松石園이라는 집을 짓고 살면서 그를 중심으로 결성한 옥계시사玉溪詩社 또는 송석원시사가 널리 알려졌다. 이 지역에는 일제강점기 들어서 윤덕영의 벽수산장碧樹山莊·순화병원·

# 청운동
# 신교동
# 옥인동

이완용 저택이상 옥인동, 제생원 양육부신교동, 제2고등보통학교·경기도립상업학교청운동, 진명여학교·체신이원양성소창성동 등이 들어섰다.

일제강점기 당시 이 지역에 거주하거나 머문 주요 문화계 인사로는 옥인동의 이완용과 삽화가 이승만李承萬, 독립운동가·화가·언론인 이여성, 동양화가 노수현盧壽鉉 등이 있다. 궁정동에는 서양화가 정현웅, 이여성의 동생인 서양화가 이쾌대가 살았고 효자동에는 이광수의 부인 허영숙許英肅의 산원産院이 있었고 동양화가 이상범, 서예가 손재형 등이 살았다. 손재형과 교유한 서화가 이한복李漢福도 이 부근에 살았던 것으로 여겨진다. 누하동에는 문인 노천명·동양화가 이상범과 박승무朴勝武, 통인동에는 시인 이상, 통의동에는 동양화가 정종여의 하숙이 있었다.

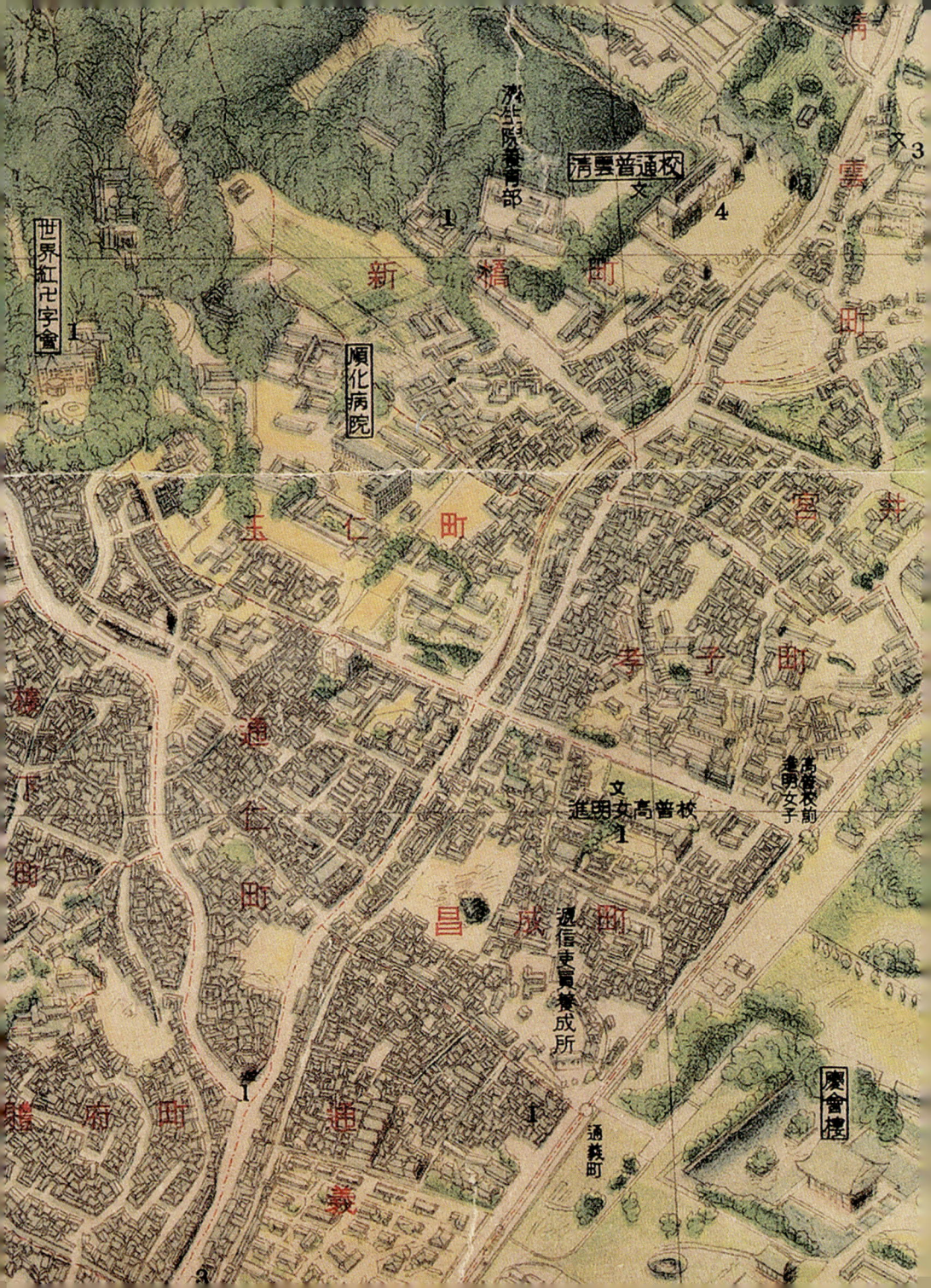

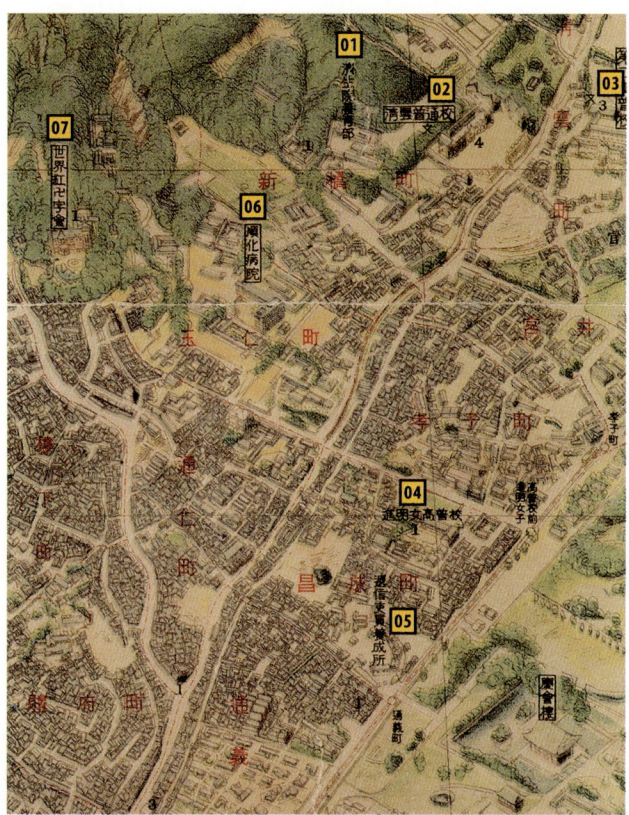

01 제생원 양육부(맹아부)
02 청운보통학교
03 경성제이고등보통학교
04 진명여자고등보통학교
05 체신국이원양성소
06 경성부립 순화병원
07 세계홍만자회(벽수산장)

청운동, 신교동, 옥인동

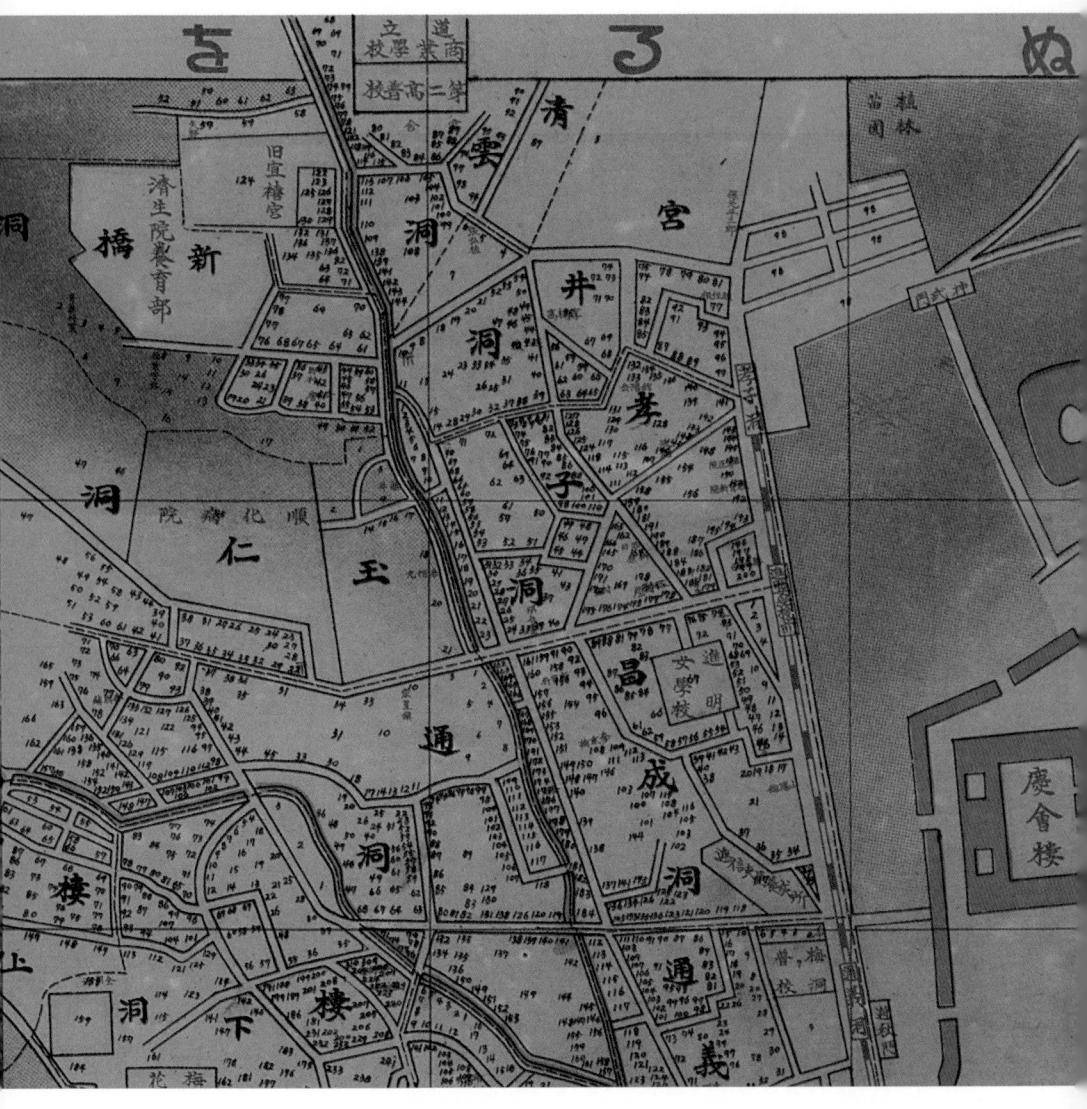

01 경성제이고등보통학교
02 진명여자고등보통학교
03 체신국이원양성소
04 영추문 부근
05 이항구의 집
06 사이토 임업공무소
07 제생원 양육부(맹아부)

청운동, 신교동, 옥인동

# 제생원 양육부 (맹아부) 01 07

1912년 설립했다. 설립 당시에는 양육부가 이 자리에 있었으나 1931년 맹아부와 위치를 바꿨는데 지도에는 반영되지 않은 것으로 보인다. 신교동 1.

제생원 맹아부. 중앙의 큰 건물은 선희궁이다. 조선총독부, 『조선요람』, 1928.

제생원 맹아부의 직원과 생도들이 체조하는 모습. 조선총독부, 『조선총독부제생원사업요람』, 1935.

## 청운淸雲보통학교 02

1923년 청운공립보통학교로 개교했다. 오늘날 청운초등학교의 전신이다. 청운동.

청운보통학교. 와다 시게요시, 『대경성도시대관』, 조선신문사, 1937.

## 경성제이第二고등보통학교 03 01

1921년 개교했다. 오늘날 경복고등학교의 전신이다. 청운동 98.

경성제이고등보통학교. 나카무라 미치타로, 『일본지리풍속대계』 조선편, 신광사, 1930.

# 진명眞明여자고등보통학교 04 02

1906년 고종 황제의 후궁으로 영친왕의 어머니인 순원황귀비 엄씨가 설립했다. 오늘날 진명여자중고등학교의 전신이다. 창성동 67.

진명여자고등보통학교.
와다 시게요시, 『대경성도시대관』, 조선신문사, 1937.

1920년대 진명여자고등보통학교에 행차한 왕세자 이은(영친왕) 부부를 위하여 개최한 이왕가 어경사 기념회. 표창을 받은 최우등 졸업생이 환영문을낭독하고 있다.
국사편찬위원회

## 체신국이원吏員양성소 05 03

1918년에 설치된 체신공무원 양성 교육기관. 창성동 117.

체신국이원양성소.
조선총독부체신국,
『조선의 체신사업』,
1932.

## 경성부립 순화順化병원 06

1911년 통감부가 설립한 경성 유일의 부립 전염병원. 1948년 시립 순화병원 결핵환자 진료소, 시립 서북병원이 되었다. 옥인동 45.

경성부립 순화병원. 경성부 편,
『경성휘보』 188, 1938. 5.

# 세계홍만자회 世界紅卍字會 (벽수산장) 07

옛 송석원 자리에 위치한 윤덕영尹德榮, 1873~1940의 저택이다. 당시 사람들은 한양 아방궁이라 불렀다. 윤덕영은 순종의 비인 순정효황후의 큰아버지로서 고위직을 역임하며 외척 세도를 부렸다. 한일합병을 가결시키는 데 주도적인 역할을 한 윤덕영은 일제로부터 자작 작위를 받았으며, 일본제국 의회 귀족원 칙선의원·중추원 부의장 등을 지냈다. 윤덕영의 집터는 1만 6,628평, 모두 19채의 건물이 있었고 그 핵심인 벽수산장은 건평 795여 평의 호화 대저택이었다.

지상 3층·지하 1층의 서양식 슬레이트 건물로 경복궁을 내려다보는 위치에 있던 벽수산장은 1910년대에 착공했으나 건축업자 파산 등으로 1935년에 완공했다. 윤덕영은 벽수산장의 크기와 위치, 호화로움 등으로 여론이 악화되자 준공 후 중국의 신흥종교인 홍만자회 조선지부에 빌려주었으나 자신이 홍만자회 조선지부의 주석이었기 때문에 실질적으로는 자신이 사용했을 것으로 보인다.

광복 후 벽수산장은 덕수병원에 불하되었다가, 한국전쟁 직후 북한 측의 조선인민공화국 청사로, 수복 후에는 미군 장교 숙소와 언커크 UNCURK: 국제연합 한국통일부흥위원단 청사 등으로 사용하다가 1973년 철거되었다. 벽수산장 아래쪽에 있던 윤덕영 딸과 사위의 2층 집은 오늘날 종로구립 박노수미술관이 되었다.* 옥인동 47.

---

* 최종현·김창희, 『오래된 서울』 동하, 2013, 239~244쪽.

벽수산장 주변. 사진 앞쪽 왼편의 흰색 건물이 윤덕영 딸과 사위의 집이다. 서울역사박물관.

## 영추문 부근 04

영추문迎秋門은 경복궁의 서쪽 문이다. 경복궁 동쪽 문인 건춘문建春門은 세자를 비롯한 왕실가족과 종친들이 드나들었고 영추문은 경복궁 안에 있는 관청에서 근무하는 문무백관들이 출입했다. 1916년 조선총독부 신청사 건립 추진과 함께 경복궁 주변에 관사와 사택들이 들어서기 시작했고 이들을 잇는 전차 노선이 개통했다. 광화문선은 1917년, 안국동선은 1923년, 통의동선은 1923년 개통했다. 광화문에서 영추문까지 이어진 통의동선은 1926년 복선화되었다.

경복궁 서문 영추문과 뒤쪽으로 북악산이 보인다. 국립중앙박물관.

1924년 무렵 적선동 전차 정류장에서 바라본 영추문 방향.
조선총독부내무국 경성토목출장소, 『경성시구개정사업 회고 20년』, 1930.

청운동, 신교동, 옥인동

# 사이토齋藤 임업공무소 06

산림 매매, 조림造林 경영 등을 대행했다. 신교동 2.

사이토임업공무소. 와다 시게요시, 『대경성도시대관』, 조선신문사, 1937.

## 이항구의 집 05

이항구李恒九, 1881~1945는 을사오적 이완용의 차남이다. 이왕직 장관 등 일제강점기 당시 고위직을 역임했고 남작의 작위를 받은 친일반민족행위자다. 이 집은 이완용의 저택을 승계한 것이다. 집터가 4천 평 가까운 규모였다고 전한다. 옥인동 19.

이완용 집 낙성 관련 기사. 『매일신보』, 1913. 12. 5.

# 13~14

경복궁 동북쪽에 위치한 팔판동과 삼청동은 서쪽으로는 경복궁, 동쪽과 북쪽은 북악산으로 둘러싸인 지역으로 조선시대 권문세가 들을 의미하는 이른바 경화세족이 많이 살던 지역인 북촌에 속한다.

팔판동은 조선시대 이 지역에 여덟 명의 판서가 살았다는 데에서 유래했으나, 그들이 누구를 지칭하는지는 상세하지 않다. 경복궁 동쪽 길을 따라 삼청동으로 올라가는 중간의 서쪽 지역으로 이곳의 광장은 석전石戰을 하던 곳으로 흥선대원군이 자주 관전했다고 전한다.

삼청동은 북악산 동쪽 기슭으로서 조선시대에 도교의 주신인 삼청太淸, 上淸, 玉淸을 모시는

# 팔판동
# 삼청동

신전인 삼청전三淸殿이 있던 데에서 유래했다. 봄, 가을 소격서昭格署에서 주관하여 지낸 천제天祭는 중종 대 조광조의 반대로 중단되었다. 조선 후기 정조 연간에 편찬된 『한경지략』에는 '산이 맑고'山淸, '물도 맑으며'水淸, 그래서 '사람의 인심 또한 맑고 좋다'人淸는 뜻에서 삼청이라 불렀다고 기록되었다. 삼청동은 인왕동, 쌍계동, 백운동, 청학동 등과 함께 서울에서 경치 좋은 지역으로 꼽혔다.

일제강점기 당시 이 지역에 거주하거나 머문 주요 인사로는 민영휘閔泳徽의 차남 민규식閔奎植과 경성전기 사장을 지낸 무샤 렌조武者鍊三, 조각가 김복진金復鎭이 있다.

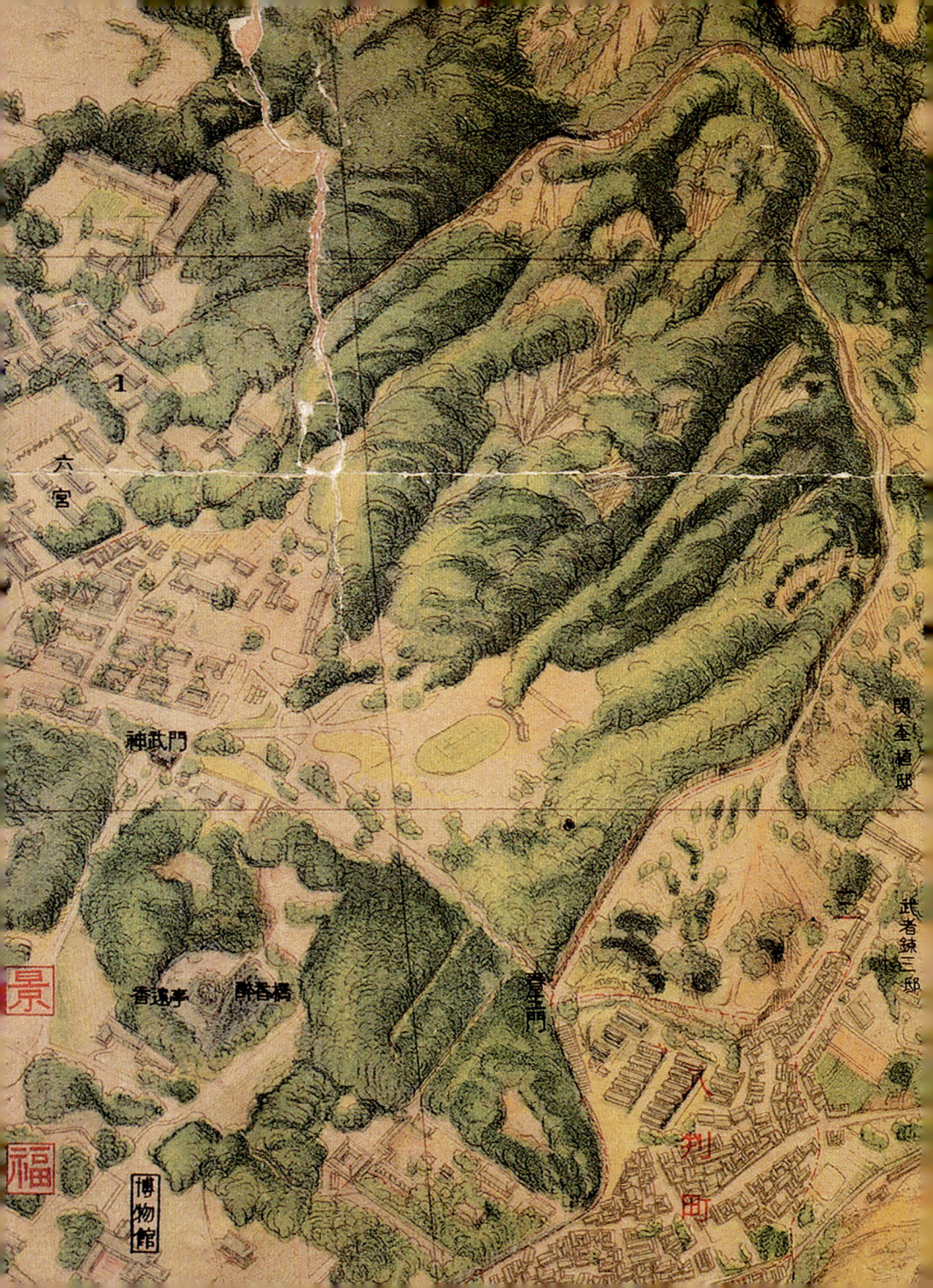

痘苗作業所
細菌檢査室

01 민규식의 집
02 무샤 렌조의 집
03 박물관(조선민족미술관)
04 세균검사실·두묘 작업소

13~14.

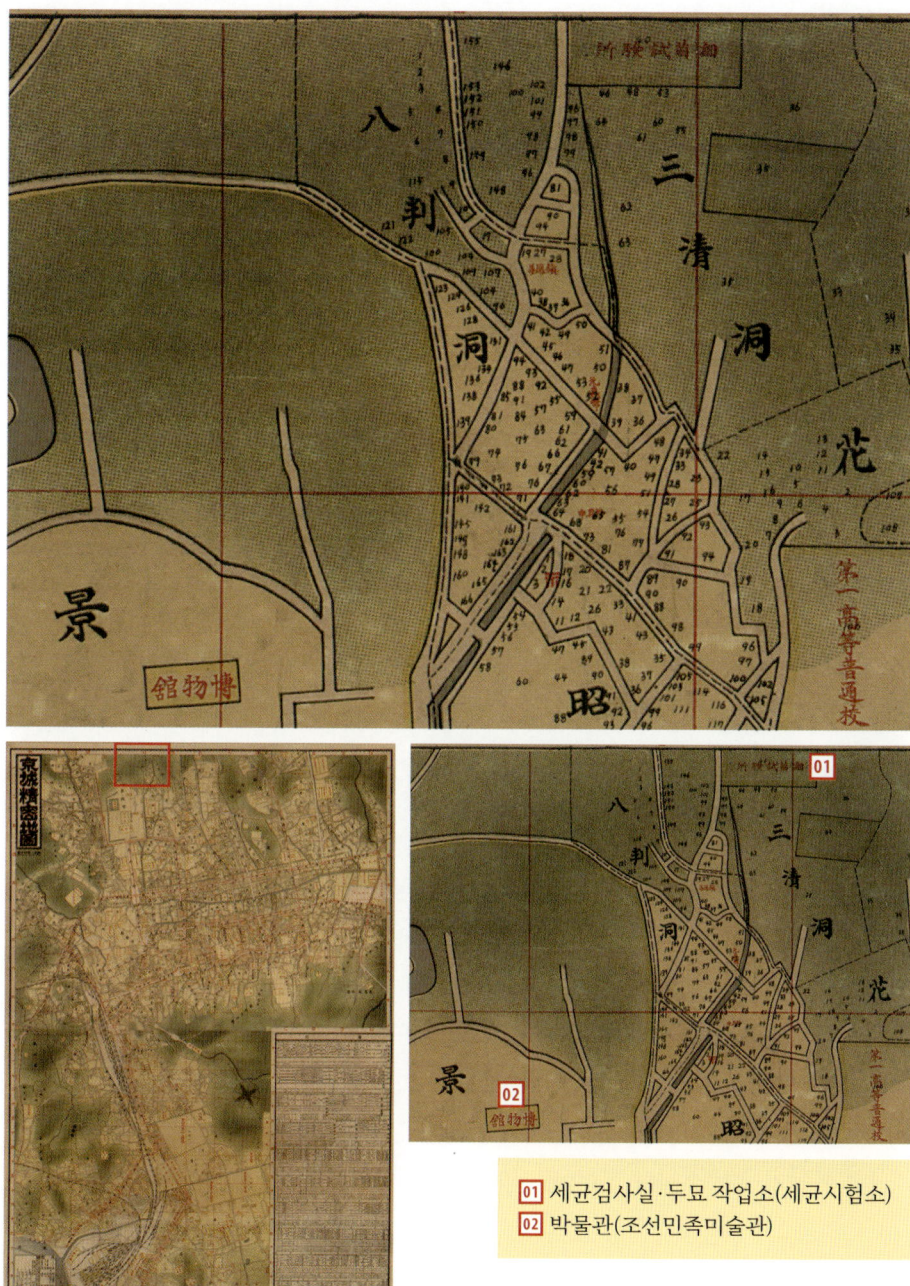

01 세균검사실·두묘 작업소(세균시험소)
02 박물관(조선민족미술관)

팔판동, 삼청동

## 민규식의 집 01

민규식閔奎植, 1888~?은 민씨 척족의 중심인물인 민영휘閔泳徽, 1852~1935의 차남이다. 일제강점기와 대한민국의 금융인 겸 기업인이다. 민규식은 광복 직후 자신의 저택 삼청장三淸莊을 김규식에게 제공하기도 했다. 삼청동.

## 무샤 렌조의 집 02

무샤 렌조武者鍊三, 1883~?는 주식회사 경성전기 사장으로 조선전기협회 부회장 등을 역임했다. 삼청동.

## 박물관(조선민족미술관) 03 02

일본 미술평론가 야나기 무네요시柳宗悅, 1889~1961가 1924년 경복궁 집경당에서 개관했다. 미술관의 실질적인 운영은 조선 도자 연구자인 아사카와 다쿠미淺川巧가, 1931년 다쿠미의 사망 이후에는 그의 형인 아사카와 노리다카淺川伯教가 맡았다. 1945년 광복 직후 조선민족미술관의 소장품은 민속학자 송석하宋錫夏, 1904~1948가 관장이 된 국립민족박물관에 이관되었고, 이는 다시 한국전쟁 직후 국립중앙박물관 남산 분관에 흡수되었다.

　　야나기 무네요시는 심리학, 서양미술, 동양미술, 종교철학 등 다양한 분야에 관심을 가졌던 인물이다. 그는 아사카와 노리다카, 아사카와 다쿠미 형제를 통해 조선 도자기를 접한 이후 조선 민예품 전반에 관심을 갖고 연구했다. 1922년 8월 24일부터 28일까지 『동아일보』 1면에 5회에 걸쳐 연재된 「사라지려 하는 하나의 조선건축을 위하여」는 광화문 철거를 반대한 글로 잘 알려져 있다. 이 글은 일본의 잡지 『개조』改造 1922년 9월호에도 실려 조선에 이어 일본 사회에도 큰 반향을 일으켰다.

민예에 대한 그의 관심은 1924년 조선민족미술관 설립, 1938년 일본민예관 설립으로 이어졌다. 1984년 대한민국 정부는 외국인 최초로 그에게 보관문화훈장을 수여했는데 그런 한편으로 조선의 미술을 '비애의 미'로 규정한 그의 예술론에 대한 반론이 1970년대 이래 제기되었고 1990년대 이후 재조명하려는 움직임이 있다.

경복궁 집경당과 함화당, 조선총독부, 『조선고적도보』 10, 1915.

# 세균검사실·두묘痘苗작업소(세균시험소) 04 01

조선총독부의 천연두 관련 세균검사소. 구한말 근대식 무기를 제작하던 기기국機器局 번사창飜沙廠 건물을 사용했다. 두묘는 천연두에 걸린 소에서 뽑아낸 유백색의 우장牛漿으로, 한때 천연두 백신의 원료로 썼다. 번사飜沙는 흙沙으로 만든 거푸집에 쇳물을 부어飜 주조한다는 뜻이다. 번사창 건물은 현존하는 가장 오래된 벽돌조 건물이자 한국 최초의 근대식 공장으로 알려져 있다. 삼청동.

13~14.

두묘 생산을 위한 송아지 선별 작업 장면. 뒤쪽 건물이 번사창이다. 1915년 무렵 사진이다. 서울역사박물관.

# 15~16

한양도성 4소문의 하나인 혜화문을 나서서 왼쪽 일대의 계곡마을인 성북동은 조선시대 도성 수비를 담당했던 어영청御營廳의 북둔北屯: 북쪽 부대이 1765년영조 41에 설치된 연유로 성북동이라는 동명이 붙여졌다. 성북동은 조선 초부터 한성부에 속했는데 1894년 갑오개혁 당시 행정구역 개편으로 동소문외계東小門外契 성북동이 되었고 한일합병 이후 경기도 고양군 성북리 등이 되었다가 1936년 경성부 확장에 따라 경성부 성북정이 되었다.
성북동은 옛부터 맑은 시냇물이 흐르고 수석이 어울린 산자수명한 마을로 복숭아, 앵두나무가 많아서 이 지역의 자연 촌락명으로 홍도동紅桃洞, 도화동桃花洞, 복사동 등이 남아 있다.

# 성북동

서울 사람들은 봄이면 인왕산 아래 살구꽃, 서대문 밖 서지西池의 연꽃, 동대문 밖 수양버드나무꽃, 세검정 부근의 수석 등과 함께 성북동의 복숭아꽃 구경을 했다고 한다.
일제강점기 당시 성북동은 문인, 학자, 교육자 등 지식 계층이 많이 거주한 곳으로 알려져 있다. 이 지역에 거주하거나 머문 주요 인사로 시인·승려·독립운동가 한용운, 화가·미술평론가·미술사학자 김용준, 소설가 이태준, 출판사 백양당 사장 배정국, 서양화가 김환기, 문화재 수집가이자 교육자인 전형필이 있다.

01 이강 공의 집
02 삼산소학교
03 북단

15~16.

## 이강 공의 집 01

고종 황제의 다섯째 아들인 의친왕 이강李堈, 1877~1955이 35년 동안 별장으로 사용한 곳으로, 성락원城樂園이라 불렀다. 첫 장주莊主 관련 논란으로 문화재 등록을 해지하고 오늘날에는 서울 성북동 별서라고 부른다. 2020년 문화재 등록 해지 이후 명승 제118호로 재지정했다.

## 삼산三山소학교 02

1908년 삼산의숙三山義塾으로 설립했다. 오늘날 성북초등학교의 전신이다.

# 북단北壇 03

간송澗松 전형필全鎣弼, 1906~1962이 1934년 지은 북단장北壇莊으로 추정한다. 북단장 안의 간송미술관은 오늘날 성북초등학교의 전신인 삼산소학교 옆에 있기 때문에 〈대경성부대관〉의 북단 또는 삼산소학교의 위치 설정에 약간의 착오가 있는 듯하다.

전형필은 교육가이자 문화재 수집가로서 수집한 문화재를 보존하기 위해 1938년 북단장에 개인 박물관인 보화각葆華閣을 세웠다. 1940년 경영난에 빠진 보성普成고보를 인수했으며, 1954년 문화재 보존위원, 1956년 교육공로자 표창을 받았다.

1938년 보화각 창립기념일 사진. 왼쪽부터 이상범, 박종화, 고희동, 안종원, 오세창, 전형필, 박종목, 노수현, 이순황이다. ⓒ간송미술문화재단.

간송미술관의 전신인 보화각. 보화각은 1966년 간송미술관으로 이름을 바꾸었다.
『사진으로 보는 서울 2 일제 침략 아래에서의 서울(1910~1945)』, 서울시사편찬위원회, 2002.

# 17~18

이 지역은 서울 도심의 서쪽에 위치한 곳으로서 서대문과 서울역의 서쪽이자 신촌, 마포의 중간 지역이다. 아현동은 아이고개 또는 애고개라 부르던 고개가 있어 동명이 유래되었다고 전한다. 조선시대 도성 문 가운데 시신을 옮기는 데 사용한 문은 서북쪽 지역 사람들이 주로 이용한 서소문과 동남쪽 지역 사람들이 주로 이용한 광희문이었다. 서소문 밖 매장지는 만리재·애고개·와우산 등이었는데 특히 애고개는 아이들 시체를 많이 매장했다고 해 붙여진 이름이라는 설과 고개가 높아서 '애고 애고' 하면서 넘나들었다고 해서 애고개가 되었고 그 말이 변하여 애오개가 되었다는 설 등이 있다.
아현동에서 매년 정월 보름이면 석전石戰이 벌어지곤 했다는 기록이 홍석모의 『동국세시기』

# 아현동
# 북아현동
# 충정로3가

에 기록되어 있다. 유기鍮器 제조업자들이 모여 살았고 수공업이 발달했던 아현 일대는 1934년 연희장 주택지가 개발되면서 경성의 본격적인 새로운 주거지 가운데 하나가 되었다. 북아현동은 애오개, 곧 아현의 북쪽에 있다고 해서 지어진 동명이다.

오늘날 충정로의 일제강점기 당시 지명은 죽첨정竹添町, 다케조에마치이었다. 1884년 갑신정변 당시 일본공사였던 다케조에 신이치로의 성을 따서 붙인 데서 유래되었는데, 1946년 순국열사 충정공 민영환의 시호로 거리 명칭을 바꾸었다. 일제강점기 당시 이 지역에 거주하거나 머문 주요 인사로는 북아현동의 독립운동가이자 공예가인 정인호鄭寅琥가 있다.

# 仁川府町名索引

リ
龍里 D-54
（ヨンニイ／リュウリ）
栗木里 リツボクリ D,E-5
山根町 ヤマノネマチ C-4

ヤ
山手町 ヤマノテマチ C-4
柳町 ヤナギマチ E-5

モ
桃山町 モモヤママチ F-6
宮町 ミヤマチ C-5,6

ミ
港町 ミナトマチ B-5

マ
松坂町 マツサカマチ B-3
萬石町 バンコクマチ B-2
花町 ハナマチ D,E-6
仲町 ナカマチ B,C-5

テ
寺町 テラマチ D-5

ス
水踰洞 スキュドウ（ムネトン） C,D-2
新花水里 シンクヮスリ（シンファスリイ） D-2

公峴里 ショウケンリ E-3

夕
龍岡町 タツチカマチ C,D-5

ナ
内里 ナイリ D-4

ハ
花房町 ハナブサマチ B-4
濱町 ハママチ C-6

ホ
本町 ホンマチ B-5

シ
新町 シンマチ C-5

公林里 E-4 F-5

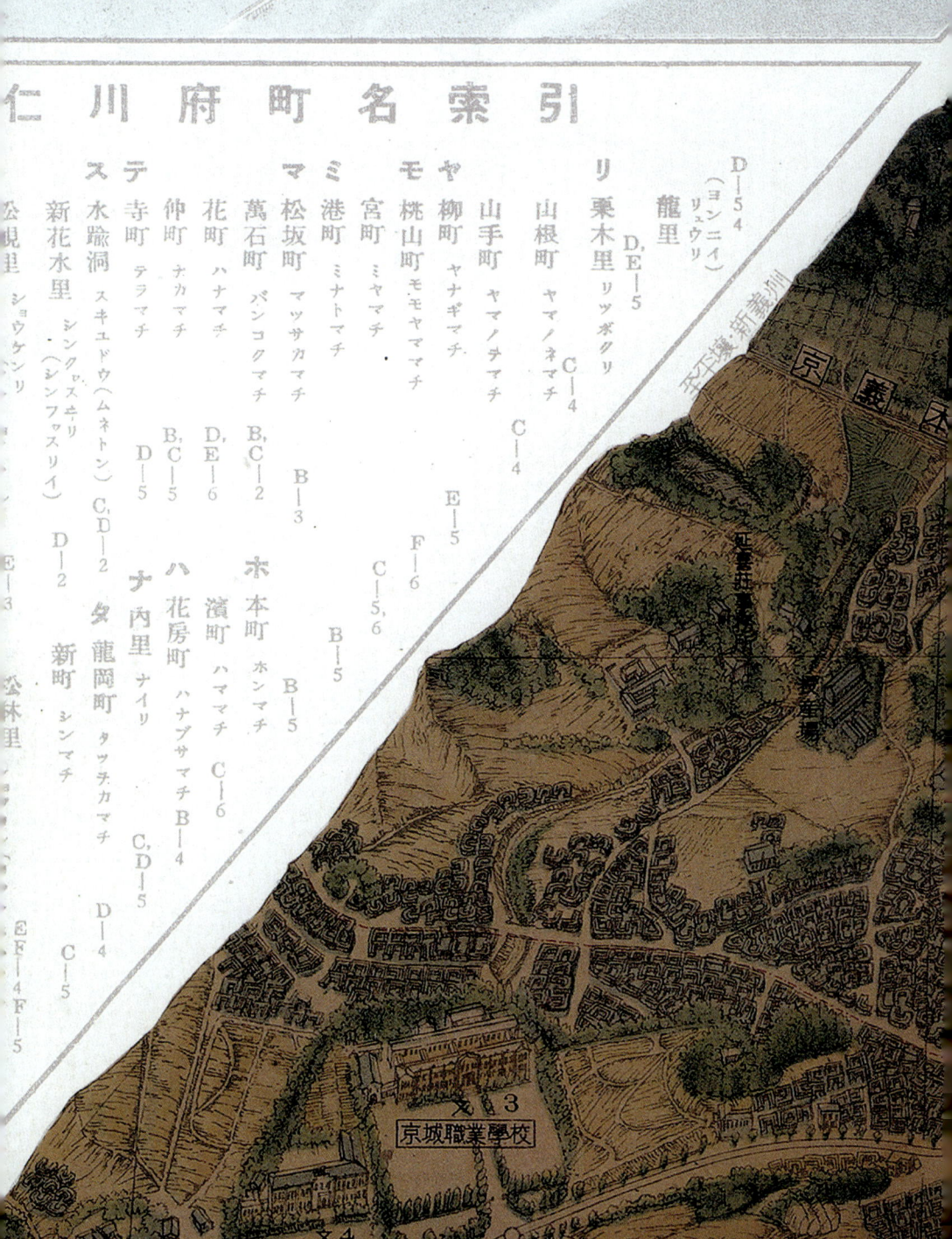

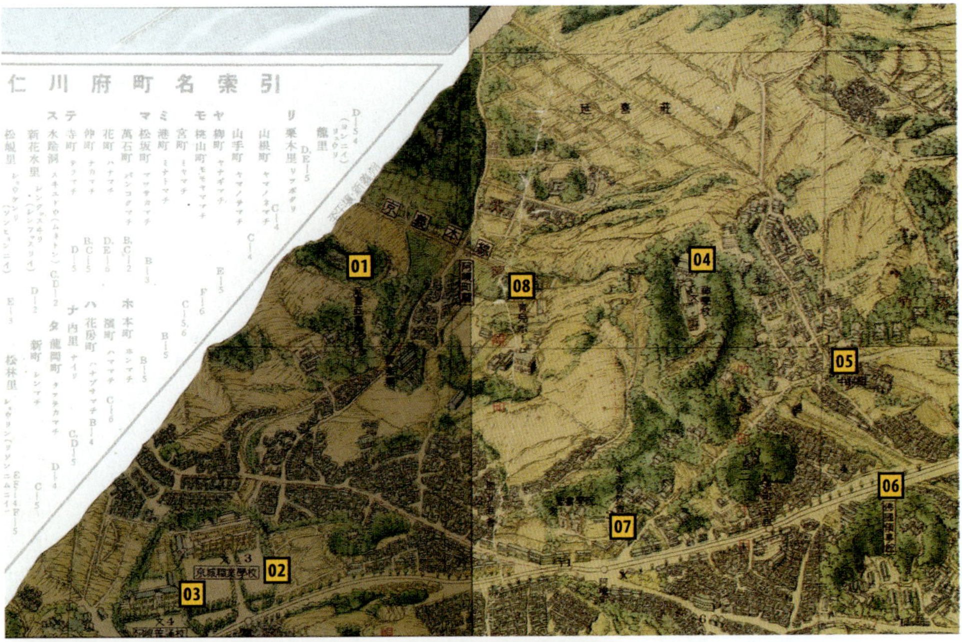

- 01 연희장 사무소
- 02 경성공립직업학교
- 03 아현공립보통학교
- 04 감리교신학교
- 05 나카무라구미
- 06 프랑스 영사관
- 07 동양선교회
- 08 구세군 육아홈

17~18.

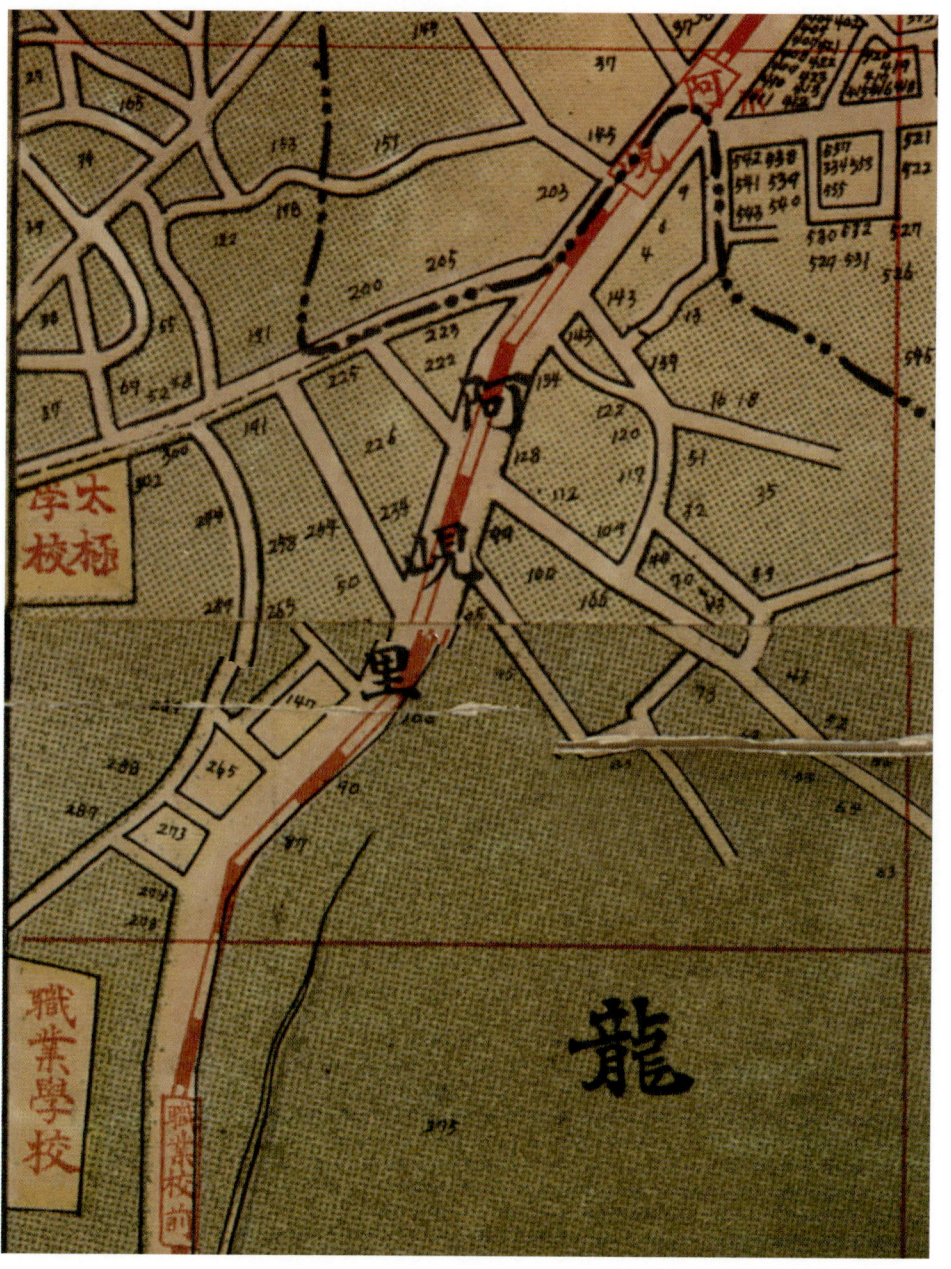

아현동, 북아현동, 충정로3가

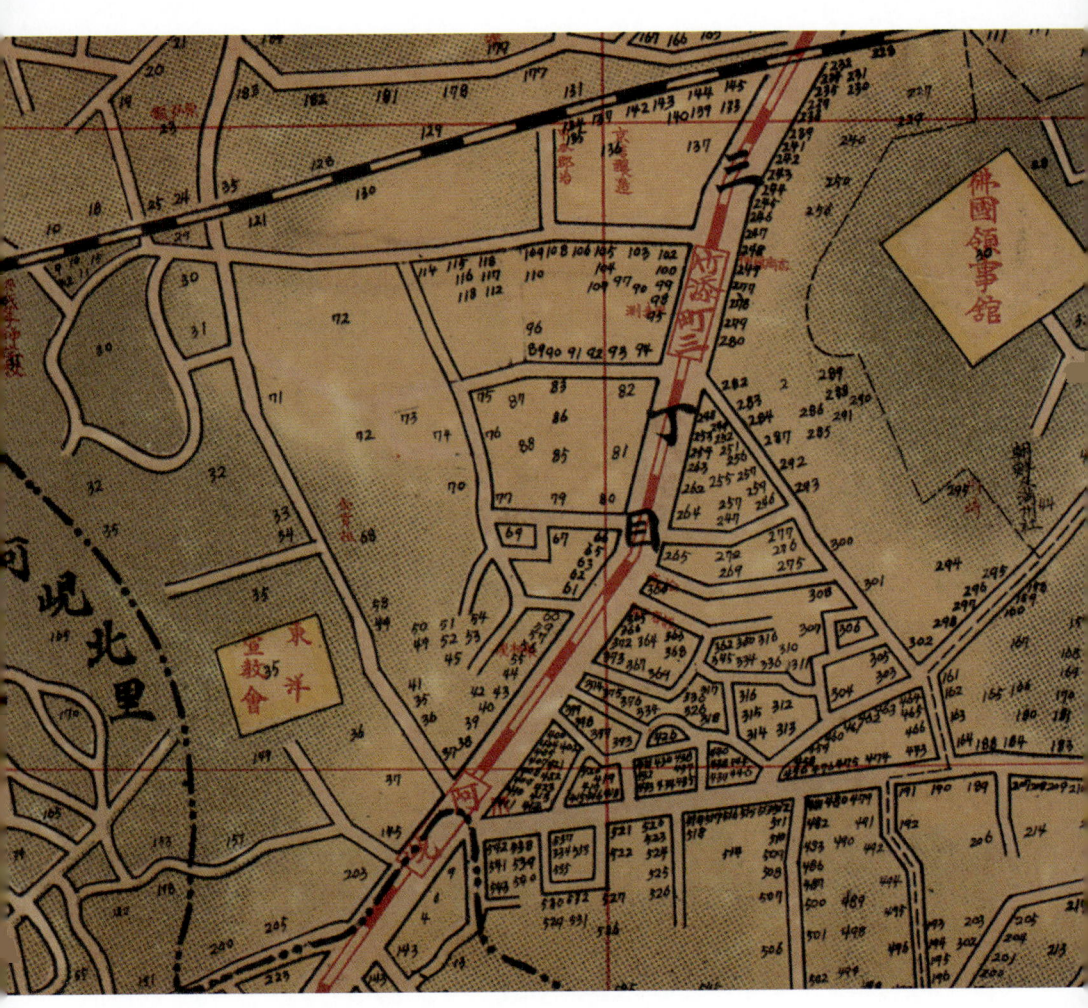

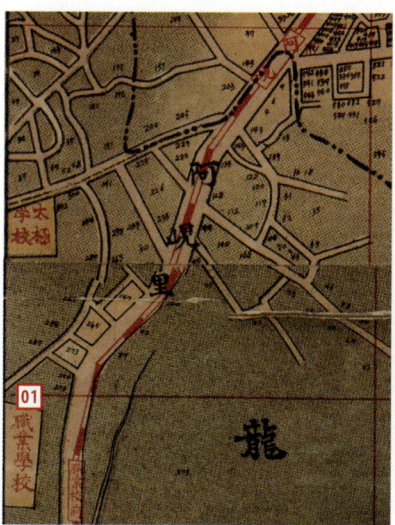
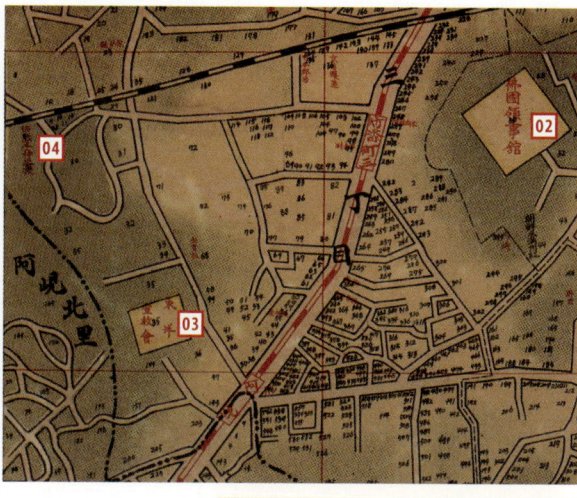

01 경성공립직업학교
02 프랑스 영사관
03 동양선교회
04 협성여자신학교(감리교신학교)

## 연희장延禧莊 사무소 01

총 21만 평 규모의 주택지로, 본래 이왕가의 소유지였던 곳을 1934년 주택지로 개발했다.

연희장. 와다 시게요시,
『대경성도시대관』, 조선신문사, 1937.

## 경성공립직업학교 02 01

1910년 종로구 어의동에 들어선 공립어의동실업보습학교가 1931년 경성공립직업학교로 이름을 바꿈과 동시에 아현동으로 이전했다. 어의동은 오늘날의 효제동이다.

경성공립직업학교. 와다 시게요시,
『대경성도시대관』, 조선신문사, 1937.

## 아현공립보통학교 03

1925년 경기도공립사범학교 부속 보통학교로 개교한 뒤 1931년 아현공립보통학교로 개명했다. 오늘날 아현초등학교의 전신이다. 아현동.

아현공립보통학교. 와다 시게요시, 『대경성도시대관』, 조선신문사, 1937.

# 감리교신학교 04 04

경성 냉동冷洞에서 개교한 최초의 기독교 계통 감리교 신학교육기관이다. 1887년에 한성 배재학당 교내 기독교 감리회 교육 과정으로 처음 설치했다. 감리교 선교사인 헨리 아펜젤러 H. G. Appenzeller, 1858~1902가 초대 책임자였다. 1907년 협성신학교로 개교했고 1931년 감리교신학교로 교명을 변경했다. 1921년 설립한 한국 최초의 여자 신학교인 감리교 협성여자신학교와 1925년 통합했다. 오늘날의 감리교신학대학교이다. 냉동은 오늘날의 냉천동이다.

감리교협성신학교 전경. 왼쪽에 보이는 산이 안산, 오른쪽에 보이는 산이 인왕산이다. 『신학세계』 1권 1호, 1916. 2.

# 나카무라구미 中村組 05

1921년 창업한 토목건축회사다. 충정로3가 185.

나카무라구미. 와다 시게요시, 『대경성도시대관』, 조선신문사, 1937.

## 프랑스영사관 06 02

1910년 프랑스공사관이 영사관으로 바뀌면서 정동에서 이곳으로 이전했다. 충정로3가.

프랑스공사관이 영사관으로 바뀌기 전 정동 시절 프랑스공사관 전경.
조선건축회, 『조선과 건축』, 제14집 제4호. 1935. 4.

# 동양선교회 07 03

미국 선교사 찰스 카우만Charles E. Cowman 등이 일본 도쿄에 설립한 성결교 목회자 양성학교인 동양선교회는 1907년 조선 선교를 시작했다. 아현성결교회에서 성서학원을 설립하여 활동을 시작했다. 충정로3가 35.

동양선교이사국과 아현성결교회. 조선총독부학무국 사회교육과, 『조선에서의 종교 및 향사일람』, 1933.

## 구세군 남자 육아 홈 08

가난한 집 아이들, 떠돌아 다니는 남자아이들의 수용 및 훈육을 목적으로 구세군이 1919년 아현동에 설립했다. 여자아이들의 육아 홈은 충정로2가에 있었다.

구세군 남자 육아 홈. 조선총독부, 『조선사진첩』, 1925.

구세군 남자 육아 홈. 조선총독부학무국, 『조선에서의 종교 및 향사일람』, 1930.

# 19

돈의문에서 마포 방향으로 횡단하는 충정로와 서울에서 개성·평양·의주로 가는 의주로가 세로로 교차하는 오늘날 서대문역 사거리를 중심으로 하는 지역이다. 이 지역은 비록 위치는 성 밖이었으나 고관들이 많이 살았고 성 안과 다를 바 없이 취급되었다.

금화산 기슭에 위치한 천연동天然洞은 무악재를 오가는 관원들을 맞이하고 전송하는 연회장 천연정天然亭이 있던 연유로 유래했다.

냉천동冷泉洞은 부근에 찬 우물이 있었으므로 냉동冷洞 또는 냉정동冷井洞으로 부르다가 1936년 냉천정을 거쳐 광복 이후 냉천동이 되었다. 미근동渼芹洞은 미동尾洞·초리우물골과 근

# 천연동
# 교남동
# 냉천동
# 충정로1~2가
# 의주로

동근동·미나리골의 앞 글자를 따서 미근동이라 할 때 미를 물결무늬 '渼'자로 바꿨다. 송월동松月洞은 조선시대의 이곳 지명인 송정동松亭洞과 월암동月岩洞에서 한자씩 따서 동명이 제정되었다. 평동平洞은 마을 지대가 낮고 편평하며 살기 편한 곳이라는 뜻으로 지어진 거평동居平洞에서 '거'자를 줄인 명칭이다.

일제강점기 당시 이 지역에 거주하거나 머문 주요 문화계 인사로는 송월동의 서양화가 손응성孫應星, 홍파동의 동양화가 심은택沈殷澤, 천연동의 서양화가 이병규李昞圭와 조병덕趙昞惠, 시인·소설가·문학평론가인 박영희朴英熙 등이 있다.

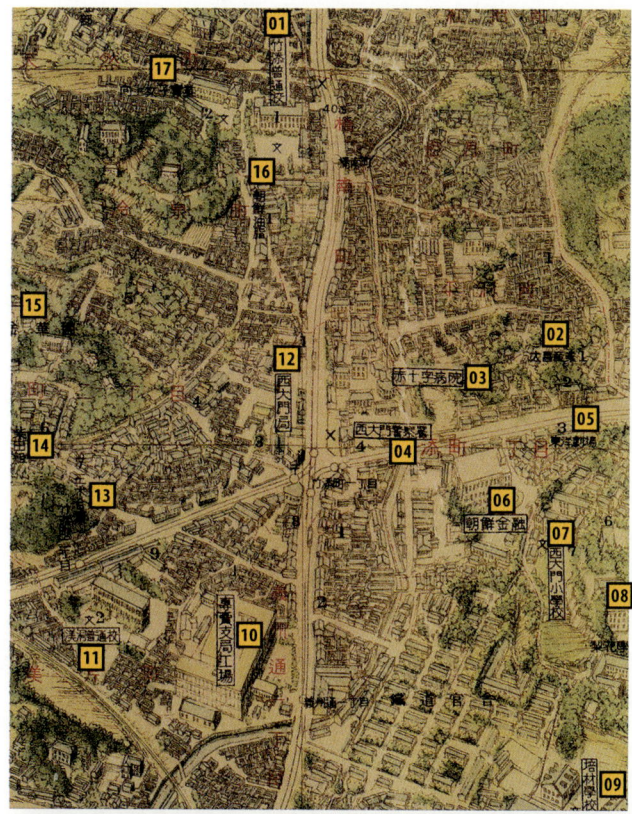

| 01 | 다케조에공립보통학교 |
| 02 | 대창산업 |
| 03 | 적십자병원 |
| 04 | 서대문경찰서 |
| 05 | 동양극장 |
| 06 | 조선금융조합연합회 |
| 07 | 서대문공립소학교 |
| 08 | 이화학교(이화학당) |
| 09 | 배재학교(배재학당) |
| 10 | 전매지국공장 |
| 11 | 미동공립보통학교 |
| 12 | 서대문우체국 |
| 13 | 미키합자회사 |
| 14 | 시바타구미 |
| 15 | 금화원(금화장주택지) |
| 16 | 조선유지공업소 |
| 17 | 경성향상여자실업학교(향상회관) |

천연동, 교남동, 냉천동, 충정로1~2가, 의주로

01 측후소
02 독일영사관
03 적십자병원
04 서대문경찰서
05 서대문우체국
06 서대문공립소학교
07 조선총독부 토목출장소
08 조선금융조합연합회
09 전매지국공장
10 미동공립보통학교
11 서대문금융조합
12 한성정미소

천연동, 교남동, 냉천동, 충정로1~2가, 의주로

# 다케조에竹添 공립보통학교 01

1924년 개교했으며 오늘날 금화초등학교의 전신이다. 천연동 13.

다케조에 공립보통학교. 와다 시게요시, 『대경성도시대관』, 조선신문사, 1937.

# 대창大昌산업 02

일제강점기 당시 조선인 최대의 광업자이자 천만장자로 금광왕金鑛王이라 불린 친일반민족행위자 최창학崔昌學, 1891~1959이 1935년 창립한 토지개척, 광산 개발 회사로 충정로1가에 있었다. 평안북도 구성군에서 태어난 최창학은 구성군의 삼성三成금광을 경영하면서 부를 축적했다. 일제강점기 말기 임전보국단 등 친일 단체에서 활동하고 거액의 국방헌금을 헌납했다.

대창광업소장 최창학과 평안북도 초산군의 대창광업소. 오른쪽 아래는 최창학의 저택.
와다 시게요시, 『대경성도시대관』, 조선신문사, 1937.

## 적십자병원 03 03

1905년 대한국적십자병원으로 개원했으나 1926년 일본적십자사 조선본부 적십자병원으로 변경했다. 충정로1가 90.

적십자병원. 경성부교육회,
『경성안내』, 1926.

## 서대문경찰서 04 04

1920년 충정로1가 90에 설치했다.

서대문경찰서. 와다 시게요시,
『대경성도시대관』, 조선신문사, 1937.

## 동양극장 05

일제강점기에 주로 활동한 무용가 배구자裵龜子, 1905~2003와 홍순언洪淳彦 부부가 1935년 충정로1가에 설립한 연극 전용 극장이다. 배구자는 한국인으로서는 처음으로 서양 무용을 배워 한국에서 공연을 한 무용가로서 노래, 소규모 관현악, 레뷰revue, 가극, 만극漫劇 등 대중적 취향의 공연으로 일제강점기 후반 대중극을 일으켰다. 레뷰는 춤과 노래를 중심으로 하는 연극을 뜻하는 프랑스어다.

동양극장은 회전무대와 바닥부터 천장까지 이음새 없이 만들어 놓은 세트 벽면인 호리존트horizont 등 당시로는 최신식 시설을 갖췄고 청춘좌, 희극좌, 동극좌, 호화선 등 전속 극단이 있었다.

동양극장. 『사진으로 보는 서울 2 일제 침략 아래에서의 서울(1910~1945)』, 서울시사편찬위원회, 2002.

# 조선금융조합연합회 06 08

1933년 조선총독부에 의해 조직된 금융조합단체. 전국의 금융조합·산업조합·어업조합을 회원으로 하여 창설되었다. 1945년 당시 산하에 912개소의 단위조합을 가지고 있었다. 또한 단위조합의 하부조직으로 전국에 3만 4,345개의 식산계殖産契를 가지고 있어, 식민지하에서 가장 방대한 계통조직망을 가진 금융기관이었다. 오늘날 농업협동조합의 모태다. 충정로1가 75.

조선금융조합연합회본부. 조선금융조합연합회, 『조선금융조합의 현세(금융조합30주년기념출판)』, 1937.

# 서대문공립소학교 07 06

1914년 개교했다. 1945년 서대문국민학교로 교명을 변경했고, 1973년 폐교되었다. 정동 28.

서대문공립소학교. 와다 시게요시, 『대경성도시대관』, 조선신문사, 1937.

# 이화학교(이화학당) 08

미국 감리교 여성해외선교회에서 파견된 메리 F. 스크랜튼Mary F. Scranton, 1832-1909이 1886년 오늘날의 중구 정동인 황화방皇華坊에 설립한 한국 최초의 사립 여성교육기관이다. 스크랜튼은 한국에 온 최초의 외국인 개신교 여성 선교사로서 한국 근대 여성교육에 헌신한 공로로 일반인이 받을 수 있는 최고 훈장인 2009년 국민훈장 무궁화장에 추서되었다. 1928년에 이화학당이라는 명칭은 공식적으로 폐기했으나, 학당이라는 칭호는 계속 사용되었다. 오늘날 이화여자고등학교와 이화여자대학교의 전신이다. 이화여자전문학교는 1935년 신촌으로 이전했다. 정동 28..

1927년 중구 정동에 준공한 이화학교(이화학당) 프라이 홀. 서울역사박물관.

## 배재학교(배재학당) 09

1885년 8월 3일, 미국 북감리교 선교사 헨리 아펜젤러H.G. Appenzeller, 1858-1902가 세운 근대식 중등교육기관이다. 1885년 7월 아펜젤러는 한성부에 들어와, 한 달 먼저 와 있던 선교사이자 의사인 윌리엄 스크랜튼William Benton Scranton, 1856~1922의 집에 교실을 만들었고, 같은 해 8월 3일 한국인 학생 두 명으로 수업을 시작해 한국 근대 학교의 역사가 시작되었다. 윌리엄 스크랜튼은 이화학당을 설립한 선교사 메리 스크랜튼의 아들이다. 배재중고등학교·배재대학교의 전신이며, 신학부는 감리교신학대학교의 모체다. 정동 34.

배재고등보통학교. 원 안의 사진은 설립자 아펜젤러. 조선총독부, 『조선』, 1922.

# 전매지국공장 10 09

경성전매국 의주통 공장이다. 의주로1가 71-80.

전매지국공장. 조선총독부전매국, 『전매국사업개요』, 1927.

## 미동漢洞공립보통학교 11 10

1895년 공립 한성소학교로 개교한 뒤 1908년 미동공립보통학교로 개칭했다. 미근동 38.

미동공립보통학교. 와다 시게요시, 『대경성도시대관』, 조선신문사, 1937.

# 서대문우체국 12 05

서대문우체국은 1901년 한성우체사 경교지사로 업무를 개시했고, 1906년 서대문우체국으로 승격했다. 1933년 제작된 〈경성정밀지도〉에는 서대문 네거리의 충정로1가 쪽에 서대문우체국과 서대문경찰서가 붙어 있지만, 1936년 제작된 〈대경성부대관〉에는 서대문우체국이 서대문 네거리의 충정로2가 쪽에 있다. 서대문우체국이 1933년에서 1936년 사이에 신축 건물로 위치를 옮긴 듯하다.

서대문우체국. 1933년에서 1936년 사이 신축·이전 이후의 모습이다.
조선총독부체신국, 『조선체신사업연혁사』, 1938.

## 미키三木합자회사 13

토목건축 청부업 회사다. 충정로2가.

미키합자회사. 와다 시게요시, 『대경성도시대관』, 조선신문사, 1937.

19.

일제강점기 엽서에 담긴 서대문우체국 앞쪽에서 바라본 충정로1가 방향. 왼쪽 반쯤만 보이는 건물이 신축·이전 전의 서대문우체국이고 그 뒤 건물은 서대문경찰서다. 국제일본문화센터

천연동, 교남동, 냉천동, 충정로1~2가, 의주로

# 시바타구미 柴田組 14

1924년 창업한 토목건축 청부업 회사다. 충정로2가 67.

시바타구미. 와다 시게요시, 『대경성도시대관』, 조선신문사, 1937.

## 금화원金華園(금화장주택지) 15

1928년 경성 서부에 개발한 주택지로 오늘날의 충정로3가 3번지에 해당한다. 금화는 홍제동으로 넘어가는 고개의 한 봉우리인 금화산에서 따온 이름이다. 당시 일본에서는 주택지를 개발할 때 유원지를 포함하거나 별장지를 이용해 만들고 이름에 유원지의 원園, 별장지의 장莊을 붙여 홍보 및 판매했는데 조선에서도 이와 같은 흐름이 유지되었음을 알 수 있게 해준다.

금화원은 금화산에 둘러 싸여 녹음과 사계절의 풍경을 즐길 수 있고, 고지대에 위치하여 땅이 건조하고 공기가 맑은 위생적인 주택지로 여겨졌다. 일찍부터 전차가 연결되어 도심부는 물론 한강의 마포까지도 손쉽게 연결되는 이점이 있었고, 남산 조선신궁이 보여 일본인들에게 더욱 인기가 있었다. 후암동의 쓰루가오카鶴ヶ岡 주택지, 장충동의 소화원昭和園 주택지와 함께 당시 경성의 3대 주택지로 손꼽히던 주택지다.*

금화장 소개 기사에
실린 사진.
『경성일보』1930. 11. 17.

* 이경아, 『경성의 주택지』, 집, 2019, 11쪽, 139쪽, 169쪽, 310쪽.

# 조선유지油脂공업소 16

비누를 비롯해 각종 식물성기름 등을 생산하던 곳으로 1923년 창업했다. 냉천동 12.

조선유지공업소, 와다 시게요시, 『대경성도시대관』, 조선신문사, 1937.

## 경성향상向上여자실업학교(향상회관) 17

1923년 일본 불교 정토진종淨土眞宗 대곡파大谷派 본원사本願寺에서 창립한 곳으로 양복과洋服科, 양화과洋靴科를 개설하여 강습했다. 천연동 31.

경성향상여자실업학교(향상회관). 나카무라 미치타로, 『일본지리풍속대계』 조선편, 신광사, 1930.

# 경성측후소 測候所 01

1907년 농상공부 소관의 측후소로 처음 설치되었다가, 1910년 일제 강점 이후 조선총독부관측소 산하의 측후소로 개편되어 운영되었다. 중부中部 교동校洞 대빈궁大嬪宮 자리낙원동 58로 추정에 있던 측후소는 1925년 들어 경기 도립으로 운영되다가 1932년 11월 종로구 송월동 1번지에 벽돌과 철근 콘크리트로 청사를 지어 이전했다. 1938년 다시 조선총독부관측소 산하의 기관으로 개편되었다.

경성측후소 신청사, 『경기기상 25년보: 1908-1932』, 경기도립경성측후소, 1933.

## 독일영사관 02

1884년 개설 이후 여러 곳을 옮겨 다니다가 1891년 오늘날 서울시립미술관 자리인 육영공원으로 이전한 뒤 1902년 화동으로 다시 이전했다. 평동 26.

1906년 회현동에 신축한 독일공사관. 서울역사박물관.

# 조선총독부 토목출장소 07

정동 28번지 서대문공립소학교 안에 있었다.

조선총독부 토목출장소. 조선총독부 토목출장소, 『경성시구개정사업 회고 20년』, 1930.

## 서대문금융조합 [11]

금융조합은 일제강점기에 농민과 서민에게 돈을 융통해주던 조합으로 농협의 전신이다. 충정로2가 139.

서대문금융조합.
와다 시게요시, 『대경성도시대관』,
조선신문사, 1937.

## 한성정미소 [12]

1916년 창업했다. 충정로2가 3.

한성정미소. 와다 시게요시,
『대경성도시대관』, 조선신문사, 1937.

# 20

광화문 세종로의 서쪽 지역으로 내자동, 내수동, 당주동 등과 서대문로1~2가, 태평로1가 일부 및 정동 지역이다.

내자동은 조선시대에 궁내에 쌀·술·젓갈·기름·과일 등의 공급 및 연회를 담당한 호조에 속한 관청 내자시內資寺의 이름을 딴 동명이다. 내수동은 조선 시대 궁궐의 미곡과 잡물, 노비 등의 수급을 담당하던 관청 내수사內需司가 있던 데서 유래했다. 당주동은 조선시대 지명인 당피동과 야주현의 글자를 각각 따왔고, 정동은 조선 태조 이성계의 계비 신덕왕후의 릉이 정동에 있었기 때문에 생긴 이름이다.

정동이 '외교가'가 된 것은 도성의 서쪽에 자리 잡고 있어서 인천으로 이어지는 마포와 양화

# 서대문로1~2가, 내자동, 내수동, 당주동, 태평로1가, 정동

진 가도의 진입로라는 지리적 이점으로 진출입이 자유로웠다는 점, 상대적으로 외진 곳이라 빈터도 많았고 토지와 가옥의 매입이 용이했을 것이라는 점이 꼽힌다. 조선정부도 외교공관을 특정지역에 배치하는 것이 관리에 편했을 것으로 여겨진다.

일제강점기 당시 이 지역에 거주하거나 머문 주요 인사로는, 당주동에 동양화가 안중식·독립운동가 권동진權東鎭·서예가 김돈희金敦熙·화가 이용우李用雨·언론인 이관구李寬求가 있었다. 내자동에 동양화가 이응로·이용우李用雨가 서대문로1가에는 김규진의 아들인 동양화가 김영기金永基가 살았다.

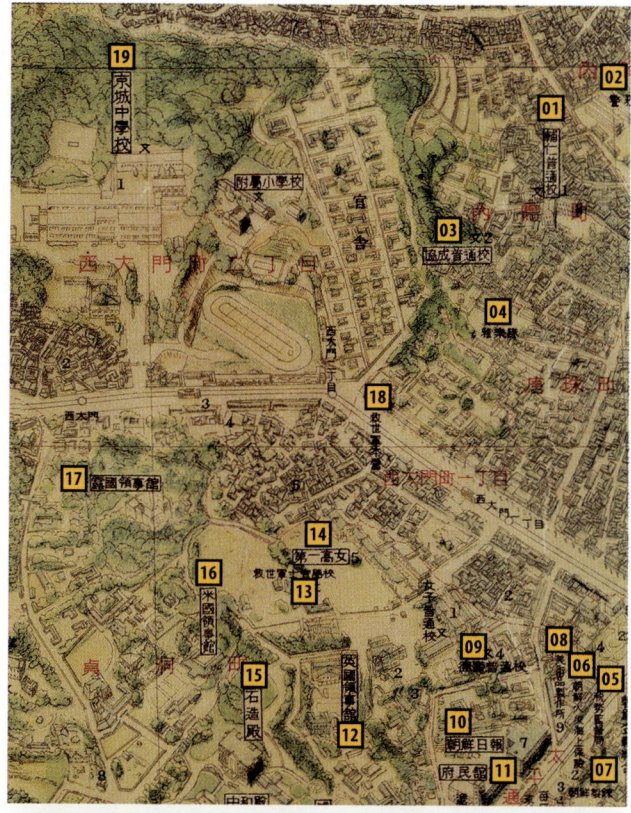

01 보인보통학교
02 경무국
03 협성보통학교
04 아악대(이왕직 아악부)
05 경성세무감독국
06 조선화재해상보험주식회사
07 조선제련주식회사
08 조선미술품제작소
09 경성덕수보통학교
10 조선일보사
11 경성부민관
12 영국영사관
13 구세군 사관학교
14 경성제일공립고등여학교
15 덕수궁 석조전
16 미국영사관
17 러시아영사관
18 구세군 조선 본영
19 경성중학교

서대문로1~2가, 내자동, 내수동, 당주동, 태평로1가, 정동

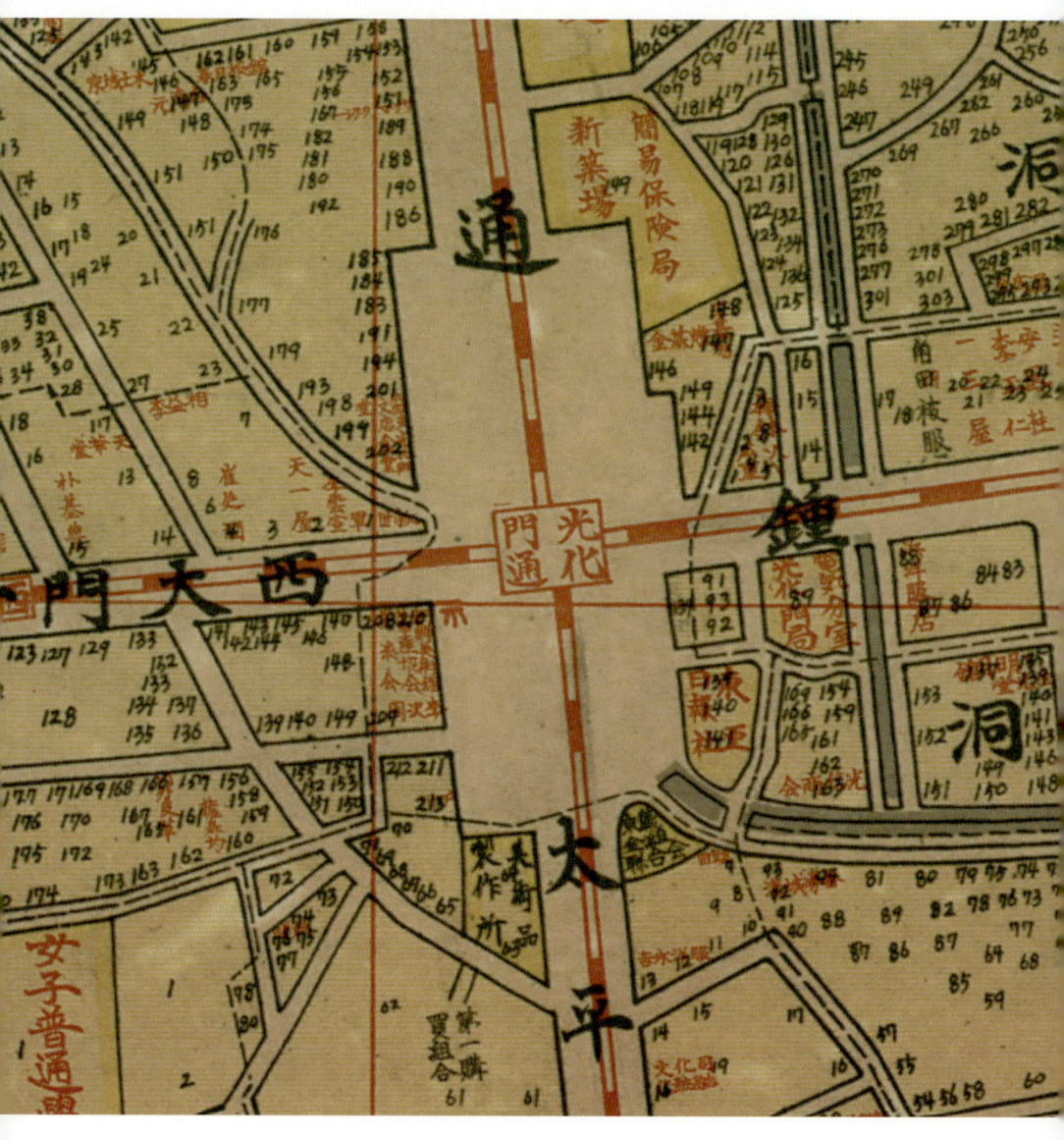

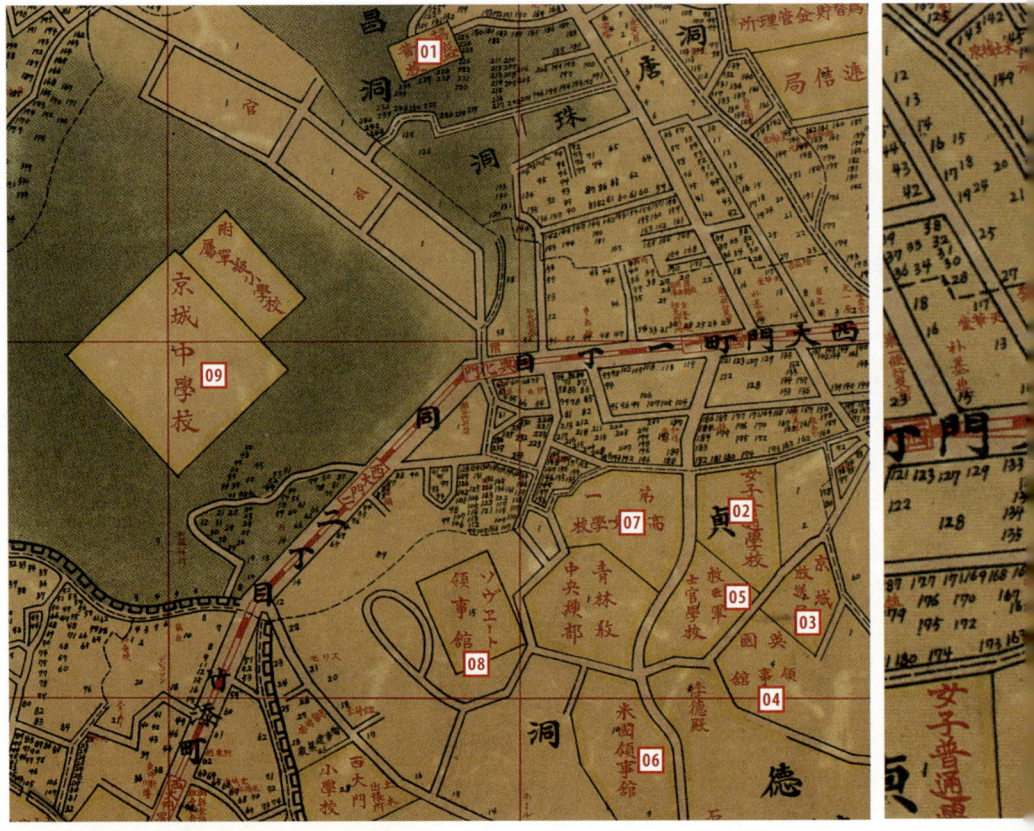

01 협성보통학교
02 경성여자보통학교(경성덕수보통학교)
03 경성방송국
04 영국영사관
05 구세군 사관학교
06 미국영사관
07 경성제일공립고등여학교
08 러시아영사관
09 경성중학교
10 조선미술관
11 조선미술품제작소

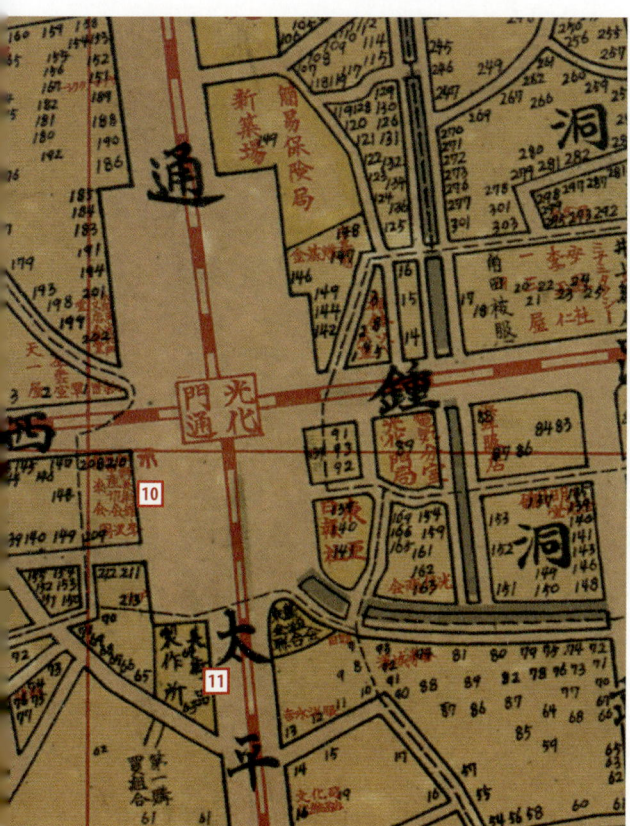
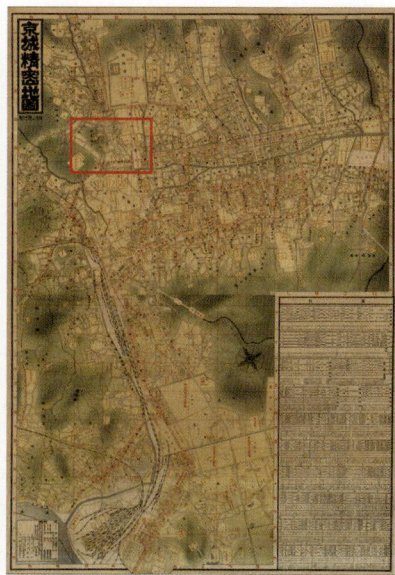

서대문로1~2가, 내자동, 내수동, 당주동, 태평로1가, 정동

1915년 촬영한 경희궁 정문 흥화문 주변 공사 전 모습.
경성중학교가 흥화문 뒤편에 있었다. 조선총독부내무국 경성토목출장소,
『경성시구개정사업 회고 20년』, 1930.

1915년 개수 후 1930년에 촬영한 사진. 서대문 부근으로 추정된다.
조선총독부내무국 경성토목출장소, 『경성시구개정사업 회고 20년』, 1930.

서대문로1~2가, 내자동, 내수동, 당주동, 태평로1가, 정동

# 보인輔仁보통학교 01

1908년 설립했으며 오늘날 보인고등학교의 전신이다. 내수동 145.

보인보통학교. 와다 시게요시, 『대경성도시대관』, 조선신문사, 1937.

## 경무국 警務局 02

조선총독부 경찰기구의 중앙부처였다. 1919년 3·1운동 이후 무단武斷통치 또는 헌병경찰정치의 문화통치로의 전환에 따라 일제는 헌병사령관인 경무총감부를 폐지하고 경무국을 신설했다. 내자동.

경무국. 『사진으로 보는 서울 2 일제 침략 아래에서의 서울(1910~1945)』, 서울시사편찬위원회, 2002.

# 협성協成보통학교 03 01

1910년 개교했다. 내수동 229.

협성보통학교. 와다 시게요시, 『대경성도시대관』, 조선신문사, 1937.

## 아악대雅樂隊(이왕직 아악부) 04

조선왕조 왕립 음악기관인 장악과掌樂課를 1911년 아악대로 개칭했다. 당주동 128. .

아악대. 서울역사박물관.

# 경성세무감독국 05

1934년 내국세 사무 감독을 위하여 설치했다. 태평로1가.

경성세무감독국. 조선건축회,
『조선과 건축』 제11집 제 11호.
1936.11.

# 조선화재해상보험주식회사 06

1922년 창업했다. 태평로1가 19.

조선화재해상보험주식회사.
조선총독부, 『조선』, 1936.5.

## 조선제련製鍊주식회사 07

1933년 창업했다. 태평로1가 25.

조선제련주식회사. 와다 시게요시, 『대경성도시대관』, 조선신문사, 1937.

# 조선미술품제작소 08 11

1908년 조선왕실 후원을 받아 한성미술품제작소로 설립한 공예품 제작시설이다. 근대화를 위한 부국강병과 식산흥업이라는 시대적 과제를 실현하려는 왕실의 의지가 반영되어 예술성과 상품성을 겸비한 공예품을 대량 생산하는 등 근대 상업사의 전환기를 마련했다. 그러나 이봉래·송병준의 자금 도용으로 1913년 이래 1922년까지 이왕직미술품제작소가 되었고 식민세력과 결탁한 일본인 상업자본가 도미타 기사쿠富田儀作에 의해 1922년부터 1936년까지 조선미술품제작소로 변경되었다가 1936년 결국 해체되었다.* 태평로1가.

미술품제작소. 경성부교육회, 『경성안내』, 1926.

* 정지희, 「한성미술품제작소 설립 및 변천과정 연구」, 『미술사학연구』, 2018, 233~256쪽.

## 경성덕수德壽보통학교 09 02

1912년 경성여자공립보통학교로 개교한 뒤 1934년 경성덕수공립보통학교로 개칭했다. 오늘날 덕수초등학교의 전신이다. 정동 1.

경성덕수보통학교. 서울시 중구 향토사자료 제12집, 『남겨진 풍경 지나간 흔적』, 서울 중구문화원, 2009.

## 조선일보사 10

1920년 3월 5일 종로구 관철동 249에서 조진태, 예종석 등 친일인사가 주축이 된 친일경제단체 대정친목회에 의해 창간되었다. 경영상 어려움을 겪던 조선일보사는 1933년 굴지의 광산업자 방응모方應謨, 1883~1950?가 회사를 인수하면서 중흥을 도모했다. 방응모는 조만식을 고문으로 추대하고 편집진에 이광수·주요한·서춘 등을 기용했으며 태평로1가 61에 현대식 사옥을 신축함과 아울러 전광식 고속윤전기 등을 도입함으로써 획기적 발전을 이룩했다.

조선일보사는 방응모에 인수되기 이전에는 경영난과 사내 분규 등에 의해 여러 차례 사옥을 옮겼다. 1920년에서 1921년에는 중구 삼각동, 1921년에서 1926년에는 중구 수표동 43, 1926년에서 1933년에는 종로구 견지동 111, 1933년 4월에서 12월에는 종로구 연건동 195, 1933년 12월에서 1940년에는 중구 태평로1가 61로 옮겼다. 현재는 1988년에 준공된 태평로1가 61-27 사옥에 입주해 있다. 견지동 111 건물에는 1933년 6월 이후 여운형呂運亨, 1886~1947의 조선중앙일보사가 1937년 11월 폐간할 때까지 입주했다.*

* 오인환, 『일제강점기 경성을 누비다: 신문사 사옥 터를 찾아 Ⅱ』, 한국학술정보, 2018, 97~146쪽.

태평로1가 61에 있던 조선일보사. 일본전보통신사, 『신문총람』, 1936.

조선일보. 일본전보통신사, 『신문총람』, 1936.

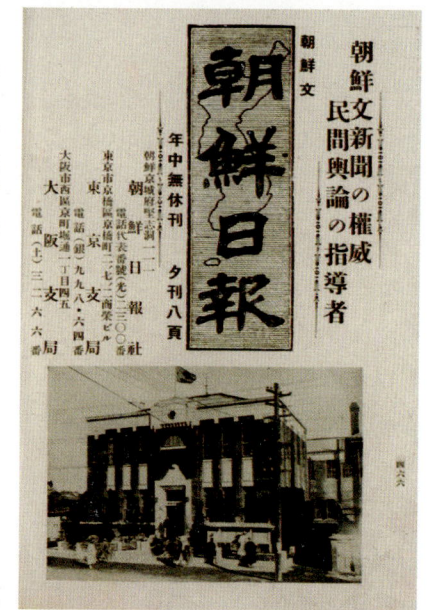

조선일보. 견지동 111에 있던 사옥 전경이다. 일본전보통신사, 『신문총람』, 1933.

20

경성부청 부근에서 바라본 광화문 네거리 방향. 중앙의 대로는 태평로1가. 왼쪽으로 경성부민관과 조선일보사가 보인다. 오른쪽으로 경성일보, 서울프레스, 매일신보 간판이 있는 건물은 경성일보사. 일제강점기 엽서. 부산박물관.

서대문로1~2가, 내자동, 내수동, 당주동, 태평로1가, 정동

# 경성부민관府民館 11

1935년 12월 경성부에서 "강연회장, 사교장을 비롯한 극장 등 부민의 교화 오락을 위해 완비한 문화시설"을 제공한다는 취지로 건립했다. 태평로1가 31.

부민관 대강당은 1,800명 이상이 들어가는 공연장으로 강연회·연극·무용공연·권투·영화 등의 공연을 위해 마련된 장소였다. 좌석 400석의 중강당은 강연회·각종 전람회·견본시 진열장·결혼식 등을 위한 공간이었고 좌석 160석의 소강당은 소강연회, 정동町洞총회 등으로 사용되었다.

부민관은 경성전기의 기부로 지어졌다. 경성전기는 경성의 전기·전차·가스 등 사업을 독점하여 막대한 이익을 보았다. 하지만 1926년 경성부민 등에 의한 전기요금 인하 운동이 일어나는 등 사회문제가 되었고, 경성부의 재정이 악화되자 경성전기의 부영府營을 주장하는 사람이 많아졌다. 이에 위기감을 느낀 경성전기는 1933년 100만 원을 기부하여 50만 원으로는 부민관을 짓고 나머지 50만 원으로는 부민병원을 짓게 함으로써 가까스로 영업 기한을 연장했다. 부민병원은 을지로6가 훈련원 자리에 있던 병원으로 오늘날 국립중앙의료원의 전신이다.

부민관은 1949년 시민회관으로 이름이 바뀌었고, 한국전쟁 이후에는 국회의사당으로 사용되다 현재는 서울시의회 건물로 사용 중이다.*

---

* 김을한, 『신문야화 - 30년대의 기자수첩』 일조각, 1971. 1, 229~231쪽; 목수현, 「'남촌' 문화 - 식민지 문화의 흔적」, 『서울 남촌』, 서울학연구소, 2003. 4, 256~257쪽; 유영호, 『서촌을 걷는다』, 창해, 2018. 6, 34~36쪽.

경성부민관 신축 현장. 조선건축회, 『조선과 건축』, 14권 9호. 1935. 9.

일제강점기 엽서 속 경성부민관. 부산박물관.

# 영국영사관 12 04

1884년 설치했으나 1905년 을사늑약 이후 폐쇄했다. 정동 4.

영국영사관.
『한국풍속인물사적명승사진첩』.

# 구세군 사관학교 13 05

1909년 창립한 조선 본영의 전도부가 직영한 사관학교였다. 정동 1.

구세군 사관학교. 와다 시게요시,
『대경성도시대관』, 조선신문사, 1937.

## 경성제일공립고등여학교 14 07

1908년부터 1945년까지 존재했던 일본인 여학교다. 광복 후 학교는 폐쇄되었고, 1945년 10월 재동에 있던 경기공립고등여학교가 이전했다. 경기공립고등학교는 오늘날 경기여자고등학교의 전신이다. 정동 1.

일제강점기 엽서 속 경성제일공립고등여학교. 국제일본문화센터.

# 덕수궁 석조전 15

고종 황제가 대한제국의 근대화를 위해 적극적으로 서양의 문물을 받아들였음을 알리는 서양식 황궁이다. 고종은 석조전을 외국 귀빈들을 접견하는 공간으로 사용했으나 1910년 뒤늦게 완공되어 대한제국 시기에는 제대로 활용하지 못했다. 1938년 석조전 서쪽에 이왕가미술관 신관을 신축한 이후 석조전은 이왕가미술관 구관이 되었다. 이왕가미술관에서는 창경궁 옛 이왕가박물관에서 옮겨온 고미술품과 일본 근대 미술품을 전시했다.

일제강점기 엽서 속 1938년 이후의 덕수궁 석조전. 국제일본문화센터.

# 미국영사관 16 06

1883년 조미수호통상조약을 체결하면서 미국은 서양 국가 최초로 조선과 외교 관계를 맺었고 서울에 공사관을 설치했다. 미국은 을사늑약 이후 공사관을 철수했고, 옛 미국공사관은 1883년 개설한 뒤 1905년 을사늑약 이후 1941년까지 주일미국공사관 소속 주 경성 영사관으로 기능했다.

1910~1920년 무렵의 미국영사관. 왼편 인물은 1902년부터 총영사로 근무한 고든 패덕이다.
미국 의회도서관.

# 러시아영사관 17 08

1884년 조선과 외교 관계를 맺은 러시아 정부가 1890년에 공사관을 지었다. 서양식 건축 형태를 지닌 조선 최초의 외교 공관이다. 1904년 러일전쟁 이후 러시아 외교관들이 조선에서 철수했다가 1906년 이후 다시 영사 자격으로 부임하여 옛 러시아공사관 건물도 영사관으로 기능했다. 1922년 소비에트연방(소련)이 세워진 뒤, 1925년부터 1950년까지 소비에트연방 공사관으로 이용되었다.

러시아공사관. 『한국풍속인물사적명승사진첩』.

## 구세군 조선 본영 本營 [18]

1909년 창립하여 전도부, 사회사업부가 활동했다. 서대문1가.

구세군 조선 본영. 와다 시게요시, 『대경성도시대관』, 조선신문사, 1937.

# 경성중학교 19 09

1909년 5월에 일본인 거류 민단에 의해 경희궁 터에 설립한 일본인 중등학교다. 오늘날 서울고등학교의 전신이다. 서대문로2가 2.

경성중학교 건물로 1933년에 소실되었다. 오카 료스케, 『경성번창기』, 1915.

일제강점기 엽서 속 경성중학교 창립 25주년 기념식장. 국제일본문화센터.

## 조선미술관 10

우리나라 근대 최초의 미술기획자로 꼽히는 우경友鏡 오봉빈吳鳳彬, 1893-1950?이 1929년 설립한 화랑이다. 오봉빈은 오세창의 지도를 받았다. 광화문네거리 지하 1층, 지상 3층의 광화문빌딩 1층 3호에 있었다. 세종로 210. 1층 1호에는 우메노야梅野屋 식당이 있었다.

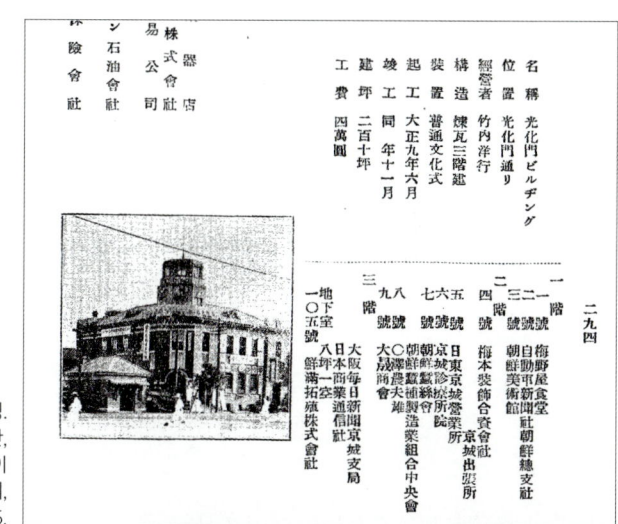

광화문빌딩.
1층 3호에 조선미술관,
1층 1호에 우메노야 식당이
있었다. 조선연구회,
『대경성』, 1925.

일본식 서양 요리점
우메노야 식당 내부 모습.
와다 시게요시, 『대경성도시대관』,
조선신문사, 1937.

태평로에서 바라본 광화문 방향이다. 경성일보사 건물에서 촬영한 것으로 여겨진다. 오른쪽 앞 건물은 조선금융조합 경기도지부, 그 다음이 동아일보사, 동아일보사 뒤에 보이는 기와지붕은 고종 어극 40년 칭경기념비각, 그 뒤의 건물은 체신국 간이보험청사, 그 뒤로 멀리 조선총독부가 보인다. 화면 왼쪽 아래 기와집은 조선미술품제작소, 그 위쪽에 탑형 지붕이 있는 건물이 조선미술관이 있었던 광화문빌딩이다.
『사진으로 보는 서울 2 일제 침략 아래에서의 서울(1910-1945)』, 서울특별시사편찬위원회, 2002.

# 경성방송국 03

1927년 2월 16일 정동 1번지에서 개국하여 JODK라는 호출부호로 첫 정규방송을 시작했다. JO는 국제통신연합이 일본에 부여한 호출부호의 전치부호였고 당시 방송국이 가장 먼저 생긴 도쿄의 호출부호가 JOAK, 그 다음에 방송국이 생긴 오사카가 JOBK, 나고야 JOCK 순이고 경성방송국은 네 번째로 생겼기 때문에 호출부호 JODK가 되었다.

1932년 4월 7일 법인명을 조선방송협회로 개칭했고, 1935년에는 경성중앙방송국으로 다시 개칭했다. 처음에는 일본어, 한국어 두 언어를 사용한 혼합방송이었으나 1933년 4월 일본어 제1방송과 한국어 제2방송을 분리하여 이중방송을 했다.

### 라디오 등록대 수와 가구당 보급률

| 연도 | 한국인 | | 일본인 | |
|---|---|---|---|---|
| | 등록대 수(대) | 보급률(%) | 등록대 수(대) | 보급률(%) |
| 1926 | 236 | 0.01 | 1,481 | 1.27 |
| 1930 | 1,448 | 0.04 | 9,410 | 7.45 |
| 1935 | 14,537 | 0.37 | 37,958 | 26.21 |
| 1940 | 116,935 | 1.84 | 109,694 | 66.28 |
| 1942 | 149,653 | 3.70 | 131,348 | 71.8 |

\* 황유성, 『초창기 한국방송의 특징』, 법문사, 2008, 143쪽.

\* 조용만, 『경성야화』, 도서출판 창, 1992, 171쪽; 박찬승, 「서울의 언론과 잡지」, 『서울 2천년사 29. 일제강점기 서울의 교육과 문화』, 서울역사편찬원, 2015, 272~279쪽; 문선영, 「라디오가 바꾼 도시의 여가문화」, 『근현대 서울시민의 여가생활』, 서울역사편찬원, 2019, 98~101쪽.

일제강점기 엽서 속 경성방송국. 앞쪽 건물은 구세군 사관학교다. 서울역사박물관.

# 21

조선시대에 의정부와 육조가 자리한 육조거리가 있어 육조거리 또는 육조 앞길 등으로 불린 광화문 앞거리이다. 조선시대 법궁인 경복궁으로 나아가는 진입로이자 나라의 중심거리라는 위상을 지녔으며 왕권을 상징하는 핵심 공간으로 정치적 중심지였다. 일제강점기에도 경성의 중심이자 조선의 중심이었다.

1914년 일제는 이곳을 '광화문통光化門通'이라고 이름을 바꿨다. 광화문통은 1912년과 1936년에 걸쳐 도로 정비가 이루어졌고 거리의 폭이 좁아졌다. 특히 1926년 조선총독부를 경복궁 내에 신축한 이후 식민통치 권력의 본거지라는 위상을 지닌 거리로 거듭나게 되었고, 육조관아가 즐비했던 이 일대에 식민통치기구들이 들어섰다. 조선총독부의 신축 이전은 점진적으

# 세종로, 종로1가, 적선동, 도렴동, 수송동, 중학동, 청진동

로 진행되던 남촌 일본인들의 조선인 거리 북촌으로의 '북진'이 본격화되는 계기가 되었다.*
일제강점기 당시 이 지역에 거주하거나 머문 주요 인사로는 중학동의 서예가·수장가 김영진 金寧鎭, 내자동의 서예가 손재형, 서린동의 기업인 백완혁白完爀과 정대현鄭大鉉, 종로 1가의 의사 유병필劉秉珌·기업인 강익하姜益夏, 청진동의 관료·기업인 고원훈高元勳·서양화가 김만형金晩炯, 적선동의 서화가 박기양朴箕陽·관료 이종갑李種甲 등이 있었다.

* 이순우, 『광화문 육조앞길』, 하늘재, 2012, 4~9쪽.

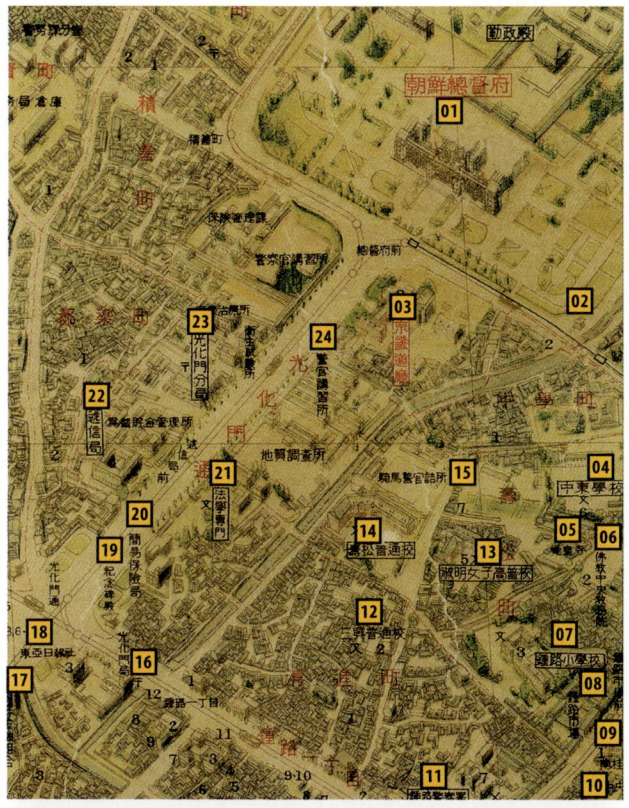

01 조선총독부청사
02 경복궁 동십자각
03 경기도청
04 중동학교
05 각황사
06 조선불교중앙교무원
07 종로소학교
08 종로중앙시장
09 남계양행
10 중앙일보사(조선중앙일보사)
11 종로경찰서
12 삼흥보통학교
13 숙명여자고등보통학교
14 수송공립보통학교
15 기마경찰 힐소
16 광화문우편국
17 조선금융조합연합회
   경기도지부
18 동아일보사
19 기념비전
20 체신국 간이보험국
21 관립경성법학전문학교
22 조선총독부체신국
23 경성중앙전화국 광화문 분국
24 경찰관 강습소

세종로, 종로1가, 적선동, 도렴동, 수송동, 중학동, 청진동

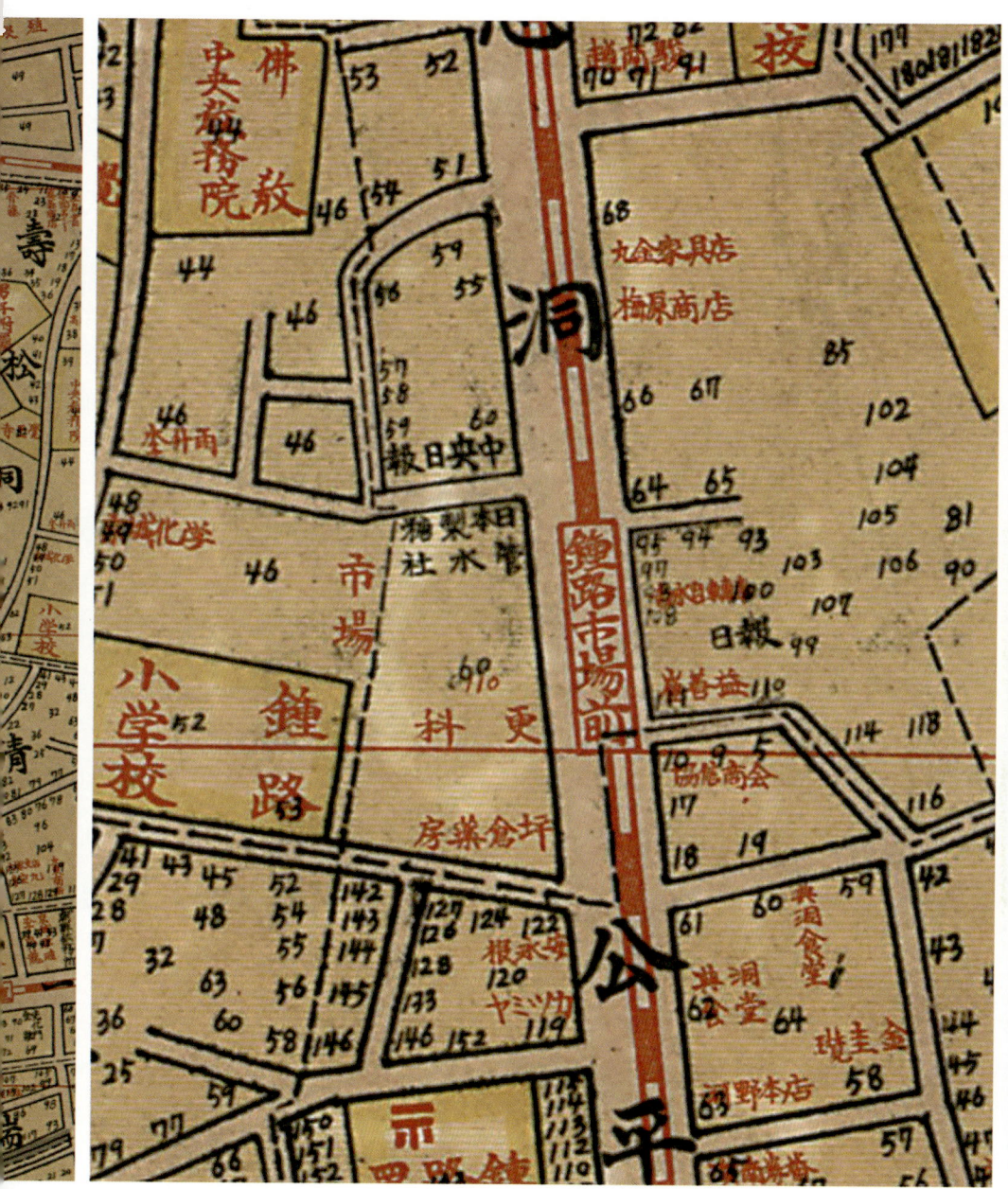

| | | |
|---|---|---|
| 01 조선총독부청사 | 10 종로소학교 | 19 조선총독부체신국 |
| 02 경복궁 동십자각 | 11 삼흥보통학교 | 20 경성중앙전화국 광화문 분국 |
| 03 경기도청 | 12 명월관 분점 | 21 종로중앙시장 |
| 04 조선미술원 | 13 동아일보사 | 22 최선익의 집 |
| 05 중동학교 | 14 광화문우편국 | 23 종로경찰서 |
| 06 각황사 | 15 체신국 간이보험국 | 24 조선도서주식회사 |
| 07 조선불교중앙교무원 | 16 관립경성법학전문학교 | 25 평화당주식회사 |
| 08 숙명여자고등보통학교 | 17 기마경찰 힐소 | |
| 09 수송공립보통학교 | 18 경찰관 강습소 | |

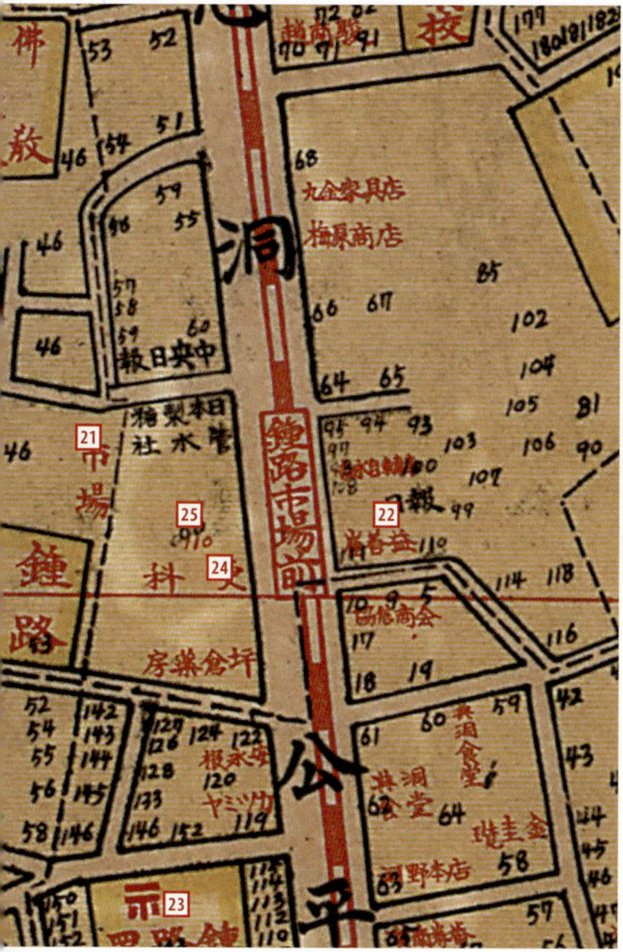

세종로, 종로1가, 적선동, 도렴동, 수송동, 중학동, 청진동

# 조선총독부청사 01 01

조선총독부청사는 일제강점기 조선에서 일본 제국의 식민 통치를 시행한 최고 행정 관청인 조선총독부가 사용한 건물이다. 을사조약의 결과로 1906년 2월 1일에 설치된 최초의 통감부는 육조거리에 있던 옛 외부外部 건물이었다. 외부는 오늘날의 외교부다. 1907년 남산 왜성대 청사로 옮긴 후 1910년 한일합병 이후에는 왜성대 청사를 조선총독부 청사로 전환하여 사용했다. 1926년 경복궁 흥례문 구역을 철거한 터에 신청사를 건립하고 이전했다.

총독부 신청사는 신축 당시 일본의 본토와 식민지에서 가장 큰 건축물이자 동양 최대의 근대식 건축물이었다. 건물 안쪽에 뜰을 배치한 '일'日 자 형 평면에 지층과 지상 4층을 올린 총건평 9,600여 평의 건물로 철근 콘크리트 구조에 벽돌로 기둥 사이의 벽을 채우고 외부를 화강석으로 마감한 위에 돔 모양의 중앙탑옥을 얹었다.

청사의 건축에는 조선에서 산출된 목재와 화강석·대리석·석회를 주재료로 사용했고, 공예품·조각 등의 장식재는 해외에서까지 수입해서 시공했으며, 조선은행과 철도호텔조선호텔에 이어서 조선에서 세 번째로 아홉 대의 엘리베이터를 설치했다. 경복궁 입구 역할을 하던 광화문 역시 조선총독부 건물 완공과 때를 같이 해 경복궁 건춘문 옆으로 옮겼다. 일제는 광화문을 옮긴 후 그 자리를 총독부 광장이라 부르면서 각종 옥외 행사를 이곳에서 거행했다.*

---

* 김정동, 『남아 있는 역사, 사라지는 건축물』 대원사, 2001, 193쪽; 이순우, 『통감관저, 잊혀진 한일합병의 현장』 하늘재, 2010, 12~42쪽.

1926년 완공한 조선총독부청사 항공사진.
나카무라 미치타로, 『일본지리풍속대계』 조선편, 신광사, 1930.

일제강점기 엽서 속 경복궁 광화문 앞. 신축 중인 총독부가 보인다.
국제일본문화센터.

일제강점기 엽서 속 조선총독부청사.
국제일본문화센터.

육군기념일 분열식 당시 총독부 정문 앞을 행진하는 군대를 사열하고 있는 장면으로
울타리 밖은 중학동이다. 조선총독부, 『조선』, 1932. 4.

일제강점기 엽서 속 조선총독부청사. 국제일본문화센터.

1936년 조선총독부청사에서 바라본 광화문 거리.
『사진으로 보는 서울 2 일제 침략 아래에서의 서울(1910~1945)』, 서울시사편찬위원회, 2002.

21.

조선총독부청사 공사 장면. 조선총독부, 『조선총독부청사신영지新營誌』.

# 경복궁 동십자각 02 02

동십자각은 조선 후기인 1880년대 경복궁 동남쪽 모서리에 건립한 누각이자 망루다.

1930년대 경복궁 동십자각. 성균관대학교박물관.

## 경기도청 03 03

1907년부터 조선시대의 의정부 청사를 헐고 내부(內部) 청사를 신축했다. 내부는 오늘날의 내무부다. 1910년 한일합병 이후 경기도청으로 전용했다.

경기도청. 나카무라 미치타로, 『일본지리풍속대계』 조선편, 신광사, 1930.

# 중동中東학교 04 05

1906년 계몽운동가이자 교육가인 최규동崔奎東. 1891~1950?이 세운 학교로, 오늘날 중동중고등학교의 전신이다. 수송동 85.

최규동은 휘문의숙 등 여러 학교에서 교편을 잡았고 학교법인 중동학원을 세워 중동학교 교장을 지냈다. 조선교육회, 진단학회 등에서 애국 계몽운동을 펼쳤다. 광복 후에는 제4대 서울대학교 총장을 지냈다.

중동학교. 와다 시게요시, 『대경성도시대관』, 조선신문사, 1937.

## 각황사 覺皇寺 05 06

각황사는 근대 한국 불교의 총본산으로 근대 한국 불교 최초의 포교당이자 일제강점기 최초의 포교당이었으며 사대문 안에 최초로 자리 잡은 사찰이었다. 1910년 처음 건립한 사찰 건물은 1914년 서양식과 일본식 건물을 절충하여 2층 건물로 새로 지었다.

각황사에는 삼십본산 연합사무소, 재단법인 조선불교중앙교무원 등이 입주해 있었다. 1937년 각황사를 현재의 조계사로 옮기는 공사를 시작, 이듬해 삼각산에 있던 태고사太古寺를 이전하는 형식을 취하여 절 이름을 태고사로 했으며 1938년 10월 25일 총본산 대웅전 건물의 준공 봉불식을 거행했다. 1954년 일제 잔재를 몰아내기 위한 불교정화운동이 일어난 후 조계사로 이름을 바꾸었다.* 수송동 82.

「1920년대의 각황사」, 『사진으로 본 통합종단 40년사』, 대한불교조계종 교육원, 2002.

* 김광식, 「일제하 불교계의 보성고보 경영」, 『한국민족운동사연구』 19, 1998, 311~350쪽.

# 조선불교중앙교무원 06 07

1922년 설립한 불교 기관이다. 1921년 조선불교청년회와 불교유신회를 중심으로 한 세력들이 불교계 단일 기관인 조선불교총무원을 설립하자 조선총독부의 지원을 받은 본산들을 중심으로 1922년 새로운 기관인 조선불교교무원을 설립했다. 자주적이고 민족적인 불교 세력 조선불교총무원과 친일적인 조선불교교무원은 대립하고 갈등하다 1924년 재단법인 조선불교중앙교무원으로 통합되었다. 조선불교중앙교무원은 1927년 보성고보가 혜화동에 새 교사를 짓고 이주한 뒤 보성고보 교사를 청사로 사용했다.* 오늘날의 조계사 자리다. 수송동 44.

조선총독부학무국 사회교육과, 『조선에서의 종교 및 향사 일람』 1, 1928.

* 김순석, 「1920년대 초반 조선총독부의 불교정책: 재단법인 조선불교중앙교무원의 성립을 중심으로」, 『한국독립운동사연구』 13, 1999, 71~99쪽.

## 종로소학교 07 10

1911년 설립했다. 경성종로공립심상고등소학교가 정식 명칭이다. 수송동 53.

일제강점기 엽서 속 종로소학교. 부산박물관.

## 종로중앙시장 08 21

종로구 수송동에 있던 시장이다.

종로중앙시장. 조선총독부, 『조선의 시장경제』, 1929.

# 남계양행 南桂洋行 09

1934년 윤치창이 창립한 식료품 수입회사다. 공평동 9.

남계양행.
와다 시게요시,
『대경성도시대관』,
조선신문사, 1937.

## 중앙일보사 (조선중앙일보사) 10

1930년대 일간 신문을 발행했다. 1924년 최남선이 『시대일보』로 창간하고, 이상협李相協이 『중외일보』로 개칭했던 『중앙일보』를 최선익崔善益, 윤희중尹希重 등이 인수하여 제호를 바꿔 1933년 창간했다. 사장은 여운형, 부사장 최선익, 전무 윤희중, 편집국장 김동성 진용으로 『동아일보』, 『조선일보』와 함께 민간 3대지로 성장했다. 사옥은 견지동 111로서 1926년에서 1933년까지 조선일보사가 사용했던 건물이었다. 오늘날 농협 종로지점 건물이다.

조선중앙일보사. 일본전보통신사, 『신문총람』, 1936.

# 종로경찰서 11 23

일제강점기 당시 서대문형무소와 함께 독립운동 탄압의 대명사로 불릴 정도로 악명이 높았다. 1915년에서 1929년까지 종로2가 7의 옛 한성전기회사 사옥을 사용하다가 공평동으로 이전했다. 이전한 건물은 경성복심법원이자 대한제국의 최고 법원이었던 평리원平理院이 있던 건물이었다. 공평동 163.

1929년에 종로경찰서가 된 공평동 평리원 건물. 조선총독부, 『신흥의 조선』, 1929.

# 삼흥三興보통학교 12 11

1909년 개교했다. 청진동 201.

삼흥보통학교. 와다 시게요시, 『대경성도시대관』, 조선신문사, 1937.

# 숙명여자고등보통학교 13 08

1906년 명신여학교로 개교했다. 설립 지원자는 고종 황제의 후궁 순헌황귀비 엄씨다. 1909년 숙명고등여학교, 1911년 숙명여자고등보통학교로 개칭했으며 1938년 숙명여자전문학교를 설립했다. 오늘날 숙명여자중고등학교와 숙명여자대학교의 전신이다. 수송동 80.

일제강점기 엽서 속 숙명여자고등보통학교. 국제일본문화센터.

## 수송壽松공립보통학교 14 09

1922년 수송동에서 개교했으나 1922년 폐교 후 2001년 강북구 번1동에서 재개교했다.

수송공립보통학교.
나카무라 미치타로,
『일본지리풍속대계』
조선편, 신광사, 1930.

## 기마경찰 힐소詰所 15 17

기마경찰 대기소다. 수송동 146.

기마경찰 힐소. 『중앙일보』,
1932. 12. 14.

# 광화문우편국 16 14

1905년 경성우편국 광화문출장소로 개설한 뒤 1906년 광화문우편국으로 승격했다. 1926년 건물 건립 후 이전했다. 종로1가 89.

광화문우편국 신축 이전 기사. 『중외일보』, 1926. 12. 5.

## 조선금융조합연합회 경기도지부 17

금융조합은 일제강점기 서민이나 농민들에게 돈을 융통해주던 서민금융기관으로 농협의 전신이다. 태평로1가 1.

조선금융조합연합회 경기도지부. 와다 시게요시, 『대경성도시대관』, 조선신문사, 1937.

## 동아일보사 18 13

1919년 3·1운동 이후 조선총독부가 이른바 문화통치를 표방하면서 『동아일보』, 『조선일보』, 『시사신문』 등 세 개의 한국인 발행 민간 신문을 허가할 때 설립된 일간 신문사다. 1920년 4월 1일, 김성수金性洙, 1891~1955를 비롯한 박영효, 김홍조, 장덕준 등을 중심으로 종로구 화동 옛 중앙학교 교사를 빌려 타블로이드판 4면 체제로 발간했다. 제2차 세계대전이 일어난 후, 조선총독부가 황국신민화를 앞세운 민족말살정책을 실시함에 따라 1940년 8월 11일자로 강제 폐간되었다. 이때까지 총 네 차례의 무기 정간을 당했고, 그밖에 수 차례의 검열과 압수 삭제 등의 수모를 겪기도 했다.

　동아일보사는 1926년 화동에서 광화문 네거리인 광화문통세종로 139 사옥으로 이주했다. 이주한 사옥 터는 고급 요리점 명월관이 불타 없어진 자리다. 준공 당시에는 지하 1층, 지상 3층으로 철근 콘크리트와 벽돌 구조에 외벽에는 석재와 타일을 붙였고 인조석도 부분적으로 사용했다. 현관 위에서 옥탑까지 수직으로 이어져 있는 내면창은 1920년대에 세계적으로 유행한 모더니즘 디자인 경향을 보여주고 있다. 국내에서 가장 오래된 언론사 건물로서 1968년 지상 6층으로 증축되었고 오늘날 일민미술관이 되었다. 서울특별시 유형문화재다.*

* 국가유산청 국가유산포털, 서울특별시 유형문화유산 동아일보 사옥.

동아일보사 사옥. 일본전보통신사, 『신문총람』, 1933.

1940년 8월 10일 폐간 당시 동아일보사 사원들의 기념사진.
동아일보사 사옥에 '내선일체', '보도보국'이라는 현수막이 걸려 있다.
『사진으로 보는 서울 2 일제 침략 아래에서의 서울(1910~1945)』, 서울시사편찬위원회, 2002.

# 기념비전 19

고종 어극御極 40년 칭경기념비전稱慶紀念碑殿. 속칭 비각. 칭경기념비는 대한제국의 황제 고종 즉위 40년을 기념하여 1902년 세운 기념비다.

1912년 무렵의 기념비전. 서울역사박물관.

# 체신국 간이보험국 20 15

간이보험청사. 조선총독부 체신국에서 1929년 조선간이생명보험 업무를 시작했다. 세종로 149.

체신국 간이보험국. 조선총독부 체신국, 『조선의 간이보험』, 1937.

# 관립경성법학전문학교 21 16

1895년에 설립한 최초의 국립 법학 교육기관 법관양성소는 1909년 한성법학교, 1911년 경성전수학교로 개칭되었고 1922년에는 관립경성법학전문학교로 승격되었다. 일제강점기에 많은 조선인 법조인을 배출했다. 광복 이후 경성제국대학 법문학부 법학 계열을 흡수하여 대학 기관으로 승격되었고 후에 서울대학교 법과대학이 되었다. 세종로 84.

경성법학전문학교. 국사편찬위원회.

# 조선총독부체신국 22 19

조선총독부 소속 관청으로, 조선에서의 우편·우편환·우체국 저금·간이보험·선원 보험·전신·전화·항로 표지·선원 양성·수력 발전·항공에 관한 사무를 관리했으며, 항로·선박·선원·전기 사업·가스 사업의 감독을 관장했다. 1905년 통감부 통신관리국이 설치되었고, 1910년에는 조선총독부 소속 관청으로 통신국이 설치되었다. 1912년 통신국은 체신국으로 명칭이 바뀌었다. 세종로 81.

조선총독부 체신국. 조선총독부 체신국, 『조선체신산업연혁사』, 1938.

# 경성중앙전화국 광화문 분국 23 20

본래 전화 교환 업무는 경성우편국 소관이었으나 전화 가입자 수가 크게 늘어나자 1923년 이를 분리하여 경성중앙전화국을 설치했다. 이 과정에서 경성우편국 용산전화 분국은 경성중앙전화국 용산분국으로 전환되었고, 이와 별도로 광화문 분국을 신설했다. 세종로 80.

경성중앙전화국 광화문 분국. 조선총독부 체신국, 『조선의 체신사업』, 1930.

## 경찰관 강습소 24 18

경찰교육기관이다. 1919년 헌병경찰제가 보통경찰제로 바뀌면서 조선총독부 경찰관 강습소로 개편했다. 세종로 82.

경찰관 강습소, 『조선총독부경찰관강습소일람』, 1930.

# 조선미술원 04

개성 출신 서양화가 박광진이 중학동 20번지의 집터를 내놓고 동양화가 김은호와 조각가 김복진 등이 기금을 내놓아 설립한 미술단체다. "과거 조선미술의 계승과 근대 세계미술의 섭취"를 목적으로 설립했다. 1937년 신축한 회관은 지하 1층·지상 2층 연평수 80평의 건물로서, 사교실·숙직실·동양화실·서양화실·조각실 등으로 이루어졌다. 수묵채색화는 김은호·허백련, 유채화는 박광진, 조소는 김복진이 지도를 맡았다. 고미술품 감정·전람회 개최 및 사업부를 통한 공예미술 제작 등의 사업을 의욕적으로 기획했으나, 조선미술원 건물의 땅을 내놓았던 박광진이 금광 사업에 실패하자 1938년 말 폐쇄되었다.*

조선미술원 낙성 관련 기사. 『매일신보』, 1937. 3. 17.

---

* 최열, 『한국 근대미술의 역사』, 열화당, 1998, 361쪽.

## 명월관 분점 [12]

1909년경 한말 궁내부 주임관奏任官 및 전선사장典膳司長으로 있으면서 궁중 요리를 하던 안순환安淳煥, 1871~1942이 오늘날의 종로구 세종로 동아일보사 자리인 황토마루에 개점한 조선 요리옥 명월관의 분점이다. 서린동 137.

## 최선익의 집 [22]

최선익崔善益, 1904~?은 개성 출신 실업가다. 윤희중과 함께 『중앙일보』를 인수하여 제호를 『조선중앙일보』로 바꾸고 여운형을 사장으로 하여 1933년 창간했다. 최선익의 집으로 되어 있는 견지동 111은 『조선중앙일보』 사옥 자리이다. 오늘날 농협 종로지점 건물이다.

# 조선도서주식회사 [24]

각종 도서의 편집, 출판업 및 인쇄, 제본업을 목적으로 1920년 설립했다. 견지동 60.

조선도서주식회사 광고, 『매일신보』, 1923. 1. 14.

## 평화당주식회사 25

보혈강장제 백보환百補丸 등을 제조한 한약방이다. 견지동 60.

평화당주식회사. 와다 시게요시, 『대경성도시대관』, 조선신문사, 1937.

# 22

경복궁 동쪽 지역으로 조선시대의 지배계층인 이른바 경화세족이 주로 살았던 전통적인 북촌 지역에 해당된다.

안국동은 조선 초기부터 유지된 한성부 북부 10방 중 하나인 안국방安國坊 지명을 그대로 따왔고, 소격동은 조선시대 소격서昭格署가 있던 것에서 유래했다. 화동은 과일과 화초, 작물 등의 관리를 맡던 조선의 관청 장원서掌苑署가 있어서 화개동花開洞, 즉 꽃이 피는 동네라는 이름이 붙었는데 이후 일제강점기를 거치며 '개' 자를 뺀 화동이 되었다. 사간동은 조선시대 간쟁·논박을 주관하던 관아인 사간원이 있던 데서, 송현동은 부근에 솔고개송현·솔재가 있어서 유래했다. 견지동은 견평방堅平坊에 있던 의금부義禁府에서 재판할 때 뜻을 굳게 가지고 일을 공평하게 처리한다는 의미에서, 재동은 1453년 계유정난 당시 흐른 피를 덮기 위해 많은 재[灰]가 뿌려졌다고 해서 그 이름이 되었다.

이 지역의 중심은 안국동육거리이다. 일제강점기 당시 안국동육거리 주변에 여러 학교가 많

# 소격동, 화동,
# 사간동, 송현동,
# 안국동, 재동,
# 견지동

아 학생거리로 불렸고 관훈동에는 학생들의 수요에 따라 서점가가 즐비했다. 안국동, 송현동, 사간동은 지방에서 올라온 학생들의 하숙촌 지대여서 책방, 문방구 등 학생과 인연이 있는 상업이 번성했다. 안국동에는 전통적인 양반들의 저택이 많았고 경운동에는 천도교 교당과 총무원, 견지동에는 시천교 교당이 있었다. 관훈동·인사동·견지동·공평동의 주민은 의사, 변호사, 건축사, 회계사 등 전문 직종에 종사하는 사람들이 많았다.

일제강점기 당시 이 지역에 거주하거나 머문 주요 인사로는 소격동의 관료·기업인·미술품 수장가 박영철, 화동의 동양화가 배렴裵濂, 안국동의 독립운동가·사진작가 민충식, 군인·관료 민영찬·동양화가 이석호李碩鎬, 가회동의 서양화가 김중현金重鉉·미술기획자 오봉빈, 견지동의 관료·정치가 윤웅렬尹雄烈·민영환, 경운동의 관료이자 정치가인 민영휘·민병석·민홍기·민형식, 운니동의 서양화가 심형구沈亨求·동양화가 김기창 등이 있었다.

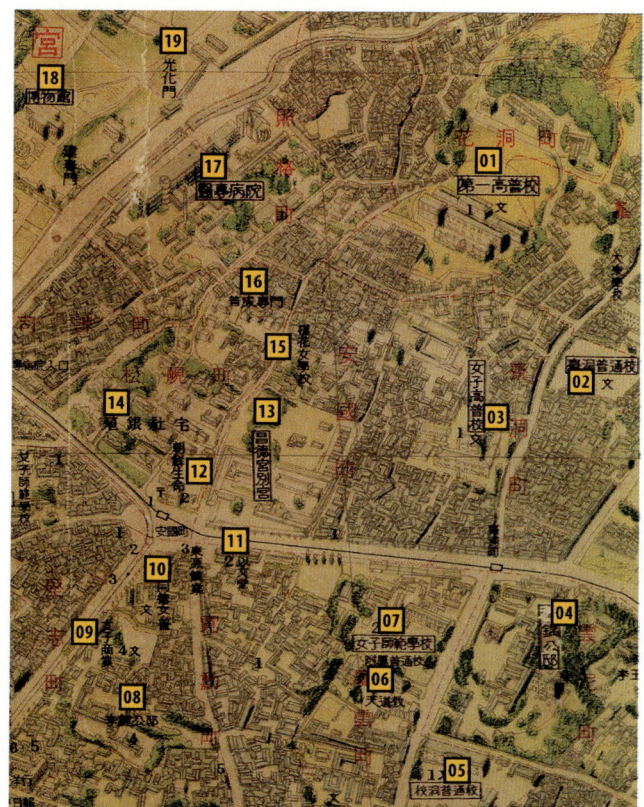

01 경성제일고등보통학교
02 재동보통학교
03 경성공립여자고등보통학교
04 이우 공의 집
05 교동보통학교
06 천도교 중앙대교당
07 관립경성여자사범학교
08 이건 공의 집
09 경성여자상업학교
10 동덕여자고등보통학교
11 이문당
12 조선생명보험주식회사
13 창덕궁 별궁
14 조선식산은행 사택
15 근화여학교
16 보성전문학교
17 경성의학전문학교 병원
18 조선총독부 박물관
19 광화문

소격동, 화동, 사간동, 송현동, 안국동, 재동, 견지동

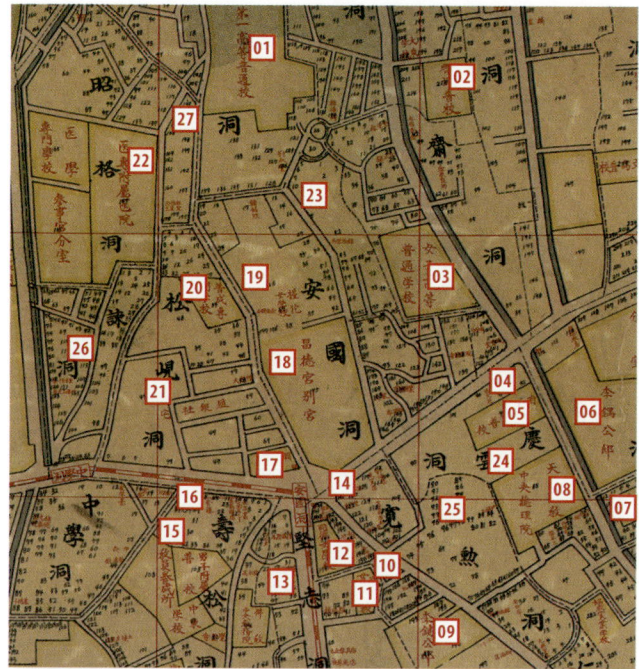

| 01 경성제일고등보통학교 |
| 02 재동보통학교 |
| 03 경성공립여자고등보통학교 |
| 04 활문사 |
| 05 관립경성여자사범학교 |
| 06 이우 공의 집 |
| 07 교동보통학교 |
| 08 천도교 중앙대교당 |
| 09 이건 공의 집 |
| 10 시천교당 |
| 11 경성여자상업학교 |
| 12 동덕여자고등보통학교 |
| 13 한성도서주식회사 |
| 14 이문당 |
| 15 선광인쇄주식회사 |
| 16 선일지물 |
| 17 조선생명보험주식회사 |
| 18 창덕궁 별궁 |
| 19 근화여학교 |
| 20 보성전문학교 |
| 21 조선식산은행 사택 |
| 22 경성의학전문학교 병원 |
| 23 윤치소의 집 |
| 24 민홍기의 집 |
| 25 박승빈의 집 |
| 26 윤택영의 집 |
| 27 박영철의 집 |

소격동, 화동, 사간동, 송현동, 안국동, 재동, 견지동

# 경성제일고등보통학교 01 01

1900년 10월 3일 고종의 칙령에 의해 관립으로는 처음으로 관립한성고등학교로 개교했다. 1911년 경성고등보통학교, 1922년 경성제일고등보통학교 등으로 개칭되었으며 광복 후 경기중고등학교가 되었다. 화동 1.

경성제일고등보통학교. 와다 시게요시, 『대경성도시대관』, 조선신문사, 1937.

## 재동齋洞보통학교 02 02

1895년 개교한 최초의 근대식 초등 교육 기관 중 하나이다. 오늘날 재동초등학교의 전신이다. 재동 215.

재동보통학교. 경성부, 『경성부사』, 1934.

1930년 촬영한 견지동에서 바라본 안국동육거리. 왼쪽으로는 북악산이 보이고, 정면과 왼쪽으로 보이는 양옥들은 식산은행 사택이다. 오른쪽에 보이는 기와집은 창덕궁 별궁으로 안동별궁이라고도 했다.
조선총독부내무국 경성토목출장소, 『경성시구개정사업 회고 20년』, 1930.

1930년 촬영한 안국동육거리에서 바라본 종로네거리 쪽 방향. 왼쪽에 보이는 높은 건물은 시천교당이고, 그 앞쪽은 견지동 상가로 인쇄소, 서점, 필방 등의 간판들이 보인다. 멀리 남산이 보이고 남산자락 아래 보이는 뾰족한 돔이 있는 건물은 동일은행이다. 조선총독부내무국 경성토목출장소, 『경성시구개정사업 회고 20년』, 1930.

# 경성공립여자고등보통학교

1908년 관립한성고등여학교로 개교한 최초의 관립 중등 여학교다. 1911년 관립경성여자고등보통학교, 1922년 경성공립여자고등보통학교 등으로 개칭했다. 1945년 정동의 옛 경성제일공립여자고등학교 교사로 이전했다. 오늘날 경기여자고등학교의 전신이다. 재동 83.

경성공립여자고등보통학교. 국사편찬위원회.

## 이우 공의 집 04 06

고종의 손자이자 의친왕 이강의 차남인 이우李鍝, 1912~1945의 집으로 한옥과 양관으로 이루어졌다. 양관은 운현궁 내에 있었으나 1946년부터 학교법인 덕성학원에서 소유하여 오늘날 덕성여자대학교 평생교육원으로 쓰고 있다. 운니동 114.

이우 공의 집 양관. 조선사진통신사, 『조선사단창설기념호: 조선사진화보특별호』, 1916.

# 교동校洞보통학교 05 07

1894년 황실의 자녀들에게 신교육을 실시하기 위해 우리나라 최초의 근대식 초등 교육 기관인 관립교동소학교로 개교했다. 이후 한성사범학교부속소학교, 관립교동보통학교 등으로 개칭했다. 오늘날 교동초등학교의 전신이다. 경운동 18.

교동보통학교. 경성부, 『경성부세일반』京城府勢一班 1938.

## 천도교 중앙대교당 06 08

천도교 3대 교주 손병희孫秉熙, 1861~1922의 발의와 300만 교인들의 성금으로 1918년부터 건설하여 1921년 완공한 우리나라 천도교의 총본산이다. 1920년대 당시 명동성당, 조선총독부와 함께 경성의 3대 건축물로 꼽혔다. 일제가 건축해온 르네상스식이나 유럽 선교사들의 고딕풍이 아닌 전통과 과거 양식으로부터 분리된 새로운 예술을 지향한 세제션Secession 스타일의 건축물이다. 대지 약 1,824평, 건평 약 227평 규모로, 일제강점기에는 물론 광복 이후까지 종로2가 YMCA건물과 더불어 각종 정치 집회와 강연회가 열린 역사의 현장이기도 하다.* 경운동 88.

천도교 중앙대교당.
『사진으로 보는 서울 2 일제 침략 아래에서의 서울(1910~1945)』,
서울시사편찬위원회, 2002.

* 정재정·염인호·장규식, 『서울 근현대 역사기행』 혜안, 1998, 27쪽; 김소연, 『경성의 건축가들 - 식민지 경성을 누빈 'B급' 건축가들의 삶과 유산』 루아크, 2017, 176~192쪽.

# 관립경성여자사범학교 07 05

1935년 경성사범학교의 여자연습과와 부속여자보통학교의 학생을 이관받아 개교한 뒤 1946년 경성사범학교와 통폐합되었고 이후 서울대학교 사범대학으로 개편되었다. 경운동 90.

관립경성여자사범학교. 와다 시게요시, 『대경성도시대관』, 조선신문사, 1937.

## 이건 공의 집 08 09

이건李鍵, 1909~1990은 고종의 다섯째 아들인 의친왕 이강의 장남이다. 의친왕 사저인 사동궁寺洞宮을 이건이 세습하여 이건 공 저택으로 불렸다. 관훈동 196.

이건 공의 집. 조선사진통신사, 『조선사단창설기념호: 조선사진화보특별호』, 1916.

# 경성여자상업학교 09 11

1926년 구한말 참정대신 한규설韓圭卨, 1848~1930의 구국 정신을 이어 그의 아들 한양호가 본과 3년 전수 과정으로 설립했다. 오늘날 서울여자상업고등학교의 전신이다. 견지동 80.

경성여자상업학교. 와다 시게요시, 『대경성도시대관』, 조선신문사, 1937.

## 동덕여자고등보통학교 10 12

1908년 조동식이 동원여자의숙義塾을 설립했다. 1909년 동원여자의숙과 동덕여자의숙을 병합하여 동덕여자의숙으로, 1911년 동덕여학교로, 1926년 동덕여자고등보통학교로 변경했다. 1933년 종로구 창신동으로 이전했다. 오늘날 동덕여자중고등학교의 전신이다. 관훈동 151.

동덕여자고등보통학교. 『매일신보』, 1918. 11. 13.

## 이문당以文堂 11 14

1916년 설립한 서점 겸 출판사로 일제강점기 조선인 최초의 건축기사로 유명한 박길룡朴吉龍, 1898-1943이 설계했다. 관훈동 130.

이문당.
서울역사박물관.

이문당 내부.
와다 시게요시,
『대경성도시대관』,
조선신문사, 1937.

# 조선생명보험주식회사 12 17

1921년 설립된 우리나라 최초의 민족계 보험 회사다. 건물은 박길룡의 설계로 1930년 건축했다. 안국동 67.

조선생명보험주식회사. 조선건축회, 『조선과 건축』, 제9집 제11호, 1930. 11.

# 창덕궁 별궁 13 18

조선시대 초부터 왕실의 거처였다가 순종의 가례嘉禮처로 사용되던 궁터다. 안동安洞·安國洞에 있었기 때문에 안동별궁이라고도 불렸다. 안국동 175.

창덕궁 별궁. 『조선중앙일보』 1936. 6. 19.

## 조선식산은행 사택 14 21

조선식산은행은 1918년 설립한 특수은행으로 오늘날 한국산업은행의 모태다. 본점은 남대문로2가에 있었다. 송현동.

조선식산은행 사택. 조선건축회, 『조선과 건축』, 제19집 제8호, 1940. 9.

## 근화槿花여학교 15 19

1920년 조선여자교육회를 조직하여 활동하던 차미리사가 설립했다. 1938년 재단법인 덕성학원 및 덕성여자실업학교로 개명했으며 오늘날 덕성여자중고등학교의 전신이다. 안국동 37.

재단이 완성된 근화여학교. 『동아일보』, 1934. 2. 11.

## 보성普成전문학교 16 20

1905년 군부대신 이용익李容翊, 1854~1907이 설립했다. 일제강점기를 거쳐 광복 직후까지 존속했던 전문학교로 순수하게 조선인의 손으로 만들어진 민족 최초의 근대적 사립고등교육기관이다. 오늘날의 종로구 수송동인 박동博洞에서 개교했다. 1911년 보성전문학교를 인수한 손병희는 1918년 낙원동으로, 1922년에는 송현동으로 교사를 이전했다. 1932년 김성수가 인수하여 보성전문학교 창립 30주년인 1934년 안암동으로 이전했고 1946년 고려대학교로 승격했다. 송현동 34.

보성전문학교 20주년 관련 기사에 실린 보성전문학교 전경과 역대 경영자. 오른쪽부터 리종호, 박인호, 김기태, 고원훈, 허헌. 『동아일보』, 1924. 5. 5.

# 경성의학전문학교 병원 17 22

경성의학전문학교의 부속병원이다. 1928년 11월 소격동 종친부 터에 연와조 2층 건물로 건립했다. 임상 각과의 진료실과 100병상을 갖추었으며, 1930년에는 3층짜리 철근 외래진료소(신병실)를 완공했다. 소격동 165. 경성의학전문학교는 종로구 연건동에 있었다.

경성의학전문학교 병원과 삼청동천. 성균관대학교 박물관.

경성의학전문학교 병원. 왼쪽부터 외래 본관, 외래 진료소, 정문이다. 조선건축회, 『조선과 건축』, 제9집 제5호. 1930. 5.

# 조선총독부 박물관 18

1915년 경복궁에서 시정始政오년기념조선물산공진회를 개최했을 때 경복궁 내에 지은 미술관 건물에 조선고미술품을 전시했는데, 조선물산공진회가 끝나자 이를 그대로 조선총독부 박물관으로 개관했다. 조선총독부 학무국 산하 기관으로, 박물관협의회와 조선고적조사위원회를 설립하여 운영했다. 여섯 개의 전시실을 두어 낙랑 및 대방군, 삼국시대, 통일신라시대, 고려시대, 조선시대, 불교미술품 등을 전시했다. 1926년 경주분관, 1939년에 부여분관을 설립했다.

일제강점기 엽서 속 조선총독부 박물관. 국제일본문화센터.

# 광화문 19

조선왕조의 법궁인 경복궁의 정문이다. 조선총독부청사가 완공된 1926년 이듬해인 1927년 경복궁의 동문인 건춘문 북쪽으로 이전했다.

경복궁 동쪽 망루인 동십자각 부근에서 바라본 이전 후의 광화문. 중앙의 개울은 삼청동천 (중학천)으로 다리 밑에는 빨래하는 여인들이 있다. 광화문 맞은 편에 경성의학전문학교 병원이 보인다.
성균관대학교박물관.

오른쪽 경복궁 담장 따라 이전 후의 광화문과 건춘문이 보인다. 건춘문 아래 보이는 작은 기와지붕은 동십자각이고 왼쪽에 보이는 건물은 경성의학전문학교 병원이다.
성균관대학교 박물관.

경복궁 동쪽으로 이전한 광화문 앞 석교 아래에서 여인들이 빨래를 하고 있다.
나카무라 미치타로, 『일본지리풍속대계』 조선편, 신광사, 1930.

소격동, 화동, 사간동, 송현동, 안국동, 재동, 견지동

삼청동 산 자락에서
조선총독부와 경복궁 동쪽으로
옮긴 광화문을 바라본 광경.
광화문 맞은편 건물은
경성의학전문학교 병원이다.
마을을 관통하는 삼청동천을
따라 민가가 빼곡하다.
성균관대학교박물관.

# 활문사 活文社 04

1918년 창업한 일반교육도서 출판·판매업 회사다. 경운동.

활문사. 와다 시게요시, 『대경성도시대관』, 조선신문사, 1937.

## 시천교당 10

시천교侍天敎는 천도교도였던 이용구가 일진회一進會를 조직하여 친일노선을 걷게 되자 천도교로부터 출교당한 뒤 1906년 견지동에서 세운 동학계 종교다. 교세가 미약해진 상태로 광복을 맞은 시천교는 1982년 천도교에 귀일했고 1909년 건축한 시천교당은 매각되어 제칠일안식일예수재림교회 서울중앙교회로 사용되고 있다. 견지동 80.

시천교당. 조선총독부, 『조선』, 1935. 4.

# 한성도서주식회사 13

1920년 장도빈 등 서북 출신 인사들을 중심으로 창업한 서점, 인쇄소, 출판사다. 견지동 33.

「한성도서 신축낙성」 기사, 『조선중앙일보』, 1936. 10. 9.

## 선광鮮光인쇄주식회사 15

1924년 창업했다. 수송동 26.

선광인쇄주식회사.
와다 시게요시,
『대경성도시대관』,
조선신문사, 1937.

## 선일지물鮮―紙物 16

수송동 26.

신문광고에 실린 선일지물.
『매일신보』, 1932. 7. 21.

## 윤치소의 집 23

윤치소尹致昭, 1871~1944는 조선 말기의 문신, 정치인이자 일제강점기의 금융인 겸 기업인이다. 대한민국 제4대 대통령 윤보선의 아버지이기도 하다. 안국동 8.

## 민홍기의 집 24

민홍기閔弘基, 1883~1951는 대한제국의 관료이자 귀족으로 친일반민족행위자다. 경운동 89.

## 박승빈의 집 25

박승빈朴勝彬, 1880~1943은 법률가이자 국어연구자, 교육자로 호는 학범學凡이다. 관비 유학생으로 일본 중앙대학 법학과를 졸업하고 귀국 후 법관으로 활동하다가 1910년 변호사로 개업했다. 보성전문학교 교장을 지냈고 계명구락부의 조직과 잡지『계명』의 발간에도 힘썼다. 관훈동 97.

## 윤택영의 집 26

윤택영尹澤榮, 1876~1935은 조선의 문신이자 정치인이었으며 대한제국의 관료이자 귀족이었다. 대한제국 순종의 장인으로 1910년 일본 정부로부터 후작 작위를 받았으나, 채무 관계로 파산 선고를 받아 1928년 불명예 실작失爵했다. 사간동 112.

## 박영철의 집 27

박영철朴榮喆, 1879~1939은 일본육군사관학교를 졸업한 군인이자 관료로 은행과 기업의 간부를 맡았고 여러 친일 단체에서 활동한 친일반민족행위자다. 유명한 밀정 배정자의 세 번째 남편이자 문화재수집가이기도 하다. 소격동 144.

# 23

경복궁 동쪽 지역으로 북촌 지역에 해당한다. 가회동은 조선 초기부터 이곳에 북부 10방 중 하나인 가회방嘉會坊이 있었던 데서 유래했고, 계동은 원래 이곳에 조선시대 의료기관이던 제생원濟生院이 있어서 제생동濟生洞이라 하던 것이 음이 변하여 계생동桂生洞이라 불리다가, 1914년 동명 제정 때 계생동의 발음이 기생동妓生洞과 비슷하다는 이유로 '생生'자를 생략하여 계동桂洞으로 줄인 데서 유래했다. 원서동은 창덕궁 후원의 서쪽에 있었기 때문에 유래했고 와룡동은 용으로 생각하던 임금이 기거하던 창덕궁이 있던 데서 유래했다.

가회동, 재동, 계동은 고급 주택지로서 일제강점기에도 명문거족과 명사가 많으며 지식계급이 많이 사는 곳으로 알려져 있었다. 특히 가회동은 1939년 당시 경성 안 부자촌 8위에 오를 정도였다. 1위에서 7위까지 모두 일본인 거주지였음을 보면 가회동은 조선인 거주지 가운데

# 가회동
# 계동
# 원서동
# 와룡동

가장 부유한 고급주택지였음을 알 수 있다.*
일제강점기 당시 이 지역에 거주하거나 머문 문화계 인사로는 가회동의 서화가 지운영과 지성채 부자, 계동의 학자이자 서예가 현채·서양화가 주경, 원동원서동의 서양화가 고희동·동양화가 노수현과 김진우·서양화가이자 미술사학자 윤희순·동양화가 정찬영, 권농동의 동양화가 김은호 등이 있었다. 정치인·경제인으로 와룡동의 관료 현은, 가회동의 박흥식·한창수·한상룡, 계동의 김성수·최린 등이 있었다.

* 「어느 동리가 잘 사나? 부자촌 가회정은 제8위」, 『조선일보』, 1939. 8. 24.

01 중앙고등보통학교
02 대동상업학교
03 이왕가박물관
04 이왕직
05 창덕궁 경찰서
06 휘문고등보통학교

가회동, 계동, 원서동, 와룡동

- 01 중앙고등보통학교
- 02 휘문고등보통학교
- 03 이왕직
- 04 양재하의 집
- 05 고희동의 집
- 06 송진우의 집
- 07 민병석의 집
- 08 최린의 집
- 09 한상룡의 집
- 10 박흥식의 집
- 11 한창수의 집
- 12 김성수의 집

23.

창덕궁 상공에서 바라본 북촌 일대 모습이다. 북촌 일대는 경복궁 동쪽에서 창덕궁까지 걸쳐 있는 오늘날의 삼청동, 소격동, 화동, 안국동, 가회동, 재동, 계동 등을 가리킨다.
사진 중앙 왼편 상단에 조선총독부와 경복궁이 보이고, 그 아래 왼편에서부터 풍문여고, 덕성여고, 경기고가 보인다. 그 아래 왼편부터는 운현궁, 휘문고, 창덕여고, 대동상고, 중앙고가 보인다. 화면 왼편 사선으로 꺾여 난 길은 율곡로이고, 화면 하단의 숲과 건물은 창덕궁이다. 1954년 임인식이 촬영했다.
서울역사박물관.

# 중앙고등보통학교 01 01

구한말 전국 각지의 애국지사와 국민들이 자금을 모아 설립한 민립 사학이다. 1908년 애국계몽단체 기호흥학회畿湖興學會가 기호학교라는 이름으로 설립했다. 1910년 중앙학교, 1921년 사립 중앙고등보통학교, 1938년 중앙중학교로 개칭했다. 1915년 김성수가 인수했고, 1937년 본관 건물을 낙성했다. 계동 1.

중앙고등보통학교. 서울역사박물관.

# 대동大東상업학교 02

1925년 인력거 차부車夫협회인 경성차부협회에서 자녀 교육을 위해 대동학원을 수송동에 설립했다. 1928년 가회동 교사를 신축하여 이전하면서 대동학교로 이름을 바꿨고, 이후 1934년 계동으로 이전하며 대동상업학교가 되었다. 오늘날 대동세무고등학교의 전신이다.

대동학교 계동 교사.
『동아일보』,
1932. 3. 31.

인력거 차부들이
스스로 운동장을
만드는 광경.
「융성해 가는
대동학교」,
『조선중앙일보』,
1935. 7. 9.

# 이왕가박물관 03

1909년 대한제국기 황실에서 우리나라 최초로 설립한 박물관이다. 1907년 순종이 경운궁에서 창덕궁으로 이어移御하게 되자, 순종을 위무한다는 명목으로 식물원·동물원과 함께 설립을 추진했다. 개관 당시 창경궁 명정전 등을 전시실로 사용했고 일반 공개는 1909년 11월부터 이루어졌다. 1911년 창경궁 자경전 자리에 일본식 벽돌 건물을 건축하여 본관으로 삼았다. 1938년 덕수궁 신관으로 옮기면서 이왕가미술관으로 명칭이 바뀌었고, 광복 이후 덕수궁미술관으로 존속하다가 1969년 국립박물관에 소장품이 통합되었다.

일제강점기 엽서 속 이왕가박물관 본관. 국제일본문화센터.

일제강점기 엽서 속 이왕가박물관. 국제일본문화센터.

# 이왕직 李王職 04 03

이왕가李王家와 관련한 사무 일체를 담당하던 기구다. 1910년 한일합병과 함께 대한제국 황실이 이왕가로 격하됨에 따라 기존의 황실 업무를 담당하던 궁내부를 계승하여 설치되었다. 대한제국 황족의 의전 및 대한제국의 황족과 관련된 사무, 능묘 관리 및 참배 업무 등을 관장·처리했고 아악·종묘제례악 등도 이왕직으로 이관되었다. 이왕직은 일제하의 이왕가를 예우함과 동시에 관리·통제하는 역할을 했다.

1910~1917년경 촬영한 것으로 추정하는 이왕직 청사.
문화재청 창덕궁관리소, 『(일본 궁내청 소장) 창덕궁 사진첩』, 2006.

## 창덕궁 경찰서 05

창덕궁 이왕가 일가를 보호한다는 명분으로 설치한 경찰서다.

창덕궁 경찰서. 와다 시게요시, 『대경성도시대관』, 조선신문사, 1937.

# 휘문徽文고등보통학교 06 02

1904년 민영휘가 경운동에 있던 자택에 광성의숙廣成義塾을 개설한 뒤 1906년 고종으로부터 휘문이라는 교명을 하사 받아 휘문의숙으로 개교했다. 이후 원서동 206으로 신축 이전했다. 1918년 사립 휘문고등보통학교, 1922년 휘문고등보통학교로 이름을 바꿨다. 민영휘는 조선 말기 병조판서, 이조판서, 한일은행 은행장 등을 역임한 관료이자 친일반민족행위자다.

1938년 무렵의 휘문고등보통학교와 주변. 서울역사박물관.

휘문고등보통학교. 조선총독부 학무국, 『조선교육요람』, 1928.

## 양재하의 집 04

양재하楊在河, 1883~1946는 일본총영사 부영사, 양산군수, 충청북도 참여관 등을 지낸 관료로, 친일반민족행위자다. 원서동 3.

## 고희동의 집 05

고희동高羲東, 1886~1965은 한국인 최초의 서양화가로 유명하다. 호는 춘곡春谷이다. 1909년 도쿄미술학교 서양화과에 입학하여 1915년 졸업했다. 귀국 후 중앙·휘문·보성고보 등에서 교사로 재직했다. 서화협회 회장을 지냈고, 광복 후 대한민국 예술원 회장, 참의원 등을 역임했다. 원서동 16.

## 송진우의 집 06

송진우宋鎭禹, 1890~1945는 독립운동가이자, 언론인·교육자·외교가·사상가·정치인이다. 중앙학교 교장, 동아일보사 사장 등을 지냈으며 3·1운동 당시 민족대표 48인의 한 사람이다. 원서동 74.

## 민병석의 집 07

민병석閔丙奭, 1858~1940은 농상공부대신, 이왕직장관, 조선귀족회 회장, 중추원 부의장 등을 지낸 관료이자 정치인으로 친일반민족행위자다. 계동 143.

## 최린의 집 08

최린崔麟, 1878~1958은 천도교인이자 언론인으로 친일반민족행위자다. 3·1운동 당시 민족대표 33인의 한 사람이었고, 보성학교 교장, 천도교 교단 최고직인 도령道領, 중추원 참의, 매일신보사 사장 등을 지냈다. 계동.

## 한상룡의 집 09

한상룡韓相龍, 1880~1947은 이완용의 외조카로 관료·금융인·기업인으로 친일반민족행위자다. 조선총독부 중추원 참의와 고문을 지냈다. 오늘날 백인제 가옥으로 서울시 민속문화유산으로 지정되었다. 가회동.

## 박흥식의 집 10

박흥식朴興植, 1903~1994은 조선비행기공업 사장, 화신백화점 사장 등을 지낸 기업인으로 친일반민족행위자다. 가회동 177. 지도에는 박항식朴恒植으로 표시되어 있다.

## 한창수의 집 11

한창수韓昌洙, 1862~1933는 중추원 찬의, 중추원 고문, 이왕직장관 등을 지낸 관료로서 친일반민족행위자다. 가회동.

## 김성수의 집 12

김성수金性洙, 1891~1955는 계몽운동가, 언론인, 교육인, 정치인이다. 1919년 경성방직을 설립·운영했고 1920년 『동아일보』를 설립했으며 1932년에는 보성전문학교를 인수했다. 광복 이후 한국민주당 수석총무, 대한민국 제2대 부통령 등을 지냈다. 계동 132.

# 24~25

창경궁창경원과 인근 성균관 동쪽의 명륜동, 혜화동, 돈암동 지역이다. 태종이 세종에게 양위하고 상왕으로 물러났을 때에 창덕궁 옆에 별궁을 지어 거처로 삼았고, 이름을 수강궁壽康宮이라 한 것이 창경궁의 시작이다.

명륜동과 혜화동은 일제강점기 경성 부유층의 새로운 주택지로 각광 받았다. 명륜동은 조선시대 유학 교육기관으로 국립대학격인 성균관 안에 유생들이 글을 배우고 읽는 강학당인 명륜당明倫堂이 있는 데서, 혜화동은 삼선동과의 경계지점이 되는 고개에 도성 4소문 가운데 하나인 혜화문이 있는 데서 유래했다. 성균관을 중심으로 한 이 지역은 조선시대에는 성균관에 딸려 쇠고기 장사나 전통 연희에 종사하던 천민 반인泮人의 특수부락으로 사람이 그리 많

# 명륜동1~4가
# 혜화동
# 돈암동

이 살지 않았는데, 일제강점기 들어 중앙의 주택지가 조밀해지고 여러 학교가 들어서면서 새롭게 개발된 부유층의 주택지이다.
이 지역의 남쪽으로는 경성제국대학 및 경성의학전문학교, 경성고등공업학교, 경성불교전문학교, 경성고등상업학교 동성상업학교 등 각종학교가 밀집했다.
일제강점기 당시 이 지역에 거주하거나 머문 문화계 인사로는 성균관 북쪽에 동양화가 변관식, 명륜동 1가에 서양화가 장석표張錫豹, 명륜동 3가에 작가·삽화가·영화감독 등 다재다능했던 안석주, 명륜동 4가에 동양화가 장우성 등이 있었고 서화가 이한복李漢福은 보성고보에서 교편을 잡았다.

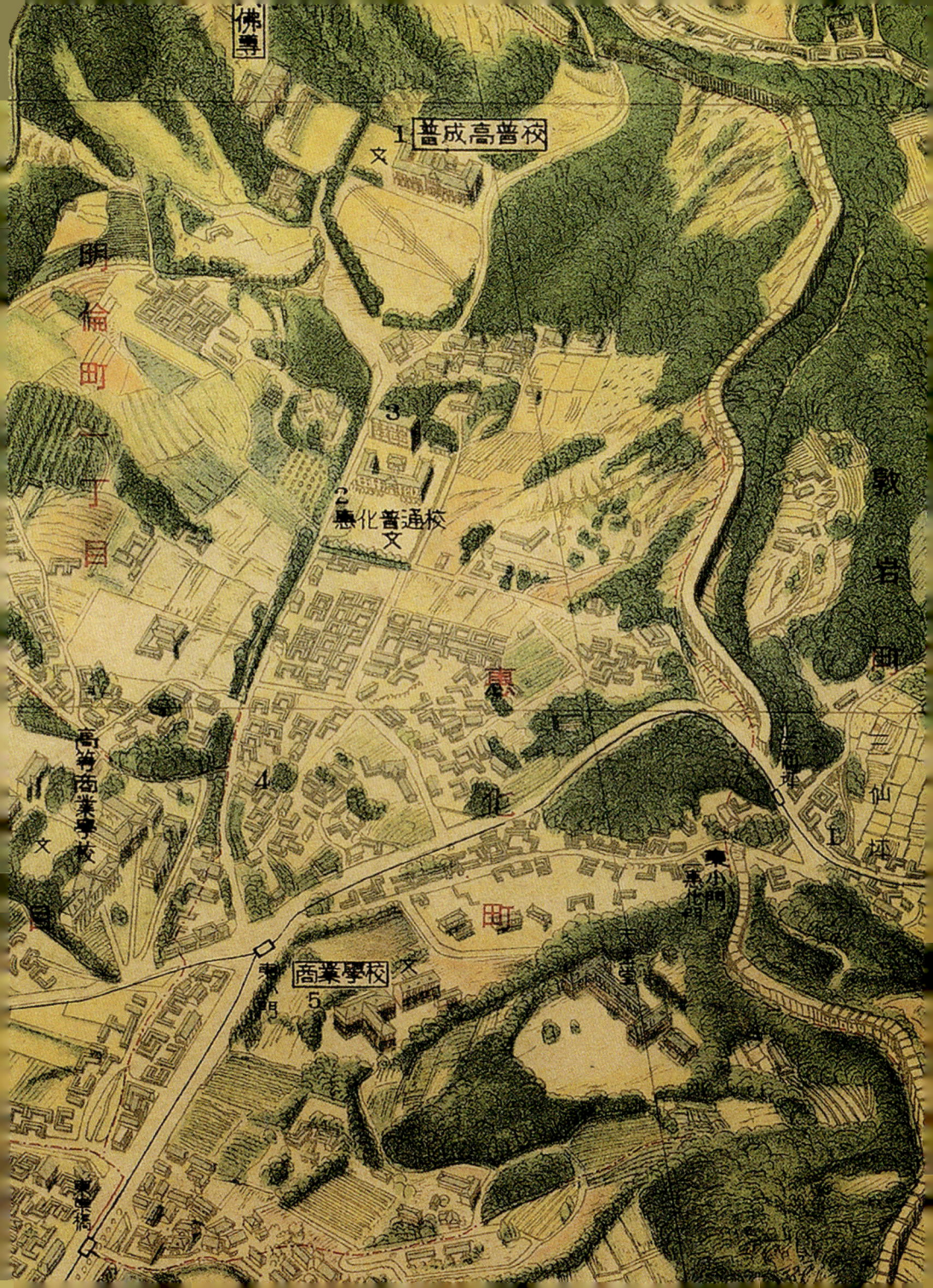

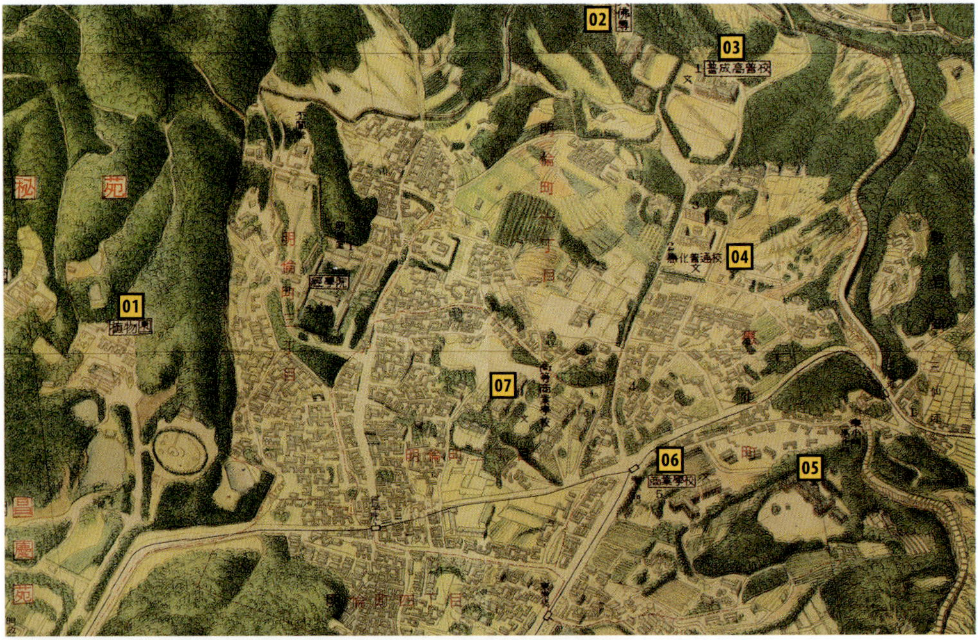

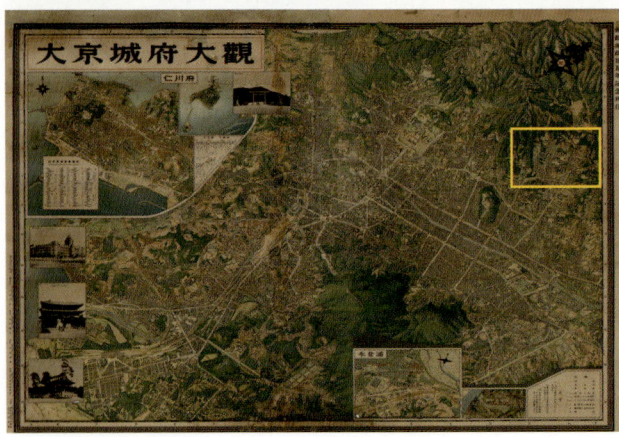

01 창경궁 식물원
02 중앙불교전문학교
03 보성고등보통학교
04 혜화보통학교
05 천주당
06 동성상업학교
07 경성고등상업학교

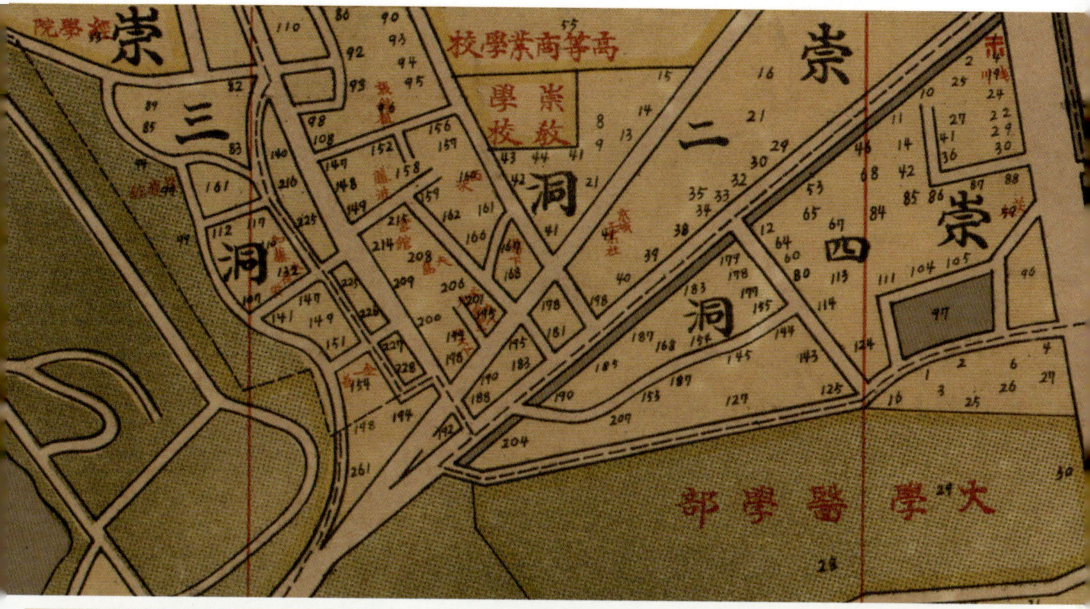

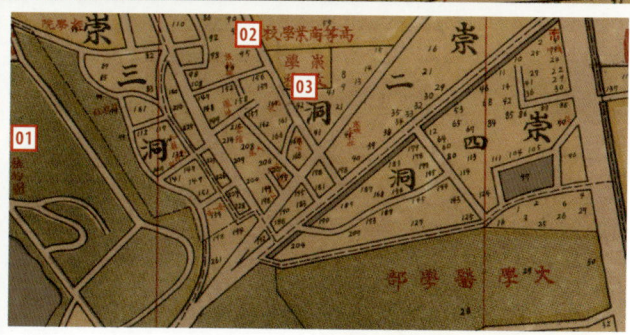

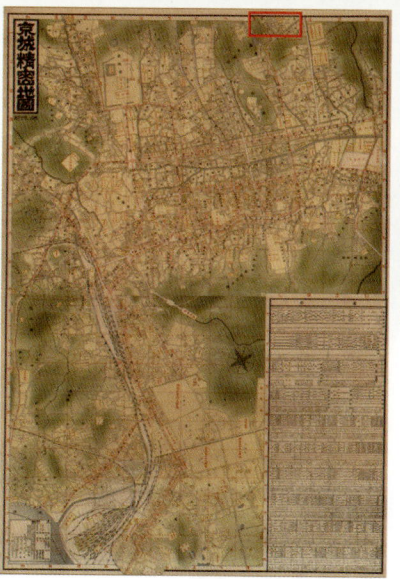

01 창경궁 식물원
02 경성고등상업학교
03 숭교학교(혜화보통학교)

명륜동1~4가, 혜화동, 돈암동

# 창경궁 식물원 01 01

창경궁은 조선시대에 창덕궁과 더불어 동궐로 불렸고, 경복궁·창덕궁·경희궁·경운궁덕수궁과 함께 조선 5대 궁궐 가운데 하나였다. 1418년 세종이 즉위한 그해 고려의 남경南京 이궁離宮 터에 상왕 태종을 위한 수강궁壽康宮을 세운 것이 창경궁의 시작이었다. 1907년 일본인들은 순종의 마음을 달랜다는 명목으로 창경궁을 공원으로 만들기 시작했다. 궁궐 안 전각을 일부 철거하고 궐 내에 서양식 건물을 지었으며 더 나아가 식물원, 동물원을 만들었다. 1909년에는 명칭도 창경궁에서 창경원昌慶苑으로 격하했다. 이후 창경궁은 왕족들만 출입하는 궁궐이 아닌 누구나 방문 가능한 시민 공원으로 바뀌었다. 공원이 된 창경원의 벚꽃놀이, 특히 밤 벚꽃놀이는 경성뿐만이 아니라 조선 최대의 화려한 이벤트로 꼽혔다.

창경원이 된 창경궁 남춘당지 북쪽에 세워진 수정水亭. 뒤쪽에 대온실이 보인다. 『조선사단창설 기념호』, 1916.

일제강점기 엽서 속의 창경원이 된 창경궁 안의 대온실과 화단. 국제일본문화센터.

창경원이 된 창경궁 안의 동물원. 1916년 무렵 사진이다. 서울역사박물관.

BEAUTIFUL CHERRY-BLOSSOMS OF SHOKEI-EN, KEIJO.
(京城)爛漫たる昌慶苑の櫻

일제강점기 엽서 속 창경원 벚꽃놀이. 국제일본문화센터.

# 중앙불교전문학교 02

1906년 불교계 인사들에 의해 세워진 명진학교가 모태이며, 1930년에 중앙불교전문학교로 개명했다. 오늘날 동국대학교의 전신이다. 명륜2동.

중앙불교전문학원. 조선총독부학무국, 『조선에서의 종교 및 향사일람』, 1933.

## 보성普成고등보통학교 03

보성학교는 1906년 이용익이 오늘날의 수송동 44, 당시 박동薄洞에서 창립했다. 이후 사립 보성중학교에서 1914년 사립 보성고등보통학교로 개칭했다. 1927년 혜화동 1번지에 신축 교사를 준공하고, 1938년 보성중학교로 개칭했다. 1947년 교육자이자 문화재수집가인 전형필이 제12대 교장으로 취임했다. 오늘날 보성중고등학교의 전신이다. 명륜1동.

보성고등보통학교. 와다 시게요시, 『대경성도시대관』, 조선신문사, 1937.

# 혜화惠化보통학교 04 03

1910년에 개교한 숭교의숙崇敎義塾이 1927년 혜화보통학교로 변경했다. 숭교의숙은 성균관에 딸려 쇠고기나 전통 연희에 종사하던 반인들이 세운 학교다.* 오늘날 혜화초등학교의 전신이다. 혜화동 12.

혜화보통학교.
와다 시게요시,
『대경성도시대관』,
조선신문사.

*강명관, 『노비와 쇠고기』 푸른역사, 2023, 528~535쪽.

## 천주당 05

1909년 혜화문 옆 백동柏洞·柏子洞에 자리 잡은 성 베네딕도회 서울 백동 수도원, 속칭 '백동 성 분도회'가 1927년 함경남도 덕원으로 자리를 옮겼다. 성 베네딕도회 서울대교구는 1927년 수도원의 목공소를 개조하여 백동성당, 즉 오늘날 혜화동성당을 지었다. 혜화동 161.

1912년 무렵의 백동수도원. 서울역사박물관.

1927년 이후의 백동성당. 서울역사박물관.

# 동성東星상업학교 06

1907년 서대문구 합동에서 소의昭義학교로 처음 개교한 뒤 1918년 봉래동으로 이전했다. 1920년 소의상업학교로 이름이 바뀌었다가 1922년 천주교 서울대교구에서 학교를 인수하여 남대문상업학교로 변경했다. 1929년 혜화동 162, 옛 천주교회 터로 신축하여 이전했고 1931년 동성상업학교로 개칭했다. 오늘날 동성중고등학교의 전신이다.

1940년대 동성상업학교 본관. 서울역사박물관.

## 경성고등상업학교 07 02

관립전문학교로서, 1899년 명동에 설립한 상공학교가 전신이다. 이후 일본동양협회 식민전문학교 경성분교 등으로 개편을 거쳐 1920년 사립경성상업학교가 되었다. 그뒤 1922년 관립으로 이관됨에 따라 또다시 관립전문학교인 경성고등상업학교로 개편이 되었다. 1919년 명륜동으로, 1939년에는 종암동으로 이전했다. 광복 이후 서울대학교 상과대학에 흡수되었다. 명륜동2가 3.

1926년 무렵의 경성고등상업학교. 『경성고등상업학교일람』, 1926.

# 26~29

조선시대에 '삼개'라고 불리던 마포'麻'(삼 마)와 '浦'(개 포)는 서강, 용산 등과 함께 서울서쪽의 주요 항구였다. 특히 수심이 깊고 유속이 일정하여 배로 운반하기 좋은 조건을 갖추어 마포나루는 자연스럽게 서해안과 한강 상류를 연결하는 상품 운송의 중심지가 되었다. 전국 시장의 중심이 되면서 마포에는 쌀과 곡식을 보관하는 창고와 상점이 빽빽하게 들어차 조선의 유통 중심지로 발전했다. 수많은 배가 드나들던 마포나루에는 뱃사공, 장사꾼 등이 북적거렸고, 전국 각지의 물자가 모여들어 대규모 시장이 생겼다.

그러나 일제강점기에 들어서 철도 등 육로운송이 활성화되자 마포는 과거의 명성이 사라져 버린 초라한 강가 마을로 전락했다. 마포의 배후에 있는 도화동은 1925년 을축년 대홍수 때에 피해를 당한 서부이촌동 이재민을 집단적으로 이주시켜서 형성된 동네이다. 공덕동과 신

# 마포, 토정동, 용강동, 도화동, 공덕동, 신공덕동, 대현동

공덕동은 공장이나 회사에서 근로생활을 하는 사람들이 거주하던 곳이었는데, 1930년대 후반이 되면 주민구성이 변화하여 토막촌土幕村으로 형성된 동네가 서민주택으로 바뀌고 있었다. 본래 공덕동에 살던 토막민들은 서대문 밖 홍제외리로 강제 이전되는 사업이 추진되었다. 용강동은 마포강이 마치 용의 머리에 해당하는 곳이라는 풍수지리에 따라 지어진 이름이고 도화동은 복사꽃이 많이 있던 데서 마을 이름이 유래했다. 공덕동은 우리말 '큰더기', 즉 큰 언덕에서 마을 이름이 유래했거나 유교의 덕목에서 따온 마을 이름이라고도 전한다.
공덕동에는 경성형무소와 경성형무소 복역수의 노역을 담당했던 시설인 형무소연와공장, 하세가와석회공장, 공덕역 등이 있었다. 일제강점기 당시 이 지역에 거주하거나 머문 주요 문화계 인사로는 공덕리의 서양화가 김중현金重鉉과 동양화가 장운봉張雲鳳 등이 있었다.

| | | | |
|---|---|---|---|
| 4 | 太田英一 | 三丁目 | 二五 |
| 5 | 岩井勝三郎 | 三丁目 | 二五 |
| 6 | 仁川記念私立幼稚園 | 三丁目 | 七 |

**支那町** B—4
| | | | |
|---|---|---|---|
| 1 | 榎利市 | | 四六 |
| 2 | 仁川水産株式會社 | | 五七 |

**仲　町** B.C—5
| | | | |
|---|---|---|---|
| 1 | 淺間旅館 | 一丁目 | 五 |
| 2 | 大鮒組 | 一丁目 | 一七 |
| 3 | 仁川鮒繭 | 一丁目 | 一九 |
| 4 | 愛國婦人會 | 一丁目 | 一九 |
| 5 | 佐藤萄瑳 | 二丁目 | 二二 |
| 6 | 蓋谷商會 | 二丁目 | 二二六 |
| 7 | 天狗 | 二丁目 | 七 |
| 8 | 三島富槌商店 | 二丁目 | 八三 |
| 9 | 南方雜貨店 | 三丁目 | 二 |
| 10 | 花野小兒科醫院 | 三丁目 | 三三 |
| 11 | 金州崎 | 三丁目 | 三三 |

**本　町** B—5
| | | | |
|---|---|---|---|
| 1 | 松永源次郎 | 一丁目 | 八 |
| 2 | 朝鮮銀行仁川支店 | 一丁目 | 九 |

| | | | |
|---|---|---|---|
| 3 | 高杉昇 | | |
| 4 | 今井嘉三 | | |
| 5 | 三井物産株式會社 | | |
| 6 | 仁川鹽商組販賣組合 | | |
| 7 | 桑野仲買店 | | |
| 8 | 仁川自動車株式會社 | | |
| 9 | 劉君星取引所 | | |
| 10 | 朝鮮販引所仁川支店 | | |
| 11 | 木村組 | | |
| 12 | 康益夏仲買店 | | |
| 13 | 竹多仲買店 | | |
| 14 | 趙俊穀仲買店 | | |
| 15 | 今星鐵工所 | | |
| 16 | 金元萬米穀商 | | |
| 17 | 小川仲買店 | | |
| 18 | 野口商會 | | |

**內　里** C.D—5
| | | |
|---|---|---|
| 1 | 開農商會 | |
| 2 | 筑戸内村醫院 | |
| 3 | 朝鮮農工株式會社 | |

| | | | | | | |
|---|---|---|---|---|---|---|
| 4 | 西野入醫院 | | | 栗木里 | D,E-5 | |
| 5 | 古原洋服店 | 一六 | 1 | 仁川公立商業學校 | | 四 |
| 6 | 青嶋鯔作 | 一八 | | 柳　町 | E-5 | |
| 7 | 森下醫院 | 二〇 | 1 | 朱命基精米所 | | 一六 |
| 8 | 磯山洋服店 | 二〇 | | 花　町 | D,E-6 | |
| 9 | 岩崎政介 | 二二 | 1 | 華嚴寺 | 一丁目 | 四 |
| 10 | 東洋軒 | 二三 | 2 | 河村精米所 | 一丁目 | 卅四 |
| 11 | 仁川神社社務所 | 二五 | 3 | 眞野精米所 | 二丁目 | 一 |
| 12 | 加藤精米所 | 三八 | 4 | 市原堪吉 | 二丁目 | 一六 |
| 13 | 矢返樓 | 四一 | 5 | 二宮鐵工所 | 二丁目 | 二三 |
| | 濱　町 | D-6 | 6 | 力武拓産株式會社 | 二丁目 | 五一 |
| 1 | 澤井茂三郎 | 七 | 7 | 安河内商店 | 三丁目 | 八 |
| 2 | 旭屋旅館 | 七 | 8 | 靑木醬油釀造場 | 三丁目 | 一一 |
| 3 | 慶田組 | 一一 | | 桃山町 | F-6 | |
| 4 | 安孫村木店 | 一二 | 1 | 德生院 | | 二四 |
| 5 | 德永商店 | 一四 | 2 | 朝日釀造株式會社 | | 四七 |
| 6 | 中野谷海産物店 | 一七 | | 敷島町 | E-6 | |
| 7 | 河野了 | 一九 | 1 | 敷島貸座敷組合 | | 六 |
| 8 | 釗君星材木店 | 二一 | | | | |
| 9 | 朝鮮精米株式會社仁川支店 | 二一 | | | | |
| 10 | 粹谷鐵工所 | 二五 | | | | |

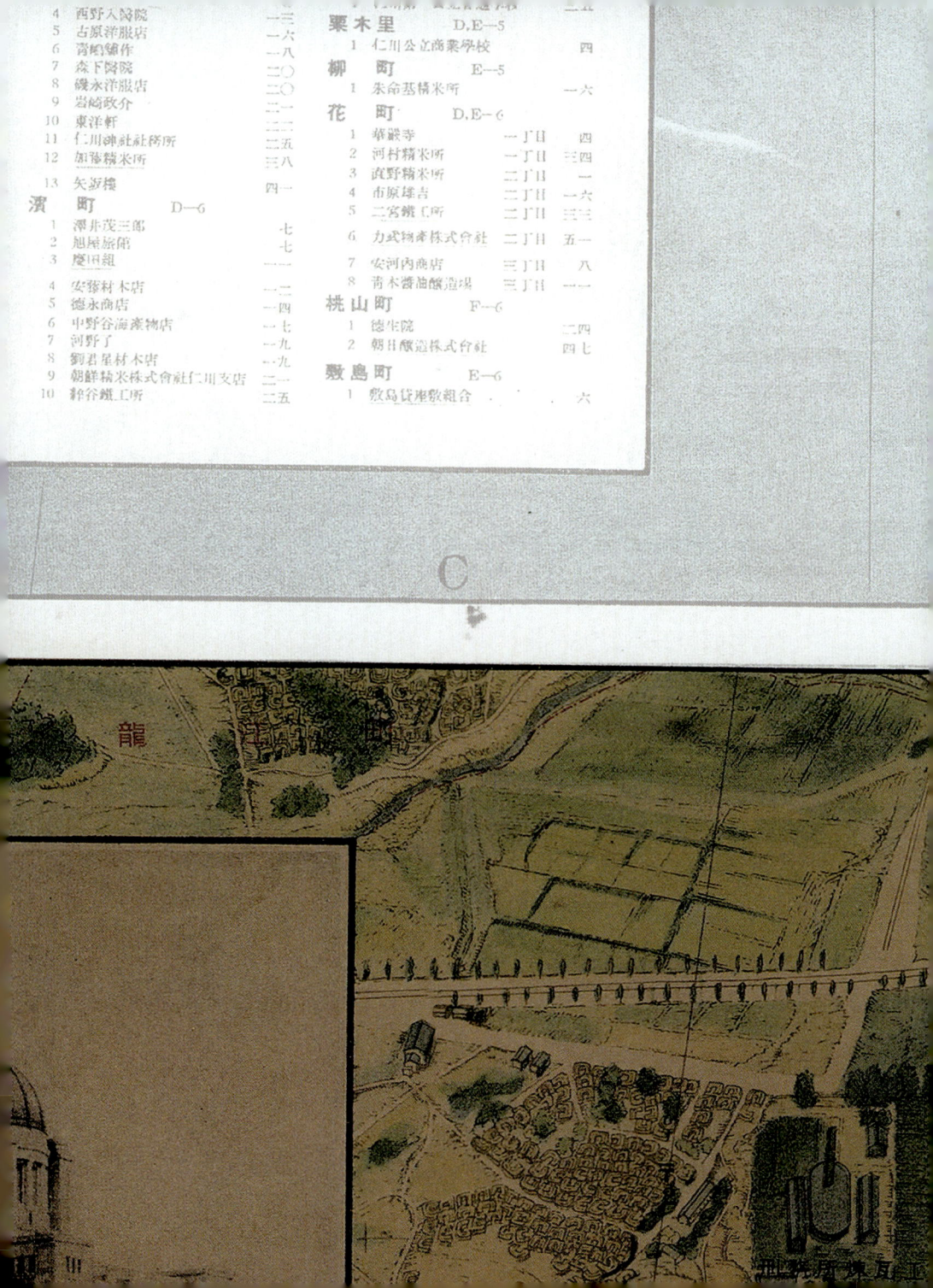

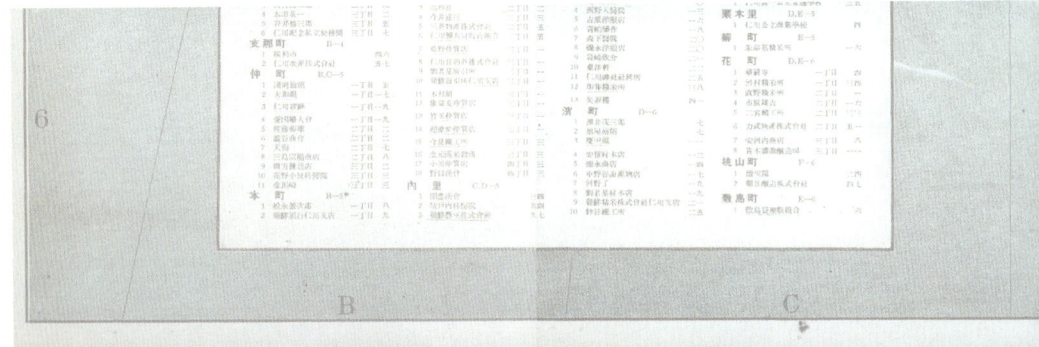

01 형무소 연와공장(마포연와제조소)
02 하세가와석회공장
03 공덕동 경의선 철교
04 경성형무소

마포, 토정동, 용강동, 도화동, 공덕동, 신공덕동, 대현동

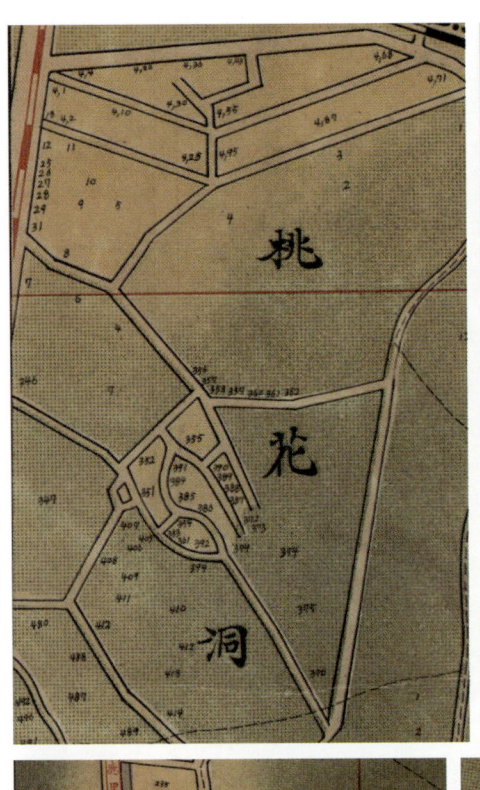
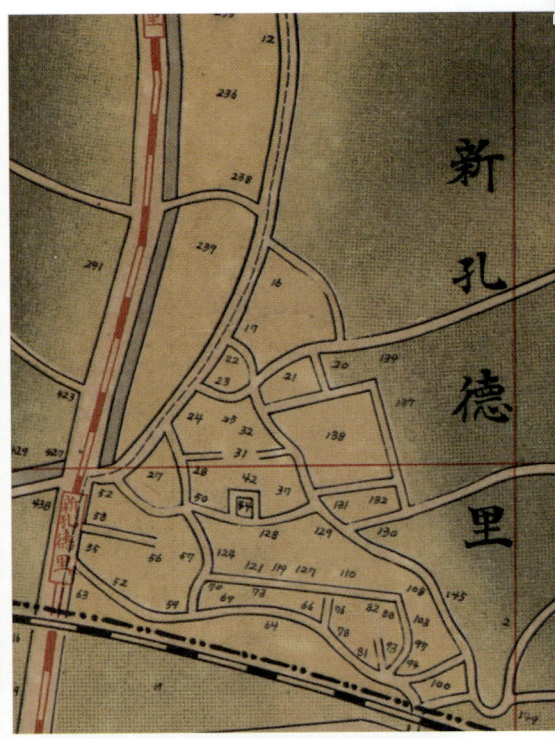
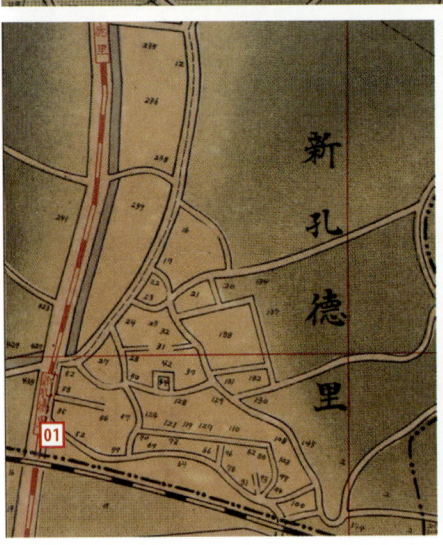
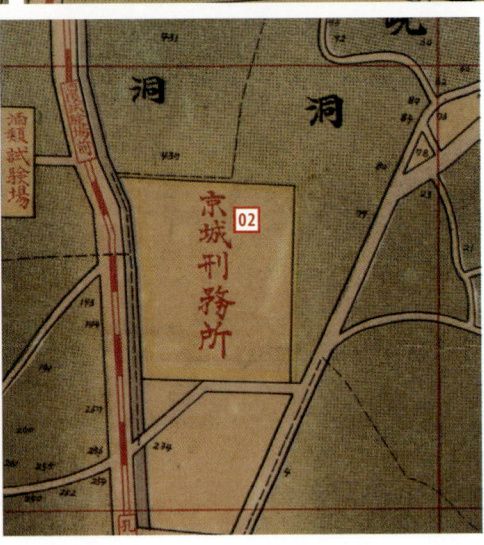

26~29.

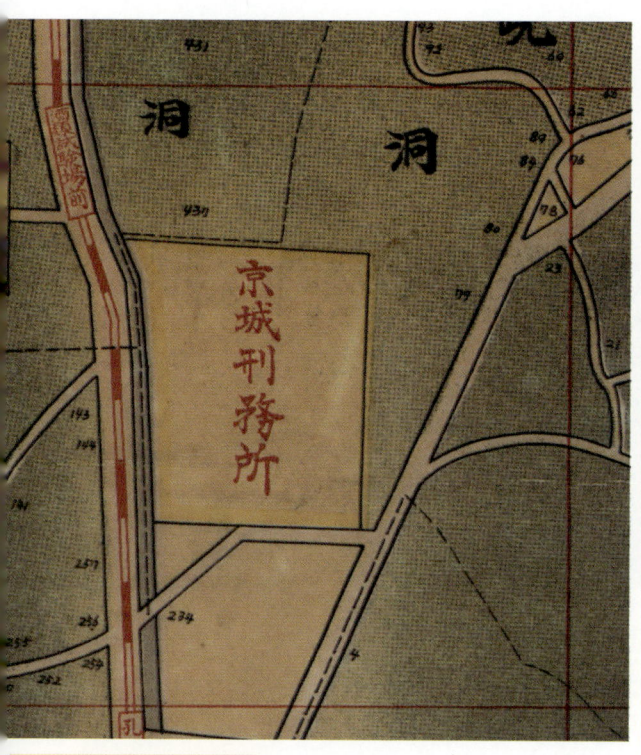

01 공덕동 경의선 철교
02 경성형무소

전철 마포선은 경성 서쪽의 마포와 동쪽의 시내를 잇는 철도선이지만 〈경성정밀지도〉에는 수직으로 그려져 있다. 이와 같은 경향은 다양한 정보를 지도에 넣기 위해 실제와 다르게 그린 부분이다.

26~29.

1935년 무렵 공덕동 경의선 철교에서 바라본 마포로. 서울역사박물관.

# 형무소 연와공장 (마포연와제조소) 01

경성형무소 복역수의 노역을 담당했던 시설이다. 연와煉瓦는 벽돌을 뜻하는 말로 연와제조소는 곧 벽돌을 만드는 공장이다. 도화동.

형무소 연와공장. 조선치형협회, 『조선형무소사진첩』, 1924.

## 하세가와 長谷川 석회공장 02

도료용, 비료용 석회 등 각종 석회 제조업 회사로 1910년 창업했다. 공덕동.

하세가와석회공장. 와다 시게요시, 『대경성도시대관』, 조선신문사, 1937.

# 공덕동 경의선 철교 03 01

경의선은 1905년 러일전쟁 시기 용산~신의주 구간 직통운전을 시작했고, 1920년대 경성역을 기점으로 하는 새로운 철길을 개통했다.

1935년 무렵의 공덕동 경의선 철교. 서울역사박물관.

## 경성형무소 04 02

1908년 조선통감부가 서대문 현저동에 설치한 경성감옥의 수용 능력이 부족해지자, 1912년 마포에 감옥을 새로 지으면서 경성감옥이라는 이름을 승계했다. 이전에 경성감옥이라고 했던 곳은 서대문감옥으로 개칭했다. 1923년 일제가 감옥이라는 이름을 폐기하고 형무소로 일괄 변경함에 따라 경성감옥은 경성형무소, 서대문감옥은 서대문형무소가 되었다. 경성형무소는 흔히 마포형무소로도 불렸다. 오늘날 서부지방법원 자리다.

경성형무소. 조선치형협회, 『조선형무소사진첩』.

1930년대 전반
경성형무소 부근.
오른쪽에 경성형무소
담장과 건물이 보인다.
서울역사박물관.

# 30

서울역 서쪽의 만리동, 대현동과 청파동 등의 지역이다. 만리동의 일제강점기 명칭은 봉래정이었다. 봉래정 동명의 유래는 청일전쟁이 시작되기 전 서울에 거주하던 일본인들이 사지死地에 있던 상황이었으나 일본군이 들어와 만리창오늘날 용산구 효창동에 있던 마을에 진을 설치하고 남대문 안에 들어가 일본거류민을 보호하자, 거류민들이 마치 지옥에서 신선이 사는 봉래산으로 옮겨온 느낌이었기 때문에 남대문 밖 마을을 봉래정이라 이름 붙인 데서 비롯되었다. 〈대경성부대관〉에 보이는 대현동의 대현大峴은 만리동에서 마포구 공덕동으로 넘어가는 고

# 만리동2가
# 대현동
# 청파동

개인 만리재로, 북쪽의 작은 고개인 애오개보다 컸기 때문에 대현 곧 큰 고개로 불렀다고 한다. 『한경지략』에는 만리재라는 세종대의 학자이자 관료인 최만리가 이 부근에 살았기 때문에 이름이 유래되었다고 전한다. 정월 보름이면 돌팔매로 편싸움石戰을 하던 곳으로 유명했다고 『동국세시기』에 기록되었다.

용산구 청파동 지역에는 남자고등소학교, 균명학교 등이 있었다. 일제강점기 당시 이 지역에 거주하거나 머문 주요 문화계 인사로는 봉래정 4가에 살았던 교육자 서봉훈徐鳳勳이 있다.

01 경성남자공립고등소학교
02 균명학교
03 미도리가오카 주택지

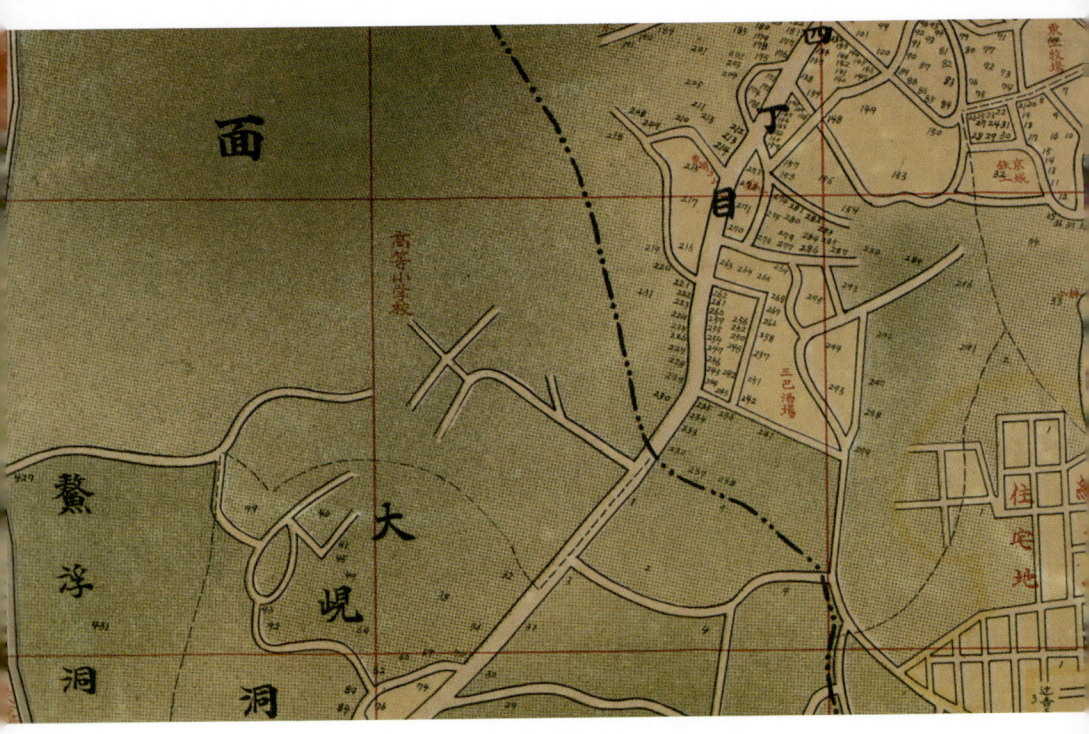

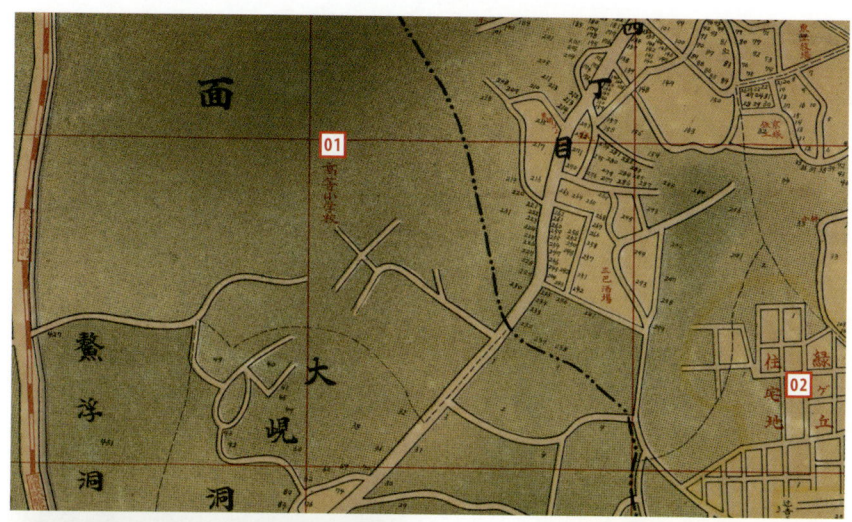

01 경성남자공립고등소학교
02 미도리가오카 주택지

만리동2가, 대현동, 청파동

# 경성남자공립고등소학교 01 01

1933년 개교한 학교로 오늘날 소의초등학교의 전신이다. 아현동 3.

경성남자공립고등소학교. 와다 시게요시, 『대경성도시대관』, 조선신문사, 1937.

# 균명학교 均明學校 02

1906년 설립한 사립 초등교육기관으로 오늘날 환일중고등학교의 전신이다.

## 미도리가오카綠ヶ丘주택지 03 02

오늘날의 청파동 일대에 1925년부터 개발된 주택지로서 경성 3대 주택지의 하나로 꼽혔다.

미도리가오카 주택지. 경성전기, 『뻗어가는 경성전기』, 1935.

# 31

경성역과 그 배후의 만리동과 중림동, 합동, 동자동 지역이다. 경성역은 경인선, 경부선, 경의선, 경원선의 시작점이자 중앙선과도 연결되는 한반도 철도교통의 중심지이다.

경성역 주변에는 철도·철도운수 관련 업소와 제작소, 공장 등이 주로 분포되어 있었다. 경성의 관문으로서의 경성역은 남쪽으로 용산, 동쪽으로 남대문, 북쪽으로 서대문과 연결된 교통의 요지로서 경성역 주변의 생활권, 경제 등이 경성역을 중심으로 이루어졌다.

중림동은 '약전중동'과 '한림동'의 글자를 각각 한 자씩 따온데서 비롯되었고, 1946년 일본식 동명개정에 따라 중림동이 되었다. 합동은 서소문 밖 외어물전에서 각종 건어물과 조개가 판

# 중림동
# 합동
# 동자동

매되었기 때문에 조갯골이라 하였고, 이를 한자명으로 표기한 데서 마을 이름이 유래했으며 동자동은 서계동의 대칭으로 동쪽 마을이라는 뜻에서 유래되었다고 하나 확실하지는 않다. 경성역 주변에는 중림동의 약현성당, 의주로의 경성어시장魚市場, 경성역 앞 동자동의 세브란스병원, 봉래동 4가의 양정고등보통학교 등이 있었다. 중림동에서 아현동으로 넘어가는 고개에 약초밭이 있어서 약고개藥田峴, 藥峴이라 했다고 전한다. 일제강점기 당시 이 지역에 거주하거나 머문 주요 문화계 인사로는 합동의 동양화가 김진우金振宇, 봉래동의 소설가·시인 박종화朴鍾和 등이 있다.

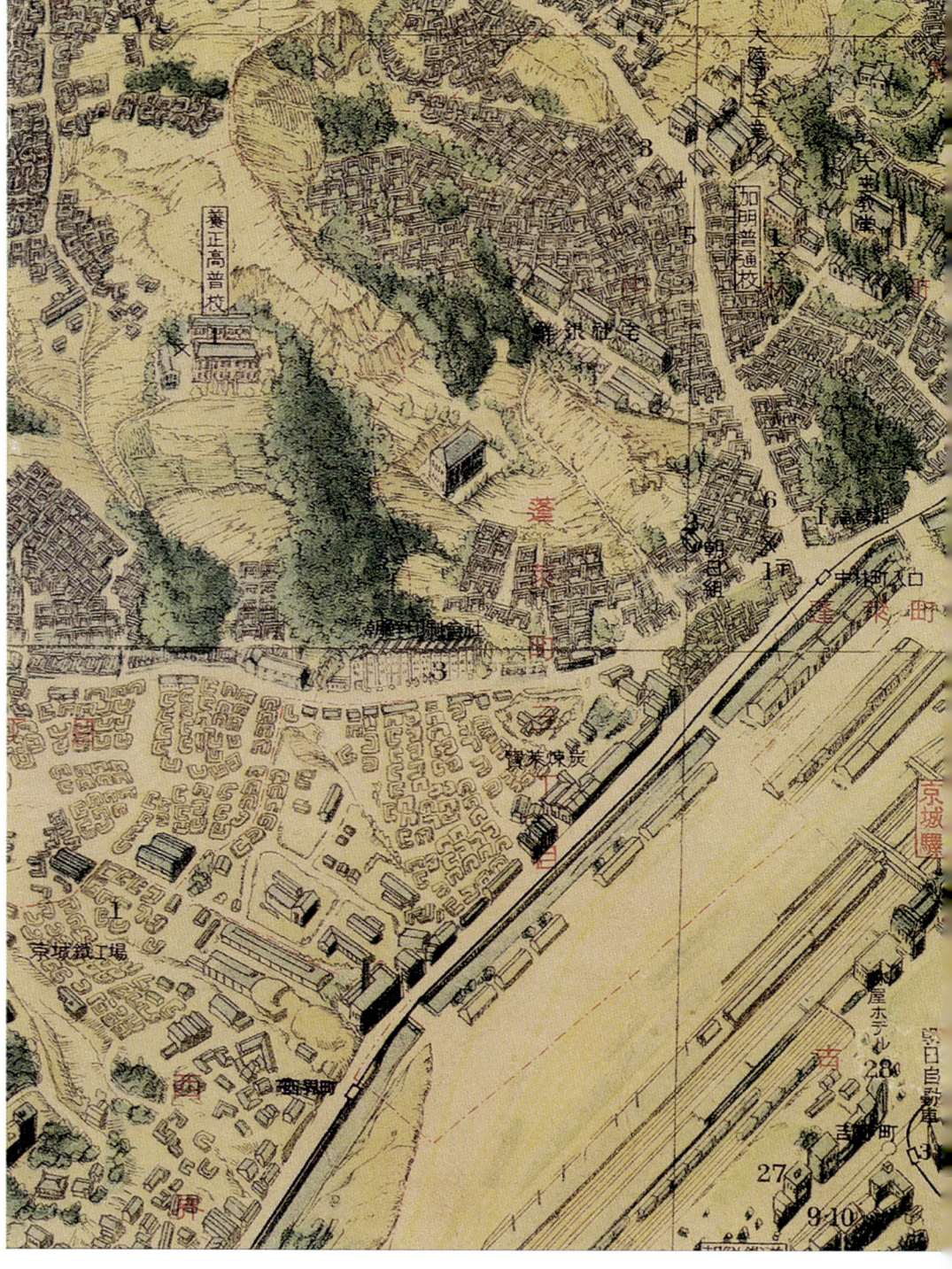

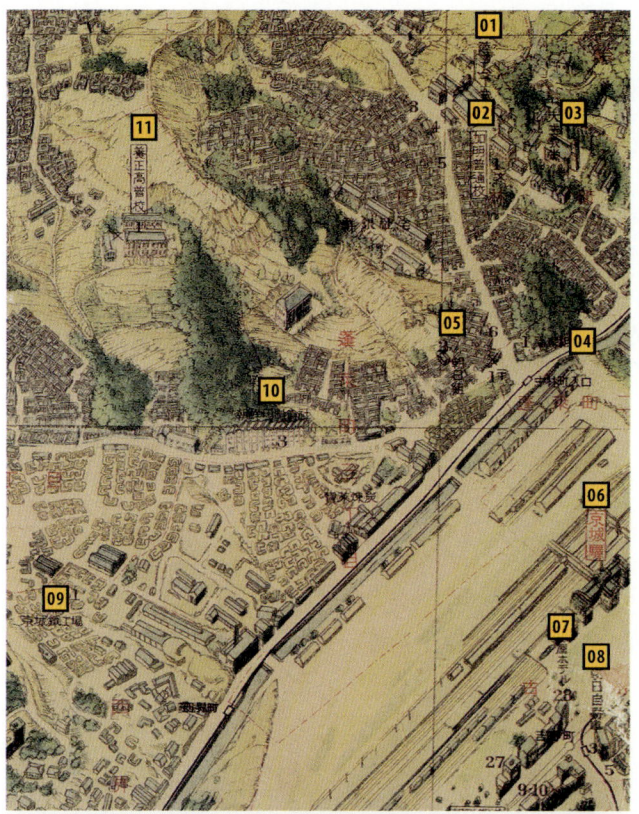

01 대륙고무공장
02 가명보통학교
03 천주교당(약현성당)
04 후쿠시마구미 경성출장소
05 아사히구미
06 경성역
07 하야시야호텔
08 아사히자동차
09 경성철공소
10 조선인쇄주식회사
11 양정고등보통학교

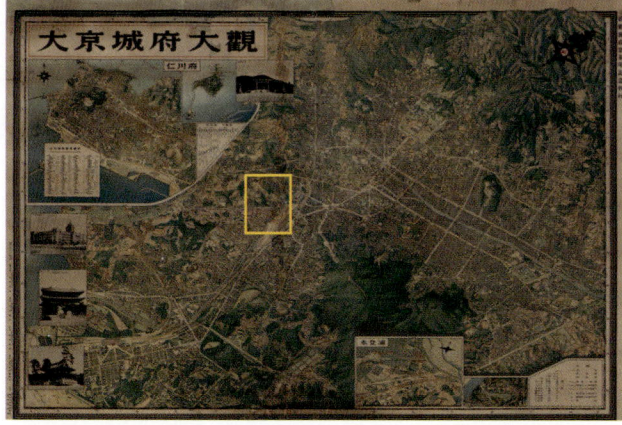

중림동, 합동, 동자동

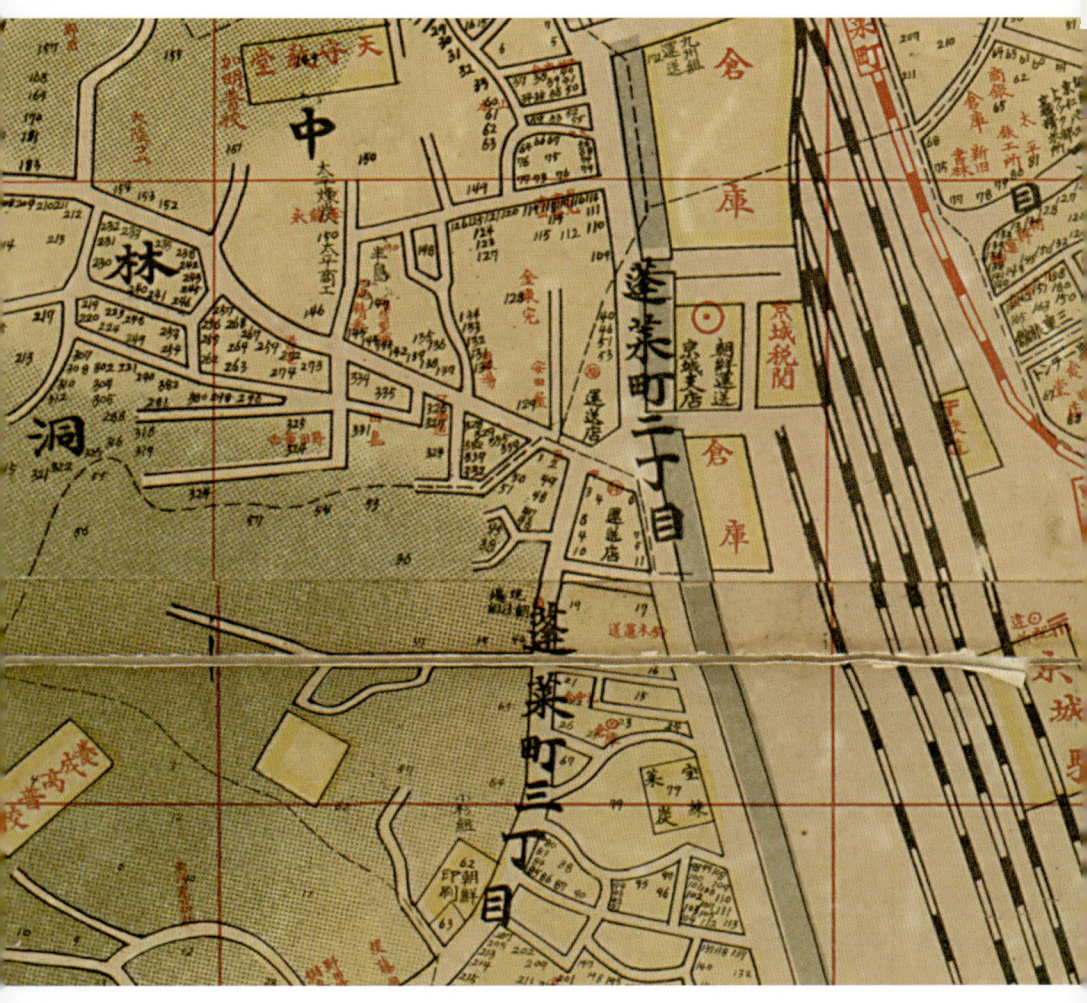

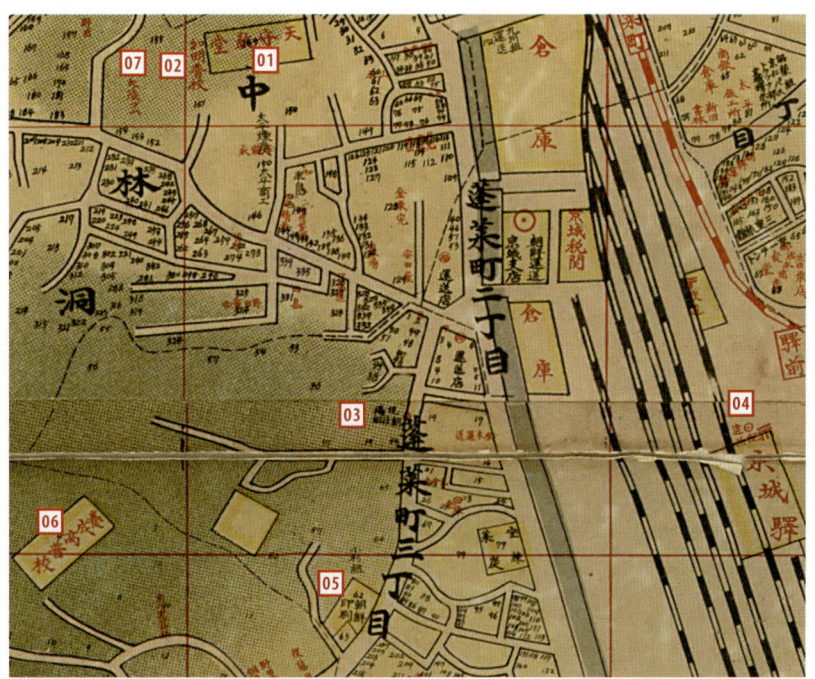

| | |
|---|---|
| 01 | 천주교당(약현성당) |
| 02 | 가명보통학교 |
| 03 | 아사히구미 |
| 04 | 경성역 |
| 05 | 조선인쇄주식회사 |
| 06 | 양정고등보통학교 |
| 07 | 대륙고무공장 |

중림동, 합동, 동자동

31.

약현성당 부근이다.
화면 중앙 오른쪽 언덕
위에 약현성당, 약현성당
맞은편에 경성역이 있고,
왼쪽 상단 남산 자락에
조선신궁으로 올라가는
계단이 보인다.
서울역사박물관.

1930년 촬영한 봉래교 부근.
앞쪽 전봇대 뒤 난간이 있는 부분이
봉래교다. 정면 언덕 위에 약현성당이
보인다.
조선총독부내무국 경성토목출장소,
『경성시구개정사업회고 20년』,
1930.

## 대륙고무공장 01 07

1922년 창업한 신발 제조판매 회사다. 중림동 155.

대륙고무공장. 와다 시게요시,
『대경성도시대관』, 조선신문사, 1937.

## 가명加明보통학교 02 02

1910년 약현성당에서 설립한 학교다. 중림동 149.

가명보통학교.
와다 시게요시, 『대경성도시대관』,
조선신문사, 1937.

# 천주교당(약현성당) 03 01

1892년 건립했다. 천주교 수난 때 44명의 천주교 신자들이 서소문 밖에서 순교한 곳으로, 성당의 명칭은 이곳 언덕의 이름이 서대문 밖 약현藥峴이었던 데서 유래한다. 파리 외방전교회 소속 코스트E. G. Coste, 한국명 고의선高宜善 신부가 설계하고, 중국인 기술자가 시공했으며, 당시 주임신부인 두쎄Doucet 신부가 감독했다. 연면적 120평의 긴 장방형 건물로서 로마네스크 양식과 고딕 양식을 절충하여 한국 최초의 양식 성당 건물이 되었다. 중림동 성당이라고도 한다. 중림동 149.

1900년 무렵의 천주교당. 서울역사박물관.

# 후쿠시마구미福島組 경성출장소 04

1905년 창업한 기선汽船, 하역 회사다. 봉래동2가 53.

후쿠시마구미 경성출장소.
와다 시게요시,
『대경성도시대관』,
조선신문사, 1937.

## 아사히구미 朝日組 05 03

1888년 창업한 화물운송업 회사다. 봉래동3가 41.

아사히구미,
와다 시게요시,
『대경성도시대관』,
조선신문사, 1937.

# 경성역 06 04

경성의 입구 역할을 했던 경성역은 1900년 8월 인천역에서 노량진까지 연결되었던 경인선이 남대문 부근까지 노선을 연장하게 되었을 당시 봉래교 아래 남대문 정거장을 세운 것이 시초다. 1925년 9월 신축·준공된 르네상스 양식의 경성역 건물은 지하 1층, 지상 2층에 대지 면적 7만 83평 연면적 2,006평의 당시로서는 엄청난 규모로서 도쿄역 다음으로 동양에서 두 번째로 컸다. 엄격한 좌우대칭의 권위적 평면과 외관을 지니고 있으며, 철근 콘크리트 구조로 외벽은 벽돌 모양의 붉은색 타일과 화강석, 인조석 등으로 마감했다.

  지하층은 역 및 식당, 사무실, 요리실 및 창고였다. 1층에는 중앙 홀 오른쪽으로 3등 대합실, 승객 출구 및 수하물 보관소가 있었고 왼쪽으로 1·2등 및 부인용 대합실과 귀빈실이 있었다. 2층에는 사무실과 크고 작은 두 개의 식당 및 이발소가 있었다.

  철도가 만주와 연결되면서 경성역은 국제철도역으로 변모했고, 간판은 경성, 京城, ケイジョウ, KEIZYO 등 다국적 문자로 표기했다. 당시 경성역은 단순한 철도역이 아닌 해외로 열린 창구였으며 근대의 작가들에게 낡은 왕국의 수도를 압도하는 근대적 광경이자 도회를 상징하는 공간으로 등장했다.*

---

\* 정재정 등, 『서울 근현대 역사기행』, 혜안, 1998, 249~251쪽; 한동수 등, 『남겨진 풍경 지나간 흔적』서울특별시 중구 향토사자료 제12집, 서울 중구문화원, 2009, 142쪽; 이영천, 『근대가 세운 건축, 건축이 만든 역사』, 루아크, 2022, 257~260쪽.

일제강점기 엽서 속 경성역. 국제일본문화센터.

일제강점기 엽서 속 경성역. 서울역사박물관.

일제강점기 엽서 속 봉래교에서 바라본 경성역 구내. 부산박물관.

## 하야시야 林屋 호텔 07

1928년 창업했다. 경성역 정면 오른쪽 방향에 위치했다. 동자동.

하야시야호텔.
와다 시게요시, 『대경성도시대관』,
조선신문사, 1937.

## 아사히 朝日 자동차 08

경성역 앞에 있던 택시 회사로 1928년 창업했다. 동자동 12.

아사히자동차 광고.
『경성일보』, 1933. 9. 3.

## 경성철공소 09

정미, 토목건축용 기계, 승강기, 수송 등 기계 설계 및 제작 회사로 1907년 창업했다. 서계동 32.

경성철공소. 와다 시게요시, 『대경성도시대관』, 조선신문사, 1937.

# 조선인쇄주식회사 10 05

개항기 우리나라에 진출한 일한인쇄주식회사의 후신이다. 1906년 이후 정부 및 민간의 각종 인쇄물을 취급하며 국내 인쇄산업을 장악했다. 1919년 조선인쇄주식회사로 개칭했다. 조선총독부가 개최한 조선물산공진회와 조선박람회 인쇄물 상당 부분을 조선인쇄주식회사에서 발행했다. 봉래동 3가 62.

조선인쇄주식회사. 조선건축회, 『조선과 건축』 제9집 9호, 1930. 9.

증축 확장 공사를 마친 뒤의 조선인쇄주식회사. 조선건축회, 『조선과 건축』 제19집 12호, 1940. 12.

## 양정養正고등보통학교 11 06

1905년에 근대의 교육인, 군인 겸 관료 엄주익嚴柱益, 1872~1931이 적선방 도렴동에서 양정의숙으로 설립했다. 엄주익은 고종 황제의 후궁인 순헌황귀비 엄씨의 7촌 조카다. 1918년 봉래동4가 6만리동으로 이전했다. 오늘날 양정고등학교의 전신이다.

1920년대 양정고등보통학교. 양정중고등학교, 『사진으로 본 양정 90년, 1905~1995』, 1995.

# 32

경성역의 맞은편, 한양도성의 남문인 남대문南大門·崇禮門을 중심으로 한 지역이다. 경성역, 의주로와 남대문로 등이 교차하는 교통의 요지이다. 합동, 순화동, 서소문동, 봉래동, 남대문로4~5가, 동자동, 양동, 남창동 등으로 되어 있다.

남대문은 한양도성의 사대문 가운데 남쪽에 있기 때문에 붙여진 이름이다. 1398년태조 7에 준공된 남대문은 북쪽으로는 중국과 통하는 의주로, 남쪽으로는 삼남로三南路 등의 최종 관문이었다. 1900년 개설된 남대문정거장이 1923년 경성역으로 개칭하고 1925년 신축 역사가 생긴 이후 남대문은 서울의 대표적 이미지이자 전통적 조선의 표상이라는 상징성이 더욱 강화되었다.

순화동의 동명은 순청동巡廳洞의 '순'자와 화천정和泉町의 '화'자를 합성한 데서 유래되었고

# 의주로, 순화동, 남대문로4~5가, 동자동, 양동, 남창동

양동은 볕이 잘 드는 동네라 하여 양짓말이라 하던 것을 한자명으로 양동이라고 표기한 것으로 여겨진다. 남창동은 조선 선조 때 대동미와 포전布錢의 출납을 위해 설치된 선혜청宣惠廳 창고가 있던 곳의 남쪽에 해당된 데서 유래되었다. 남대문 주변의 상공장려관·조선신문사·남대문소학교, 의주로의 경성어시장, 남대문로 5가의 세브란스병원 등을 이 지역의 대표적인 기관과 시설로 꼽을 수 있다. 순화동에는 술집이 많은 것으로 유명했고 양동과 동자동, 봉래동에는 철도승객을 겨냥한 여관 등 숙박시설과 음식점, 잡화점 등이 많았으며 철도 및 운수 관련 업소 등도 밀집되어 있었다. 남대문에서 조선신궁까지 신사나 절의 참배길인 표참도表參道가 있었다.

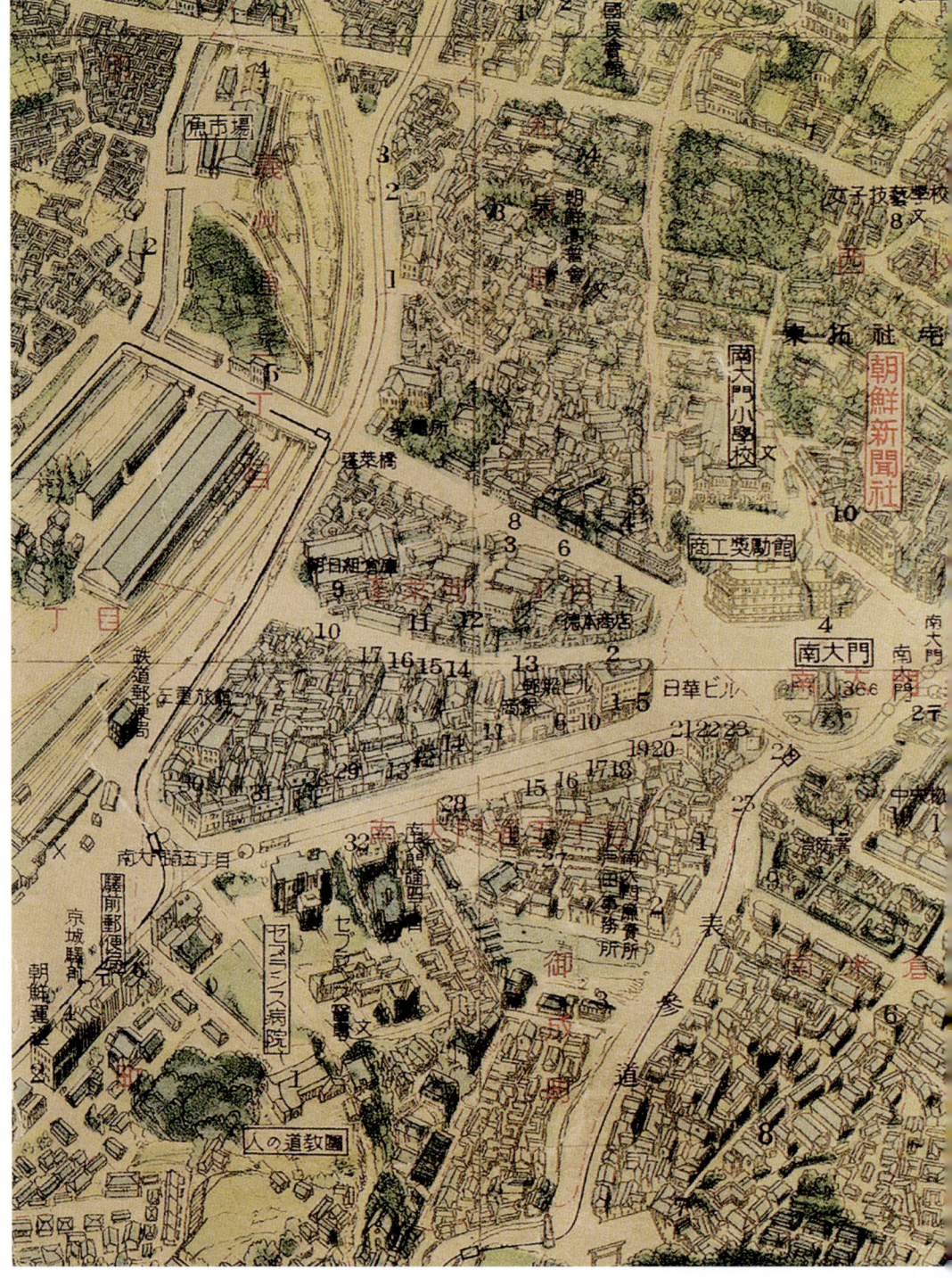

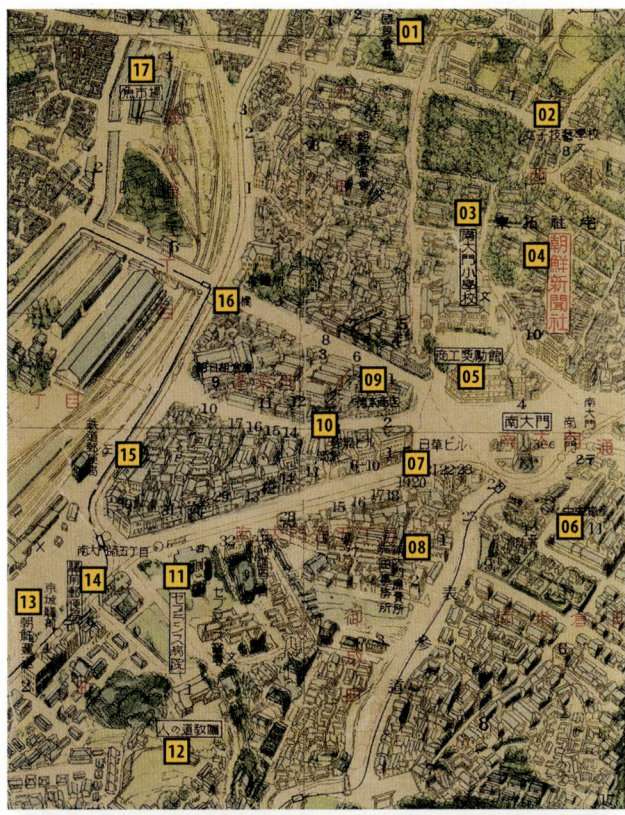

| | |
|---|---|
| 01 | 국민협회 회관 |
| 02 | 경성여자기예학교 |
| 03 | 남대문공립심상소학교 |
| 04 | 조선신문사 |
| 05 | 상공장려관(상품진열관) |
| 06 | 중앙물산주식회사 |
| 07 | 일화생명빌딩 |
| 08 | 도다사무소 |
| 09 | 도쿠모토상점 |
| 10 | 조선우선주식회사 |
| 11 | 세브란스병원 |
| 12 | 부상교 히도노미치 교단 |
| 13 | 조선운송주식회사 |
| 14 | 철도우편국 |
| 15 | 미에여관 |
| 16 | 봉래교 |
| 17 | 경성어시장 |

의주로, 순화동, 남대문로4~5가, 동자동, 양동, 남창동

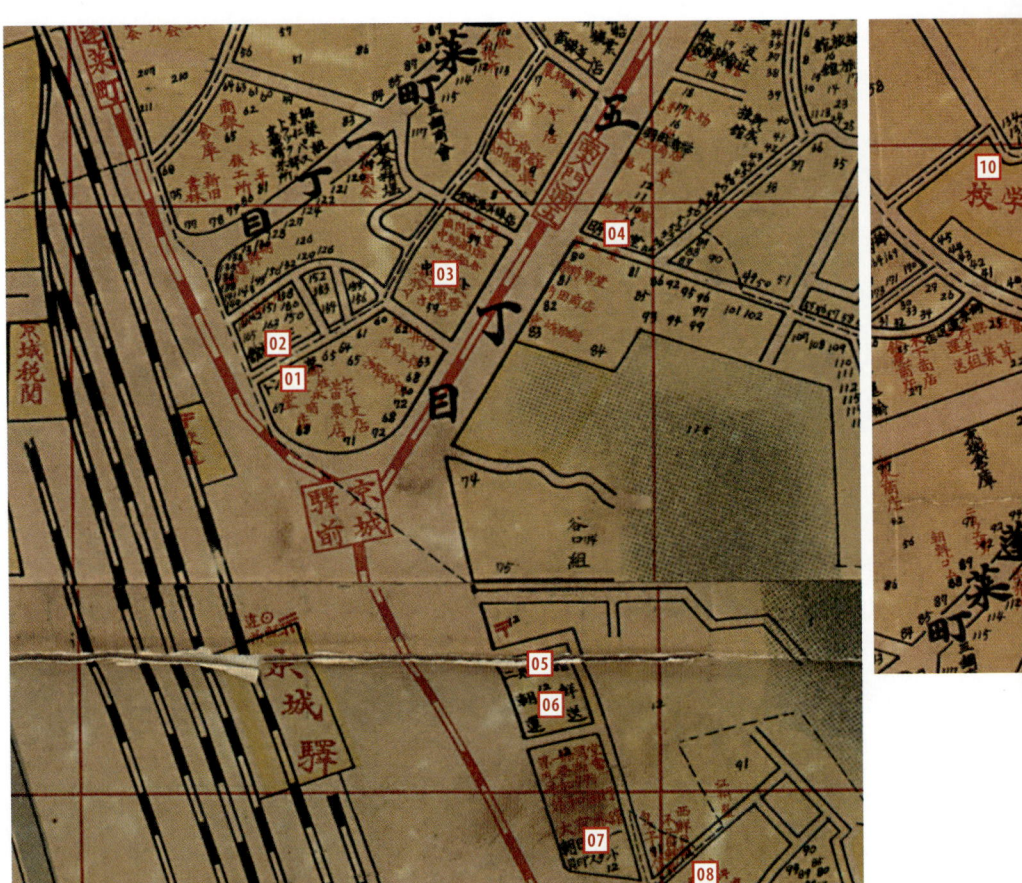

- 01 경일텐트상회
- 02 미에여관
- 03 나카니시텐트
- 04 명시당
- 05 후타미여관
- 06 국제운수 빌딩(조선운송)
- 07 아사히자동차
- 08 마쓰오카의원
- 09 이데미쓰상회
- 10 남대문공립심상소학교
- 11 상공장려관
- 12 조선신문사
- 13 소화기린맥주주식회사 경성지점
- 14 일화생명빌딩

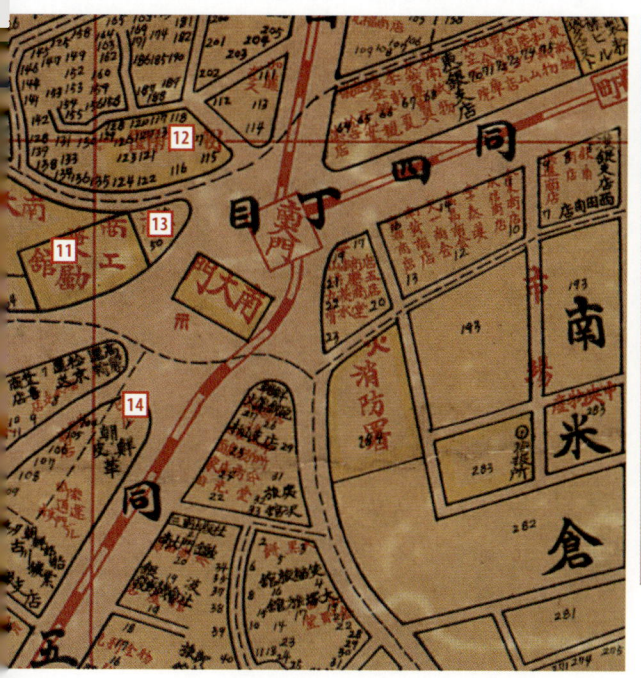

의주로, 순화동, 남대문로4~5가, 동자동, 양동, 남창동

## 국민협회 회관 01

1920년 설립된 친일단체다. 서대문로2가 7. 소공동, 수은동, 태평로 등으로 이전했다.

## 경성여자기예학교 02

여학생들에게 기예 등 가정 과목을 가르치던 학교로 1910년 설립했다. 서소문로.

경성여자기예학교. 『눈으로 본 잃어버린 시대, 1910~1945』, 해보라기획, 1983.

# 남대문공립심상소학교 03 10

1908년 경성거류민단에서 건립했다. 남대문로4가.

일제강점기 엽서 속 경성남대문공립심상소학교. 국제일본문화센터.

# 조선신문사 04 12

『경성일보』, 『부산일보』와 함께 일제강점기 당시 조선에서 발행되던 3대 일본어 신문 중 하나로, 일본인이 발행했다. 1890년 『인천경성격주상보』隔週商報로 창간한 뒤 1908년에 『조선신문』으로 제호를 바꿨다. 발간할 때부터 일본인의 대륙에 대한 진취, 발전에 공헌하는 것을 사명으로 한다는 목적을 표방했다. 1929년 전국에 걸쳐 지국, 지사를 두었고 도쿄과 오사카에도 지국이 있었다. 1942년 폐간했다. 오늘날 신한은행 본점 자리다. 태평로2가 11.

조선신문사, 일본전보통신사, 『신문총람』, 1933.

## 상공장려관(상품진열관) 05 11

1911년 조선총독부가 오늘날 관훈동에 상품진열관으로 개관했다. 당대의 최신 상품을 진열하고 선전하는 기능을 담당하던 곳으로 오늘날의 무역센터 같은 역할을 했다. 1929년 11월 14일 상공장려관으로 명칭을 변경했고 남대문로4가의 건물은 1929년 12월 개관했다. 철근 콘크리트로 지어진 지하 1층, 지상 4층 건물로서 일제강점기 모던 건축물 가운데 하나다. 남대문 주변 굴곡진 대지의 형상을 따라 완만한 곡선으로 전면을 처리하고 극도로 추상화한 외관을 만들어냈다. 권위적이고 양식적인 청사 건축이 자유롭게 디자인된 드문 경우이다.* 오늘날 대한상공회의소 자리다. 남대문로4가.

1929년 신축 개관한 상공장려관. 조선총독부, 『조선』, 1929.

*『매일신보』 1911. 10. 4.; 윤인석, 「남촌의 근대 건축물」, 『서울 남촌』 서울학연구소, 2003. 142쪽.

## 중앙물산주식회사 06

1922년 창업했다. 남창동 283.

중앙물산주식회사.
와다 시게요시, 『대경성도시대관』,
조선신문사, 1937.

## 일화日華생명빌딩 07 14

1928년 준공했다. 남대문로5가 1.

일화생명빌딩. 조선연구회,
『대경성』, 1925.

## 도다戶田사무소 08

농기구 판매회사다. 양동.

도다사무소. 조선총독부,
『조선사정사진첩』, 1922.

## 도쿠모토德本상점 09

1930년 창업한 금속류 판매 상점이다. 봉래동1가 9.

도쿠모토상점. 와다 시게요시,
『대경성도시대관』, 조선신문사, 1937.

# 조선우선郵船주식회사 10

1912년 조선총독부가 설립한 국책회사로, 일제강점기 조선 연안과 근해 해역에서 크게 활약한 식민지 조선 최대의 해운회사였다.* 남대문로5가.

조선우선주식회사. 조선총독부체신국, 『조선의 체신사업』朝鮮の遞信事業, 1930.

* 조선우선주식회사 엮음, 하지영·최민경 번역, 『조선우선주식회사 25년사』, 소명출판, 2023.

## 세브란스병원 11

조선 최초의 근대식 종합병원으로 오늘날 연세대학교 의과대학·병원의 전신이다. 1894년 제중원(광혜원)을 운영하던 올리버 R. 에이비슨Oliver R. Avison과 호러스 그랜트 언더우드Horace Grant Underwood 등이 미국의 사업가 루이스 헨리 세버런스Louis Henry Severance, 1838~1913의 기부금으로 제중원의 이전과 증축을 진행했다. 남대문역 앞 동자동에 1902년 착공, 1904년 완공했다. 지상 2층 지하 1층의 건물로서 후원자의 이름을 따서 세브란스世富蘭偲병원으로 했다.

세브란스 병원. 조선총독부, 『조선사진첩』 1925.

세브란스 병원 주변으로 멀리 북악산과 북한산이 웅장하다. 화면 오른쪽에 남대문이 보인다.
서울역사박물관.

VIEW OF THE BEAUTIFUL NANDAIMON STREET, KEIJO.
（京城）街並み美しき南大門通（門外）

경성역 앞쪽에서 바라본 세브란스병원과 남대문. 일제강점기. 『사진으로 보는 근대 한국』, 서문당, 1986.

## 부상교扶桑教 히도노미치人の道 교단 12

일본 교파신도敎派神道 교단으로 1933년 경성역 앞 동자동에 경성지부를 개설했다.

교파신도는 일본 에도막부 말기부터 농상공인들 사이에서 강신降神 체험을 토대로 현세구복적인 경향을 가진 민간신앙을 가리킨다.*

히도노미치 교단. 와다 시게요시, 『대경성도시대관』, 조선신문사, 1937.

* 최석영, 『일제하 무속론과 식민지권력』, 서경문화사, 1997, 86~90쪽; 문혜진, 「일제강점기 경성부 교파신도의 현황과 활동양상」, 『서울과 역사』, 서울역사편찬원, 2019. 2, 195~196쪽.

## 조선운송주식회사 13

1930년 창업했다. 동자동 12.

조선운송주식회사. 와다 시게요시, 『대경성도시대관』, 조선신문사, 1937.

# 철도우편국 14

경성, 부산, 대전 우편국이 나누어 맡고 있던 철도우편업무를 한 관서로 통합한 우편국으로 1921년 신설했다. 동자동.

철도우편국. 조선총독부 체신국, 『조선체신사업연혁사』, 1938.

## 미에三重여관 15 02

일제강점기 당시 경성역 앞에 있던 주요 여관 가운데 하나다. 봉래동1가.

일제강점기 엽서 속 미에여관. 국제일본연구센터.

# 봉래교 16

봉래교라는 이름은 봉래동에서 따왔다.

> "청일전쟁 개시 전 일본 거류민은 전전긍긍하며 사지에 처한 상황이었으니, 일본군이 입성하여 만리창에 막영幕營하고 현재의 봉래정을 거쳐 남대문 안으로 들어와 거류민을 보호했다. 거류민은 마치 신선이 살고 불로초가 있는 봉래도蓬萊島에 온 듯하여 봉래정이라는 이름을 붙였다."*

봉래교는 일제가 경성역에서 수색역 방향으로 직통선로를 만들 때 종래에 있던 염천교를 없애고 경성역 뒤쪽으로 연결되는 통행로, 곧 우회도로의 용도로 만들었다. 염천교는 남지南池 옆 칠패길을 거쳐 만리재나 애오개로 건너갈 때 경유하던 다리였는데 남대문정거장 확장 과정에서 사라졌다. 곧 봉래교는 염천교를 없앤 후 1919년 기공하여 1920년 준공한 다리로서 지금은 염천교로 잘못 알려졌다.**

\* 경성부, 『경성부사』 제2권, 1936, 536쪽.
\*\* 이순우, 『용산, 빼앗긴 이방인들의 땅』 2, 민족문제연구소, 2022, 10~20쪽.

경성역 앞 의주로2가에서 바라본 봉래교 방향.
『사진으로 보는 서울 2 일제 침략 아래에서의 서울』(1910~1945), 서울시사편찬위원회, 2002.

의주로, 순화동, 남대문로4~5가, 동자동, 양동, 남창동

# 경성어시장(경성수산주식회사) 17

러일전쟁 이후 일본인 소비시장이 급격하게 커지면서 선어를 거래하는 수산물 시장이 남대문정거장, 회현동, 용산 등에 개장했다. 1927년 경성부는 수산시장 3개소를 통합한 경성부수산시장을 신설했고 이 시장은 1938년 경성부 직영이 되었다. 1939년에는 경성중앙도매시장의 수산부가 되었고 광복 이후에도 존속했다. 1975년 노량진으로 이전했다. 의주로2가 127.

경성어시장. 경기도조선총독부 서무부, 『조선의 시장』, 1929.

경성부 중앙도매시장. 조선건축회, 『조선과 건축』 제19권 제7호. 1940. 7.

경성부 중앙도매시장 선어부 내부. 조선건축회, 『조선과 건축』 제19권 제7호. 1940. 7.

남대문로5가에서 바라본 남대문. 남대문 왼편으로 뾰족한 지붕이 있는 조선신문사 건물이 보인다.
조선총독부내무국 경성토목출장소, 『경성시구개정사업 회고 20년』, 1930.

일제강점기 엽서 속 남대문. 국제일본문화센터.

의주로, 순화동, 남대문로4~5가, 동자동, 양동, 남창동

남대문에서 바라본 경성역 방향. 왼쪽 길이 남대문로5가이고, 길이 끝나는 곳에 경성역이 보인다.
중앙의 길 좌우는 봉래동1가이고, 오른쪽 길은 오늘날 칠패로다. 칠패로 쪽 언덕 위에 약현성당이 보인다.
1926년 개수 후 1930년에 촬영했다. 조선총독부내무국 경성토목출장소, 『경성시구개정사업 회고 20년』, 1930.

일제강점기 엽서 속 남대문 부근에서 바라본 남대문로5가와 경성역. 국제일본문화센터.

## 경일京-텐트상회 01

각종 천막을 취급했다. 남대문로5가 67.

경일텐트상회. 와다 시게요시,
『대경성도시대관』, 조선신문사, 1937.

## 나카니시中西텐트 03

각종 천막을 취급했다. 남대문로5가.

나카니시텐트. 와다 시게요시, 『대경성도시대관』,
조선신문사, 1937.

# 명시당 明時堂 04

시계를 취급했다. 〈대경성부대관〉에는 남대문로5가 5로 되어 있지만, 〈경성정밀지도〉에는 남대문로 5가 55로 표시되어 있다.

명시당. 와다 시계요시,
『대경성도시대관』,
조선신문사, 1937.

## 후타미ニ見여관 05

여관이다. 동자동 12.

후타미여관.
와다 시게요시,
『대경성도시대관』,
조선신문사, 1937.

## 국제운수 빌딩 06

후타미여관 옆 건물이다. 동자동 12.

국제운수 빌딩. 조선연구회, 『대경성』, 1925.
〈경성정밀지도〉에는 조선운송으로 되어 있음.

## 아사히자동차 07

앞에서 언급했던 바와 마찬가지로 경성역 앞에 있던 택시 회사로 1928년 창업했다. 동자동 12.

아사히자동차. 조선신문사.
『조선봉축사진첩』, 1928.

## 마쓰오카松岡의원 08

내과 소아과 의원이다. 도동 1-91.

마쓰오카의원. 와다 시게요시,
『대경성도시대관』, 조선신문사, 1937.

# 이데미쓰出光상회 09

석유 등을 취급했다. 동자동 14.

이데미쓰상회. 와다 시게요시, 『대경성도시대관』, 조선신문사, 1937.

## 소화기린맥주주식회사 경성지점 13

일본에 본사를 둔 소화기린麒麟·キリン맥주주식회사의 경성지점이다. 남대문로4가 50.

소화기린맥주주식회사 경성지점. 와다 시게요시, 『대경성도시대관』, 조선신문사, 1937.

# 33

경성부청 앞 광장과 조선은행 앞 광장을 중심으로 한 지역이다. 덕수궁, 법원, 경성부청, 을지로1가, 소공동, 남대문로2~4가, 충무로1가, 회현동1~2가, 조선은행 앞 광장 등을 포괄하는 지역으로서 일제강점기 당시 행정(경성부청), 사법(법원), 경제(조선은행)의 핵심적인 기능이 밀집되어 있었다. 소공동은 조선 태조의 작은 공주인 경정공주慶貞公主의 집이 있어 작은 공주골·작은 공줏골, 한자명으로 소공주동·소공동이라고 한 데서 유래했다. 북창동은 조선시대 선혜청 북쪽 창고가 있던 데서, 회현동은 이 일대에 어진 사람들이 많이 모여 살았던 데서 유래해, 회현·회동으로 불렸다.

덕수궁 옆에는 법원과 총독부 자문기관인 중추원 등이 자리했고 경성부 최고 행정기관인 경성부청에서 소공동을 따라 가면 경성부 상업단체의 대표격인 경성상업회의소, 조선 최고의 호텔인 조선호텔, 일본의 중앙은행인 일본은행을 보조하는 조선은행, 식민지 통치의 성공을

# 태평로2가, 소공동, 북창동, 남대문로2~3가, 충무로1가, 회현동

과시하는 선은전 광장이 있었다. 미쓰코시백화점, 조지야백화점, 미나카이백화점, 히라다백화점 등과 화려한 상점이 즐비한 충무로와 명동은 경성에서 가장 번화한 거리였다.
1926년 경성부청이 경성일보사가 있던 자리로 신축 이전함에 따라 일본인들의 영역인 남촌은 태평로까지 확장되었고, 가로체계도 경성부청을 중심으로 재구성되었다. 경성상업회의소 2층의 경성공회당은 1935년 경성부민관이 건립되기 이전 경성의 대표적인 공연장 역할을 했다. 태평로 2가와 무교동은 일제강점기 이전부터 고물상 거리 또는 장롱거리 등으로 불릴 정도로 목가구를 주 종목으로 하는 고미술품 관련 업소가 많았고, 소공동에는 낙랑 파라와 플라타느 등 조선인이 경영하는 다방이 있었다. 회현동에는 부유한 일본 상인들과 일본 요정이 즐비했고 남대문시장은 조선 최대의 전통시장이었다.

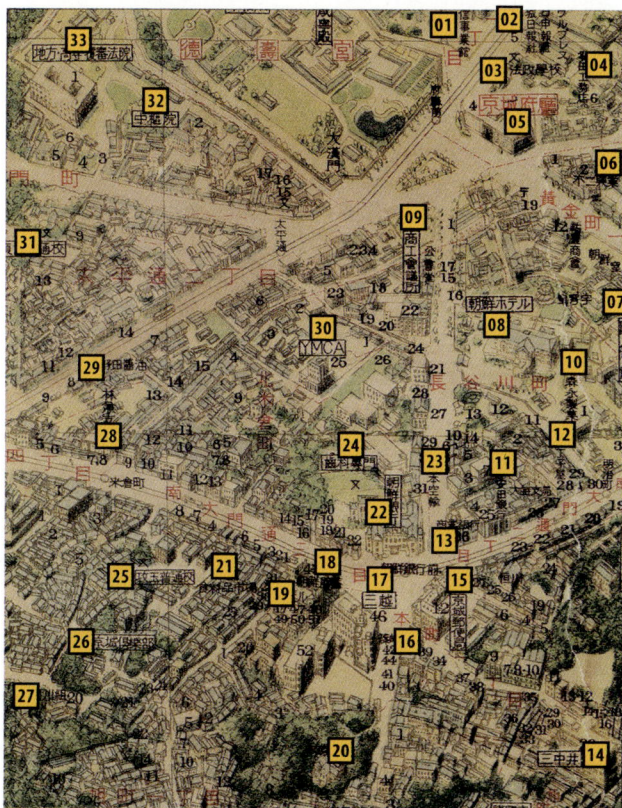

01 조선체신사업회관
02 경성일보사, 매일신보사, 서울프레스
03 법정학교
04 다다공무점
05 경성부청사
06 불이흥업주식회사
07 총독부도서관
08 조선호텔
09 경성상공회의소
10 모리나가제과
11 야스다은행 경성지점
12 조지야백화점
13 조선상업은행
14 미나카이백화점
15 경성우편국
16 시노자키빌딩
17 미쓰코시백화점
18 조선저축은행
19 아사히빌딩
20 본권번
21 경성식료품시장
 (남대문시장)
22 조선은행
23 일본항공운수주식회사
24 경성치과의학전문학교
25 공옥보통학교
26 경성구락부
27 아가와구미
28 하야시카네상점
 경성냉동판매소
29 노다장유주식회사
 조선 출장소
30 경성기독교청년회관
31 정동보통학교
32 중추원
33 경성재판소

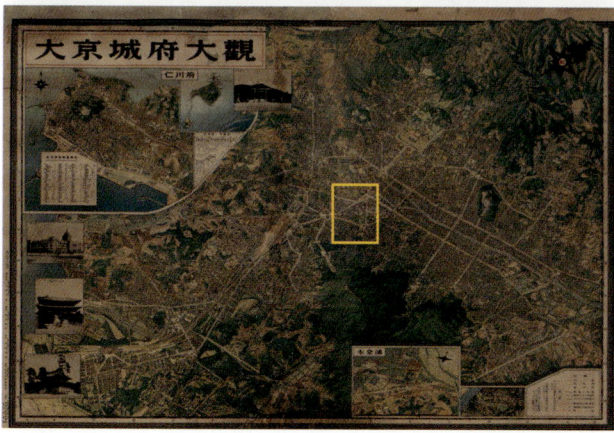

태평로2가, 소공동, 북창동, 남대문로2~3가, 충무로1가, 회현동

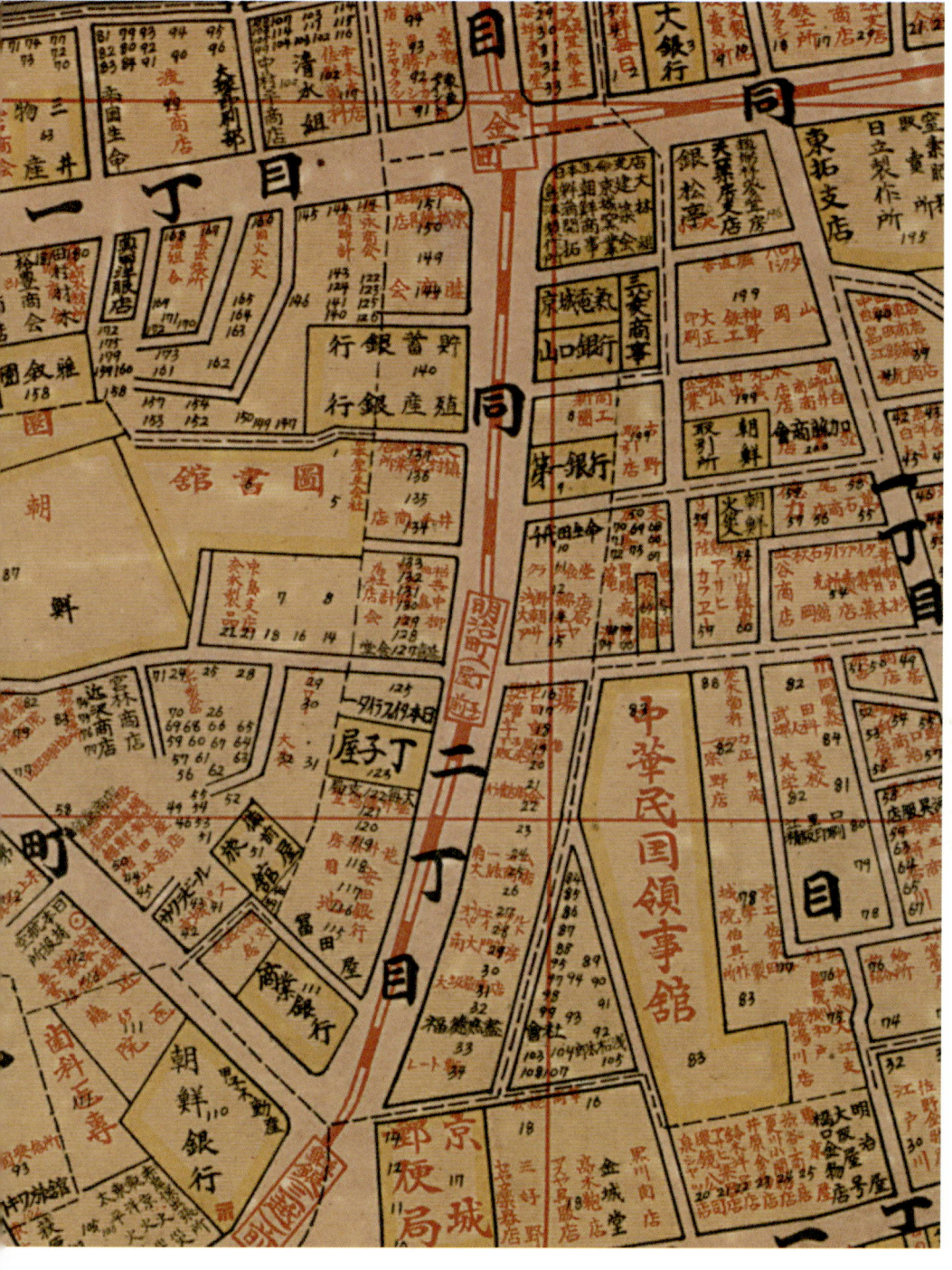

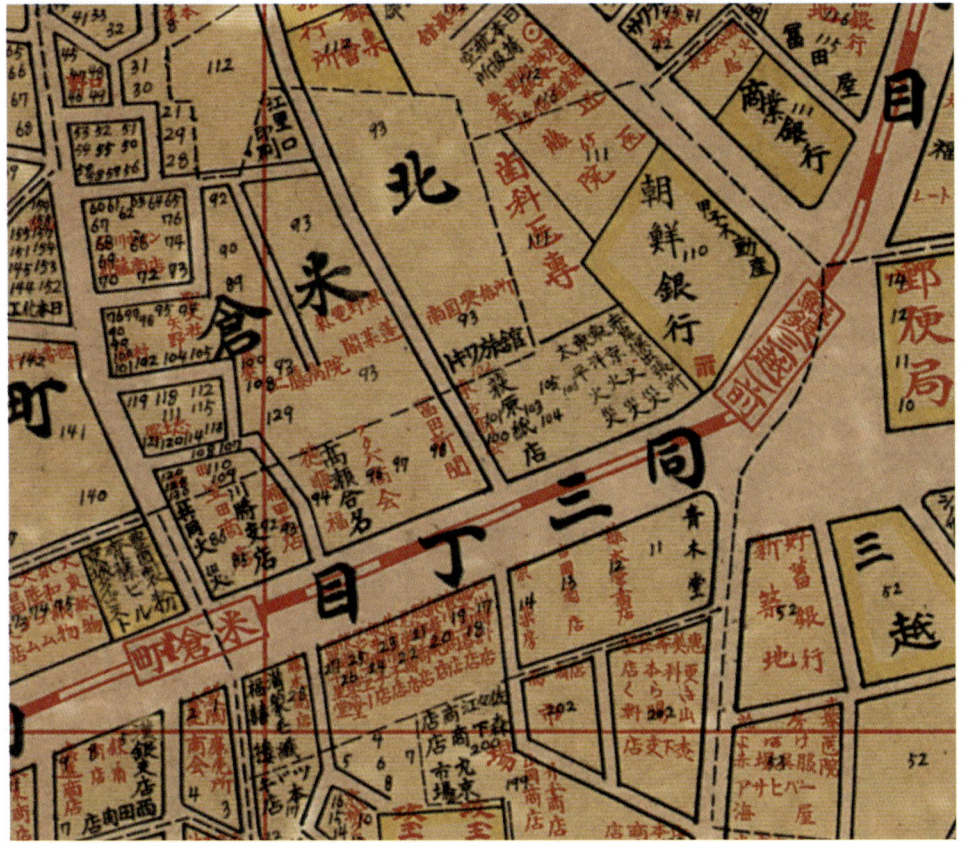

| | | |
|---|---|---|
| 01 아서원 | 15 경성치과의학전문학교 | 29 다카노상점 |
| 02 총독부도서관 | 16 경성자동차 | 30 도자와상점 |
| 03 조선호텔 | 17 일본항공운수주식회사 | 31 성문당 |
| 04 모리나가제과 | 18 다나카사진관 | 32 경성우편국 |
| 05 미야바야시상점 | 19 경성부립도서관 | 33 일본타이프라이타 |
| 06 사카자와상점 | 20 조선토지신탁주식회사 | 34 시노자키 빌딩 |
| 07 하세가와양복점 | 21 나카무라의원 | 35 미쓰코시백화점 |
| 08 조선제약합자회사 | 22 테일러상회 | 36 조선저축은행 |
| 09 조지야백화점 | 23 경성상공회의소 | 37 아오키도 |
| 10 비젠야여관 | 24 하라다상회 | 38 아카오 상점 경성출장소 |
| 11 야스다은행 | 25 조선공론사 | 39 오기와라지점 |
| 12 도미타야 | 26 낙랑파라 | 40 다카세합명회사 |
| 13 조선상업은행 | 27 문명상회 | 41 카페 후지 |
| 14 조선은행 | 28 대해당인쇄주식회사 | 42 사카이모자점 |

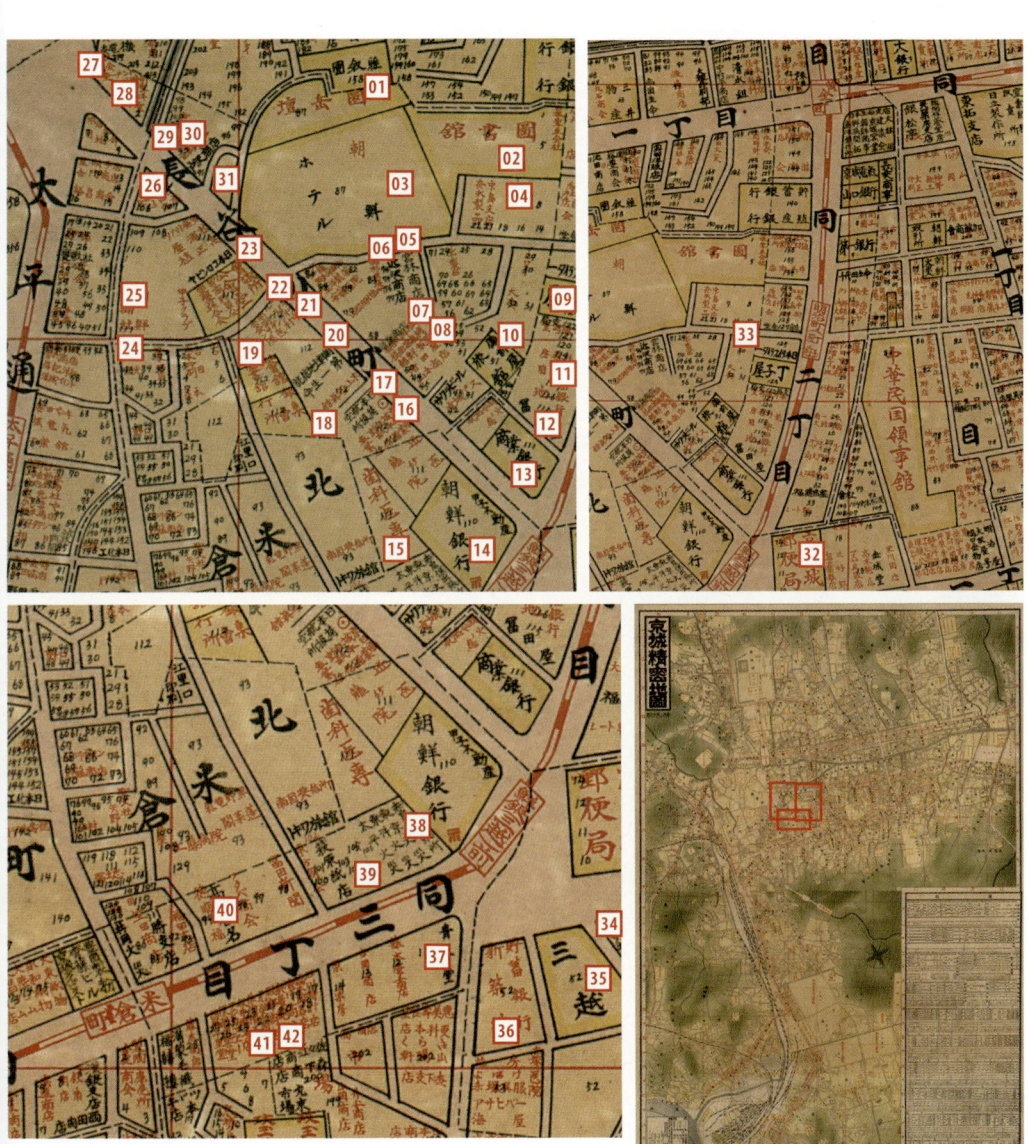

태평로2가, 소공동, 북창동, 남대문로2~3가, 충무로1가, 회현동

33.

태평로1가 경성부청 옆에서 바라본 광화문 방향. 왼편 전망대가 있는 건물이 경성부민관 그 다음이 조선일보사. 오른쪽 건물은 경성부청. 일제강점기 엽서, 국제일본문화센터.

# 조선체신사업회관 01

간이보험건강상담소와 체신 관련 각 협회 사무실로 사용했다. 1937년 준공한 콘크리트 4층 건물로 체신박물관 제1, 제2 진열실이 있었다. 태평로1가.

조선체신사업회관. 경성토목건축협회, 『경성토목건축업협회보』, 1937.

# 경성일보사·매일신보사· 서울프레스 The Seoul Press 02

『경성일보』는 1906년 9월 1일 창간하여 1945년 12월 11일까지 발행된 조선총독부 일본어 기관지다. 『매일신보』는 1938년 창간한 『경성일보』의 한국어 자매지이고, 서울프레스는 통감부 이래 기관지 역할을 한 영자 신문이다. 매일신보사와 서울프레스사는 경성일보사 안에 있었다. 경성일보사는 오늘날 서울시청 자리에 있다가 1923년 화재로 소실된 이후 1924년 태평로1가 30번지에 사옥을 건립, 이전했다.

경성일보사. 매일신보사와 서울프레스사도 같은 건물에 있었다. 일본전보통신사, 『신문총람』, 1933.

태평로1가 31번지 오늘날 서울시청 자리의 경성일보사. 1924년 태평로30번지로 이전하기 전 사옥이다. 1923년 화재로 소실된 이후 이 자리에 경성부청이 들어섰다. 왼쪽으로 북악산과 광화문이 보인다. 일제강점기 엽서. 국제일본문화센터.

# 법정학교 03

1923년 설립했다. 전신은 1911년 설립된 법정연구회로 전문학교가 아닌 사립 각종 학교였다. 태평로1가 31.

법정학교 모의재판 관련 기사. 『동아일보』, 1940. 1. 31.

## 다다공무점 多田工務店 04

1907년 조선지점을 설립한 건설회사다. 태평로1가 40.

다다공무점. 와다 시게요시, 『대경성도시대관』, 조선신문사 1937.

## 경성부청사 [05]

첫 경성부청은 1896년 일본 영사관을 설치했던 오늘날의 신세계백화점 자리에 있었다. 이 사실은 경성이 일본인의 도시이고 남촌이 경성의 중심이라는 일제의 인식을 보여주는 예라 할 수 있다. 경성부 행정이 증가함에 따라 1926년 태평로1가, 오늘날 서울도서관이 된 옛 경성부청은 경성 행정의 중심지였다. 경성부청의 이전에 따라 일본인들의 영역인 남촌은 태평로까지 확장되었고, 도시의 가로 체계도 경성부청을 중심으로 재구성되었다.

태평로1가 31에 신축한 경성부청사는 정면 및 좌우 큰길에는 4층, 정면 중앙부 옥탑은 6층, 후방 회의실은 3층 건물로 총면적은 2,500평이다. 주요 구조는 철근 콘크리트, 기둥 사이는 벽돌을 쌓았다. 설계자인 총독부 설계과는 친밀감이 있는 설계, 쓸데없는 장식은 회피하는 등 권위적인 총독부 청사와는 정반대의 개념으로 설계를 했다.*

---

* 김한배, 「남촌 도시경관의 과거, 현재, 미래」, 『서울 남촌』, 서울학연구소, 2003, 73쪽; 목수현, 「'남촌' 문화 - 식민지 문화의 흔적」, 『서울 남촌』, 서울학연구소, 2003, 240쪽; 한동수, 「1920~30년대 중구 도시건축의 원형」, 『서울시 중구 향토사 자료 제12집. 남겨진 흔적 지나간 풍경』, 서울 중구 문화원, 2009, 144~146쪽.

일제강점기 엽서 속 경성부청사. 국제일본문화센터.

태평로2가, 소공동, 북창동, 남대문로2~3가, 충무로1가, 회현동

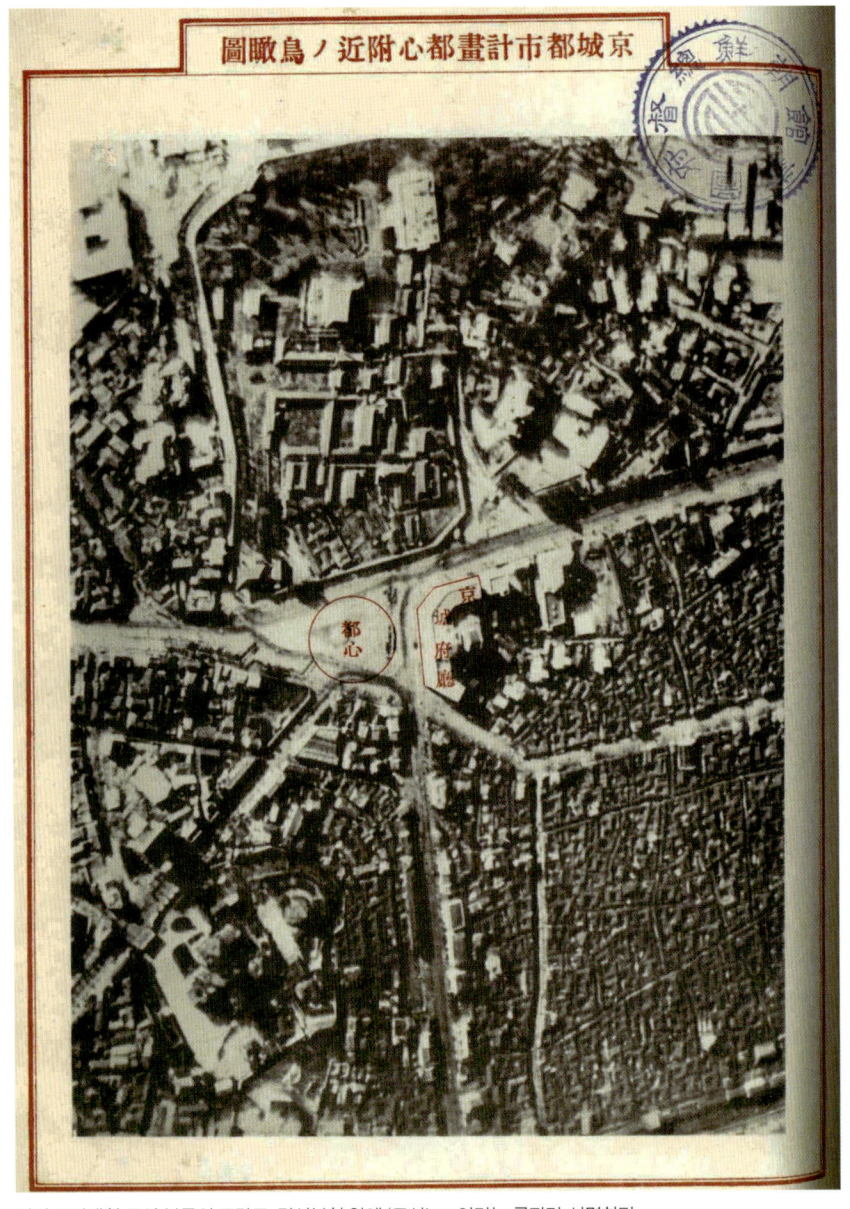

경성 도시계획 도심 부근의 조감도. 경성부청 앞에 '도심'都心이라는 글자가 선명하다.
경성부, 『경성도시계획조사서』, 1928.

경성부청 중심 조감도. 경성부청을 중심으로 한 방사선식 도시계획을 볼 수 있다.
왼쪽 위 대각선이 종로, 그 오른쪽이 삼각동과 청계천, 을지로, 소공동, 태평로 순이다.
동일은행, 동양척식회사, 조선호텔, 경성상공회의소, 법원, 덕수궁 등이 보인다.
조선총독부내무국 경성토목출장소, 『경성시구개정사업 회고 20년』, 1930.

1930년 경성부청 앞에서 바라본 을지로 방향이다. 왼쪽 흰색 건물이 경성부청, 동양여관 간판 옆 건물 뒤쪽의
둥근 돔처럼 생긴 지붕의 불이흥업이 이어진다. 화면 중앙 을지로 입구의 건물 지붕에는 포드Ford 자동차 광고가 보인다.
그 오른쪽 옆으로는 명동성당과 원구단까지 한 풍경 안에 들어와 있었다.
조선총독부내무국 경성토목출장소, 『경성시구개정사업회고 20년』, 1930.

남대문에서 바라본 경성부청 방향. 왼쪽 흰색 건물은 조선신문사. 중앙의 큰길이 태평로2가. 오른쪽 둥근 돔이 있는 건물은 경성상공회의소다. 나카무라 미치타로, 『일본지리풍속대계』 조선편, 신광사, 1930.

덕수궁에서 바라본 시내. 왼쪽부터 경성부청, 반도호텔, 명동성당, 황궁우, 조선호텔, 경성상공회의소 등이 보인다. 반도호텔은 1936년에 세워졌다. 일제강점기 엽서, 국제일본문화센터.

# 불이흥업 不二興業 주식회사 06

1914년 창업한 거대 농업회사로, 농업·개간·부동산·신탁업 등을 취급했다. 을지로1가 7.

불이흥업주식회사.
조선경찰가정신보사,
『조선신궁어진좌제
기념사진첩』, 1925.

## 총독부도서관 07 02

1923년 건립했으며 오늘날 국립중앙도서관의 전신이다. 소공동 6.

조선총독부도서관.
조선총독부 학무국,
『조선교육요람』, 1928.

조선총독부도서관 열람실.
조선총독부 학무국,
『조선교육요람』, 1928.

# 조선호텔 08 03

고종이 대한제국을 수립하고 황제로 즉위하면서 제천의식을 거행하기 위해 조성한 원구단圜丘壇 일대인 소공동 87에 1914년 완공·개업했다. 인천의 대불1888, 손탁호텔1902 다음으로 한반도에 세 번째로 세워진 서양식 호텔인 조선호텔은 조선총독부 철도국 직영으로 추진되었기 때문에 철도호텔이라고 했다가 완공을 앞두고 정식 명칭을 조선호텔로 바꿨다. 호텔이 지어지면서 원구단 일대는 파괴되었고 원구단의 부속 건물인 황궁우皇穹宇만이 남았다.

　조선호텔은 일본인 거주지인 남촌의 중심으로 조선에서 가장 번화한 조선은행 앞 선은전鮮銀前 광장, 오늘날의 충무로와 명동은 물론 경성부청 등과도 가까운 위치에 자리한 명실상부 조선 최고의 호텔이었다. 1936년 "아방궁 같은 반도호텔"이 생긴 후 조선 최고의 호텔이라는 명성은 반도호텔이 갖게 되었으나 조선호텔은 이후에도 조선을 대표하는 숙박시설로 여겨졌다.*

---

* 정영효, 「조선호텔 - 제국의 이상과 식민지 조선의 표상」, 『한국어문학』 제55집, 2010. 8, 327~330쪽; 성효진, 「서울의 도시 이미지 형성(1897년-1939년)에 대한 연구, 서울대학교 대학원 고고미술사학과 박사학위 논문, 2020, 155쪽.

일제강점기 엽서 속 조선호텔. 국제일본문화센터.

1926년 무렵의 경성부청사와 원구단, 황궁우. 왼쪽에 성공회성당과 경성부청, 오른쪽에 조선총독부가 보인다. 서울시정개발연구원·서울시립대학교 서울학연구소, 『100년의 사진 기록 서울 20세기』, 2000.

태평로2가, 소공동, 북창동, 남대문로2-3가, 충무로1가, 회현동

# 경성상공회의소 09 23

상공인의 발전과 산업발전을 목표로 하면서 조선 상공업계를 통제하기 위해, 1915년에 조선인과 일본인 상인 유지 20여 명이 발기하여 만든 상인단체다. 경성에서 상업 활동을 하려면 이 단체에 가입하여 주요 직책을 맡는 것이 매우 중요했다. 경성 경제인들의 이익을 도모하기 위해 결성한 단체였다고 하지만 실제로는 일제가 한국 경제인들을 감독하고 통제하도록 하여 일본 경제인들의 이익을 구현하게 하는 통로로 기능했다는 평가가 있다. 처음에는 경성상업회의소, 1932년 경성상공회의소, 1944년에는 경성상공경제회로 명칭이 바뀌었다.

지하 1층 지상 3층 연건평 211평의 건물은 1920년 완공했다. 1층에는 현관, 사무실, 도서실, 응접실을 두어 경성상공회의소 본연의 업무 공간으로 사용했고, 3층은 휴게실이었다.

2층에는 강당경성공회당을 두었는데 이곳은 1936년 경성부민관 개설 전까지 각종 중요 행사를 치른 일종의 시민회관이었다. 서양인 초청 음악회와 일본 신무용계의 대표자 이시이 바쿠石井幕 무용발표회1926-1930, 네 차례, 배구자 무용발표회1928, 일본에서 유학하고 돌아온 채동선의 바이올린 독주회1931 등 각종 공연이 열렸다.* 소공동 111.

---

* 목수현, 「'남촌' 문화 - 식민지 문화의 흔적」, 『서울 남촌』, 서울학연구소, 2003. 4, 255~256쪽.

일제강점기 엽서 속 경성상공회의소. 서울역사박물관.

태평로2가, 소공동, 북창동, 남대문로2~3가, 충무로1가, 회현동

## 모리나가森永제과 10 04

1929년 창업한 모리나가주식회사의 제과·연유제품 조선발매원이다. 소공동 21.

모리나가제과.
와다 시게요시,
『대경도시대관』,
조선신문사, 1937.

## 야스다安田은행 경성지점 11 11

1923년 창업한 야스다은행의 경성지점. 남대문로2가.

야스다은행 경성지점. 와다 시게요시,
『대경성도시대관』, 조선신문사, 1937.

## 조지야丁子屋백화점 12 09

1904년 문을 연 백화점으로 일본인이 경영했다. 남대문로2가 123.

일제강점기 엽서 속 조지야백화점.
1939년 신축 준공 이후 모습이다. 서울역사박물관.

1923년 2월
조지야 백화점 야경.
부산박물관.

# 조선상업은행 13 13

대한천일은행大韓天一銀行을 개편해 1911년 1월에 설립한 은행으로 오늘날 우리은행의 전신이다. 남대문로1가 111-1.

조선상업은행 경성 본점. 왼쪽 길이 소공로다.
『ANNUAL REPORT』(GOVERNMENT-GENERAL OF CHOSEN, 1917). 서울역사박물관.

# 미나카이三中#백화점 14

1909년 문을 연 일본인 경영 백화점이다. 1929년 신축했다. 충무로1가 43-46.

1929년 점포를 증축한 미나카이백화점. 중앙의 작은 흰 건물에 경일문화영화극장 간판이 보인다. 서울역사박물관.

일제강점기 엽서 속 미나카이백화점. 남산에서 바라본 모습이다. 국제일본문화센터.

남산에서 바라본 경성 시가. 정면 중앙의 흰색 고층건물이 미나카이백화점이다. 왼쪽부터 경성상공회의소, 경성부청, 조선호텔이 있고 미나카이백화점, 오른쪽으로 반도호텔, 그 뒤로 멀리 조선총독부가 보인다. 일제강점기 엽서. 국제일본문화센터.

## 경성우편국 15 32

일제강점기 당시 한반도 우편의 중심지 역할을 한 곳으로 구한말에 설립한 우정총국을 일본제국이 한일합병 이후 흡수해서 만들었다. 경성우편국 청사는 1913년 10월에 착공하여 1915년 9월 15일에 준공되었다. 설계자는 알려져 있지 않다. 옥탑 1층 지상 3층 지하 1층의 연건평 1,320평 넓이로 지어진 경성우편국 청사 건물은 르네상스식으로 웅장하고 화려했으며 철근 콘크리트조의 외양은 붉은 벽돌과 화강암으로 혼합하여 건축되었다. 한국전쟁으로 반파되어 철거되었고 1957년 새로운 우체국 건물이 들어섰다.* 충무로1가.

일제강점기 엽서 속 경성우편국. 국제일본문화센터.

* 이연경, 『한성부의 '작은 일본' 진고개 혹은 본정』, 시공문화사, 2015, 127~128쪽, 267~268쪽.

일제강점기 엽서 속 경성우편국. 오른쪽에 보이는 장식적인 문은 당시에는 혼마치, 곧 오늘날의 충무로 입구다. 국제일본문화센터.

경성우편국 전화 교환실.
『ANNUAL REPORT』
(GOVERNMENT-GENERAL OF
CHOSEN', 1917), 서울역사박물관.

# 시노자키 篠崎 빌딩 16 34

측량제도 기구·사무용품을 파는 시노자키상점이 이 건물에 있었다. 충무로1가 51.

시노자키빌딩. 왼쪽은 충무로 입구다. 와다 시게요시, 『대경성도시대관』, 조선신문사, 1937.

## 미쓰코시三越백화점 17 35

1906년 미쓰코시 오복점 경성 출장소로 영업을 시작, 1929년 미쓰코시백화점 경성지점으로 승격되었다. 1930년 10월 24일에는 조선은행 앞으로 신관을 이전, 신축·개관했다. 한일합병 후 어용御用 상점 역할을 담당한 일제강점기 최고의 백화점이었다. 오늘날 신세계백화점이다. 충무로1가 52.

미쓰코시백화점. 왼쪽 건물은 경성우편국이다. 일제강점기 엽서. 국제일본문화센터.

일제강점기 엽서 속 미쓰코시백화점. 서울역사박물관.

태평로2가, 소공동, 북창동, 남대문로2~3가, 충무로1가, 회현동

## 조선저축은행 18 36

1929년 설립한 뒤 1950년 한국저축은행, 1958년 제일은행으로 이름을 바꿨다. 이 건물은 2025년 신세계 더 헤리티지가 되었다. 충무로1가 52.

조선저축은행 정면 외관, 조선건축회, 『조선과 건축』, 제11집 제1호, 1936. 1.

조선저축은행 영업실, 조선건축회, 『조선과 건축』, 제11집 제1호, 1936. 1.

왼쪽 미쓰코시백화점 옆 오른쪽 건물이 조선저축은행이다. 일제강점기 엽서. 국제일본문화센터.

## 아사히旭빌딩 [19]

1935년 준공한 상업 및 사무소 건물이다. 충무로1가 53.

아사히빌딩. 서울시 중구 향토사자료 제12집, 『남겨진 풍경 지나간 흔적』, 서울 중구문화원, 2009.

아사히빌딩 안에 있던 양식당 보아그랑 ボアグラン. 조선건축회, 『조선과 건축』, 제14집 제10호. 1935. 10.

# 본권번 本券番 20

권번은 일제강점기 기생들의 조합이다. 회현동2가 78.

본권번. 와다 시게요시, 『대경성도시대관』, 조선신문사, 1937.

기생 사고무 四鼓舞.
조선총독부 철도국,
『조선지풍광』, 1933.

다동 기생조합총회. 조선사진통신사, 『조선사단창설기념호』, 1916.

도쿄에서 개최된 평화기념동경박람회에 참여한 조선 기생들과 일본 게이샤들.
『평화기념동경박람회 조선협찬회 사무보고』, 1922.

# 경성식료품시장 (남대문시장) 21

조선 초기부터 600년 이상 상업 활동이 이어진 전통시장으로, 한국 최대의 재래시장이다. 1922년 일본인 소유가 되기도 했으며, 1936년에는 중앙물산시장이라는 명칭으로 강제 변경되기도 했다.

남대문시장. 조선총독부, 『조선의 시장경제』, 1929.

## 조선은행 22 14

일제가 《조선은행법》에 따라 1911년 설립한 정부계 특수은행이다. 약칭은 조은朝銀, 선은鮮銀. 일본의 중앙은행인 일본은행을 보조하는 대표적인 식민지 금융기구로, 일반 상업은행 업무도 겸하면서 조선인 일반은행이 성장하는 것을 차단했다. 조선은행권 발행으로 조선에서 식민 통치 비용을 조달하고 일제의 대륙 침략 정책 수행을 위한 도구로 이용했다. 건물은 르네상스 양식으로 1912년 준공되었다. 남대문로3가 110.

일제강점기 엽서 속 조선은행. 국제일본문화센터.

# 일본항공운수주식회사 23 17

매일 일본과 만주를 오가는 여객수송 및 항공우편 임무를 수행했다. 경성의 발착지는 여의도였다. 소공동 116.

일본항공운수주식회사.
와다 시게요시,
『대경성도시대관』,
조선신문사, 1937.

# 경성치과의학전문학교 24 15

1922년 경성치과의학교로 개교한 사립 전문학교다. 1929년 경성치과의학전문학교로 승격했고, 광복 이후 서울대학교 치과대학에서 흡수했다. 1922년부터 광복 직후까지 약 1천여 명의 학생을 배출했으며, 이 가운데 조선인 졸업자는 약 460명이었다.

경성치과의학전문학교. 경성치과의학회, 『경성치과의학잡지』 1, 1932.

## 공옥攻玉보통학교 25

1898년 상동교회 안에 설립된 기독교계 교육기관이다. 남창동 9.

공옥보통학교. 와다 시게요시,
『대경성도시대관』, 조선신문사, 1937.

## 경성구락부 26

1928년 경성부청 직원들이 소공동 대관정大觀亭 안에 조직한 단체. 남창동 9로 이전했다.

경성구락부에서의 제의 장면.
조선총독부, 『조선』, 1935. 6.

## 아가와구미 阿川組 27

1901년 창업한 건설회사다. 회현동1가 18.

아가와구미.
와다 시게요시,
『대경성도시대관』,
조선신문사, 1937.

## 하야시카네林兼상점 경성냉동판매소 28

일본 시모노세키에 본사를 둔 회사로, 전 조선에 냉동어를 판매했다. 남대문로4가 76.

하야시카네상점 경성냉동판매소.
와다 시게요시, 『대경성도시대관』,
조선신문사, 1937.

# 노다野田장유주식회사 조선 출장소 29

일본 치바千葉 본사는 1917년 창업했다. 간장 제조 판매회사다. 태평로2가 90.

노다장유주식회사 조선출장소. 와다 시게요시, 『대경성도시대관』, 조선신문사, 1937.

## 경성기독교청년회관 30

1903년 설립한 황성YMCA에 대항하여 일본 기독교로의 동화정책을 시도하기 위해 1910년에 설립한 경성기독교청년회의 회관이다. 일본의 신도적 神道的 기독교에 한국YMCA가 필사적인 저항을 시도해 두 YMCA의 갈등과 대립은 일본이 패전할 때까지 계속됐다. 회관 건물은 1934년 11월 지상 5층 지하 1층으로 준공했다. 소공동 112.

경성기독교청년회관. 와다 시게요시,
『대경성도시대관』, 조선신문사, 1937.

# 정동貞洞보통학교 31

1895년 관립정동소학교로 개교한 뒤 1911년 정동공립보통학교로 개편했다. 서소문로.

정동보통학교. 경성부, 『경성휘보』 192, 1937.9.

## 중추원 中樞院 32

1910년 한일합병 이후 설치한 조선총독부의 자문기관이다. 대한제국의 고관대작과 유력자들을 회유하기 위해 대한제국 중추원을 개편하여 설치했으나 실제 권한은 없는 유명무실한 조직이었다. 중추원 청사는 대한제국의 탁지부 청사를 사용했다. 서소문로 38.

중추원. 조선총독부, 『조선 사진첩』, 1925.

# 경성재판소 32

대한제국 당시 최고재판기관인 평리원平理院과 한성재판소가 있던 자리에 들어섰다. 대한제국의 사법제도는 1910년 한일합병 이후 고등법원, 복심법원, 지방법원의 3급 3심제로 바뀌었다. 당시의 고등법원은 상고심이자 최종심이었다. 1928년 완공된 청사는 광복 이후 대법원 청사로 사용되다가 오늘날 서울시립미술관이 되었다. 서소문로 38.

경성지방고등복심법원. 나카무라 미치타로, 『일본지리풍속대계』 조선편, 신광사, 1930.

소공동에서 바라본 조선은행 앞(선은전) 광장 방향.
왼쪽 가로줄무늬 건물은 경성우편국, 오른쪽 건물은 조선은행이다. 미국 의회도서관.

경성재판소. 경성지방법원, 경성복심법원, 경성고등법원 등 경성 제3 재판소가 함께 있었다.
일제강점기 엽서. 부산박물관.

（京城名所）　朝鮮銀行及中央郵便局前ヨリ　View of Keijo.
　　　　　　　鐘路方面ヲ望ム

미쓰코시백화점에서 바라본 조선은행 앞 광장과 남대문로2가 방향. 왼쪽부터 조선은행, 소공동 입구, 조선상업은행, 남대문로2가, 레토나 크림 광고탑, 경성우편국이다. 일제강점기 엽서. 국제일본문화센터.

선은전 광장에서 남대문로2가 방향. 왼쪽부터 조선은행, 조선상업은행. 일제강점기 엽서. 국제일본문화센터.

선은전 광장. 경성우편국 오른쪽은 충무로 입구다. 일제강점기 엽서. 국제일본문화센터.

선은전 광장 야경. 일제강점기 엽서. 국제일본문화센터.

미쓰코시백화점에서 바라본 남대문로2가 방향. 1937년 이후 로터리와 지하도, 분수탑을 설치했다.

# 아서원 雅敍園 01

1907년 설립된 고급 중국요리점으로 1925년 4월 17일 조선공산당이 창당된 장소이기도 하다. 을지로1가 158.

신문에 실린 아서원 광고. 『경성일보』, 1932. 4. 23.

## 미야바야시宮林상점 05

1909년 창업한 의류회사다. 소공동 72.

미야바야시상점. 와다 시게요시,
『대경성도시대관』, 조선신문사, 1937.

## 사카자와近澤상점 06

1909년 창업한 종이가공 및 도서 출판 회사다. 소공동 74.

사카자와상점. 와다 시게요시,
『대경성도시대관』, 조선신문사, 1937.

## 하세가와長谷川양복점 07

1927년 창업한 양복점이다. 소공동 50.

하세가와양복점. 와다 시게요시,
『대경성도시대관』, 조선신문사, 1937.

## 조선제약합자회사 08

1916년 창업한 제약회사다. 소공동 58.

조선제약합자회사. 와다 시게요시,
『대경성도시대관』, 조선신문사, 1937.

## 비젠야 備前屋 여관 10

1911년 창업한 업계 1위의 여관이다. 소공동 51.

비젠야여관. 와다 시게요시,
『대경성도시대관』, 조선신문사, 1937.

## 도미타야 富田屋 12

남성용 양복 상점이다. 남대문로2가 115.

도미타야. 조선신문사,
『조선봉축사진첩』, 1928.

THE MERCANTILE HOUSES ARE GATHERED IN NANDAIMON-STREET
商舗櫛比せる南大門通 （京城）

남대문로4가에서 3가 방향. 도로의 끝부분에 경성우편국 지붕이 보인다. 일제강점기 엽서. 국제일본연구센터.

남대문로2가에서 1가 방향. 오른쪽 건물이 다이이치第一 은행, 왼쪽은 조선식산은행이다. 일제강점기 엽서. 부산박물관.

남대문로3가에서 조선은행 앞 광장 방향. 화면 왼쪽 위 지붕에 둥근 뾰족탑이 있는 건물이 경성우편국이다.
일제강점기 엽서, 국제일본연구센터.

## 경성자동차 16

택시회사다. 소공동 112.

경성자동차 광고, 『경성일보』, 1932. 4. 23.

## 다나카田中사진관 18

1933년 제작한 〈경성정밀지도〉에는 무라카미村上 사진관으로 되어 있으나 1937년에 간행한 『대경성도시대관』에는 다나카田中 사진관으로 되어 있다. 소공동 112.

다나카사진관.
와다 시게요시,
『대경성도시대관』,
조선신문사, 1937.

## 경성부립도서관 [19]

1922년 명동에서 경성 최초의 공립도서관으로 설립되었고 1927년 소공동 112로 이전했다. 오늘날의 남산도서관이다.

정면 건물이 경성부립도서관, 왼쪽 건물은 경성치과의학전문학교. 조선총독부, 『시정 이십오년사』, 1935.

# 조선토지신탁주식회사 [20]

1932년 조선총독부가 설립한 신탁회사다. 소공동 112-2.

조선토지신탁주식회사.
와다 시게요시, 『대경성도시대관』,
조선신문사, 1937.

# 나카무라中村의원 [21]

이비인후과의원이다. 소공동 112.

나카무라의원.
와다 시게요시,
『대경성도시대관』,
조선신문사, 1937.

# 테일러 Taylor 상회 [22]

평안북도 운산금광 채굴 기술자였던 조지 알렉산더 테일러 가문은 자동차, 시계, 영화배급, 골동 등의 사업을 한 테일러상회와 조선호텔 앞 테일러빌딩을 소유하고 있었다. 조지 알렉산더 테일러는 행촌동에 딜쿠샤를 건축한 앨버트 테일러의 아버지다.

1930년 이전 태평로에 있던 테일러상회. 자동차 수리와 판매 등의 사업을 했다. 서울역사박물관.

1920년대 소공동 113-1에 있던 테일러골동품점. 서울역사박물관.

1930-1940년대 소공동 112에 있던 테일러빌딩. 서울역사박물관.

1920년대 조선호텔에서 바라본
테일러골동품점(왼쪽)과 경성상업회의소(오른쪽).
서울역사박물관.

1930년대 소공동 112에 있던
테일러상회. 서울역사박물관.

# 하라다原田상회 24

1918년 창업한 기계공구 회사다. 북창동 42.

하라다상회. 와다 시게요시, 『대경성도시대관』, 조선신문사, 1937.

## 조선공론사 [25]

1913년 4월 창간호를 시작으로 일본어 월간지 『조선공론』을 1942년 1월호(346호)까지 발행한 잡지사다. 소공동 111.

조선공론사. 서울시 중구 향토사자료 제12집, 『남겨진 풍경 지나간 흔적』, 서울 중구문화원, 2009.

## 낙랑파라 26

서울시청 앞 프라자호텔이 있는 오늘날의 소공동 105번지에 1932년 7월 7일 문을 연 낙랑파라는 1930년대 경성 모더니스트들의 아지트이자 가장 인기 있는 장소였다. 1931년 도쿄미술학교 도안과를 졸업한 이순석 李順石, 1905~1986이 개업한 낙랑파라의 '파라'는 응접실, 거실을 뜻하는 단어 'parlor'의 일본식 표기다. 낙랑파라 건물은 한양절충식 2층 건물로 1층에는 다방, 2층에는 화실이 있었다. 실내는 야자수, 등나무의자와 테이블이 있는 이국적 분위기였는데 당시 일본과 유럽의 고급 호텔이나 카페에서 사용하던 인테리어였다.

　박태원은 1933년 7월 『여명』에 발표한 단편 「피로: 어느 반일 半日의 기록」에서 '나'는 낙랑파라에서 "동쪽으로 난 창을 통해 밖을 내다본다. 길 건너편에는 "헤멀슥한 이층 양옥과, 그 집 이층의 창과 창 사이에 걸려 있는 광고등이 보인다. 그 광고등에는 '醫療器械 義手足'의료기계 의수족이라는 글자가 씌어 있었다"고 했다. 이 '광고등'은 낙랑파라 건너편에 위치한 다카노 高野제작소의 간판이다.*

---

*조용만, 『울 밑에 핀 봉선화야: 남기고 싶은 이야기, 30년대 문화가 산책』, 범양사출판부, 1985, 100쪽, 106쪽; 권은, 『경성 모더니즘 - 식민지 도시 경성과 박태원 문학』 일조각, 2018, 141쪽.

경성부청 앞쪽에서 경성우편국 방향을 바라본 광경. 중앙의 대로는 소공로이고, 멀리 남산이 보인다. 오른편 영문으로 쓴 간판을 내건 2층 건물이 낙랑파라, 그 뒤에 둥근 돔이 있는 고층건물이 경성상공회의소, 소공로 끝에 보이는 작은 건물은 경성우편국이다. 왼편 건물 위쪽에 다카노 제작소 간판이 보인다. 일제강점기 엽서 일부다. 국제일본문화센터.

1934년 7월 1일 다방 낙랑파라 실내에서 열린 낙랑제樂浪祭 모습. 야자수로 이국적 정취를 느끼게 했고 바닥에는 톱밥을 깔았다. 서울대학교 미술대학 응용미술학과 동문회, 『하라 이순석 작품집』, 1993.

태평로2가, 소공동, 북창동, 남대문로2~3가, 충무로1가, 회현동

## 문명상회 文明商會 [27]

일제강점기 당시 대표적인 고미술상 이희섭李禧燮의 상점이다. 태평로2가 6. 이희섭은 1934년부터 1941년까지 7회에 걸쳐 일본 도쿄와 오사카에서 조선공예전람회를 개최하여 1만 점이 넘는 수량의 유물을 판매했고, 도쿄·오사카·개성 등에 지점을 두었다. 1940년 조선공예전람회 개최할 때 발행한 『조선공예전람회도록』에는 주소가 태평통 1가 48로 되어 있다.

도쿄 다카시마야백화점. 건물 중앙 흰색 간판에 '문명상점' 글자가 희미하게 보인다.
조선공예연구회, 『조선공예전람회도록』 6, 1940.

## 대해당大海堂인쇄주식회사 28

1920년 창업한 인쇄활자 주조 회사다. 태평로2가 1.

대해당인쇄주식회사. 와다 시게요시, 『대경성도시대관』, 조선신문사, 1937.

# 다카노高野상점 29

1919년 창업한 의료기기 제작·판매회사다. 다카노제작소. 소공동 103.

다카노상점. 와다 시게요시, 『대경성도시대관』, 조선신문사, 1937.

## 도자와 戶澤 상점 30

건축재료를 취급한 회사다. 소공동 91.

도자와상점. 조선건축회,
『조선과 건축』, 제15집 제1호, 1936.1.

## 성문당 盛文堂 31

1906년 창업한 신문판매소다. 소공동 91.

성문당. 와다 시게요시,
『대경성도시대관』, 조선신문사, 1937.

# 일본타이프라이타タイプライタ주식회사 경성출장소 33

남대문로2가 125번지.

일본타이프라이타주식회사 경성출장소. 와다 시게요시, 『대경성도시대관』, 조선신문사, 1937.

## 아카오赤尾상점 경성출장소 38

고무제품을 취급한 상점이다. 남대문로3가 109.

아카오상점 경성출장소. 와다 시게요시,
『대경성도시대관』, 조선신문사, 1937.

## 오기와라지점 荻原紙店 39

종이, 인쇄 잉크를 취급한 상점이다. 남대문로3가 102번지.

오기와라지점, 와다 시게요시,
『대경성도시대관』, 조선신문사, 1937.

# 아오키도 靑木堂 37

도쿄 혼고本鄕 근처에 본점을 둔 식당의 경성지점으로 경성은 물론 조선에서 처음 문을 연 본격적인 서양요리점이다. 1907년 4월 선은전광장 옆 남대문로3가 11에 3층 건물을 신축한 뒤 개업했다.

1층에서는 수입 식자재, 2층에서는 차와 고급과자를 판매했고 3층에서는 식당 겸 카페 라이온Lion이 자리 잡고 있었다. 식당에서는 코스 요리를 중심으로 정통 서양요리를 판매했다. 아오키도가 성공적으로 자리 잡은 후 일본인 입맛에 맞춘 일본식 양식和洋食요리인 라이스카레ライスカレー, 돈가스豚カツ, 고로케コロッケ 등의 서양음식을 판매하는 식당이 경성에 점차 늘어났다.

근대의 문인이자 연극인인 최상덕崔象德, 1901~1970은 「낭만시대」에서 아오키도를 언급하면서 간단한 식사는 조선저축은행 아래 보아그랑ボアグラン도 괜찮다고 했고, 기자 이서구는 「개화백경」에서 고급스러운 서양음식점으로 아오키도·기독교청년회관, 백합원을 꼽았고, 공평동에 있던 태서관을 대중적인 서양음식점이라 했다.*

---

* 박현수, 『경성 맛집 산책』, 한겨레출판, 2023, 22~58쪽.

아오키도. 와다 시게요시,
『대경성도시대관』, 조선신문사, 1937.

아오키도 내부. 와다 시게요시,
『대경성도시대관』, 조선신문사, 1937.

## 다카세高瀨합명회사 40

면사綿絲판매 및 토지임대, 창고업 회사다. 남대문로3가 95.

다카세합명회사. 와다 시게요시, 『대경성도시대관』, 조선신문사, 1937.

## 카페 후지富士 41

남대문로 3가 26번지.

카페 후지 종업원들. 와다 시게요시, 『대경성도시대관』, 조선신문사, 1937.

## 사카이 坂井 모자점 42

모자 판매점이다. 남대문로3가 24번지.

사카이모자점.
와다 시게요시,
『대경성도시대관』,
조선신문사, 1937.

# 34

종로네거리, 남대문로1가, 무교동, 다동, 삼각동, 을지로1~2가, 명동 등을 중심으로 한 지역이다. 이 지역은 경성부청 앞, 소공동, 조선은행 앞 광장, 남대문로1가, 충무로1~2가 지역에 버금가는 일제강점기 당시 경성의 경제 중심지이자 가장 번화한 곳이었다. 한편 화신백화점이 있는 종로네거리는 조선인 거리 북촌의 상징과도 같은 곳이었다.

명동1~2가는 일제강점기 당시 충무로와 더불어 소비 및 유흥업소가 가장 밀집한 곳이자 증권거래소인 조선취인소와 숱한 증권회사가 포진해 있었다. 남대문로1가에 동일은행·해동은행·한성은행·상업은행 지점·조선신탁, 남대문로2가에는 일본생명·경성전기·조선식산은행·제일은행·치요다千代田생명, 을지로1~2가에는 불이흥업不二興業·미쓰이三井물산·제국생명·동양척식회사 등이 있었다. 특히 남대문로1가는 "조선의 월가Wall Street"로 불릴 정도였다. 다동은 기생조합인 권번과 술집 등 전통적인 유흥업소가 많은 곳으로 유명했다.

# 종로, 다동, 삼각동, 을지로1~2가, 명동1~2가, 남대문로1~2가

종로는 조선 초부터 종로네거리에 도성을 여닫고 인정人定과 파루罷漏를 알리는 종을 매단 종루가 세워져 있던 데서 유래했고 다동은 조선시대 이 지역에 조정의 다례茶禮를 주관하던 관서인 다방이 있어 다방골, 한자명으로 다동茶洞이라 한 데서 유래했다. 삼각동은 서쪽은 넓고 동쪽으로 가면서 좁아지는 삼각형 지형으로 생긴 데서 유래되었고, 명동은 조선시대 한성부의 남부 명례방明禮坊에 속한 곳이었기 때문에 유래했다. 일제강점기 당시 이 지역에 거주하거나 머문 주요 문화계 인사로는 다동의 소설가 박태원朴泰遠·시인 이상李箱과 서양화가 구본웅具本雄·서양화가 김인승金仁承·서양화가 이봉상李鳳商·기생출신으로 그림을 잘 그린 오산홍吳山紅, 삼각동에는 국학자 최남선崔南善·명월관과 식도원 경영자 안순환安淳煥·치과의사이자 문화재 수장가 함석태·동양화가 이도영, 관철동의 칠공예가 강창원姜菖園, 장교동의 나전칠기장 민종태閔鍾泰, 을지로2가의 한국화가 정대기鄭大基 등이 있었다.

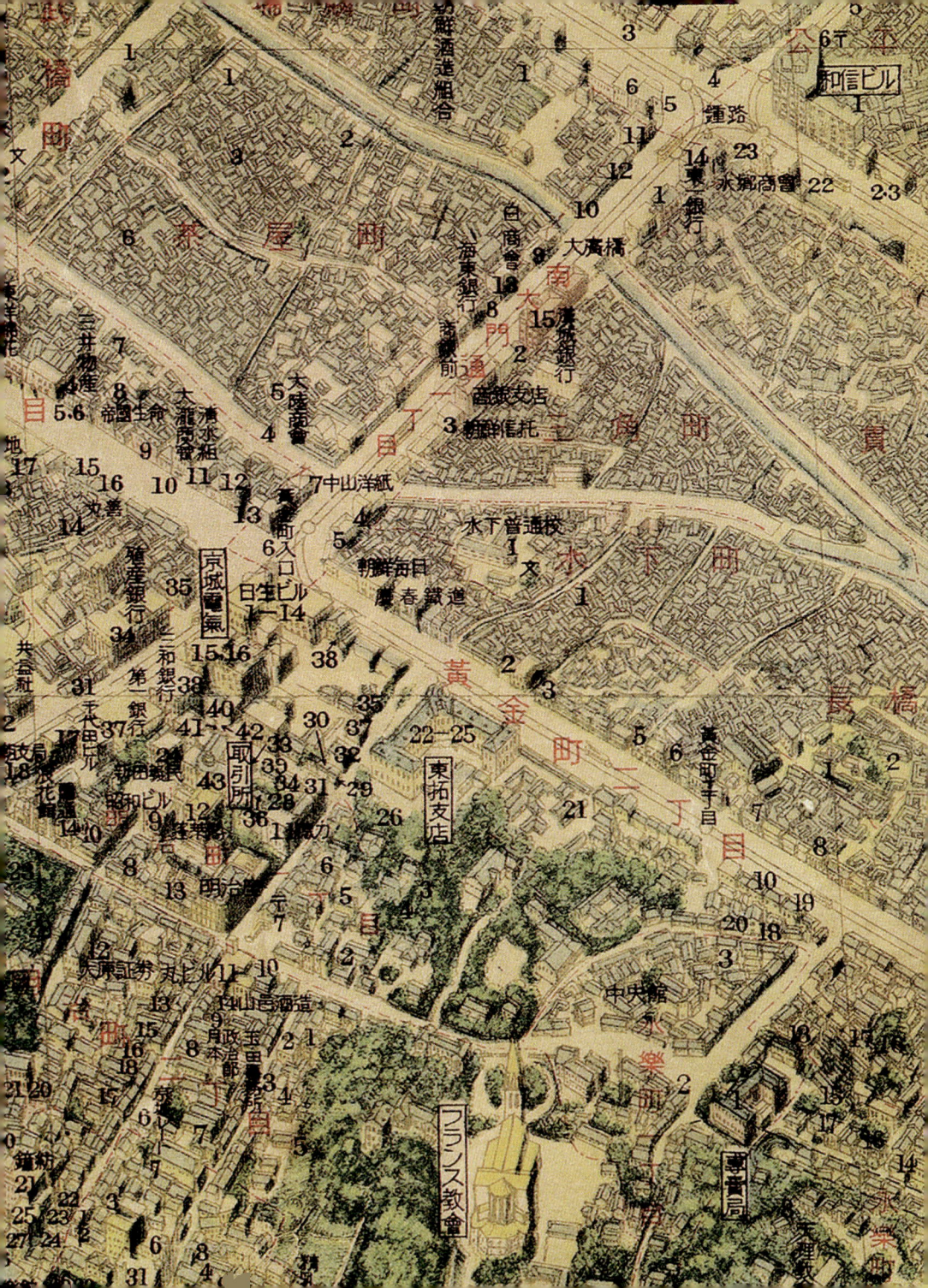

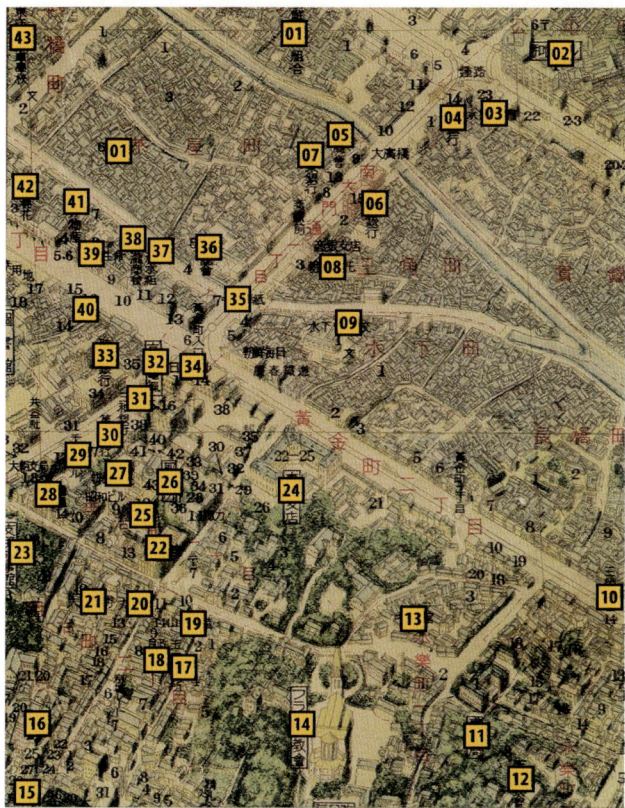

01 조선주양조조합
02 화신백화점
03 수향상회
04 동일은행
05 백상회
06 한성은행
07 해동은행
08 조선신탁주식회사
09 수하동공립보통학교
10 삼영상회
11 전매국
12 천리교 경성지교회
13 중앙관
14 프랑스교회(천주교회당·명동성당)
15 기라쿠관
16 가네보방적 서비스스테이션
17 다마다건축사무소
18 쓰키모토상점
19 야마무라주조 경성지점
20 마루비루회관
21 오하라증권
22 메이지좌
23 중국영사관
24 동양척식주식회사 조선지점
25 봉래각
26 경성주식현물거래소(조선취인소)
27 닛타 요시타미상점
28 나니와관
29 치요다생명보험주식회사 경성지점
30 다이이치은행 경성지점
31 미와은행 경성지점
32 경성전기주식회사
33 조선식산은행
34 일본생명빌딩
35 나카야마야지
36 대륙상회
37 시미즈구미
38 오타키상점
39 제국생명보험주식회사
40 마루젠서점 경성출장소
41 미쓰이물산 경성지점
42 동양면화주식회사
43 동양자동차학교

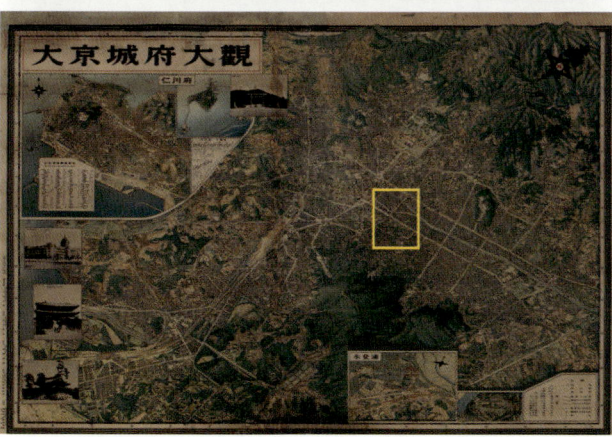

종로, 다동, 삼각동, 을지로1~2가, 명동1~2가, 남대문로1~2가

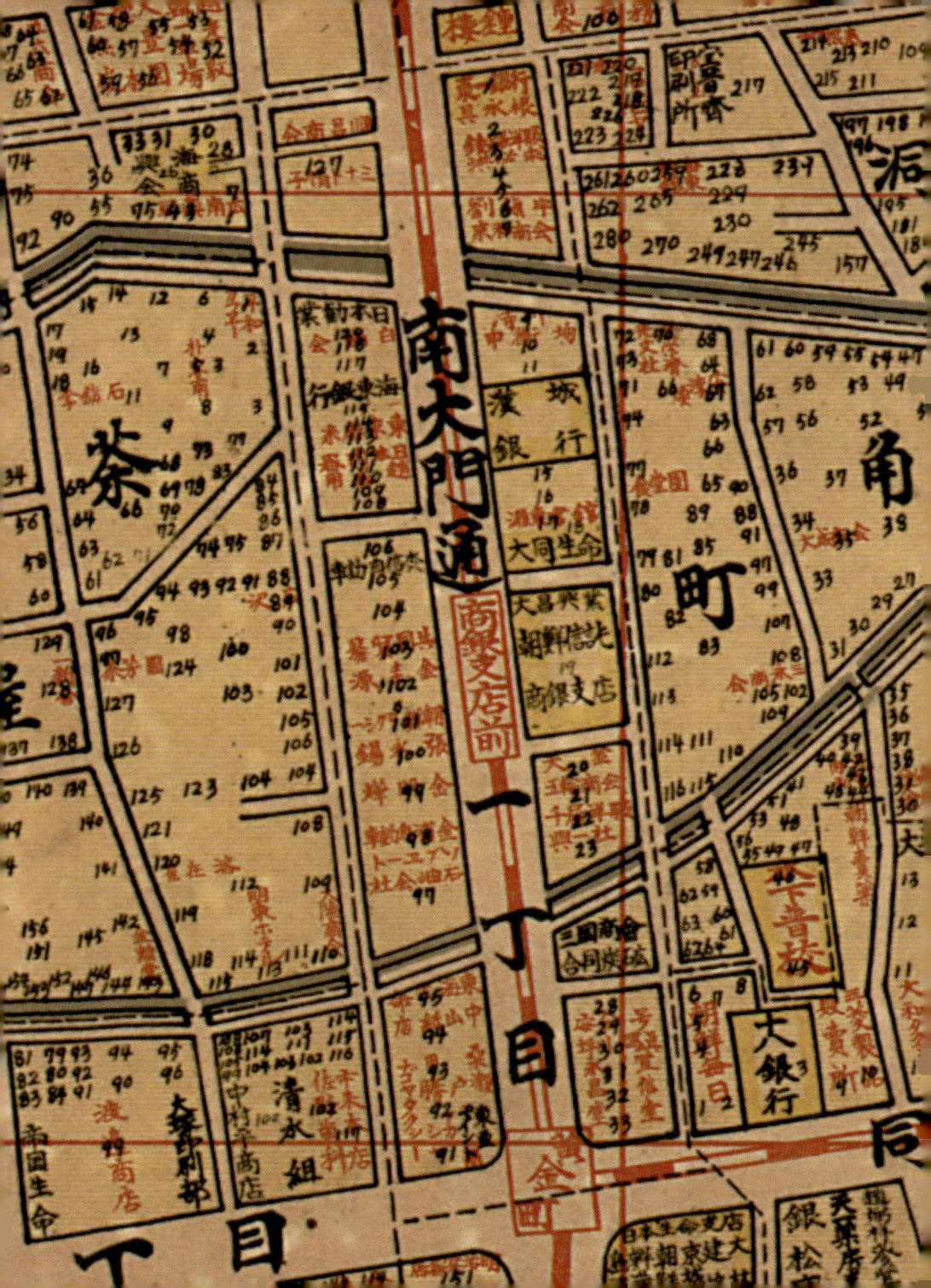

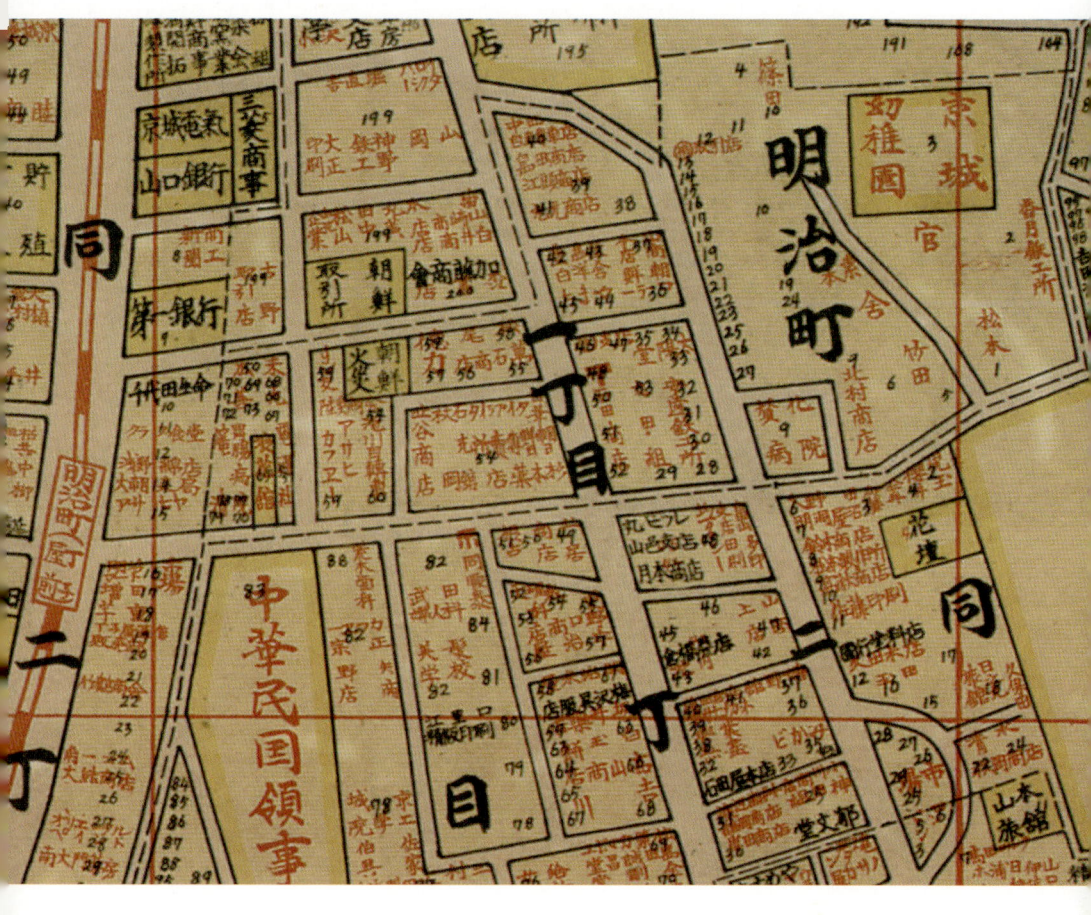

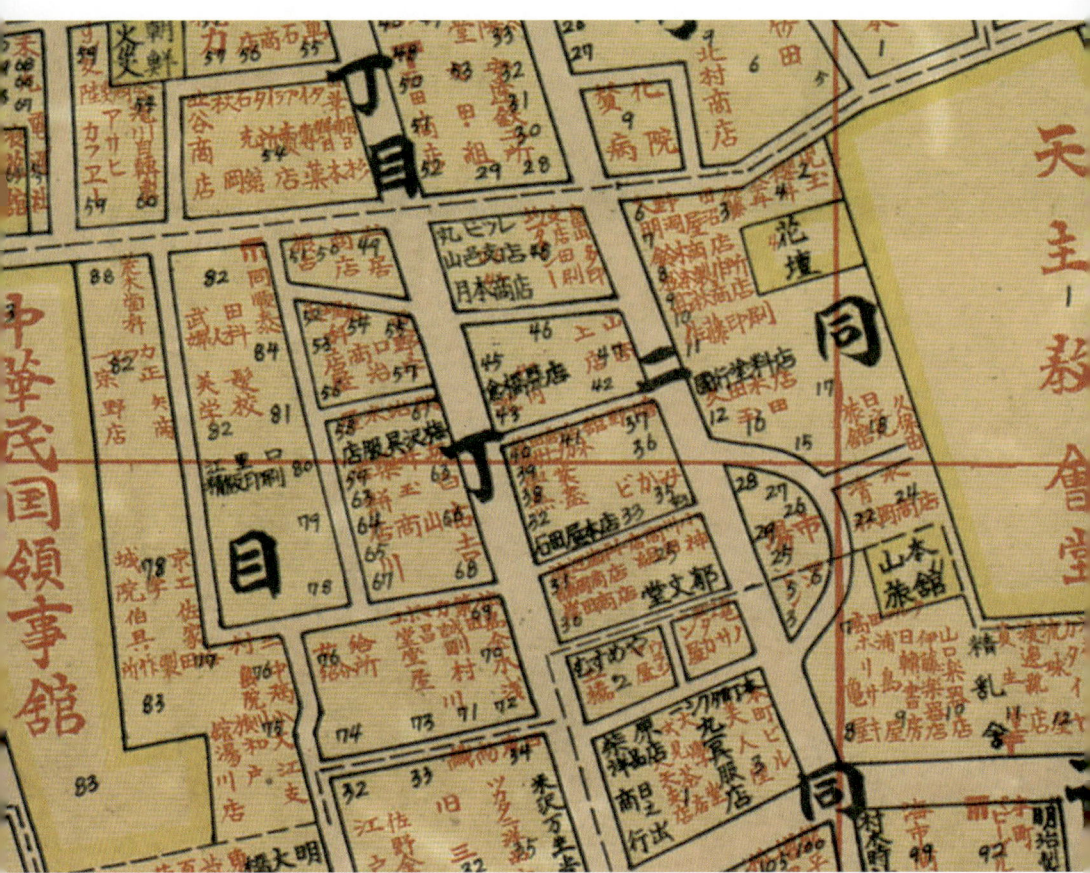

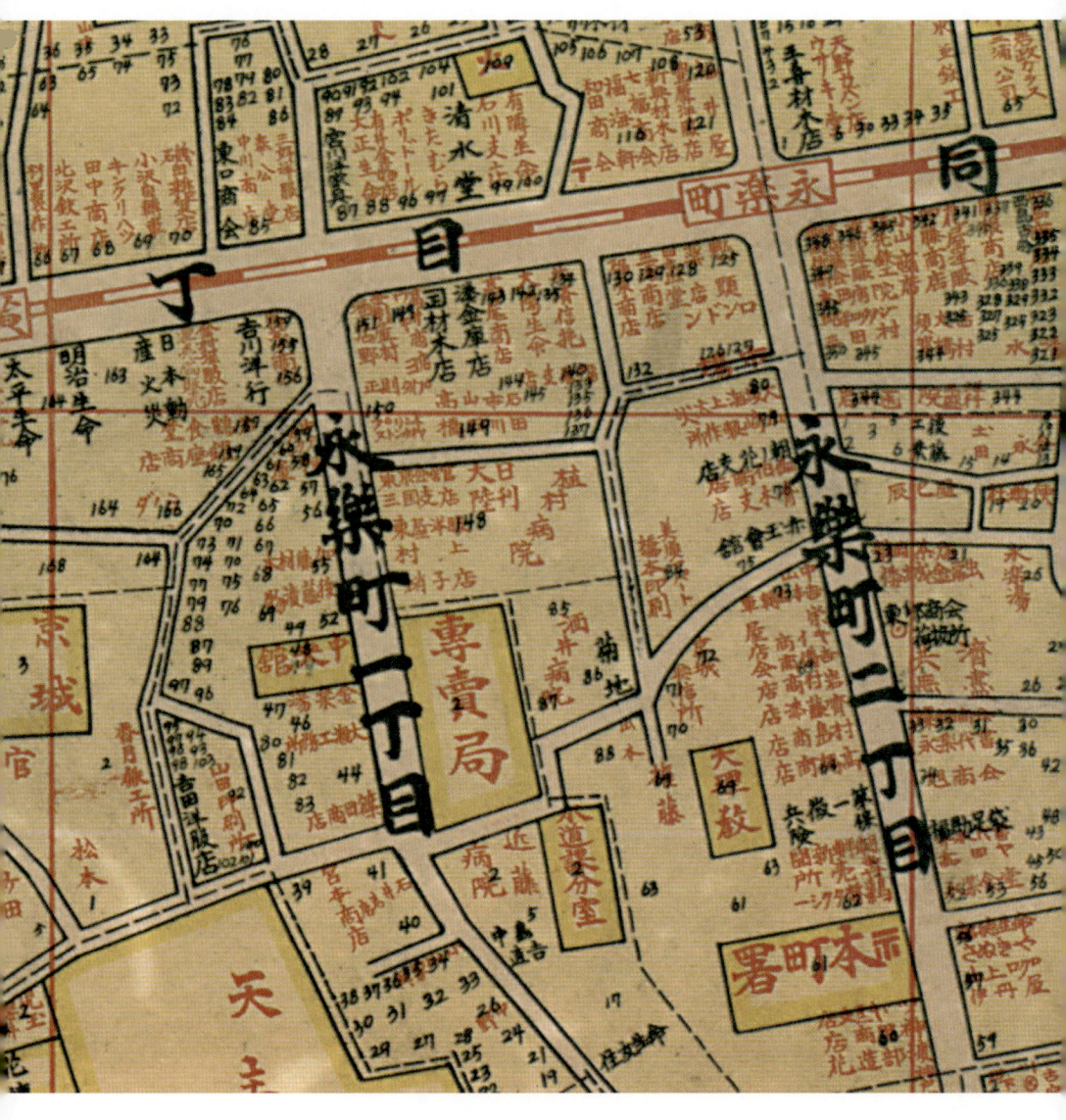

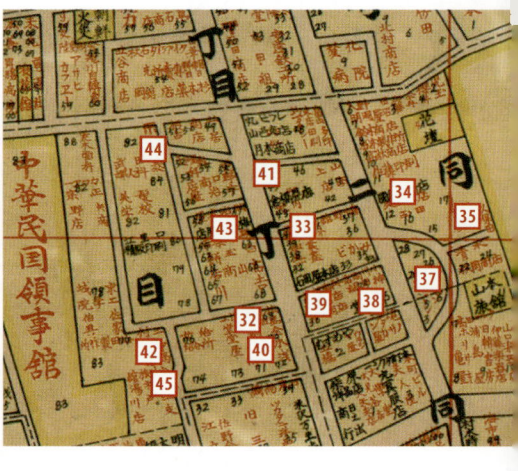
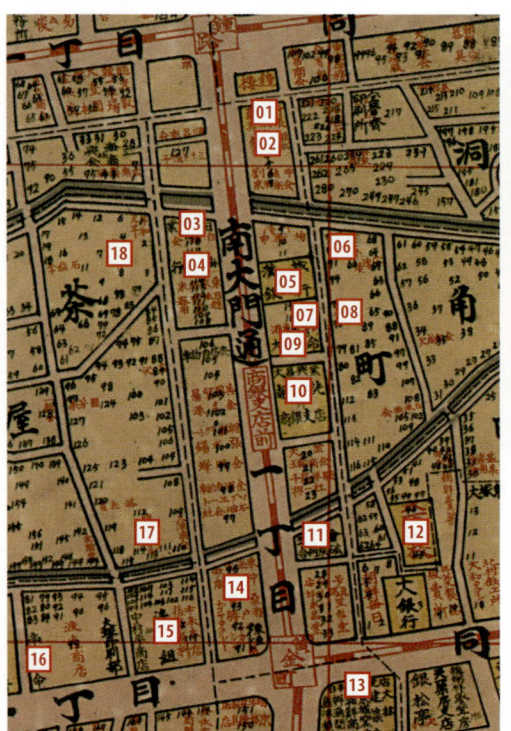
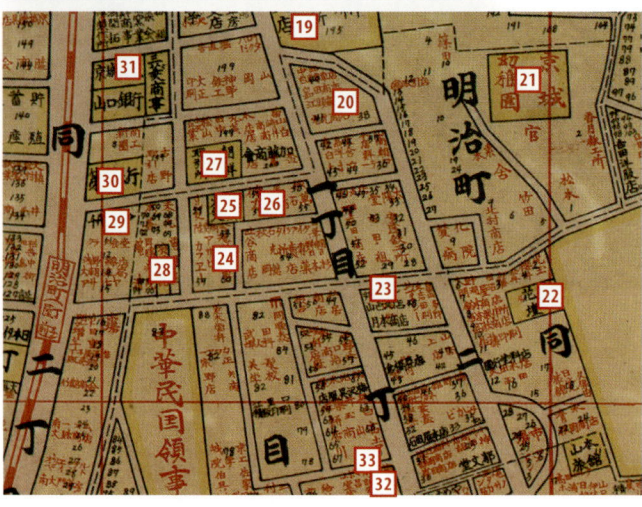

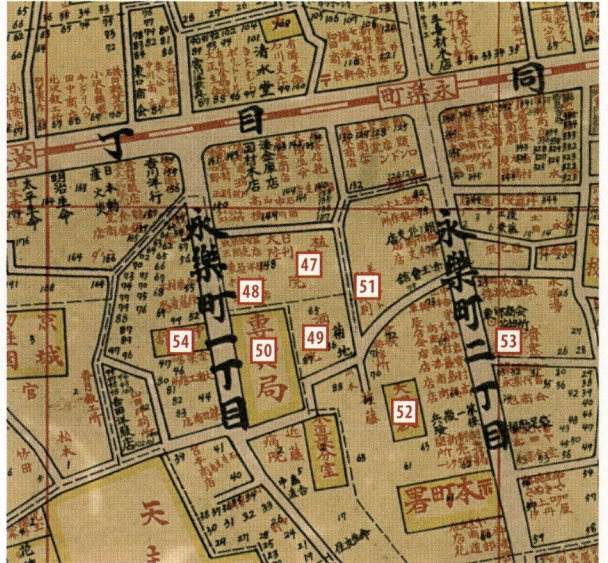

| | | |
|---|---|---|
| 01 동일은행 | 19 동양척식주식회사 조선지점 | 37 명동공설시장 |
| 02 종로양복점 | 20 에가시라안과의원 | 38 욱문당 |
| 03 백상회 | 21 경성유치원 | 39 와타나베치과의원 |
| 04 해동은행 | 22 화단 | 40 금강당 |
| 05 한성은행 | 23 마루비루회관 | 41 구라하시다다미점 |
| 06 신문관과 조선광문회 | 24 다키가와자전거 본점 | 42 나가시마병원 |
| 07 회동서관 | 25 조선화재해상보험주식회사 | 43 우메사와오복점 |
| 08 식도원 | 26 경성도쿠라키주식회사 | 44 동순태본점 |
| 09 대동생명 | 27 경성주식현물거래소(조선취인소) | 45 야마토탕 |
| 10 조선신탁주식회사 | 28 나니와관 | 46 세에뉴사 |
| 11 미쿠니상회 | 29 치요다생명보험주식회사 | 47 우에무라외과병원 |
| 12 수하동공립보통학교 | 30 다이이치은행 경성지점 | 48 무라카미유리점 |
| 13 일본생명빌딩 | 31 경성전기주식회사 | 49 사카이부인외과의원 |
| 14 나카야마양지 | 32 시마다성창당 | 50 전매국 |
| 15 시미즈구미 | 33 마쓰시게상점 | 51 하시모토인쇄소 |
| 16 제국생명보험주식회사 | 34 구니유키도료점 | 52 천리교 경성지교회 |
| 17 민토호텔 | 35 히노마루여관 | 53 공제무진주식회사 |
| 18 박용남의 집(박태원) | 36 프랑스교회(천주교회당·명동성당) | 54 중앙관 |

종로, 다동, 삼각동, 을지로1~2가, 명동1~2가, 남대문로1~2가

# 조선주양조조합 [01]

1927년 조선주 제조업자들이 종로1가 임가(任家)빌딩 3층에서 조직, 창립한 조합이다.

조선주양조조합. 사진 속 인물은 조합장 신경섭辛京燮이다.
와다 시게요시, 『대경성도시대관』, 조선신문사, 1937.

## 화신和信백화점 02

경성 5대 백화점 중 유일하게 조선인이 운영한 백화점이다. 1931년 박흥식이 종로네거리에 설립했다. 1931년 신태화의 화신상회를 인수한 박흥식은 1932년 동아백화점을 인수 합병한 후 ㈜화신으로 상호를 변경했다. 1935년 화재로 위기를 맞았으나 최초의 한국인 건축가 박길룡의 설계로 1937년 지하 1층, 지상 6층의 현대식 백화점 건물로 재건했다. 재건한 건물은 당시 경성에서 가장 높은 건물이었으며, 내부에 엘리베이터 네 대와 에스컬레이터 두 대를 설치하고, 옥상에는 일루미네이션을 설치했다. 일본계 백화점들과 열띤 경쟁을 펼친 유일한 민족계 백화점으로 조선인 거리 종로의 랜드 마크이자 북촌 조선 상계商界의 상징 같은 존재였다.*

일제강점기 엽서 속 화신백화점. 국제일본문화연구센터.

*「화신백화점」, 『백화점, 근대의 별천지』, 부산근대역사관, 2013, 60~65쪽.

# 수향水鄕상회 03

1934년 창업한 상점으로 조선 옷감과 고급 양장 옷감 등을 판매했다. 종로 2가 100.

수향상회. 와다 시게요시, 『대경성도시대관』, 조선신문사, 1937.

## 동일東―은행 04 01

한일은행과 호서은행湖西銀行을 합병하여 1931년 설립한 민족계 은행이다. 1943년 한성은행과 합병하여 조흥은행으로 개편했다. 남대문로1가 1.

동일은행의 전신인 한일은행과 보신각. 경성부교육회, 『경성안내』, 1926.

# 백상회 白商會 05 03

1881년 무렵 창업한 견직물과 모직물 판매 상점이다. 남대문로1가 118.

백상회. 왼쪽은 진열장 모습이다. 와다 시게요시, 『대경성도시대관』, 조선신문사, 1937.

## 한성漢城은행 06 05

1897년 설립한 민족계 은행이다. 1943년 동일은행과 합병하여 조흥은행을 설립했다. 남대문로1가.

한성은행. 조선총독부, 『조선』, 1925.

# 해동海東은행 07 04

1920년에 설립한 민족계 은행이다. 남대문로1가 115-1.

해동은행. 와다 시게요시,
『대경성도시대관』, 조선신문사, 1937.

# 조선신탁주식회사 08 10

1932년 설립했다. 남대문로1가 19.

조선신탁주식회사. 와다 시게요시,
『대경성도시대관』, 조선신문사, 1937.

## 수하동水下洞공립보통학교 09 12

1895년 개교했다. 수하동 46.

일제강점기 엽서 속
수하동공립보통학교.
서울역사박물관.

## 삼영三榮상회 10

1930년 창업했으며 자가용 트럭 다섯 대를 운영했다. 을지로2가 148.

삼영상회. 와다 시게요시,
『대경성도시대관』, 조선신문사, 1937.

# 전매국 11 50

조선총독부 소속 관청으로 1910년 설치 되었다, 담배, 소금, 인삼, 아편, 마약(모르핀 등)류의 전매 사무를 관장했다. 영락동1가 2.

전매국. 조선총독부 전매국, 『전매국사업개요』, 1937.

## 천리교天理教 경성지교회京城支教會 12 52

1903년 설립했다. 영락동2가 69.

천리교 경성지교회. 와다 시게요시,
『대경성사진첩』, 조선신문사, 1937.

## 중앙관中央館 13 54

1922년 활동사진관으로 중앙관으로 개관한 뒤 1934년 중앙극장으로 개칭했다.

중앙관. 조선신문사,
『조선봉축사진첩』, 1928.

# 프랑스교회(천주교회당·명동성당) 14 36

한국 천주교 서울대교구 주교좌 명동대성당이다. 1825년 조선인 신도들이 교황에게 사제 파견을 요청하는 편지를 보낸 뒤 파리외방전교회에서 조선 선교를 시작했고, 명동성당의 매입과 건축에 따른 재정 지원도 파리외방전교회에서 진행했다. 1898년 축성하여 오늘에 이른다. 천주공교 종현鍾峴 대천주당, 천주교회당이라고도 했다.

일제강점기 엽서 속 프랑스교회. 서울역사박물관.

프랑스교회에서 운영한 고아원. 조선총독부, 『조선』, 1931.

## 기라쿠관 喜樂館 15

1915년 유라쿠관有樂館이라는 이름으로 건립한 영화관이다. 1918년 기라쿠관으로 이름을 바꿨다. 충무로1가 38.

기라쿠관. 와다 시게요시,
『대경성도시대관』,
조선신문사, 1937.

## 가네보鐘紡 서비스스테이션 16

1920년 조선에 진출한 가네보주식회사의 상점으로 일종의 백화점이었다. 명동2가.

가네보 서비스스테이션.
조선건축회, 『조선과 건축』
제11집 제5호, 1936. 5.

## 다마다玉田건축사무소 17

1931년 창업했다. 명동2가 25.

다마다건축사무소.
와다 시게요시,
『대경성도시대관』,
조선신문사, 1937.

## 쓰키모토月本상점 18

1904년 창업한 상점으로 화장품과 비누 등을 판매했다. 명동2가 45.

쓰기모토상점. 와다 시게요시,
『대경성도시대관』, 조선신문사, 1937.

## 야마무라山邑주조 경성지점 19

일본 효고兵庫 현에 본사를 두었다. 명동2가 64.

야마무라주조 경성지점.
와다 시게요시,
『대경성도시대관』,
조선신문사, 1937.

## 마루비루丸ビール회관 20 23

1926년 창업했다. 카페 등 유흥업소로 유명했다. 명동2가 48.

마루비루회관 광고. 『경성일보』, 1933. 9. 3.

# 오하라 大原 증권 21

1933년 창업했다. 명동2가 57.

오하라증권. 와다 시게요시,
『대경성도시대관』, 조선신문사, 1937.

# 메이지좌 明治座 22

1936년 개관한 영화관이자 극장으로 오늘날의 명동예술극장이다.

일제강점기 엽서 속
충무로 입구와 메이지좌.
서울역사박물관.

## 중국영사관 23

중국은 1883년 한성상무공서漢城商務公署를 설립했고 1896년에는 주한성 청나라 총영사서總領事署를 설립했다. 1912년 중화민국 건국 이후에는 주일중화민국공사관 소속 재경성총영사관이라는 이름으로 바뀌었다.

중국영사관. 『동아일보』, 1923. 12. 16.

# 동양척식주식회사 조선지점 24 19

일제가 조선의 경제 독점과 토지·자원 수탈을 목적으로 1908년 세운 국책회사다. 1917년 본점을 도쿄로 옮겼다. 1917년까지는 주력 사업이 토지수탈과 농업 관련이었으나 1930년대 이후에는 금융사업과 전쟁 수행을 위한 광업 등으로 확장했다. 을지로2가 195.

일제강점기 엽서 속 동양척식주식회사 조선지점. 국제일본문화센터.

## 봉래각 蓬萊閣 25

1930년 창업한 중국음식점이다. 명동1가 59.

봉래각.
와다 시게요시,
『대경성도시대관』,
조선신문사, 1937.

# 경성주식현물거래소(조선취인소) 26 27

우리나라 최초로 법적 근거를 갖는 증권거래소다. 1887년 시작된 인천미두취인소仁川米豆取引所와 1920년 취인소取引所 시장의 합병 이후인 1932년 창립했다. 을지로2가 199.

경성주식현물거래소. 『사진으로 보는 근대 한국』, 서문당, 1986.

## 닛타 요시타미 新田義民상점 27

1922년 창업했으며 증권 및 주식 등을 취급했다. 을지로2가 199.

닛타 요시타미상점. 원 안의 사진은 닛타 요시타미다. 와다 시게요시, 『대경성도시대관』, 조선신문사, 1937.

# 나니와관 浪花館 28 28

1917년 건립한 극장이다. 처음에는 일본 연극을 시연했지만, 1935년경에는 영화를 상영했다. 명동1가 65.

나니와관. 서울시 중구 향토사자료 제12집, 『남겨진 풍경 지나간 흔적』, 서울 중구문화원, 2009.

# 치요다千代田생명보험주식회사 경성지점

1933년 준공했다. 남대문로2가 10.

치요다생명보험주식회사 경성지점. 서울시 중구 향토사자료 제12집, 『남겨진 풍경 지나간 흔적』, 서울 중구문화원, 2009.

## 다이이치은행 경성지점 30 30

1873년 일본에서 창업한 다이이치第一은행의 지점이다. 남대문로2가.

다이이치은행 경성지점.
조선경찰가정신보사,
『조선신궁어진좌제기념사진첩』,
1925.

## 미와은행 경성지점 31

일본 미와三和은행의 경성지점이다. 남대문로2가 5.

미와은행 경성지점. 와다 시게요시,
『대경성도시대관』, 조선신문사, 1937.

## 경성전기주식회사 32 31

일제강점기에 전기·전차·가스 사업을 벌였던 회사다. 1908년 한미전기회사를 매입한 일본의 국책회사 일한와사회사 日韓瓦斯會社는 서울의 전기·전차·가스를 독점 공급했다. 1915년 경성전기로 상호를 변경했으며 1961년까지 존속하다 조선전업, 남선전기와 합병하여 한국전력주식회사가 되었다. 1920년대 말 철근 콘크리트로 지은 지하 1층, 지상 5층의 경성전기회사 사옥은 오늘날 한국전력사옥으로 국가등록문화유산이다. 남대문로2가 5.

경성전기주식회사. 조선총독부체신국,
『조선의 체신사업』, 1930.

경성전기주식회사 주변.
오른쪽부터 치요다생명보험주식회사 경성지점,
제일은행 경성지점, 미와은행 경성지점,
경성전기주식회사. 경성전기주식회사,
『뻗어가는 경성전기』, 1935.

## 조선식산殖産은행 33

일제강점기의 특수 은행으로 조선총독부의 산업 정책을 금융 측면에서 뒷받침했다. 오늘날 한국산업은행의 모태다. 남대문로2가 140.

일제강점기 엽서 속 조선식산은행 본점. 서울역사박물관.

## 일본생명빌딩 34 13

일본생명은 오사카에서 1889년 창업한 회사다. 일본생명빌딩은 일제강점기 당시 을지로네거리의 대표적 건물이었다. 이 빌딩에 입점했던 일본요리점 화월花月은 백화점 식당이 번창하기 전 성업했다. 을지로2가 199.

일제강점기 엽서 속 일본생명빌딩. 을지로1가에서 바라본 전경이다. 국제일본문화센터.

【京城八景】 京城が建てつ大建築・近代的蒲鉾の
街路・都市美さえる京城市街

남대문로1가에서 바라본 일본생명빌딩. 일본생명빌딩 뒤로 경성전기가 보인다. 부산박물관.

## 나카야마양지 中山洋紙 35 14

1906년 창업한 종이류 판매점이다. 남대문로1가 94.

나카야마양지점.
와다 시게요시,
『대경성도시대관』,
조선신문사, 1937.

## 대륙상회 36

1925년 창업한 금과 은 등을 취급한 상점이다. 다동 110.

대륙상회.
와다 시게요시,
『대경성도시대관』,
조선신문사, 1937.

## 시미즈구미 淸水組 37 15

1804년 일본에서 창업한 건설회사 시미즈구미의 경성지점이다. 을지로1가 102.

시미즈구미 주식회사 도쿄 본점. 와다 시게요시, 『대경성도시대관』, 조선신문사, 1937.

## 오타키大瀧상점 38

1919년 창업한 상점으로 섬유류를 취급했다. 을지로1가 100.

오타키상점. 와다 시게요시,
『대경성도시대관』, 조선신문사, 1937.

## 제국생명보험주식회사 39 16

1912년 경성지점을 개설했다. 을지로1가 85.

제국생명보험주식회사.
오카 료스케,
『경성번창기』, 1915.

## 마루젠丸善서점 경성출장소 [40]

1880년에 창업한 서점으로 각종 서적과 사무용 기기, 문방구 등을 판매했다. 일제강점기 당시 지식인과 학생 들이 애용한 서점으로 잘 알려져 있다. 1936년 충무로2가 1번지 마루이치丸一오복점 자리로 이전했다.

마루젠서점 경성출장소.
와다 시게요시, 『대경성도시대관』,
조선신문사, 1937.

마루젠서점 경성출장소 내부.
와다 시게요시, 『대경성도시대관』,
조선신문사, 1937.

# 미쓰이三井물산 경성지점 [41]

1876년 일본에서 창립한 일본 최초이자 일본을 대표하는 종합상사 미쓰이의 경성지점이다. 을지로1가 63.

미쓰이물산 경성지점. 조선경찰가정신보사, 『조선신궁어진좌제기념사진첩』, 1925.

## 동양면화주식회사 42

본점은 오사카에 있다. 을지로1가 63.

동양면화주식회사.
와다 시게요시, 『대경성도시대관』,
조선신문사, 1937.

## 동양자동차학교 43

1935년 창업했다. 무교동.

동양자동차학교. 와다 시게요시,
『대경성도시대관』, 조선신문사,
1937.

일제강점기 엽서 속에 나오는 남대문로1가에서 바라본 종로네거리 방향 전경. 남대문로1가에는 한성은행, 대동생명, 조선신탁, 상업은행 지점, 해동은행 등 주요 금융기관이 몰려 있었다. 경성 금융시장의 중심이자 조선 금융시장의 핵심과도 같은 곳이어서 미국 뉴욕 맨해튼 남부의 금융가 월 스트리트에 빗대어 '경성의 월 스트리트'라 불리기도 했다. 오른쪽부터 상업은행 지점(옛 대한천일은행 지점), 조선신탁, 대동생명, 한성은행, 동일은행이 보인다. 대한천일은행은 1899년 설립된 민족계 은행으로 1911년 조선상업은행으로 개칭했다. 사진 속 옛 대한천일은행 건물은 광통관으로 불렸다. 국제일본문화센터.

일제강점기 엽서 속에 나오는 종로네거리 쪽에서 바라본 남대문로1가 방향 전경. 왼쪽에 작은 돔이 있는 벽돌 건물이 한성은행, 화면 중앙 왼쪽의 뾰족한 탑이 있는 흰색 건물은 대동생명보험이다. 부산박물관.

## 종로양복점 02

1916년 창업했다. 남대문로1가 2.

종로양복점. 와다 시게요시, 『대경성도시대관』, 조선신문사, 1937.

## 신문관과 조선광문회 06

신문관은 최남선이 출판 사업을 통한 민중계몽과 국권회복을 목적으로 1907년 두 번째 일본 유학에서 돌아온 뒤 세운 인쇄소 겸 출판사다. 『대한역사』·『대한지지』 등의 도서와 월간잡지『소년』을 발행했다.

최남선 등은 1910년 12월 고전의 수집과 간행, 고문화 선양을 목적으로 신문관 2층에 조선광문회를 조직하여 『동국통감』·『열하일기』 등의 고전과 옥편『신자전』을 간행하는 한편, 주시경에게 위촉해 조선어사전 편찬을 추진하기도 했다. 조선광문회는 '105인 사건' 이후에도 3·1운동 직전까지 명맥을 유지하면서 국내에 남아 있던 학자·지사 들의 사랑방 역할을 담당했다. 〈경성정밀지도〉에는 삼각정 72번지 근처의 '光文社'로 되어 있지만 삼각지 7번지 부근에 있었고 건물은 1969년 철거되었다.

1969년 철거 당시의 조선광문회.
육당 최남선선생 기념사업회,
『육당이 이 땅에 오신 지 백주년』,
동명사, 1990.

## 회동서관 匯東書館 07

1880년대에 고제홍이 창업해 1950년대까지 존속한 최초의 근대식 서점 겸 출판사다. 본래 고제홍서사書肆였다가 1907년 가업을 이은 아들 고유상高裕相이 회동서관이라는 이름을 지었다. 회동서관은 총 200여 종의 출판물을 간행했는데, 한용운의 『님의 침묵』, 이광수의 『무정』 등은 한국 문학 발전에 크게 기여했다. 남대문로1가 17.

1915년경 회동서관 앞. 일본군이 경계 중이다. 서울역사박물관.

## 식도원 食道園 08

명월관明月館 설립자 안순환安淳煥이 1921년경 설립한 조선요리점이다. 남대문로1가 16. 〈경성정밀지도〉에는 식당원食堂園으로 되어 있다.

식도원. 와다 시게요시, 『대경성도시대관』, 조선신문사, 1937.

일제강점기 엽서 속 식도원의 동정원. 서울역사박물관.

## 대동大同생명 09

일본 대동생명보험주식회사 경성지점이다. 남대문로1가 18.

대동생명. 조선총독부, 『조선사정사진첩』 1922.

## 미쿠니三國상회 11

1934년 설립한 연료 판매, 아파트 경영 회사다. 남대문로1가 25.

미쿠니상회의 후암동 아파트.
와다 시게요시, 『대경성도시대관』,
조선신문사, 1937.

## 민토 明東 호텔 [17]

1931년 일본인 민토(明東)가 창업한 조선식 호텔이다. 다동 25. 1933년 제작한 〈경성정밀지도〉에는 다옥정 113으로 나와 있다.

민토호텔.
와다 시게요시,
『대경성도시대관』,
조선신문사, 1937.

## 박용남의 집 (박태원) [18]

"그(박태원)의 집은 다옥정 7번지 광교 천변으로 대문이 났었는데, 그의 형이 그 옷집에서 양약방을 하고 있었다. 태원의 방은 빨래터로 유명한 천변을 향해 들창이 나 있었으므로 친구들이 들창에다 대고 '구보仇甫있나!'하면 들창을 드르륵 열고 '누구야?'하고 태원의 '갓빠' 머리가 나타났다. '갓빠' 머리란 무엇인고 하니, 당시 일본에서 유행하던 '하동'河童, かっぱ. 물속에 산다는 어린애 모양을 한 상상의 동물의 머리라고 해서 일본의 세계적 양화가인 후지타 쓰구하루藤田嗣治, 1886~1968가 파리에서 이 머리를 해 가지고 도쿄에 와 긴자銀座를 활보했으므로 일본에서 크게 유행한 머리 스타일이었다. 머리를 뒤로 넘기지 않고 앞으로 내려 이마에서 한 일一자로 베는 식의 머리였다. 태원은 이 머리로 시내를 활보해 유명했다."

위는 이효석, 이무영, 김기림, 정지용, 박태원 등과 구인회九人會 활동을 함께 한 조용만의 회고이다. 박태원의 다동 7번지 집은 광통교廣橋 부근의 청계천 남쪽으로서, 그의 숙부 박용남朴容南이 운영한 공애의원과 붙어 있었다. 박태원의 부친 박용환의 공애당약방은 일종의 주상복합형 상가로 공애의원과는 상점 전면에서는 물감집 하나를 사이에 두고 떨어져 있지만, 안채가 있는 가게 뒤쪽에서는 대지가 인접해 있었다. 박태원의 집터는 청계천 복개1958~1961와 도로확장, 도심재개발 사업 등을 거치면서 도로로 변했다.*

\* 조용만, 『울 밑에 핀 봉선화야』, 범양사출판부, 1985, 138쪽; 조이담, 『구보씨와 더불어 경성을 가다』, 바람구두, 2005. 11, 150~151쪽.

최인규 감독의 1941년 영화 「집 없는 천사」 촬영장 스틸 사진. 청계천 제방 너머 왼쪽 건물에 '공애당약방' 간판이 보인다. 공애당약방은 박태원의 아버지 박용환이 운영하던 약방이다. 박태원의 형 박진환이 조선약학전문학교를 졸업하고 가업을 이어받았다. 한국영상자료원.

박태원의 소설 『천변풍경』의 주요 무대가 된 다동 청계천 주변 지도. 검게 칠해진 부분의 왼쪽이 박태원의 부친 박용환의 공애당약방이고 오른쪽이 숙부 박용남의 공애의원이다. 깊은샘 제공.

# 에가시라 江頭 안과의원 [20]

명동1가 39.

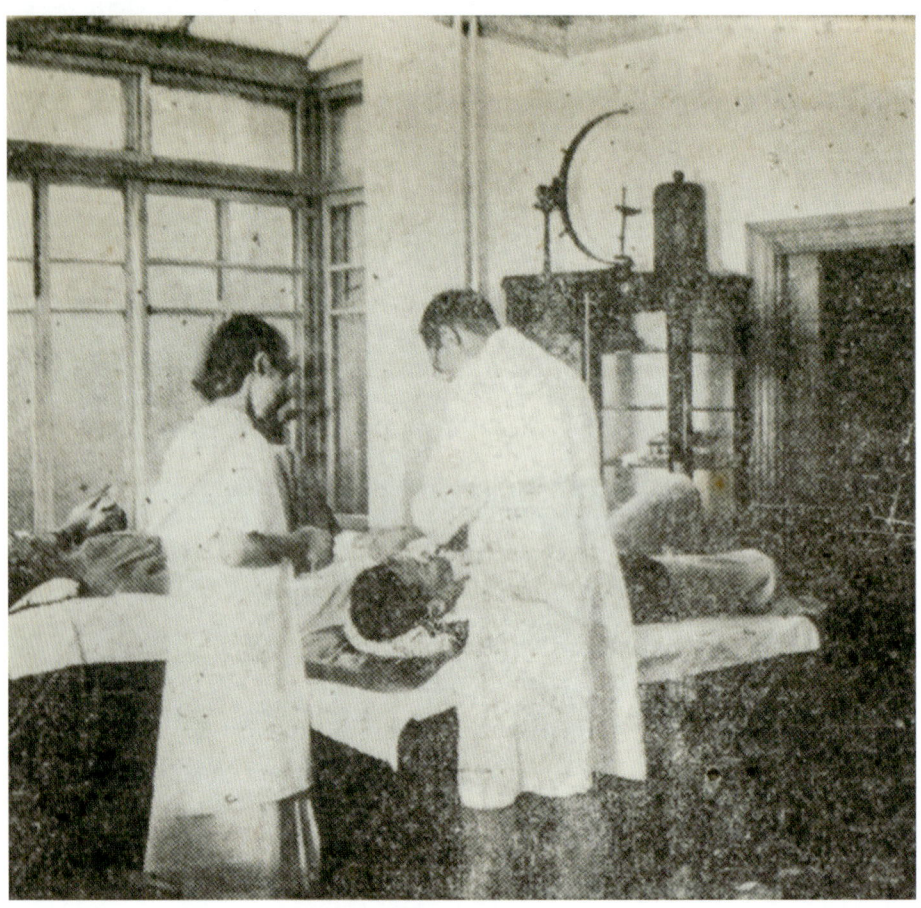

에가시라안과의원. 와다 시게요시, 『대경성도시대관』, 조선신문사, 1937.

## 경성유치원 [21]

1900년 일본 황태자의 결혼을 축하하여 남산 동본원사에 설립한 최초의 공립 유치원이다. 애국부인회경성유치원은 1922년 미즈노水野 정무총감 부인이 세운 유치원으로 부유층 유아를 대상으로 철저한 동화同化교육을 실시했다.* 명동1가 3.

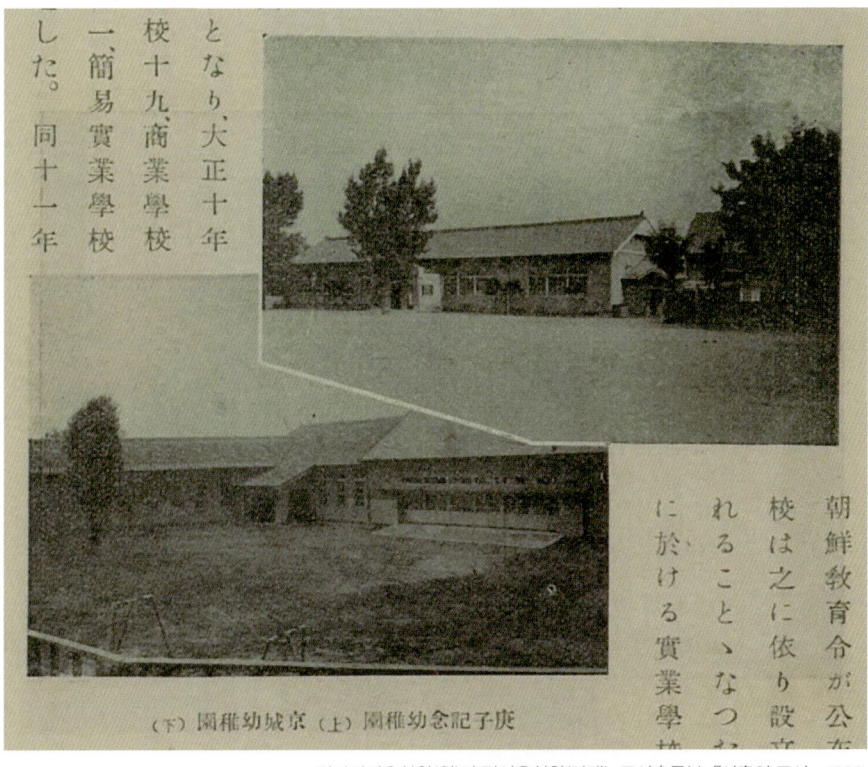

경자기념유치원(위)과 경성유치원(아래). 조선총독부, 『신흥의 조선』, 1929.

* 이상금, 『한국 근대 유치원 교육사』, 이화여자대학교 출판부, 1987, 82~83쪽.

## 화단 花壇 22

1917년 창업한 요정이다. 명동2가 4.

화단. 와다 시게요시, 『대경성도시대관』, 조선신문사, 1937.

## 다키가와 瀧川 자전거 본점 24

1903년 창업한 자전거 판매점이다. 명동1가 60.

다키가와자전거 본점. 와다 시게요시, 『대경성도시대관』, 조선신문사, 1937.

## 조선화재해상보험주식회사 25

명동1가 59.

조선화재해상보험주식회사.
조선신문사 편, 『조선봉축사진첩』, 1928.

## 경성도쿠리키德力주식회사 26

1929년에 창업한 금은 매매 및 정련업 회사다. 명동1가 59.

경성도쿠리키주식회사. 와다 시게요시,
『대경성도시대관』, 조선신문사, 1937.

# 시마다성창당 島田誠昌堂 32

1919년 창업한 사진기기, 사진재료, 활동사진기, 앨범류 직수입상사다. 명동2가 69.

시마다성창당, 와다 시게요시, 『대경성도시대관』, 조선신문사, 1937.

# 마쓰시게 松繁 상점 33

1908년 창업한 어묵류 판매 상점이다. 명동2가 69.

마쓰시게 상점. 와다 시게요시, 『대경성도시대관』, 조선신문사, 1937.

## 구니유키 國行 도료점 34

1910년 창업한 도료, 도장공사업 회사다. 명동2가 12.

구니유키상사. 와다 시게요시,
『대경성도시대관』, 조선신문사, 1937.

## 히노마루 日の丸 여관 35

1912년 창업한 여관이다. 명동2가 15.

히노마루 여관. 와다 시게요시,
『대경성도시대관』, 조선신문사, 1937.

# 명동 공설시장 37

명동2가에 있던 공설시장이다.

왼쪽 건물에 명동 공설시장 간판이 보인다. 조선총독부, 『조선의 시장경제』, 1929.

# 욱문당 郁文堂 38

1926년 창업한 신문, 잡지 판매소다. 명동2가 25.

욱문당. 와다 시게요시, 『대경성도시대관』, 조선신문사, 1937.

## 와타나베渡邊치과의원 39

명동2가 31.

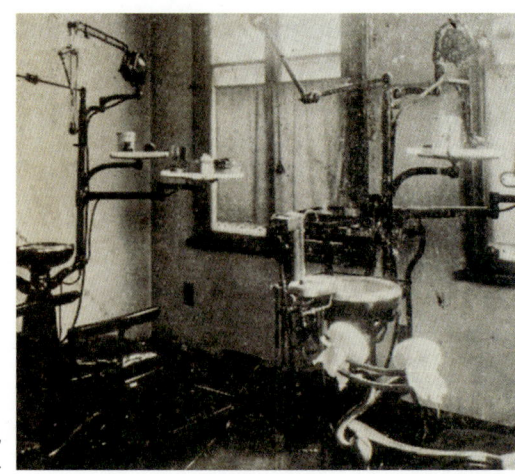

와타나베치과의원. 와다 시게요시,
『대경성도시대관』, 조선신문사, 1937.

## 금강당金剛堂 40

1925년 창업한 서점이다. 명동2가 69.

금강당. 와다 시게요시,
『대경성도시대관』, 조선신문사, 1937.

## 구라하시다다미점 倉橋疊店 경성지점 [41]

1923년 창업한 다다미, 표구 재료 등을 취급한 상점이다. 명동2가 42-1.

구라하시 다다미점 경성지점. 와다 시게요시, 『대경성도시대관』, 조선신문사, 1937.

## 나가시마 中島 병원 [42]

내과, 소아과 병원이다. 명동2가 77.

나가시마병원. 와다 시게요시, 『대경성도시대관』, 조선신문사, 1937.

## 우메사와梅澤 오복점 43

오복점은 일본 전통의상을 취급한 상점이다. 명동2가 62.

우메사와 오복점. 와다 시게요시, 『대경성도시대관』, 조선신문사, 1937.

# 동순태同順泰 본점 [44]

19세기 말부터 인천을 중심으로 번창한 중국 청나라 사람의 상사다. 명동2가 82.

동순태 본점. 와다 시게요시,
『대경성도시대관』, 조선신문사, 1937.

## 야마토탕 大和湯 45

목욕탕이다. 명동2가 75.

야마토탕, 와다 시게요시,
『대경성도시대관』, 조선신문사, 1937.

THE MEIZIMACHI STREET, KEIJO
（朝鮮名所）京城明治町通リ

일제강점기 엽서 속
1928년 이전 충무로2가
히노데상행 日之出商行
부근에서 명동1가 방향을
바라본 광경이다.
오른쪽에 보이는
히노데상행은 사진엽서
제작·판매소였다.
국제일본문화센터.

# 세에뉴사 精乳舍 46

1931년 창업한 유업乳業회사로 충남 예산, 경성 신당동 등에서 목장을, 경성에서 빵공장과 매점 등을 운영했다. 충무로2가 11.

세에뉴사. 와다 시게요시, 『대경성도시대관』, 조선신문사, 1937.

## 우에무라植村외과병원 47

영락동2가 85.

우에무라외과병원.
와다 시게요시,
『대경성도시대관』,
조선신문사, 1937.

## 무라카미유리점村上硝子店 48

1912년 창업한 의료용, 화학용 유리용기 등을 제조하는 회사다. 을지로2가 148.

무라카미유리점. 와다 시게요시,
『대경성도시대관』, 조선신문사, 1937.

# 사카이 酒井 부인외과의원 49

영락동2가 89.

사카이부인외과의원. 와다 시게요시,
『대경성도시대관』, 조선신문사, 1937.

# 하시모토 橋本 인쇄소 51

1924년 창업한 인쇄소다. 영락동2가 84.

하시모토인쇄소. 와다 시게요시,
『대경성도시대관』, 조선신문사, 1937.

## 공제무진共濟無盡주식회사 [53]

1913년 창업한 제2금융 회사다. 도시 노동자와 영세 상공업자 등을 대상으로 중소 금융을 담당했다. 영락동2가.

공제무진주식회사 광고. 『경성일보』, 1933. 9. 3.

# 35

종로2~3가를 중심으로 파고다공원, 인사동, 낙원동, 돈의동, 익선동, 수은동, 관철동, 장교동, 관수동, 장사동과 청계천 아래 수표동, 입정동과 을지로3가 일부를 포괄하는 지역이다. 일제강점기 당시 조선인 거리인 북촌의 중심은 종로였고 종로의 중심은 종로네거리에서 3가에 이르는 지역이었다.

종로와 관철동, 관수동에는 시전市廛상인 들과 역관·의관·화공 등 중인들이 많이 살았다. 일제강점기에 들어서 종로2가와 관철동은 다방, 카페, 술집 등이 밀집된 북촌의 소비와 유흥의 중심지가 되었고 조선 최초의 근대적 공원인 파고다 공원도 있었다. 북촌의 대표적인 극장인 단성사와 단성사와 자웅을 겨루던 조선극장, 대중적 인기가 높았던 우미관, 한국기독교청년회관도 모두 이 지역에 있었다. 인사동에는 태화여학교, 계명구락부가 있었고 인사동과 관철동, 종로에는 많은 사회단체가 있었으며 돈의동에는 조선요리점의 대표격인 요리집 명월관이 있었다.

인사동은 조선시대에 한성부 중부 관인방에 속해 관인방에서 '인'을, 이 지역 마을 중 하나인 대사동에서 '사'를 따서 합성했다. 낙원동은 시내 중앙의 낙원지라 할 만한 탑골공원이 있어 여기에서 '락'을, 마을 중 하나인 원동에서 '원'을 따서 합성했다. 돈의동은 조선시대부터 있

# 인사동, 종로2~3가, 낙원동, 돈의동, 수은동, 관수동, 장사동, 수표동, 입정동, 을지로3가

던 돈녕부敦寧府와 관련 있는 돈녕동의 '돈'과 어의동의 '의'를 합성했고, 수은동은 일제가 소위 은사금이란 명목으로 각 계층의 사람들에게 돈을 주며 기술을 가르치던 은사수산장恩賜授産場이 이 지역에 있어서 이름을 지었다. 관수동은 청계천의 흐르는 물을 관망한다는 뜻에서 붙인 관수교라는 다리 이름에서 유래했다. 장사동은 청계천 쪽의 모래 언덕이 긴 뱀꼴(장사형長蛇形)을 이루고 있던 데서 마을 이름이 유래했고, 수표동은 청계천의 수위를 측정하는 수표가 있던 데서 유래했으며 입정동은 갓을 만들어 팔거나 고치는 일을 하는 갓방에 우물이 있었으므로 갓방우물골·갓 우물골이라 부르던 것을 한자명으로 표기한 데서 유래했다. 일제강점기 당시 이 지역에 거주하거나 머문 주요 문화계 인사로는 인사동의 동양화가 최우석崔禹錫, 관철동의 동양화가 정학수丁學秀·조선일보 사장 방응모, 관수동의 서예가 안종원安鍾元·동양화가 김경원金景源·여성 서화가 방무길方戊吉·동양화가 이유태李惟台, 낙원동의 의사·미술품 수장가 박창훈朴昌薰·동양화가 백윤문白潤文, 돈의동의 서화가 오세창·의사 정구충鄭求忠, 익선동의 서화가 김용진·서양화가 길진섭, 수표동의 정치가·미술품 수장가 장택상 등이 있었다.

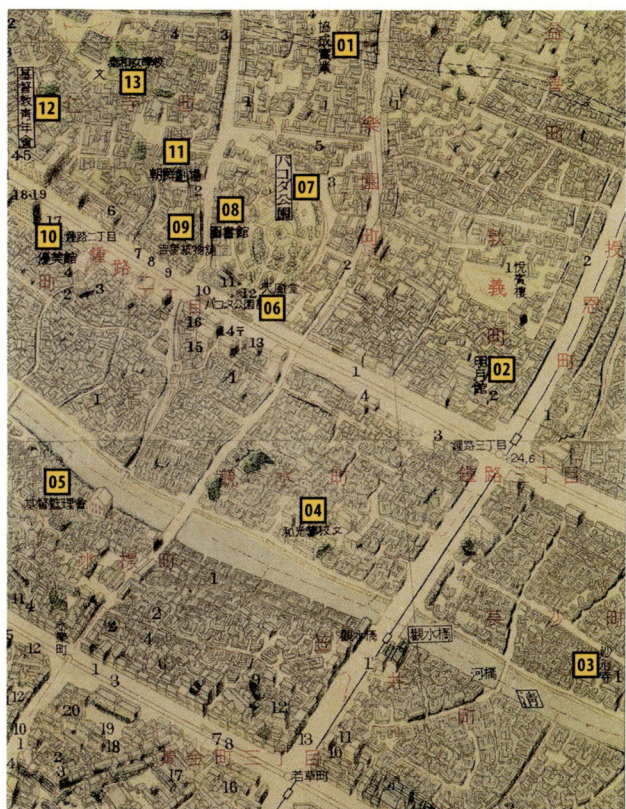

01 협성실업학교
02 명월관
03 대본산 묘심사 별원
04 화광보통학교
05 기독감리회
06 천풍당약국
07 파고다공원(탑골공원)
08 경성부립도서관 종로분관
09 길성지물포
10 우미관
11 조선극장
12 기독교청년회관(YMCA)
13 태화여학교

인사동, 종로2~3가, 낙원동, 돈의동, 수은동, 관수동, 장사동, 수표동, 입정동, 을지로3가

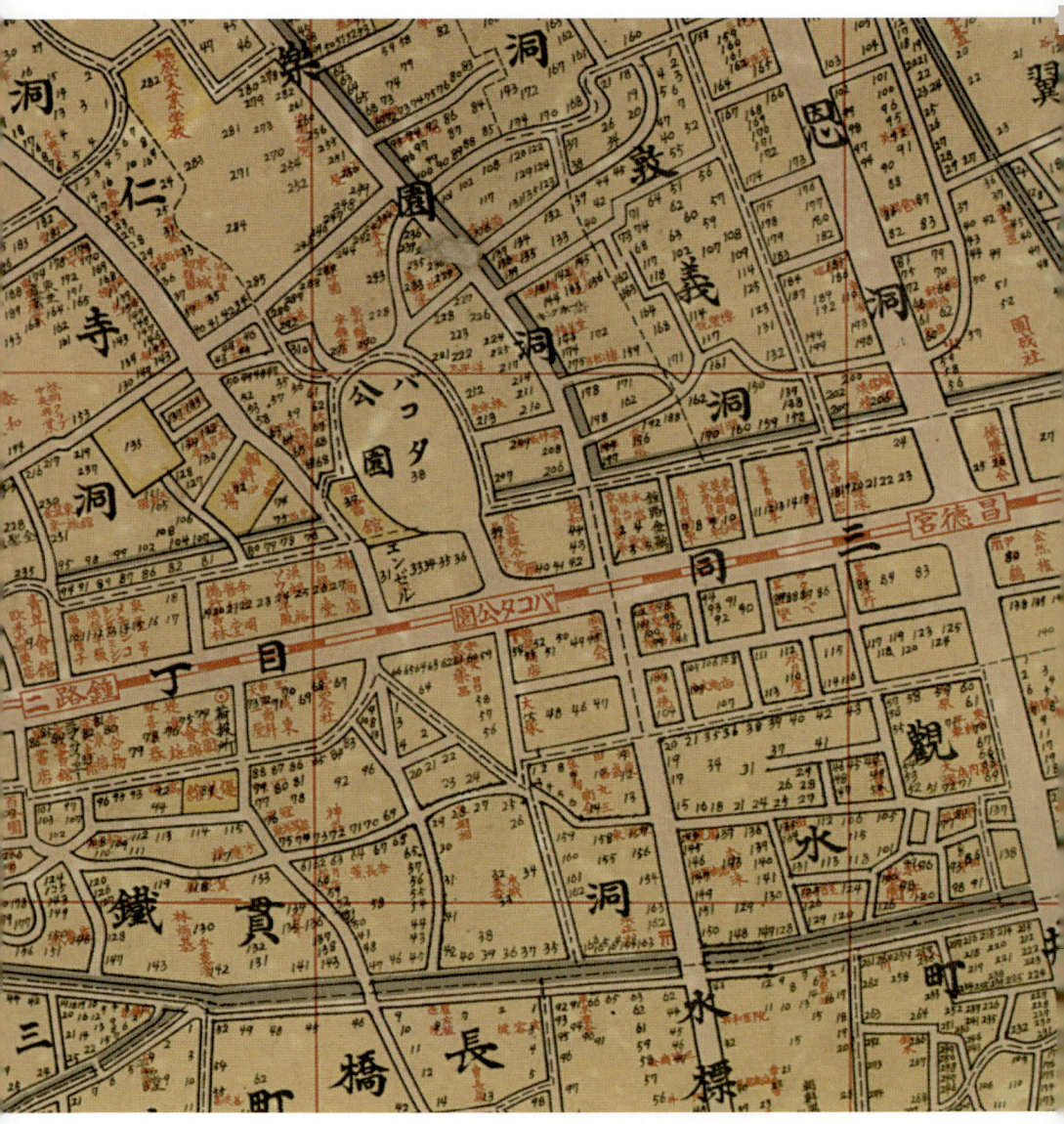

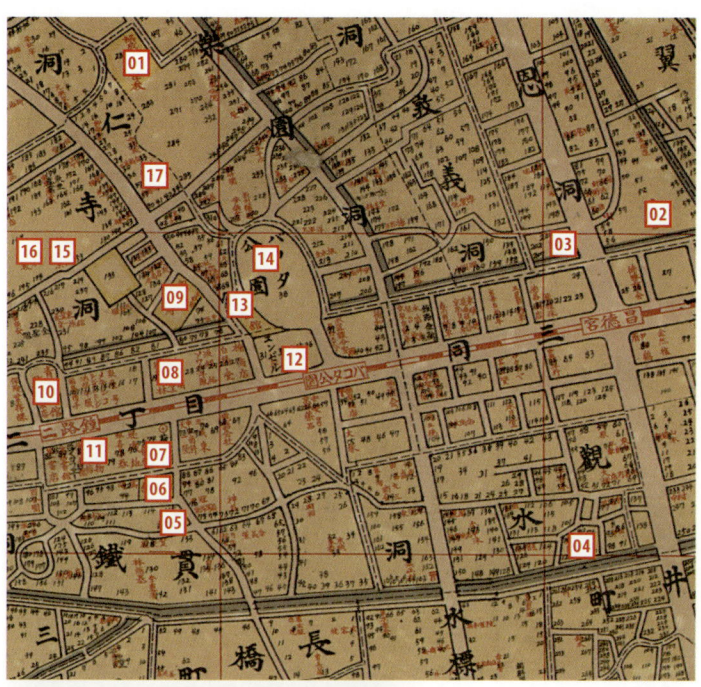

| 01 협성실업학교
| 02 단성사
| 03 명월관
| 04 화광보통학교
| 05 방응모의 집
| 06 우미관
| 07 낙원회관
| 08 멕시코다방
| 09 조선극장
| 10 기독교청년회관 (YMCA)
| 11 박문서관
| 12 엔젤 카페
| 13 경성부립도서관 종로분관
| 14 파고다공원 (탑골공원)
| 15 계명구락부
| 16 태화여학교
| 17 경성유치원

인사동, 종로2~3가, 낙원동, 돈의동, 수은동, 관수동, 장사동, 수표동, 입정동, 을지로3가

1911년 이전 종로2가에서 동대문 방향을 바라본 거리 풍경이다.
종로 대로를 따라 전차선로와 시전의 모습이 보인다.
"많은 사람들이 구름처럼 모였다 흩어지는 거리"라고 하여 운종가라 불린 종로 지역은
조선시대 한성부의 심장부였으나, 일제강점기에 들어선 후 남촌 혼마치, 오늘날의 충무로에
가장 번화한 상가로서의 지위와 명성을 잃었다. 미국 의회도서관.

1914년 이후의 종로2가 거리 풍경이다. 왼편의 큰 건물은 경성기독교청년회관(YMCA)이다. 1908년 낙성된 경성기독교청년회관은 1914년 실업부와 체육관을 증축했다. 전신주가 늘어선 길을 따라 전차가 운행하고 있다. 미국 의회도서관.

인사동, 종로2~3가, 낙원동, 돈의동, 수은동, 관수동, 장사동, 수표동, 입정동, 을지로3가

1931년 이후 비행기에서 촬영한 종묘와 종로3가 일대 전경이다. 화면 윗부분의 마치 섬과 같이 보이는 숲으로 둘러싸인 곳이 종묘다. 화면 왼쪽 상단 돈화문에서 세로로 뻗은 길이 돈화문로이고 중앙의 가로 방향 길은 종로대로, 아래쪽에는 청계천이 보인다. 종로와 돈화문로가 교차하는 종로3가 네거리에 최초의 상설 영화관이자 북촌 영화계의 중심이었던 단성사와 경성소방서 종로지서가 보인다. 미국 의회도서관.

종로3가에서 남산을 바라본 방향이다. 오늘날의 초동과 충무로를 지나 남산자락의 필동 일대에 있던 헌병대 건물이 보인다. 화면 오른쪽 하단에 보이는 '이후 l 박는 집'이라는 한글간판은 정식 치과교육을 받지 않고 도제식으로 기술을 익혀 치아를 제작해 입안에 넣어주던 입치사 점포로 여겨지며 기타 여러 가게가 있는 2층건물들이 있다. 남쪽으로 뻗은 길 왼편에는 약초관음당으로 불린 일본 조동종별원이, 오른편에는 서본원사가 보인다. 미국 의회도서관.

1910년대 초중반에 종로대로에서 동북쪽 탑골공원을 바라본 풍경이다.
화면 중앙에 빽빽하게 들어선 기와집들 사이로 탑골공원의 원각사지 10층 석탑과 팔각정이 보인다.
그 뒤로 보이는 구릉과 숲은 종묘이고 멀리 보이는 산은 낙산이다. 미국 의회도서관.

## 협성協成실업학교 01 01

1908년 출범한 서북학회西北學會에서 낙원동 282번지에 교사를 신축하며 서북협성학교로 설립한 뒤 1927년 협성실업학교로 개편했다. 건물은 오늘날 광진구 건국대학교 안으로 이전, 건국대학교박물관으로 사용하고 있다.

협성실업학교. 와다 시게요시, 『대경성도시대관』, 조선신문사, 1937.

# 명월관 明月館 02 03

"조선요리점의 시조"라 불렸으며 '명성이 내외에 분분하여 조선에 오는 구미인과 동양인은 명월관을 보지 않으면 조선을 유람한 가치가 떨어진다'고 할 정도로 높은 평가를 받았다."*

1909년경 대한제국 궁내부宮內府 주임관奏任官 및 전선사장典膳司長을 지낸 안순환安淳煥, 1871~1942이 오늘날 종로구 세종로 동아일보사 자리인 황토마루황토현에 개점한 조선요릿집으로 알려졌으나 최근 명월관은 1903년경 이미 명월루明月樓라는 이름으로 개업했음이 밝혀졌다.

전선사는 대한제국 때에 대궐의 음식·잔치에 관한 일을 맡아보던 관청이다. 당시의 조선요릿집은 각종 정치적, 문화적 모임이 열린 곳이자 기생들이 접대한 연회의 장소이기도 했다.

1912년 3층을 올린 명월관은 동시에 1,400명을 수용할 수 있는 큰 규모였다. 1914년 인사동 194 옛 순화궁 자리에 명월관 분점을 열고 태화관으로 이름을 바꿨으며 서린동 139번지에도 명월관 분점이 있었다. 1919년 5월 23일 새벽 화재로 전소 이후 명월관 상호는 1920년 이종구가 사들여 돈의동 장춘관에 붙였다.**

*『매일신보』1912. 12. 18.
** 주영하, 「조선 요리옥의 탄생: 안순환과 명월관」, 『동양학』 50, 단국대학교 동양학연구소, 2011, 141~162쪽; 전우용, 「저자로 나온 궁중: 한국 요정의 표상 명월관」, 『동아시아문화연구』 71, 2017, 93~124쪽.

일제강점기 엽서 속의 돈의동 명월관 본점. 국제일본문화센터.

광화문 명월관의 화재 후 사진. 『매일신보』, 1919. 5. 24.

# 대본산大本山 묘심사妙心寺 별원 03

일본 불교 임제종 사찰로 1911년 설립했다. 장사동 182.

대본산 묘심사 별원. 와다 시게요시, 『대경성도시대관』, 조선신문사, 1937.

# 화광和光보통학교 04 04

1920년 관수동에서 설립한 일본 정토종 계열 화광교원和光敎園의 보통학교다.

화광보통학교. 조선총독부, 『신흥의 조선』, 1929.

## 기독감리회 05

일본 기독교 감리교 경성교회로 추정한다. 수표동.

일제강점기 엽서 속 기독감리회. 국제일본문화센터.

# 천풍당 天風堂 약국 06

1933년 창업했다. 처방조제약 제조, 광산약품, 사진약품, 화장품판매업점이다. 종로2가 35.

천풍당 약국.
와다 시게요시, 『대경성도시대관』,
조선신문사, 1937.

# 파고다공원(탑골공원) 07 14

조선 세조 때에 세워진 원각사가 있던 곳으로 1897년 우리나라 최초의 공원으로 건립되었다. 3·1운동 때 이곳에서 독립선언문을 낭독했다. 원각사지 10층석탑, 귀부龜趺 비석, 팔각정 등이 남아 있다. 파고다공원 안의 음악당은 용산 조선주차 일본 육군군악대의 야외 음악당을 1916년 파고다공원으로 옮긴 것이다. 오늘날의 정식 명칭은 서울탑골공원이다.

일제강점기 엽서 속 파고다공원. 왼쪽에 원각사지 10층 석탑과 음악당이 보인다.
국제일본문화센터.

# 경성부립도서관 종로분관 08 13

경성 최초의 근대적 도서관이다. 1920년 종로구 가회동 취운정에 설립한 경성도서관의 분관으로 시작했다. 관료·정치인·사회운동가였던 이범승李範昇이 1921년 파고다공원 옆 옛 대한제국 군악대 건물을 총독부로부터 불하 받아 개관한 후 1923년에는 민영휘의 기부로 석조 건물을 신축했으나, 경영난으로 1926년 경성부에 이관하여 경성부립도서관 종로분관이 되었다. 오늘날 종로도서관의 전신이다. 종로2가 37.

경성부립도서관 종로분관. 왼쪽 기와집이 구관, 정면 벽돌건물이 신관이다.
경성부, 『경성부내사회사업개황』, 1927.

## 길성吉星지물포 09

1927년 창업한 지물紙物무역, 유지油紙제조 등의 영업을 한 상점이다. 종로2가 22.

길성지물포. 와다 시게요시, 『대경성도시대관』, 조선신문사, 1937.

# 우미관 優美館 10 06

1912년 창업한 영화 상설관이다. 1928년 최초로 유성영화를 상영했다. 초기에는 단성사, 조선극장과 경쟁했으나 시설 수준 등이 떨어져 재개봉관으로 그 위상이 낮아졌다. 다만 저렴한 관람료와 종로네거리라는 위치상의 강점으로 인하여 많은 관객이 찾는 극장으로 유명했다. 관철동 39.

우미관. 와다 시게요시, 『대경성도시대관』, 조선신문사, 1937.

## 조선극장 11 09

1922년 인사동에 준공, 개관한 극장이다. 영화 상영과 연극 공연을 겸한 공연장이 있어서 1922년 토월회 창립 공연 등 많은 극단과 단체가 이용했다. 단성사와 경쟁하며 북촌 흥행계를 이끌어 가는 주요 극장이었으나 서대문 동양극장 개장 이후 점차 경쟁력을 잃었다. 1936년 6월 11일 화재로 전소된 뒤 폐관했다. 인사동 72.

조선극장 낙성을 다룬 신문기사. 원 안의 사진은 사장 황원균이다. 『매일신보』, 1922. 11. 3.

# 기독교청년회관(YMCA) 12 10

1903년 10월 28일 우리나라 역사상 처음으로 청년이라는 이름을 사용하여 창립한 황성기독교청년회가 회관의 필요에 따라 청년회관 건립을 위한 자문위원회의 모금으로 1908년 완공했다. 1910년부터 증축을 위한 재원 모금계획이 진행되었고 1914년 증축 공사를 완료했다. 황성기독교청년회는 서울기독교청년회, 즉 서울YMCA의 전신이다.

960평의 부지에 강당, 운동실, 교실, 도서실, 공업실습실, 식당, 목욕탕, 사진부, 사무소, 소년부 등의 다양한 시설을 갖춘 회관은 장안의 명소가 되었다. 서울기독교청년회관, 종로기독교청년회관, 종로청년회관, 종로YMCA, YMCA 등으로도 불렸다. 개화파 지식인과 청년들의 활동 근거지로 한국 교회 및 사회의 역사적 발전에 크게 기여했고 특히 일제 치하 항일운동과 계몽운동 등을 주도적으로 전개한 곳이다.*

황현은 『매천야록』에 "그 집의 높이가 산과 같고 종현鐘峴의 천주교당(명동성당)과 함께 남과 북에 우뚝 마주서서 장안의 제일 큰 집이 되었다"고 했다. 종로2가 9.

---

* 민경배 감수, 『사진으로 보는 서울YMCA운동 100년』, 서울YMCA/월남시민문화연구소, 2004, 14~17쪽.

증축 이전의 기독교청년회관. 미국 의회도서관.

일제강점기 엽서 속 기독교청년회관 1914년 증축 이후 모습이다. 부산박물관.

인사동, 종로2·3가, 낙원동, 돈의동, 수은동, 관수동, 장사동, 수표동, 입정동, 을지로3가

일제강점기 엽서 속 종로네거리에서 종로1가 방향을 바라본 광경. 왼쪽 시계가 달린 첨탑이 있는 건물은 한성전기회사 사옥이었다가 1915년부터 1929년까지 종로경찰서로 사용되었다. 그 옆 건물은 기독교청년회관이다. 국제일본문화센터.

## 태화泰和여학교 13 16

1921년 미국기독교 남감리회 여선교부에서 설립한 조선 최초의 사회복지관인 태화여자관에서 운영한 여학교다. 3·1운동 당시 33인의 민족대표가 독립선언문을 낭독한 태화관이 있던 곳이다. 인사동 154.

태화여학교. 『사진으로 보는 서울 2 일제 침략 아래에서의 서울(1910~1945)』, 서울시사편찬위원회, 2002.

## 단성사 團成社 02

1907년 창업한 한국 최초의 본격적인 상설 영화관이다. 1918년 흥행사 박승필이 인수한 뒤 조선인 거주지 북촌을 대표하는 영화관으로 자리 잡았다. 1919년 한국 최초의 영화로 꼽히는 김도산의 〈의리적 구토〉義理的仇討, 1926년 개봉한 나운규의 〈아리랑〉 등의 제작과 상영의 중심이었다. 1934년 현대적 시설로 신축했다.

단성사. 조선건축회, 『조선과 건축』 제14집 제2호. 1935. 2.

# 방응모의 집 05

일제강점기 교육자, 기업인, 언론인인 방응모方應謨, 1884?~1950?는 평안북도 정주에서 태어나 1924년 금광업에 투신하여 거부가 되었고 1933년 『조선일보』 경영권을 인수했다. 관철동 117.

# 낙원회관 07

'종로 카페의 왕좌'로 불렸다. 종로2가 우미관 건너편에 있었다.

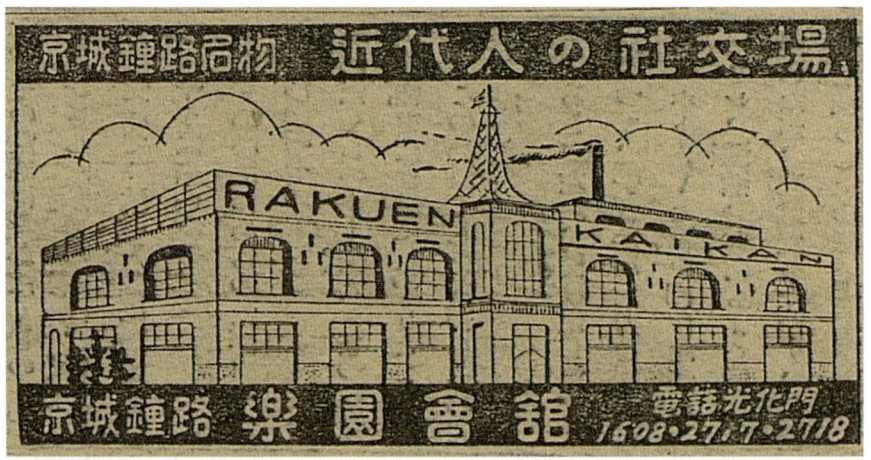

「낙원회관 광고」, 『경성일보』 1934. 6. 16.

## 멕시코다방 [08]

1929년 개업했으며 배우 김인규와 심영이 운영했다고 전한다. 종로2가 14.

멕시코다방. 서울특별시 중구 향토사자료 제12집, 『남겨진 풍경 지나간 흔적』, 서울 중구문화원, 2009.

# 박문서관 博文書館 11

일제강점기 대표적인 서점이자 출판사다. 1907년 경성 남부 상동에서 노익형盧益亨, 1884-1941이 창립했다. 1925년 종로2가 82번지로 이전했다.

박문서관 전경. 제일 왼쪽 흰 두루마기 입은 인물이 설립자 노익형이다. 시공사 제공.

## 엔젤카페 12

1930년 창업했다. 1~2층은 홀, 3층은 150명이 들어갈 수 있는 대연회장이 있었고 여급이 78명이었다. 종로2가 32.

엔젤카페, 와다 시게요시, 『대경성도시대관』, 조선신문사, 1937.

## 계명구락부 15

최남선·오세창·박승빈·이능화·문일평 등 당시 지식인 33명이 발기하여 민족문화 증진에 공헌하고 구락부원 간의 친목 도모를 목적으로 1918년 서울에서 조직한 애국계몽단체다. 『계명』·『신민공론』·『낙원』·『신천지』·『신청년』 등의 잡지를 발간했고, 1928년 『근역서화징』 등을 펴내는 등 대중 계몽과 한국학의 부흥에 노력했다. 인사동 152번지의 2층에는 계명구락부가, 1층에는 영화배우 복혜숙이 운영하는 바Bar 겸 다방 비너스가 있었다.

계명구락부 부원들. 독립기념관 독립운동사연구소, 『서울 독립운동 사적지』, 2008.

## 경성유치원 17

북촌 재동의 경성유치원은 조선인을 대상으로 조선인이 설립했다. 1912년 조중응·유길준·예종석 등이 중심이 되어 경성부 내 조선인을 대상으로 한 유치원 설립을 발기하고, 1913년 재동 경성여자고등보통학교 교사에서 입원식入園式을 거행했다. 1914년 낙원동으로 이전했다.

경성유치원 신축 내용을 다룬 기사. 『매일신보』, 1914. 5. 28.

경성유치원의 신년 모습을 다룬 기사. 『매일신보』, 1917. 10. 3.

# 36

조선시대 왕실의 사당인 종묘와 종로4가를 중심으로 한 지역이다. 종묘는 궁궐에서 남면南面하는 임금을 기준으로 왼쪽동쪽에는 종묘를, 오른쪽서쪽에는 사직을 두어야 한다는 『주례』「고공기」의 도성 조영 원칙에 따라 1395년태조 4 태조가 한양으로 수도를 옮긴 그해 지어졌다.

창덕궁 돈화문 앞 봉익동은 역대 왕의 신위가 모셔져 있는 종묘에서 가까운 이곳을 봉익이라 이름한 데서 유래했다. 봉황은 용과 함께 임금을 뜻하기 때문에 창덕궁 앞의 와룡동과 대비하여 그렇게 이름을 지었다. 훈정동은 어수우물·한우물이라고도 하는 '더운 우물'이 있던 데서 유래했다. 인의동과 예지동은 조선시대 중등교육기관인 4부학당의 하나인 동학이 있어 유학의 대강인 인의·예지·효제·충신에서 유래했다. 원남동은 창경궁을 창경원으로 고친 후인 1914년의 동명 제정 때, 창경원 남쪽에 있다고 해서 그렇게 지었다.

# 봉익동, 훈정동, 인의동, 원남동, 종로4가, 예지동

이 지역의 북쪽으로는 창덕궁과 창경궁이 있고 남쪽에는 청계천이 있다. 종로4가 네거리에 동대문경찰서, 전매지국, 전매지국 공장 등이 있었다. 종로4가에서 예지동 일대에 자리 잡은 배오개梨峴시장은 시전市廛, 종로과 칠패七牌, 남대문시장와 더불어 조선후기 서울의 3대 시장으로 손꼽혔다. 1905년 한성부 시장개설 허가를 낼 당시에는 동대문시장으로 명칭을 정했으나 1960년대 이후에는 광장廣長·廣藏시장으로 불리게 되었다.

일제강점기 당시 이 지역에 거주하거나 머문 주요 문화계 인사로는 봉익동의 서화가·미술품 수장가 이병직·동양화가 강진구姜振九·일본화가 가토 쇼린加藤松林의 제자 이옥순李玉順, 훈정동의 나전칠기공예가 장기명張基命, 원남동의 동양화가 이도영李道榮, 인의동의 동양화가 배렴·운현궁 가정교사가 된 동양화가 정연세鄭然世, 종로4가에는 박가분으로 유명한 박승직·미술품 수장가이자 교육자 전형필·사진가이자 전각가 정해창 등이 있다.

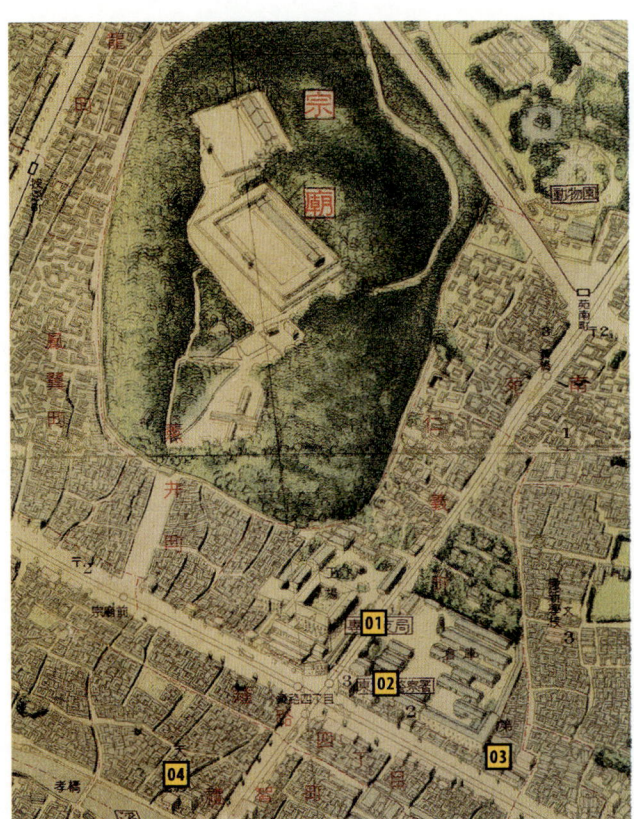

| 01 | 경성지방전매국 |
| 02 | 동대문경찰서 |
| 03 | 제일극장 |
| 04 | 천일약방 |

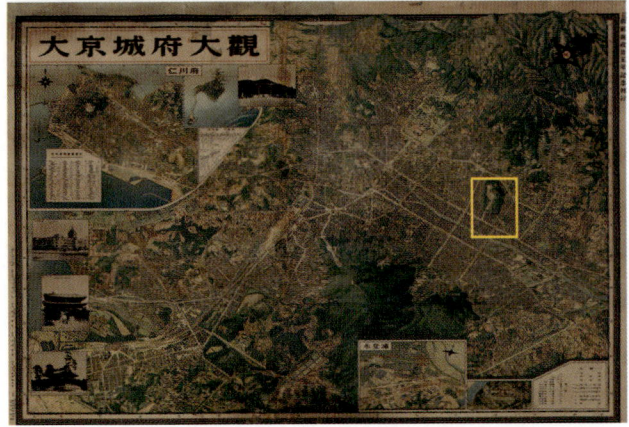

봉익동, 훈정동, 인의동, 원남동, 종로4가, 예지동

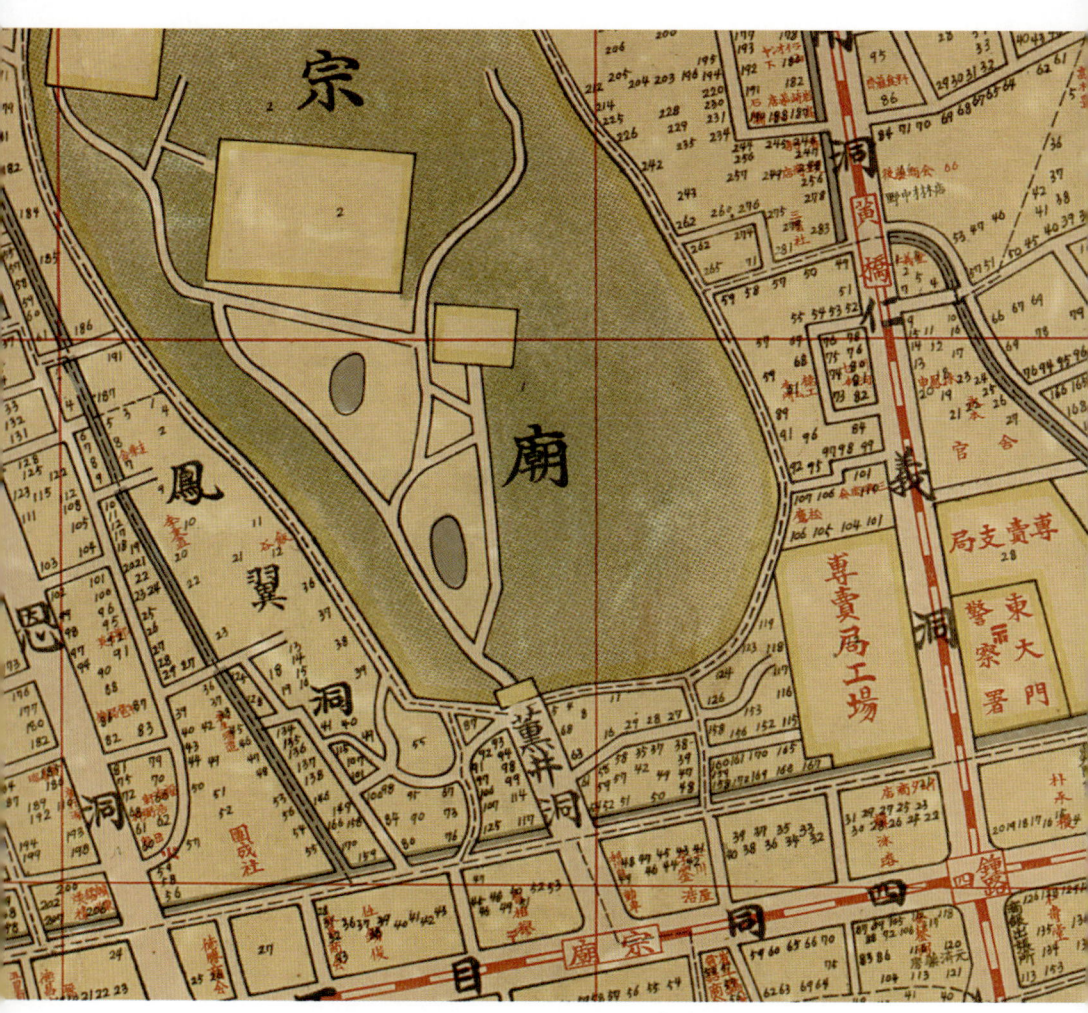

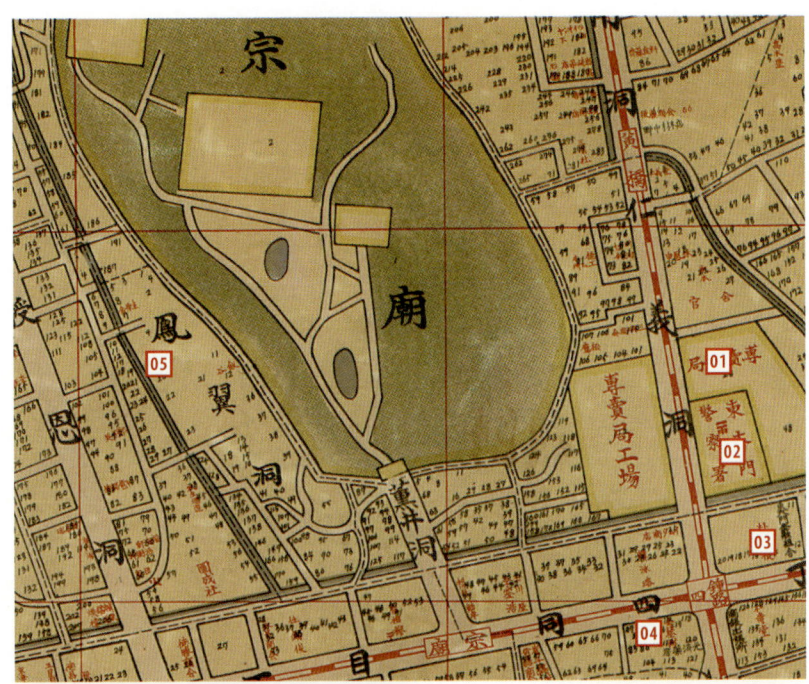

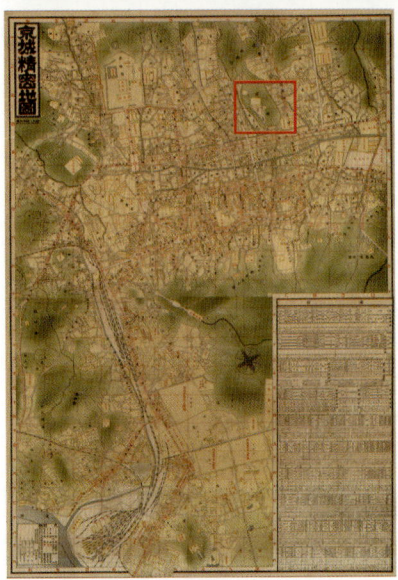

| 01 | 경성지방전매국 |
| 02 | 동대문경찰서 |
| 03 | 박승직의 집 |
| 04 | 전형필의 집 |
| 05 | 이병직의 집 |

봉익동, 훈정동, 인의동, 원남동, 종로4가, 예지동

1923년 9월 23일 촬영한 종로와 창덕궁을 연결하는 돈화문로와 그 일대 시가 모습이다. 왼쪽에 세로로 쭉 뻗은 길이 돈화문로다. 돈화문로 양 옆은 수은동이고, 수은동 오른편은 봉익동, 돈화문로 끝에 보이는 창덕궁의 정문 돈화문 근처는 와룡동이다. 사진 오른쪽에 보이는 숲은 종묘이고 돈화문 뒤로 북한산이 멀리 보인다. 미국 의회도서관.

## 경성지방전매국 01 01

조선총독부 전매국의 경성지국이다. 인의동 28.

경성지방전매국.
조선총독부전매국,
『전매국사업개요』
1937.

## 동대문경찰서 02 02

1920년 신설된 경찰서다. 인의동.

동대문경찰서. 와다 시게요시,
『대경성도시대관』, 조선신문사, 1937.

## 제일극장 03

1922년 창업한 영화상설관이다. 미나토좌みなと座에서 제일극장으로 명칭을 바꿨다. 종로4가 1.

제일극장. 와다 시게요시,
『대경성도시대관』,
조선신문사, 1937.

## 천일天—약방 04

1901년 창업한 한약·양약 제조 판매업 회사다. 예지정 189.

천일약방. 와다 시게요시,
『대경성도시대관』,
조선신문사, 1937.

## 박승직의 집 03

박승직朴承稷, 1864-1950은 1890년경 박승직상점이라는 상호로 배오개 시장에 진출했고, 1920년 화장품 박가분朴家粉 상표를 등록했다. 1946년 두산상회가 된 박승직상점은 오늘날 두산그룹의 모태다. 종로4가 15.

## 전형필의 집 04

교육자, 미술품 수집가인 전형필全鎣弼, 1906-1962은 1933년 성북동에 오늘날의 간송미술관인 한국 최초의 사립미술관 보화각葆華閣을 세웠고, 1940년에는 보성고등보통학교를 인수했다. 종로4가 112.

## 이병직의 집 05

서화가, 미술품 수집가인 이병직李秉直, 1896~1973은 대한제국기의 내시였으며 김규진의 서화연구회에서 수학했다. 경기도 양주 효촌간이학교, 양주중학교 설립에 기여한 인물이기도 하다. 양주 효촌간이학교는 오늘날 양주 효촌초등학교, 양주중학교는 오늘날 의정부고등학교의 전신이다. 봉익동 10.

# 37 ~ 38

경성제국대학과 연건동, 동숭동, 연지동, 이화동, 충신동, 효제동 및 한양도성 밖 창신동 지역이다.
연건동은 조선시대 동부 연화방과 건덕방 첫 글자를 합성했고 동숭동은 숭교방 동쪽에 있다고 해서 이름이 유래했다. 효제동의 동명 유래는 두 가지 설이 있는데, 하나는 이 동의 위쪽에 성균관이 있고, 인접한 종로6가에 동학이 위치하여 유학의 대강인 인의·예지·효제·충신 중에서 따왔다는 설과 부왕父王에 대한 효성과 형제 간의 우애가 지극하던 조선 효종의 잠저인 어의궁이 있었기 때문이라는 설이 있다. 연지동은 큰 연못이 있던 데서 유래했다. 경성제국대학이 있었던 연건동은 서울 동부의 손꼽히는 주거지로서 이석형, 남이, 이정구 등 조선

# 연건동, 동숭동, 연지동, 효제동, 이화동, 충신동, 홍수동

시대의 유명 인물이 많이 살았다. 동숭동과 이화동에 걸친 쌍계동은 기묘한 암석, 울창한 수림에 맑은 시냇물까지 있어 도성 안 5대 명소로 꼽힐 정도로 경치가 좋았다고 한다. 이화동은 이화장 안에 이화정이 있어 붙여진 동명이며 낙산은 산의 모양이 낙타와 같으므로 낙산, 낙타산, 타락산이라고도 했다. 연지동에는 경신학교와 협성실업학교, 정신여학교가 있었다. . 일제강점기 당시 이 지역에 거주하거나 머문 주요 인사로는 충신동의 인장애호가 이용문李容汶·소설가이자 시인 박종화·시인이자 국문학자 양주동, 효제동의 동양화가 정진철·창신동의 거부 임종상林宗相 등이 있었다.

| | |
|---|---|
| 01 경성제국대학 의학부와 부속병원 | 05 경성의학전문학교 |
| 02 경성제국대학 | 06 어의동보통학교 |
| 03 조선총독부 중앙시험소 | 07 정신여학교 |
| 04 경성고등공업학교 | 08 협성실업학교 분관 |

연건동, 동숭동, 연지동, 효제동, 이화동, 충신동, 홍수동

01 경성제국대학 의학부와 부속병원
02 경성제국대학
03 조선총독부 중앙시험소
04 경성고등공업학교
05 경신학교
06 협성실업학교 분관
07 정신여학교
08 이용문의 집
09 임종상의 집

연건동, 동숭동, 연지동, 효제동, 이화동, 충신동, 홍수동

37~38.

일제강점기 엽서 속 1924년 이후의 조선총독부의원 전경. 국제일본문화센터.

# 경성제국대학 의학부와 부속병원 01 01

1907년 대한제국은 의학교와 그 부속병원, 광제원, 황실에서 운영하던 대한국적십자병원을 통합해 대한의원을 설립했다. 바로크, 르네상스, 빅토리아 양식을 절충한 대한의원 건물은 탁지부 일본인의 설계로 1906년 착공해 1908년 완공되었다. 1910년 한일합병 이후 대한의원은 중앙의원을 거쳐 조선총독부의원으로, 대한의원 부속의학교는 조선총독부의원 부속의학강습소로 개편되었다. 1916년 전문학교령이 공포되면서 조선총독부의원 부속의학강습소는 경성의학전문학교로 승격되었고 조선총독부의원은 경성의학전문학교의 실습병원 역할을 담당했다.

1926년 경성제국대학 의학부가 출범한 후, 1928년 조선총독부의원은 경성제국대학 의학부 부속의원으로 개편되었고 경성의학전문학교는 종로구 소격동에 별도로 부속의원을 마련했다. 1946년 서울대학교 창설 이후 경성제국대학 의학부와 경성의학전문학교가 통합되어 서울대학교 의과대학이 발족되었고, 경성제국대학 의학부 부속의원은 서울대학교 의과대학 부속병원이 되었다. 의학부는 연건동 28, 부속병원은 연건동 18.

경성제국대학 의학부 부속의원 연구실.
조선건축회, 『조선과 건축』,
제9집 제5호. 1930. 5.

# 경성제국대학 02 02

일제가 제국대학령에 근거해 여섯 번째로 설립한 제국대학이다. 조선 최초의 근대 대학으로 일제강점기 당시 조선의 최고학부이자 유일한 대학이었다. 1924년 2년제 예과를 설치하여 개교했고, 법문학부와 의학부를 두는 학부 과정은 1926년에 개설했다.

예과에 지원할 때부터 학부 지망에 따라 미리 신입생을 구분하여 선발했고, 예과를 졸업한 후에는 무시험으로 각각 해당하는 학부 과정으로 자동 진입하는 형태를 취했다. 법학부 및 문학부 지망의 문과와 의학부 지망의 이과를 둔 예과는 중등학교 졸업자가 입학하는 일종의 대학 예비 과정이었으며, 1934년부터는 3년제로 연장했다.

법학과의 법학부와 문학·철학·사학과의 문학부가 병존하는 법문학부 그리고 의학부 등 2개 학부만으로 출발했으며, 이공학부는 1941년이 되어서야 개설했다. 법문학부는 경기도 경성부 동숭동, 의학부는 그 맞은편인 연건동, 이공학부는 경기도 양주군 노해면 공덕리에 있었고 예과 교사는 청량리에 있었다.

대학예과의 정원은 문·이과를 포함하여 160명 정도였으며, 입학에 성공한 조선인은 줄곧 전체 정원의 약 3분의 1 정도에 불과했다. 경성제국대학의 입학문이 좁았던 만큼 조선인 학생들 간의 입학 경쟁은 매우 치열했고, 입학에 성공한 소수는 자타가 공인하는 엘리트로 인정받았다.*

---

* 정근식 등, 『식민권력과 근대지식: 경성제국대학 연구』, 서울대학교출판문화원, 2011.

연건동, 동숭동, 연지동, 효제동, 이화동, 충신동, 홍수동

일제강점기 엽서 속 경성제국대학. 낙산에서 바라본 전경이다. 국제일본문화센터.

경성제국대학 입구. 조선교육협회, 『국정교과서에 보이는 조선자료사진』, 1929.

청량리에 있던 경성제국대학 예과. 조선총독부, 『조선사진첩』, 1925.

경성제국대학 법문학부. 오른쪽 건물이 1931년 건립한 대학본부다. 조선총독부, 『조선요람』, 1932.

# 조선총독부 중앙시험소 03 03

각종 공업에 관한 시험 및 조사 연구를 목적으로 1912년 설립했다. 옛 탁지부 소관의 양조 시험 업무(탁지부 양조시험소)와 옛 농상공부 소관의 공업에 관한 시험, 분석 및 감정 업무를 계승했다. 동숭동 199.

경성중앙시험소. 조선풍속연구회, 『조선풍속풍경사진첩』, 우쓰보야서적점, 1920.

## 경성고등공업학교 04 04

조선총독부에서 운영한 관립 전문학교다. 1940년대 초반까지 한반도 유일의 고등공업교육기관이었다. 1899년에 설립된 상공商工학교가 1907년 공업전습소工業專習所, 1916년 경성공업전문학교, 1922년 경성고등공업학교, 1944년에 다시 경성공업전문학교 등으로 변경되었다. 일제강점기에 배출된 건축가, 공학자의 절대 다수가 경성고등공업학교 출신이었다. 동숭동 199.

경성공업전문학교 전경. 조선총독부, 『조선사진첩』, 1921.

# 경성의학전문학교 05

1899년 관립 경성의학교로 창립한 뒤 대한의원 교육부, 대한의원 부속 의학교, 조선총독부 부속 의학강습소 등을 거쳐 1916년 경성의학전문학교로 개칭했다. 1926년 경성제국대학 학부 개설 이전까지 조선 내 최고 의학 교육 기관이었다. 소격동에 부속병원을 두고 광복 전까지 운영되다가, 1946년 10월에 경성제국대학 의학부와 합쳐져 서울대학교 의과대학으로 흡수되었다. 연건동 128.

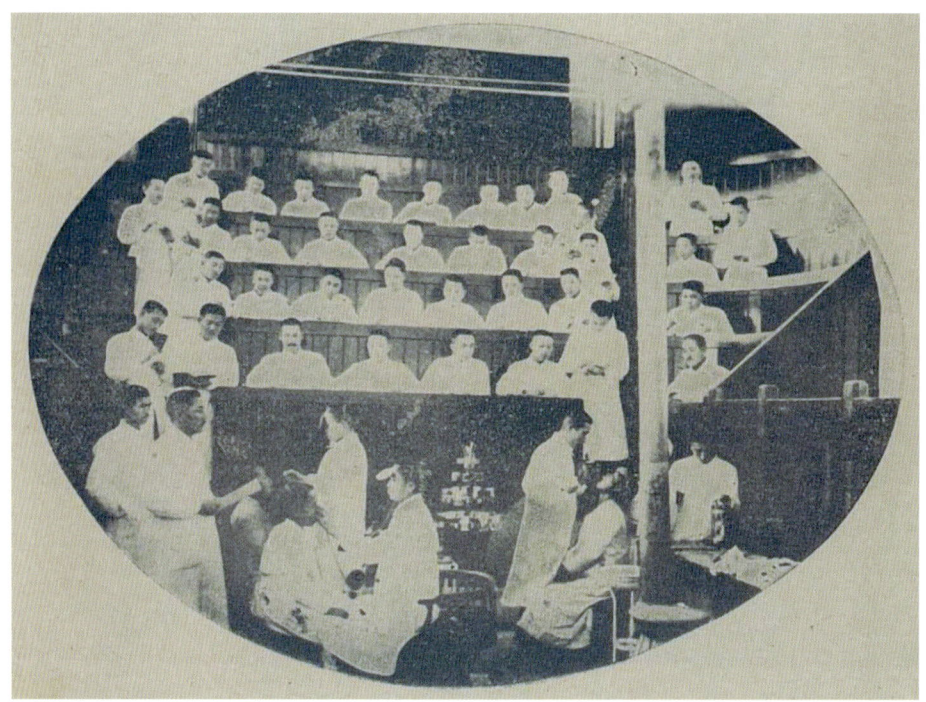

경성의학전문학교 학생 실습 장면. 조선총독부, 『조선』, 1922.3.

## 어의동보통학교 06

1895년 관립 양사동養士洞소학교로 설립한 뒤 1903년 어의동於義洞으로 이전했고, 1906년 어의동보통학교로 개편했다. 오늘날 효제초등학교의 전신이다. 효제동 290.

어의동보통학교. 조선건축회, 『조선과 건축』 제11집 제10호, 1936. 10.

경성의학전문학교 전경. 연건동 128. 서울역사박물관.

# 정신貞信여학교 07 07

1887년 설립한 뒤 1895년 정동에서 연지동 136으로 이전했다. 오늘날 정신여자중고등학교의 전신이다.

정신여학교. 정신여자중·고등학교 동문회, 『사진으로 보는 정절과 신앙의 정신 120년』, 2007.

## 협성실업학교 분관 08 06

1908년 창립한 서북협성학교는 1927년 협성실업학교로 개편 후 연건동 경신학교 수공부 건물로 이전했다.

협성실업학교 분관. 『협성학교 졸업앨범』, 1931. 서울역사박물관.

## 경신儆新학교 05

오늘날 경신중고등학교의 전신이다. 1886년 미국 북장로회파 선교사 언더우드Underwood, H. G.가 정동에 처음 설립했다. 처음에는 언더우드 학당이라 했으나 1891년 예수교학당, 1893년 민노아학당, 1901년 구세학당, 1905년 경신학교로 교명을 바꿨다. 1901년 연지동으로 교사를 이전했다. 배재학당과 더불어 신문화의 선도적 역할을 했다.

1937년 경신학교. 『사진으로 보는 경신학교 130년사. 1885-2015』, 2015.

## 이용문의 집 08

이용문李容汶, 1887~1951은 근대 서화수장가이자 인장 애호가다. 호는 단우丹宇. 화가 김은호, 노수현 등의 일본유학을 후원했다. 1930년경 한·중·일 서예가와 전각가들의 인장 370방方을 모은 『전황당인보』田黃堂印譜 4책을 냈다. 충신동 25.

## 임종상의 집 09

임종상林宗相, 1885~1962은 고리대금업으로 막대한 부를 이룬 친일반민족행위자이다. 성북동에 본집이 있었고 창신동은 별장이었다. 창신동 별장은 매우 호화로워 세간에서 창신궁이라 불렸다. 창신동 648.

# 39 ~ 41

용산은 인왕산에서 뻗어 나간 산줄기가 한강을 향해 나아간 모양이 마치 용의 모습을 닮았다고 하여 붙인 산 이름이자 지역 이름이다. 조선시대부터 일제강점기 초기까지 용산 자락 일대와 지금의 청파동, 공덕동, 마포나루를 용산으로 불렀다. 만초천 동쪽 지역에 일본군 시설과 배후 시설이 들어서며 기존의 용산은 구용산으로 불리게 되고 새로 개발된 지역이 신용산이라 불리게 되었다.

구용산은 조선 말 청나라와 일본의 각축장으로서 각국인들의 거류지가 형성되어 프랑스·중국·일본인 등이 종교 및 상업 활동을 전개했다. 서울역에서 한강철교에 이르는 신용산 지역은 조선시대까지 홍수피해가 잦아 낮은 지대에는 인가가 거의 없는 벌판이었다. 그러나 도심과 가깝고 한강 수운을 이용해 인천과의 연결이 용이하며 평탄하고 넓은 이 지역은 일제의 식민통치 군사기지로 이용되었다.

# 도화동
# 도원동
# 청파동
# 청암동
# 신창동

도화동과 도원동은 복숭아나무가 많고 복사꽃이 많이 피어서 유래한 지명이다. 청암동은 이 마을에 큰 바위가 있던 데서, 청파동은 푸른 야산의 언덕이 많았던 데서 유래했다. 신창동은 조선시대 호조의 별고別庫인 신창新倉이 있던 데서 유래했고, 산천동은 일제에 의해 산수정 山水町이 된 지명을 1946년에 바꾼 것이다.

1887년 우리나라 최초의 신학교인 용산신학교가 설립되었고, 1888년 한강에 증기선이 운항되었으며, 1900년에는 서계동-청파동-원효로4가에 이르는 전차가 개통되었다. 1905년에는 러일전쟁에 승리한 일제에 의해 군사기지와 철도기지가 세워져 식민 통치와 대륙 침략의 거점이 되었다. 이 지역에는 마포보통학교, 용산성심성당, 서적인쇄공사, 서본원사 등이 있었다. 오늘날 용산구 대원동에 해당하는 야요이초에는 신마치 유곽과 더불어 경성의 대표적인 유곽인 야요이초유곽이 있었다.

왼쪽 영역은 확대 지도에서 생략함.

01 마쓰미야석회공장
02 마포공립보통학교
03 프랑스교회(예수성심성당)
04 야요이초유곽
05 조선계기회사
06 복수양행
07 서본원사
08 조선서적인쇄주식회사

01
02
麻浦普通校
03
フランス教會
舊
龍
山
04
蒲生町貸座敷組合事務所
遊
廓
蒲生町驛
08
書籍印刷會社
05
朝鮮計器會社
06
福壽洋行
07
西本願


大京城府大觀
仁川府

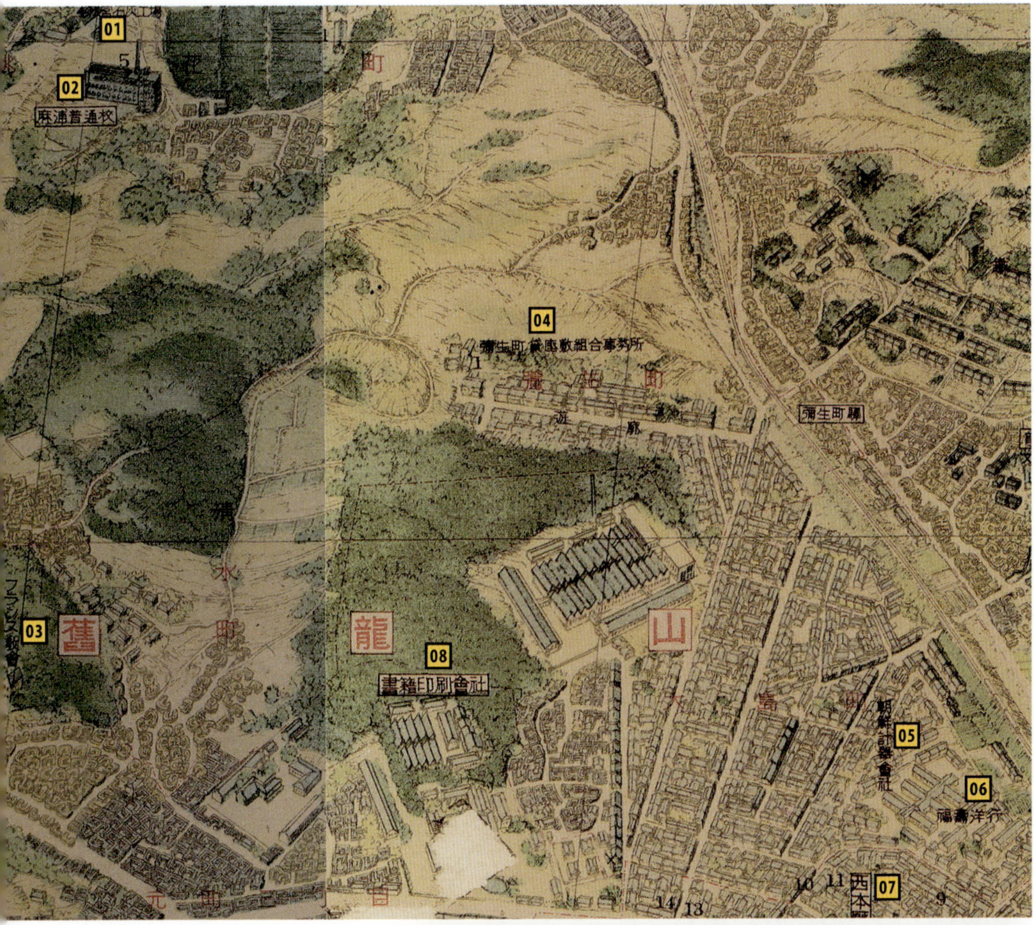

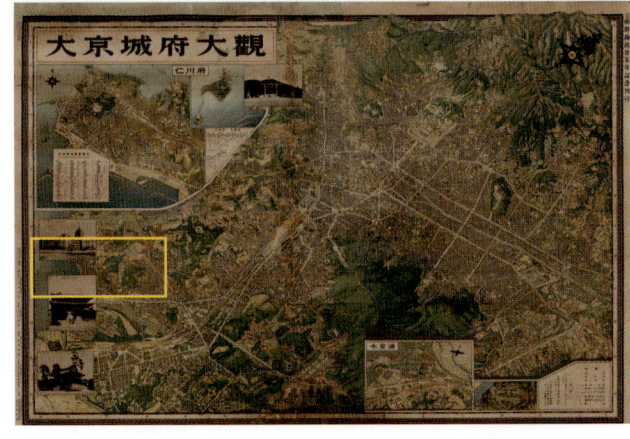

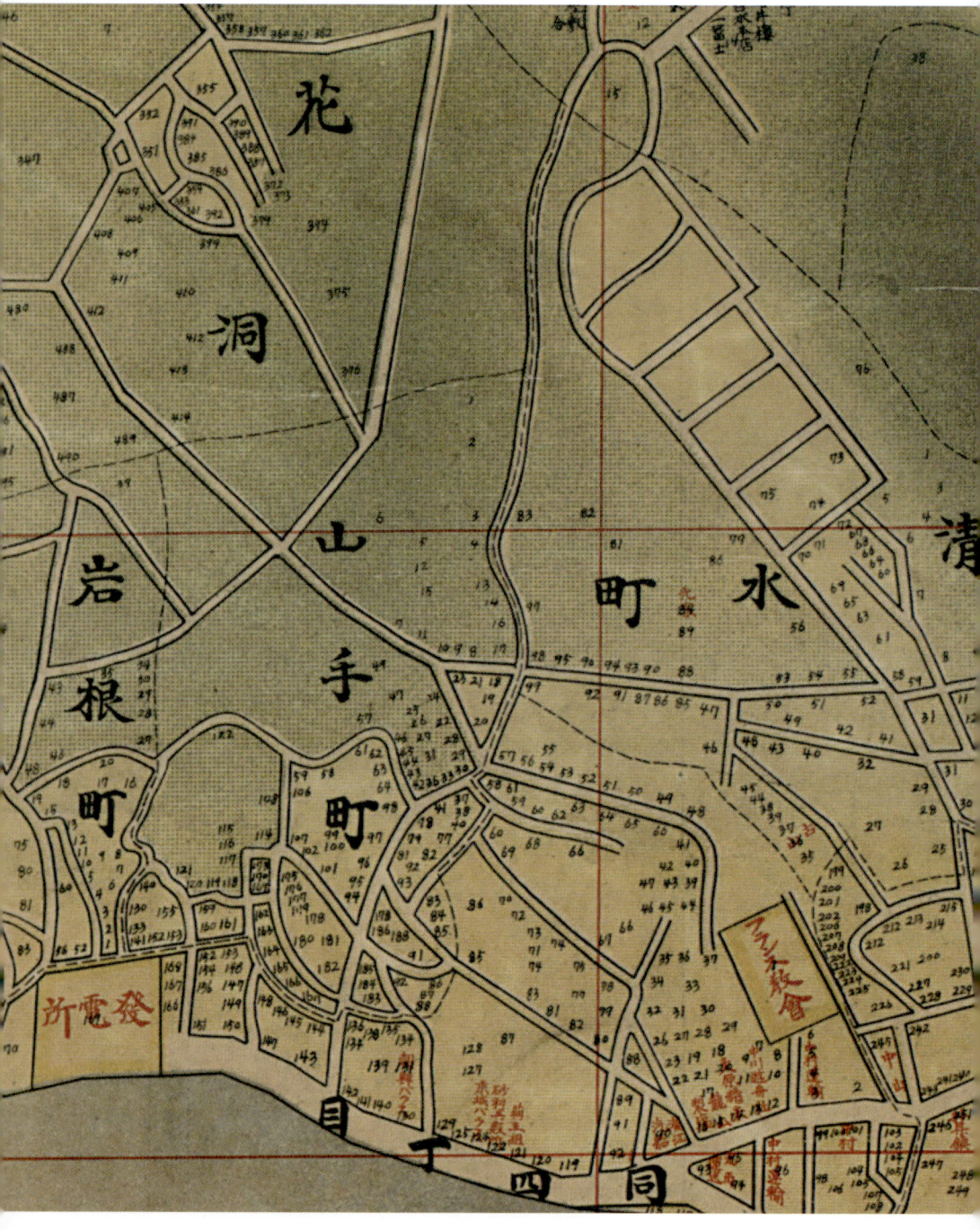

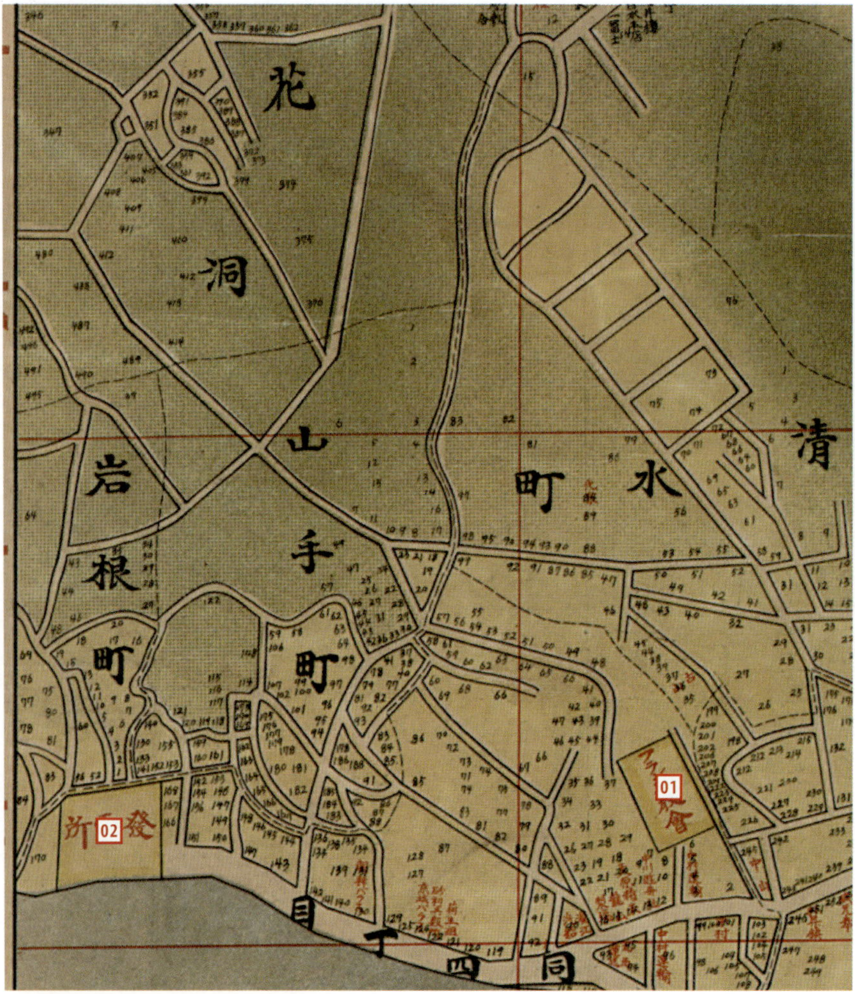

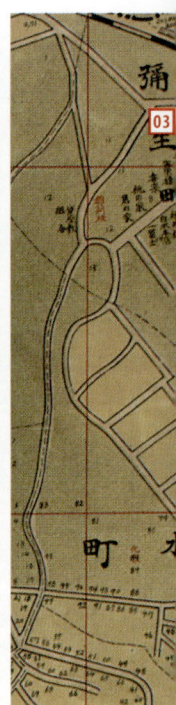

| 01 | 프랑스교회(예수성심성당) |
| 02 | 용산발전소(마포발전소) |
| 03 | 야요이초유곽 |
| 04 | 조선계기회사 |
| 05 | 복수양행 |
| 06 | 서본원사 |
| 07 | 조선서적인쇄주식회사 |

## 마쓰미야松宮석회공장 01

1904년 창업한 석회제조 공장이다. 도화동 241.

미쓰미야석회공장.
와다 시게요시,
『대경성도시대관』,
조선신문사, 1937.

## 마포공립보통학교 02

1911년 개교했으며 오늘날 마포초등학교의 전신이다.

마포공립보통학교.
조선건축회, 『조선과 건축』
제11집 제10호, 1936. 10.

## 프랑스교회(예수성심성당) 03 01

프랑스 외방전교회 소속 용산 예수성심신학교와 예수성심성당이다. 1885년 원주 부엉골에서 문을 연 예수성심신학교는 1887년 용산으로 이전하여 1892년 학교 건물을 건립했고, 예수성심신학교 부속 예수성심성당은 1902년 건립했다. 용산 예수성심신학교는 한국 최초의 신학교 건물로 오늘날 용산신학교이고, 예수성심성당은 오늘날 원효로 예수성심성당이다. 원효로4가 1.

예수성심신학교와 예수성심성당. 서울역사박물관.

# 야요이초유곽 04 03

1906년 도원동에 모모야마桃山유곽遊廓이 설치되었다. 1914년 도원동의 지명이 야요이초彌生町로 바뀐 뒤 모모야마유곽은 야요이초유곽으로 불렸다.

유곽은 성매매를 할 수 있는 업소들이 모여 있는 구역을 뜻한다. 일본 에도시대에 만들어져 막부 공인 아래 성매매가 이루어졌다.

야요이초유곽은 일본요리옥이면서도 대좌부貸座敷를 겸하는 요리대좌부업으로 운영한 것으로 보인다. 대좌부는 글자 그대로 방을 빌려주는 곳을 뜻했는데, 성매매를 하는 여성에게 포주가 장소를 제공한다는 의미에서 성매매 업소를 대좌부라 했다. 일본은 1872년 창기광복령 이후 성매매를 하는 곳을 대좌부라 불렀다. 야요이초의 일본요리옥에서 열린 큰 연회의 참석자는 대부분 철도국 사람들이었고, 카페는 군인들을 대상으로 한 곳이 많았다고 하며 특히 이 부근은 철도원의 월급날 기준으로 성쇠를 거듭했다고 한다.*

* 하시야 히로시 지음·김제정 옮김, 『일본 제국주의, 식민지 도시를 건설하다』, 모티브, 2005, 87~107쪽; 아라이 요시코(Arai Yoshiko), 근대기(1875~1941)의 서울 일본음식점 연구, 이화여자대학교 대학원 한국학과 석사학위 논문, 2021, 76쪽.

야요이초유곽 전경. 손정목, 『일제강점기 도시사회상 연구』, 일지사, 1996.

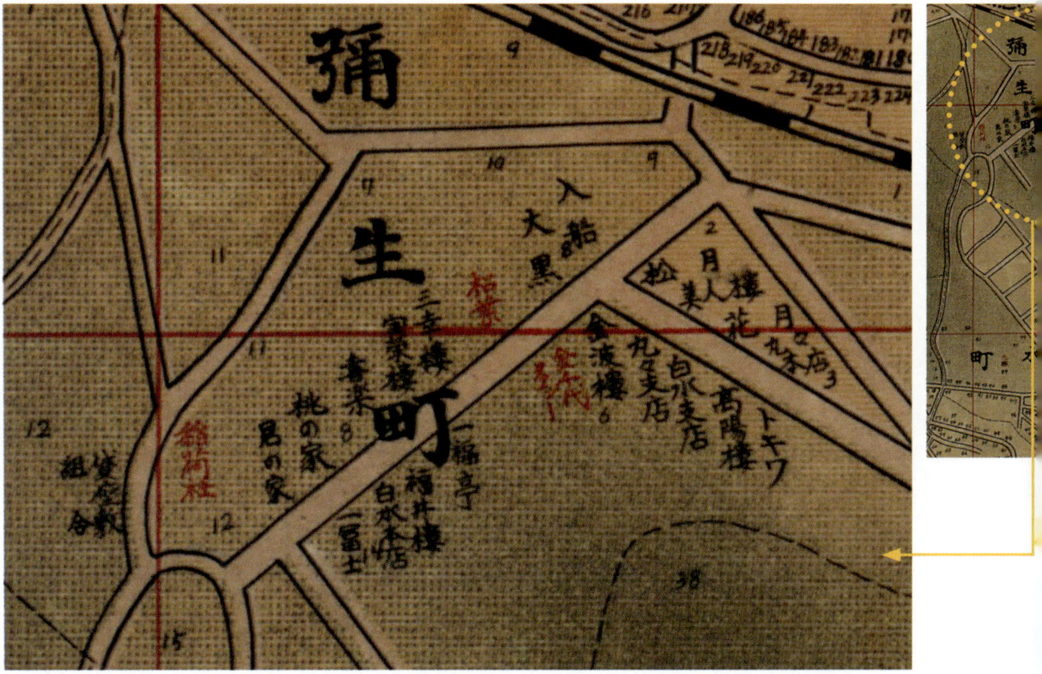

〈경성정밀지도〉에서 볼 수 있는 야요이초유곽의 업소들(오른쪽 위에서 시계 방향). 대좌부조합은 제일 왼쪽에 있다.
1. 송월松月  2. 미인루美人樓  3. 화월花月  4. 환환丸々 본점  5. 도키와トキワ·常磐  6. 고양루高陽樓  7. 백수白水 지점  8. 환환丸々 지점  9. 금파루金波樓  10. 일복정一福亭  11. 복정루福井樓  12. 백수白水 본점  13. 일부사一富士  14. 거노가居の家  15. 도노가桃の家  16. 희락喜樂  17. 보영루寶榮樓  18. 삼행루三幸樓  19. 송엽松葉  20. 대흑大黑  21. 입선入船

대좌부조합

금파루

복정루

일부사

대흑

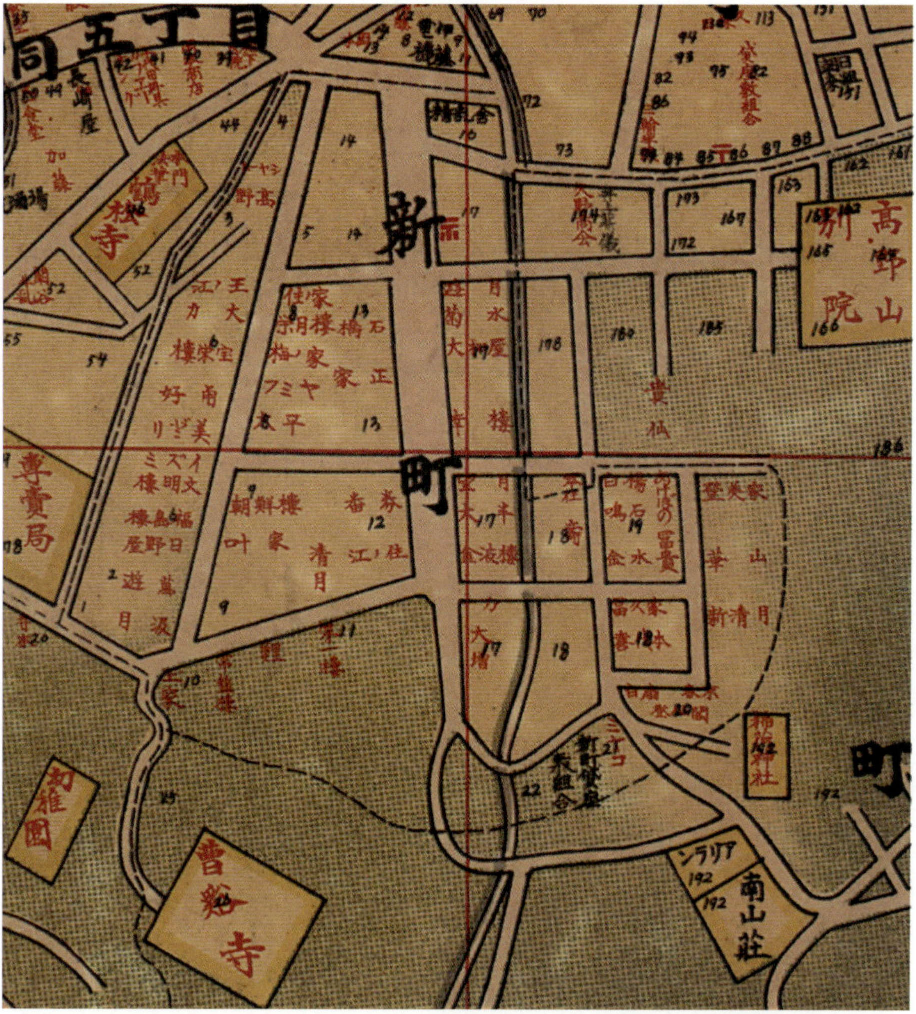

당시 경성에는 야요이초유곽보다 먼저 생긴, 신마치유곽이 있었다. 1904년 들어선 뒤 경성 최대의 유곽으로 알려진 신마치 유곽은 오늘날 중구 묵정동 일대로, 〈경성정밀지도〉에서 볼 수 있는 당시 유곽 업소들은 다음과 같다.

1. 유월遊月 2. 국수菊水 3. 대화옥大和屋 4. 행루幸樓 5. 망월望月 6. 대반大半 7. 금파루金波樓 8. 금주琴住 9. 수壽 10. 백양白陽 11. 명석鳴石 12. 금수金水 13. 아케보노あけぼの 14. 부귀富貴 15. 등미가登美家 16. 화산華山 17. 신청월新淸月 18. 부구가富久家 19. 희대본喜代本 20. 춘경春京 21. 등선각登仙閣 22. 백선白扇 23. 미야코ミヤコ 24. 대증大增 25. 일력一力 26. 제일루第一樓 27. 리鯉 28. 상반루常盤樓 29. 토가土家 30. 강노주江ノ住 31. 청월淸月 32. 협가叶家 33. 조선루朝鮮樓 34. 급월汲月 35. 만유漫遊 36. 일야옥日屋 37. 복도루福島樓 38. 문명루明樓 39. 이즈미イズミ 40. 용호甬好 41. 보영루寶榮樓 42. 대력大力 43. 왕노강王ノ江 44. 태평太平 45. 후미야フミヤ 46. 매노가梅ノ家 47. 영월루榮月樓 48. 가정家正 49. 교석橋石 50. 주노가住ノ家 51. 고야高野 52. 시야토シヤート

## 조선계기 計器 회사 05 04

1925년 창업했다. 한강로 3.

조선계기회사.
조선매일신문사,
『대경성: 안내서』, 1925.

## 서본원사 西本願寺 07 06

1906년 창립한 용산본파 본원사다. 원효로2가 73.

서본원사. 와다 시게요시,
『대경성도시대관』, 조선신문사, 1937.

## 복수양행 福壽洋行 06 05

1907년 창업했다. 주로 염료나 도료 등을 취급했다. 사진은 남대문로4가 22 본사로 추정한다.

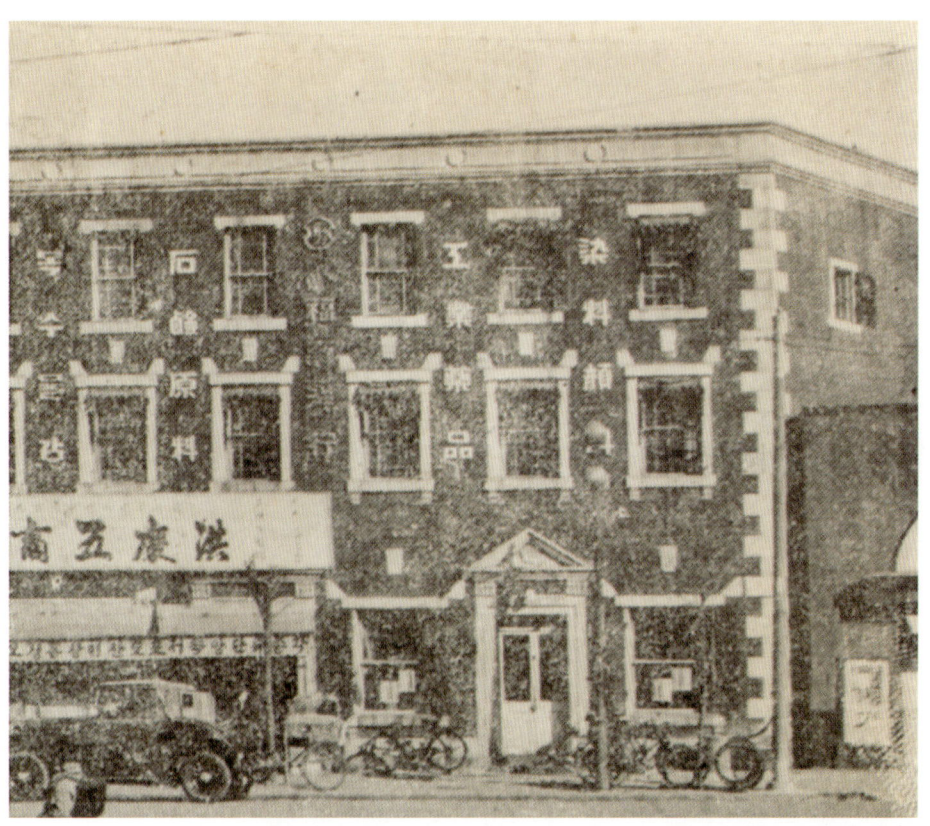

건물 제일 왼쪽에 '복수물감' 글자가 보인다. 와다 시게요시, 『대경성도시대관』, 조선신문사, 1937.

# 조선서적인쇄주식회사 08 07

교과서 등을 인쇄한 회사다. 원효로3가 1.

조선서적인쇄주식회사 사무소와 공장.
조선건축회, 『조선과 건축』, 제14집 제11호. 1935. 11.

## 용산발전소(마포발전소) 02

1903년 한성전기주식회사의 제2발전소로 설치했다. 마포나루와 가까워 마포발전소로도 불렸다. 공해로 인한 인근 주민의 민원과 홍수의 위협으로 1930년 경기도 용강면 당인리로 이전한 후 예비발전소로 유지하다 1938년 폐쇄했다.* 원효로4가 169.

경성전기주식회사 발전소(용산·마포발전소). 조선총독부체신국, 『조선의 체신사업』, 1930.

* 이순우, 『용산, 빼앗긴 이방인들의 땅』 2, 민족문제연구소, 2022, 160~175쪽.

# 42~43

이 지역은 용산구 효창동, 청파동으로서 '구용산'에 속한다. 효창동은 정조의 장남 문효세자의 묘소인 효창원이 있던 데서 유래했고, 청파동은 조선시대 한성과 삼남지방을 연결하는 청파역이 있던 교통의 요지였다. 일제강점기에는 일본인 중심의 거주지가 형성되었고 각종 교육기관을 비롯한 생활시설이 들어섰다. 경성역 개통 이래 청파동은 경성역 배후에 놓이면서 서울 도심의 발전과는 거리를 둔 채 주거지로서의 성격이 강해졌다.

# 효창동
# 청파동

용산역 부근은 서울의 대표적인 공장지대였기 때문에 다양한 공장들이 산재해 있었다. 특히 남영동·갈월동·후암동 등과 원효로1가에는 소득 수준이 높은 일본인들의 수요와 군납품을 위한 과자공장이 있었다.
이 지역에는 일본의 사회교육단체 수양단 본부, 행려병자 구호를 위한 불교자제원, 서룡사 등과 선린상업학교, 용산보통학교, 효창보통학교 등의 학교가 있었다.

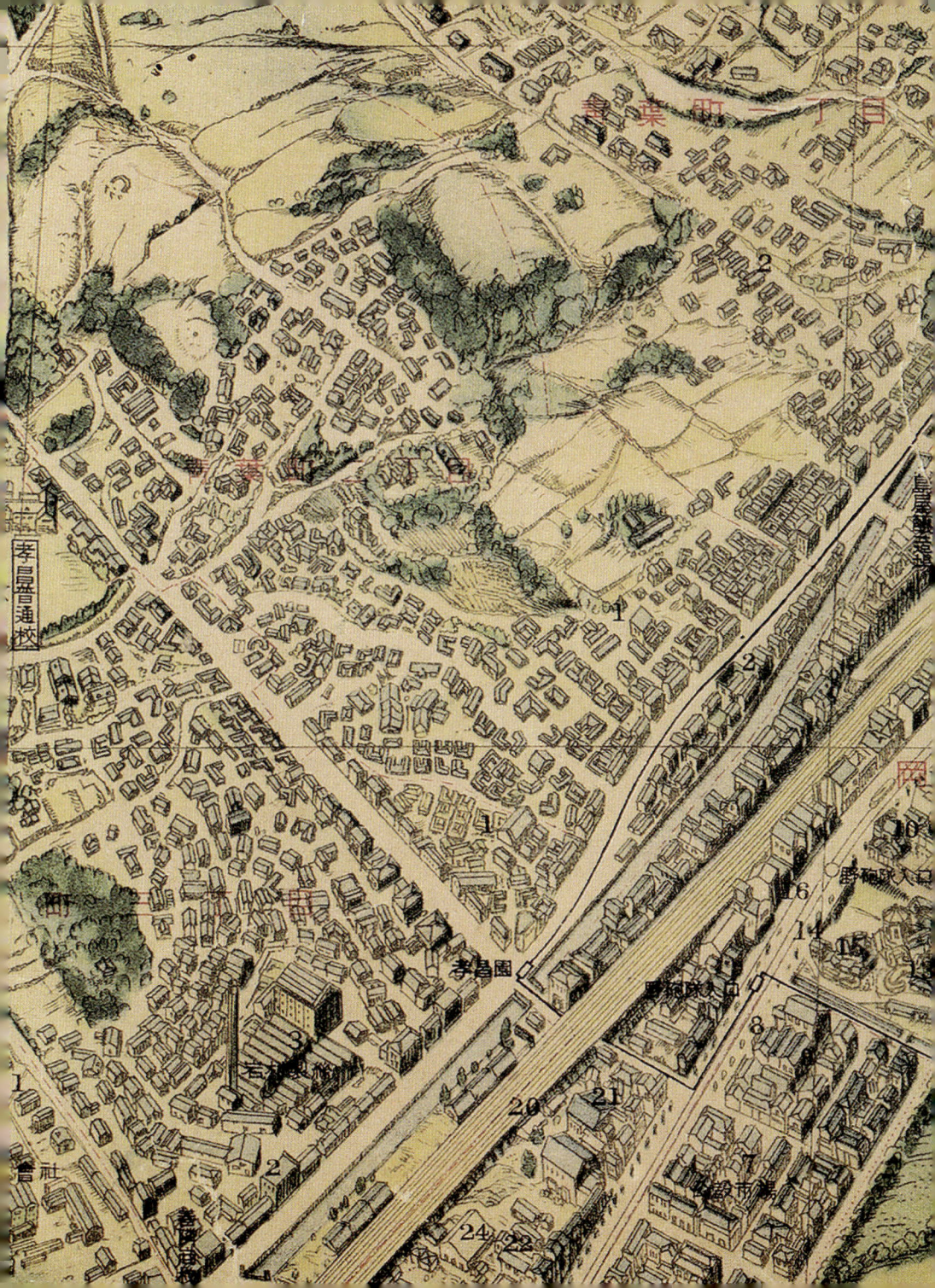

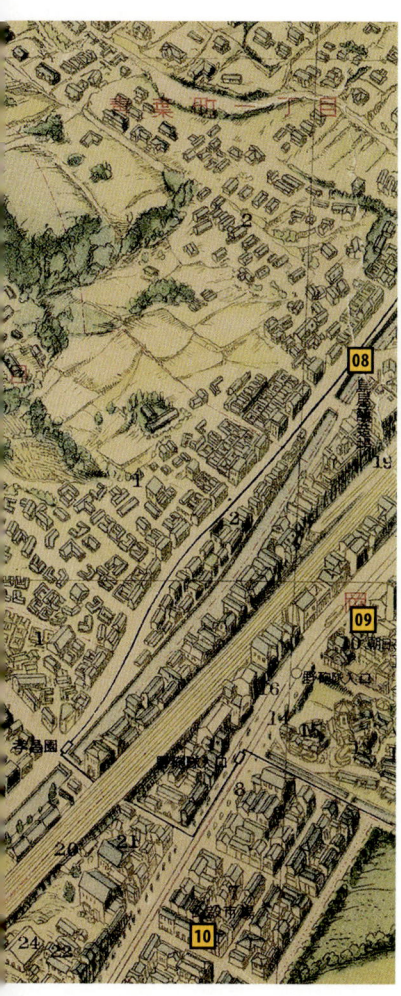

| | |
|---|---|
| 01 | 효창원(효창공원) |
| 02 | 수양단조선연합본부 |
| 03 | 선린상업학교 |
| 04 | 경성불교 자제원 |
| 05 | 서룡사 |
| 06 | 효창동 철도관사 |
| 07 | 용산공립보통학교 |
| 08 | 시마야양조소 |
| 09 | 아사히비누 |
| 10 | 용산공설시장 |
| 11 | 이와무라구미 경성출장소 |
| 12 | 효창보통학교 |

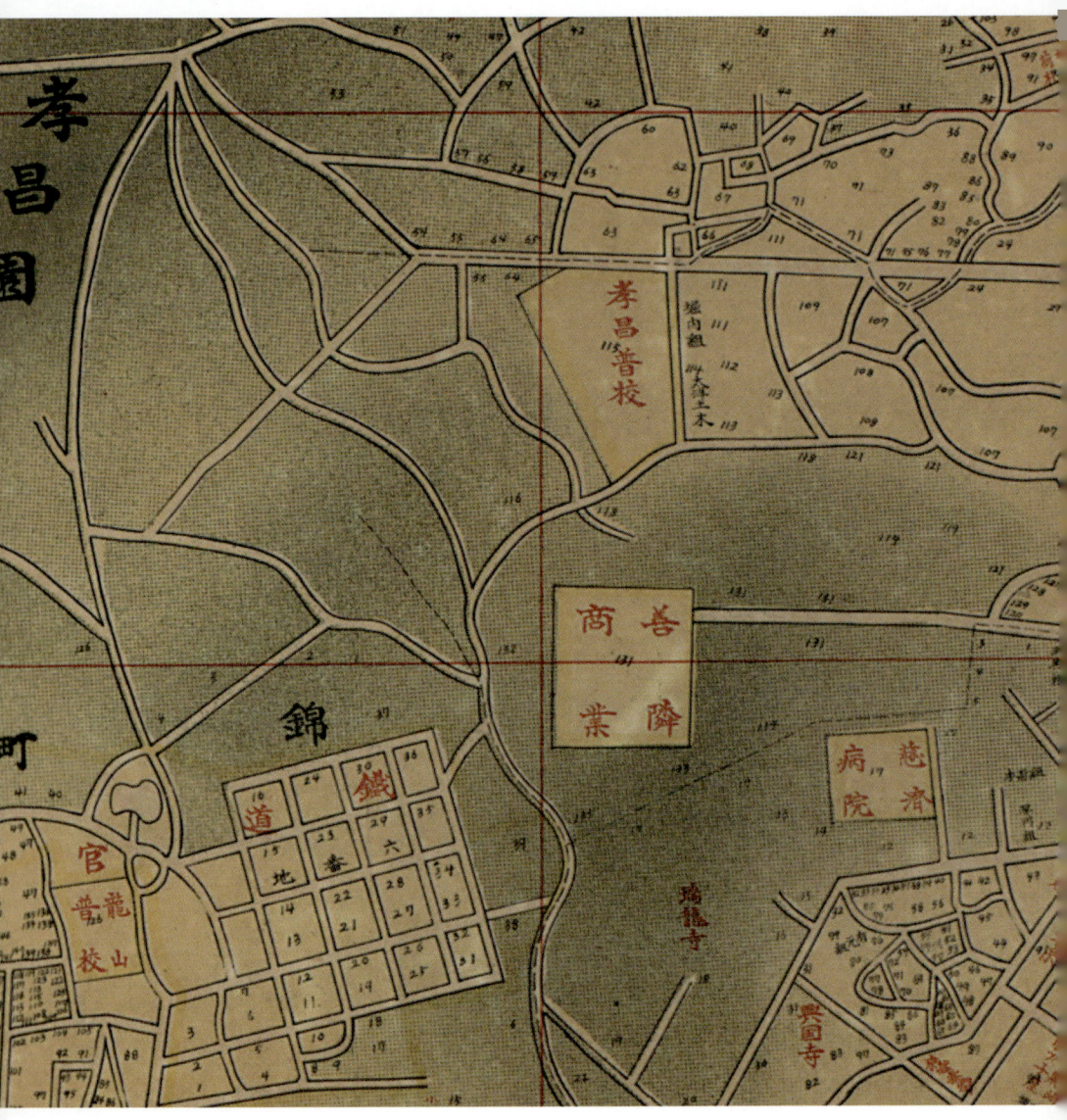

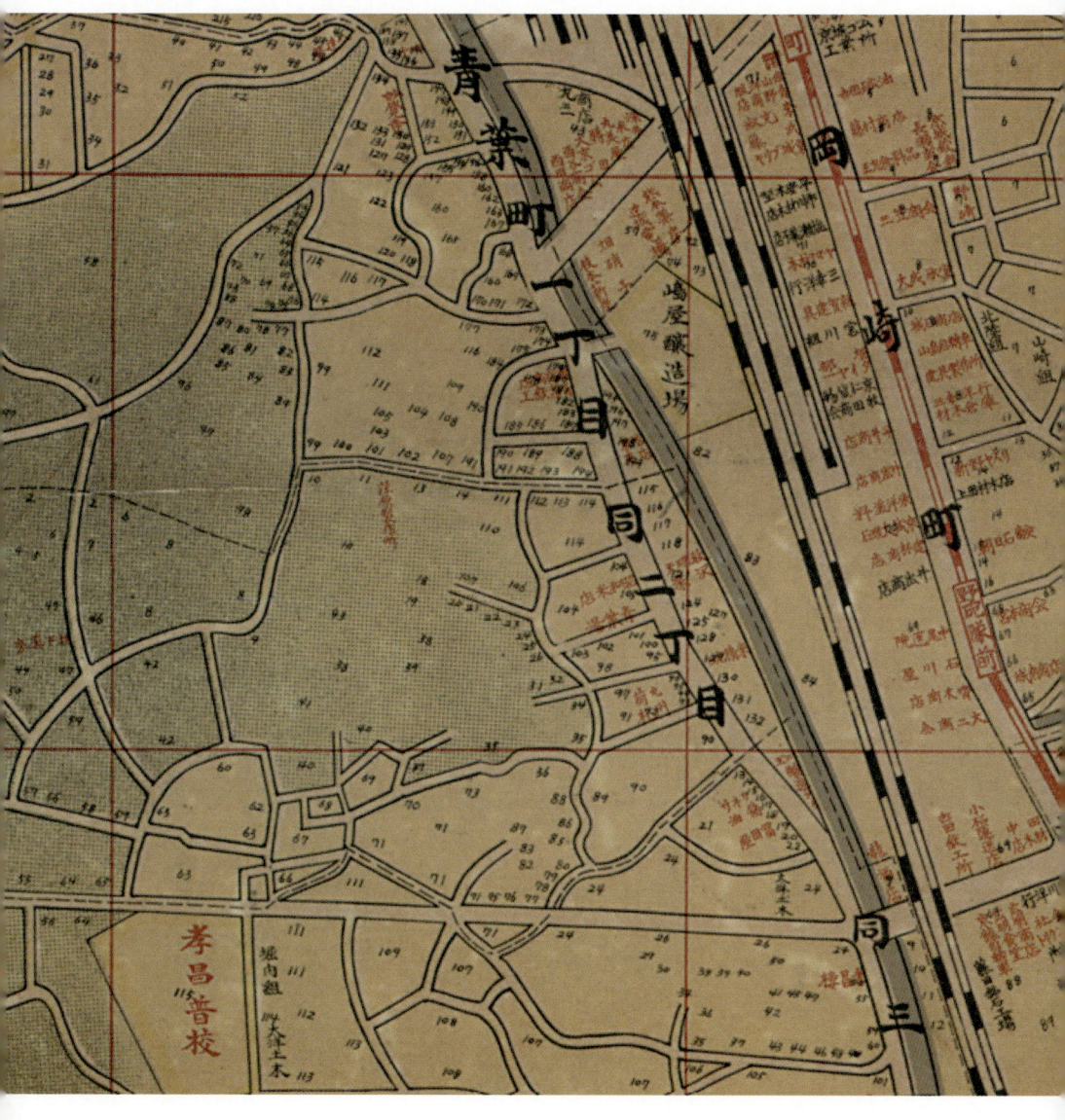

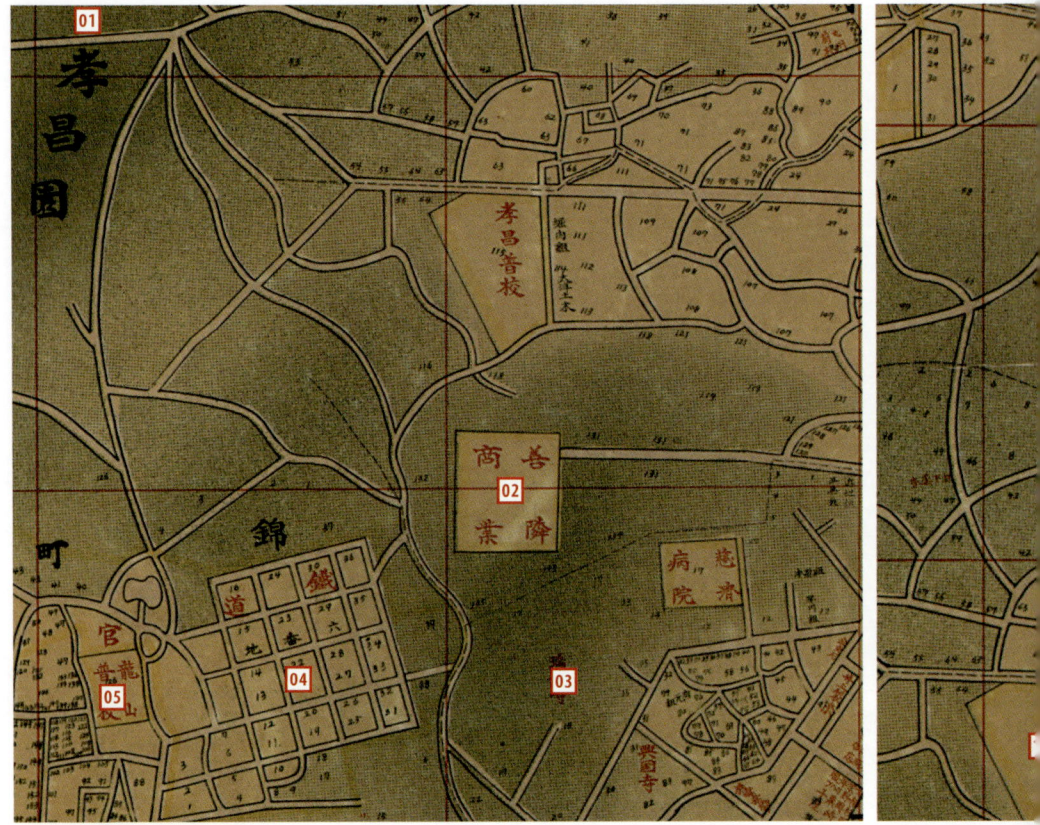

01 효창원(효창공원)
02 선린상업학교
03 서룡사
04 효창동 철도관사
05 용산공립보통학교
06 경성고무공업소
07 미유키양행
08 아사히비누
09 가네사장유
10 효창보통학교

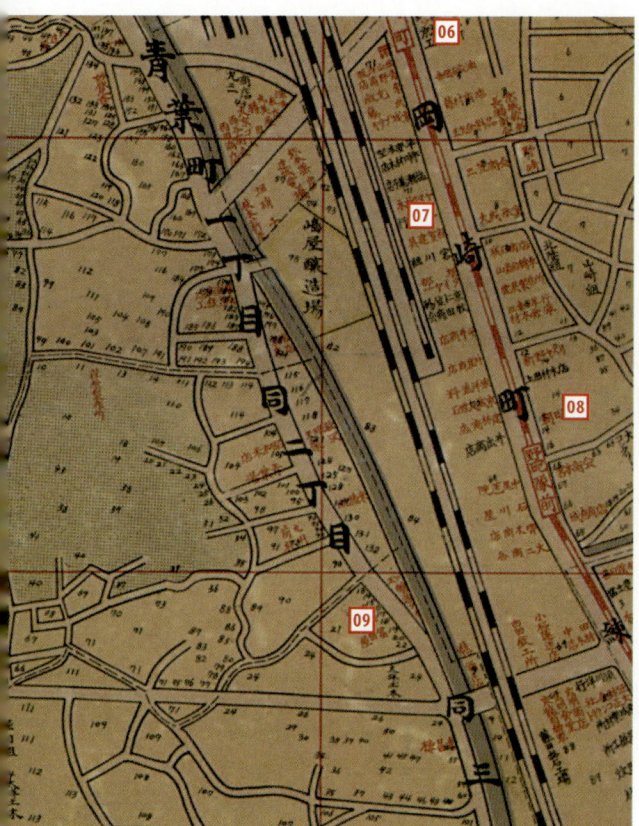

효창동, 청파동

# 효창원(효창공원) 01 01

효창원은 1940년 문효세자의 묘 등을 경기도 고양군 서삼릉으로 이전하면서 효창공원이 되었다. 광복 이후인 1946년 윤봉길·이봉창·백정기 등 삼의사 유해 및 이동녕·조성환·차이석 등 3인의 유해, 1949년에는 백범 김구의 유해를 이 공원에 안장했다. 2002년 백범기념관을 이곳에 건립했다.

　효창원은 골프의 역사와도 관계가 있다. 골프가 한국에 도입된 것은 1897년 무렵 당시 원산에 상주했던 영국 세관원들이 해관海關, 세관 내의 유목산 중턱에 만든 6홀의 간이코스가 처음으로 전해진다. 1921년 조선철도국은 효창원에 골프장9홀을 개장했다. 1924년 4월 폐장한 뒤 1929년에는 경성 최초의 스키장이 되기도 했다.

효창원 골프장. 조선총독부, 『조선』, 1925.

광복 직후인 1945년 9월 촬영한 용산 만초천과 효창공원 일대 항공사진. 서울시립대학교박물관.

## 수양단修養團 조선연합 본부 02

1906년 일본에서 결성된 사회교육단체다. 동포상애同胞相愛와 유한단련流汗鍛鍊, 즉 사랑[愛]과 땀[汗]을 모토로 국민정신작용을 위한 윤리운동에 주력했다. 1924년 결성한 수양단조선연합회는 처음에는 서대문에 있었으나 1930년 청파동으로 이전했다. 전시체제가 되면서부터 황민화를 목적으로 하는 전시동원 관변단체와 같은 행보를 보였다.* 청파동3가 118.

수양단조선연합본부. 와다 시게요시, 『대경성도시대관』, 조선신문사, 1937.

* 이순우, 『용산, 빼앗긴 이방인들의 땅』 2, 민족문제연구소, 2022, 331~344쪽.

## 선린善隣상업학교 03 02

조선 최초의 근대 실업학교다. 1899년 관립상공학교로 명동에서 개교했고, 1904년 9월 관립농상공학교로 개편했다. 관립농상공학교에서 상과를 따로 분리할 때 일본의 실업가 오쿠라 기하치로大昌喜八郞의 기부로 1907년 선린상업학교가 분리·설립되었다. 선린상업학교는 1913년 명동에서 청파동3가 13으로 이전했으며 오늘날 선린인터넷정보고등학교의 전신이다.

일제강점기 엽서 속 선린상업학교. 부산박물관.

* 이순우, 『용산, 빼앗긴 이방인들의 땅』 2, 민족문제연구소, 2022, 345~357쪽.

남산 조선신궁 광장에서 바라본 용산 방향. 멀리 한강이 보인다. 화면 중앙 상단에서 왼쪽으로 선린상업학교, 효창공립보통학교, 오포대. 1907년부터 남산에 있던 오포대는 1920년 선린상업학교 부근으로 이전했다. 조선신궁사무소 편, 『조선신궁사진첩』, 1926.

## 경성불교 자제원慈濟園 04

행려병인 구호 및 일반진료를 위해 1917년 설립했다. 원효로1가 17.

경성불교자제원.
조선총독부학무국
사회교육과,
『조선에서의 종교 및
향사일람』, 1931.

## 서룡사瑞龍寺 05 03

일본 조동종曹洞宗 사찰로 1909년 본당을 건축했다. 원효로1가 18.

## 효창동錦町 철도관사 06 04

효창동에 있던 철도관사다.

효창동 2호 철도관사.
조선총독부철도국,
『조선철도40년약사』,
1940.

## 용산공립보통학교 07 05

1915년 개교했다. 오늘날 금양초등학교의 전신이다. 효창동 126.

용산공립보통학교.
와다 시게요시,
『대경성도시대관』,
조선신문사, 1937.

## 시마야島屋양조소 08

1906년 창업한 회사로 일본식 된장과 간장을 만들었다. 갈월동 75.

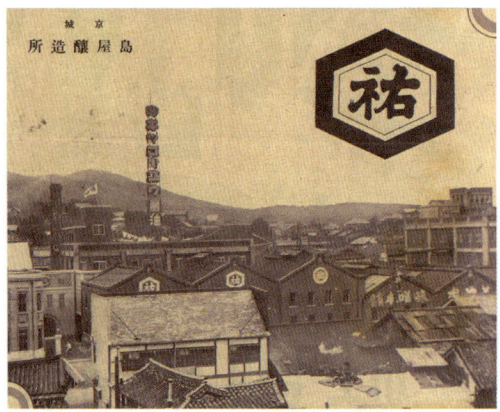

시마야양조소 광고. 『경성일보』, 1933. 9. 3.

## 아사히朝日비누 09 08

1920년 창업한 회사로 비누를 만들었다. 갈월동 14.

아사히비누. 와다 시게요시, 『대경성도시대관』, 조선신문사, 1937.

## 용산공설시장 10

1920년 창업한 곳으로 처음에는 문배동에 있다가 1922년 이전했다. 한강로 3.

용산공설시장.
와다 시게요시,
『대경성도시대관』,
조선신문사, 1937.

## 이와무라구미岩村組 경성출장소 11

1934년 창업한 회사로 토목건축청부업·석탄 등을 취급했다. 청파동3가 100. 〈대경성부대관〉에는 이와무라제사岩村製絲로 되어 있다.

이와무라구미 경성출장소. 와다 시게요시, 『대경성도시대관』, 조선신문사, 1937.

# 효창孝昌보통학교 12 10

1920년 개교했다. 청파동3가 115.

효창보통학교. 서울역사박물관.

## 경성고무공업소 06

1924년 창업한 회사로 고무제품 및 부수물품을 제작했다. 갈월동5가 15.

경성고무공업소. 와다 시게요시,
『대경성도시대관』, 조선신문사, 1937.

## 미유키三幸양행 07

1905년 창업한 회사로 주로 목재, 시멘트 등을 취급했다. 갈월동 70.

미유키양행.
와다 시게요시,
『대경성도시대관』,
조선신문사, 1937.

# 가네사カネサ장유醬油 09

1904년 창업한 회사로 일본식 된장을 만들었다. 청파동3가 21.

가네사장유. 와다 시게요시, 『대경성도시대관』, 조선신문사, 1937.

# 44

경성역 남쪽 지역인 동자동, 갈월동, 후암동이다. 경성역과 용산역의 중간 지역으로서 동자동과 갈월동에는 철도와 철도여객 및 운수와 관련된 회사와 업소 들이 밀집해 있었다. 동자동에는 경성역, 조선철도주식회사, 조선운송주식회사, 경성철도우편국 등 교통 운수 관련 회사들이 자리했으며, 철도 여객 관련 여관·식당·택시회사 등이 많이 있었다. 갈월동은 건설회사, 공장, 제작소, 창고 등이 모여 있는 지역이었다. 동자동은 서계동의 대칭으로 동쪽 마을이라는 뜻에서 유래되었다고 하나 확실하지는 않다. 갈월동은 칡이 무성해서, 후암동은 후암, 곧 둥글고 두터운 큰 바위가 있던 데서 이름이 유래했다고 한다.

후암동은 일제강점기에 일본인에 의해 본격적으로 개발된 고급주택지다. 후암동 일대는 1910년대 말까지만 해도 본격적인 개발이 이루어지지 않은 구릉 또는 숲이었다. 한촌閑村에 지나지 않던 후암동은 성벽의 남쪽, 남산의 미개발지로서 수목이 많고 조망이 좋은 '공기 좋

# 동자동
# 갈월동
# 후암동

고 채광과 통풍에 유리한 건강한 주택지'로서 일본인들의 고급주택지로 개발되기 시작했다. 1920년대 초반에 조선은행 사택지가 개발되고 중후반에는 세 차에 걸쳐 쓰루가오카 주택지가 개발되었다. 1925년, 1927년, 1928년 3차례에 걸쳐 개발된 후암동의 쓰루가오카 주택지는 경성의 3대 문화주택지 중 하나로 손꼽히던 곳이다. 후암동은 쓰루가오카 주택지 외에도 미요시三好和주택지, 신세다이神井臺주택지 등 여러 주택지가 개발되었다. 일제강점기 당시 주택지로서의 후암동의 인기와 선호를 알 수 있게 해주는 예이다.

1919년 후암동에 설립된 경성미사카三坂공립소학교와 1922년 역시 후암동에 설립된 경성제이공립고등여학교는 일본군 용산 병영지의 확장에 따라 시가지가 팽창하고 인구 유입이 급속히 늘어남에 따라 이들의 자제들을 위한 학교 설립의 필요성 증대에 의해 세워졌다.

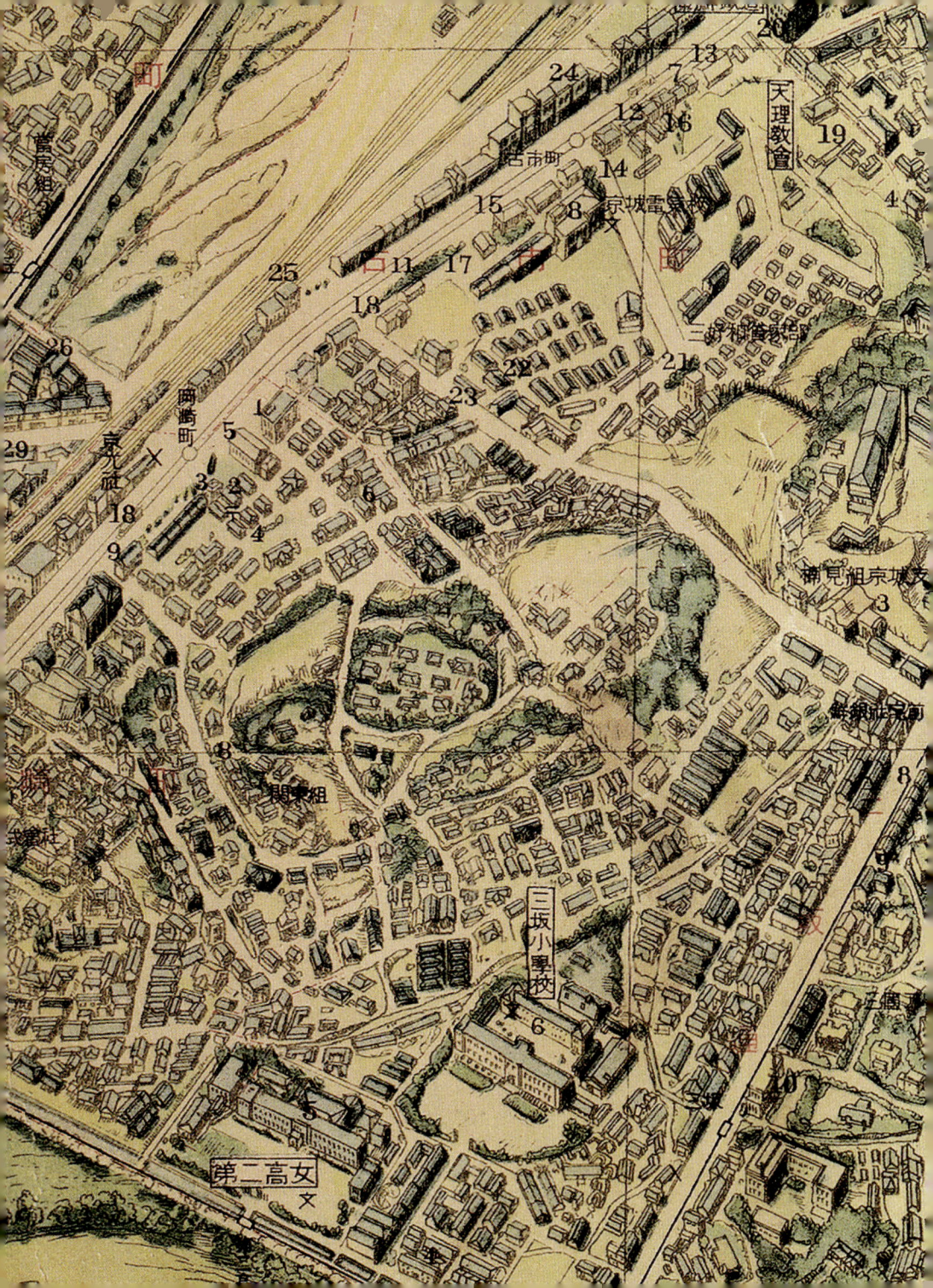

| 01 | 조선철도주식회사 |
| 02 | 천리교 조선포교관리소 |
| 03 | 구스미구미 경성지점 |
| 04 | 미사카심상고등소학교 |
| 05 | 간토구미 |
| 06 | 경성제이공립고등여학교 |
| 07 | 경광사 영업소 |
| 08 | 도보구미 |

동자동, 갈월동, 후암동

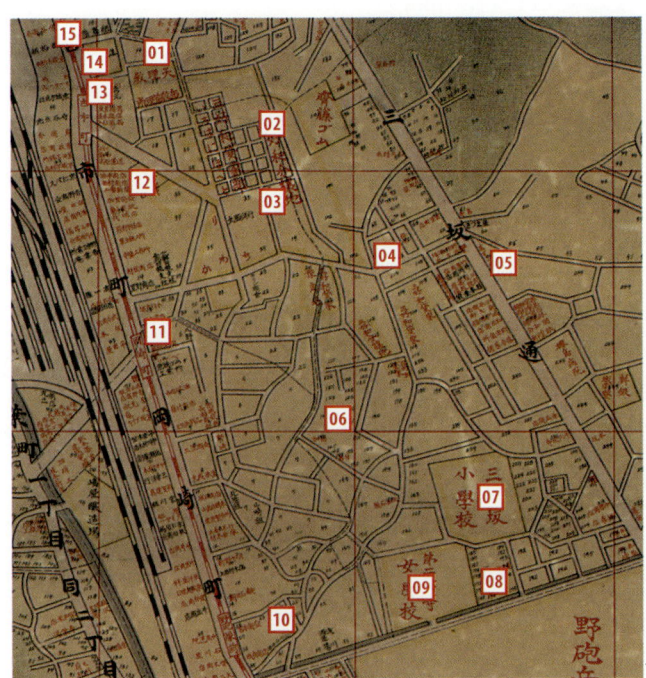

01 천리교 조선포교관리소
02 미요시주택지
03 아오키상회
04 구스미구미 경성지점
05 마쓰바구미
06 미쓰비시 경성합숙소
07 미사카심상고등소학교
08 오쓰카유리제조소
09 경성제이공립고등여학교
10 다이쇼콘크리트공업소
11 경성과자주식회사
12 경성전기학교
13 가타야마상회
14 조선철도주식회사
15 도비시마구미 경성지점

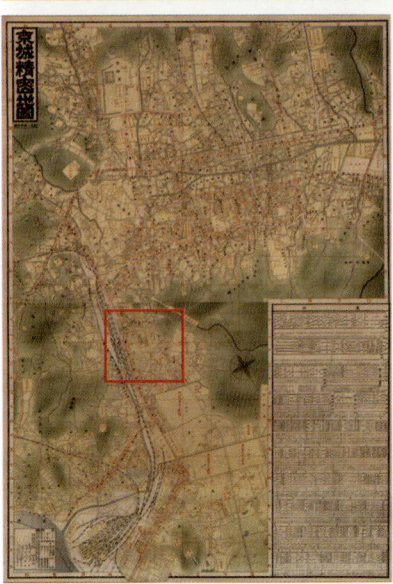

1922년 촬영한 개수 전의 갈월동. 조선총독부내무국 경성토목출장소, 『경성시구개정사업 회고 20년』, 1930.

1930년 촬영한 갈월동 부근. 공장 지대의 모습이다. 조선총독부내무국 경성토목출장소, 『경성시구개정사업 회고 20년』, 1930.

개수 후의 후암동.
조선총독부내무국
경성토목출장소,
『경성시구개정사업
회고 20년』, 1930.

# 조선철도주식회사 01 14

1916년 창업했다. 동자동 14.

조선철도주식회사. 와다 시게요시,
『대경성도시대관』, 조선신문사, 1937.

# 천리교 조선포교관리소 02 01

1908년 창설했다. 동자동 15.

천리교 조선포교관리소.
조선총독부 학무국,
『조선에서의 종교 및 향사
일람』, 1931.

## 구스미구미 楠見組 경성지점 03 04

일본 오카야마 현에 본점을 둔 토목건축청부업 회사다. 1924년에 창업했다. 후암동 103.

구스미구미 경성지점. 와다 시게요시, 『대경성도시대관』, 조선신문사, 1937.

## 미사카三坂심상尋常고등소학교 04 07

1919년 창립했다. 오늘날 삼광초등학교의 전신이다. 후암동 186.

미사카심상고등소학교.
와다 시게요시,
『대경성도시대관』,
조선신문사, 1937.

## 간토구미 關東組 05

1926년 창업한 토목건축업 회사다. 갈월동 7-71.

간토구미. 와다 시게요시,
『대경성도시대관』, 조선신문사,
1937.

## 경성제이第二공립고등여학교 06 09

1920년 창립했다. 오늘날 수도여고의 전신이다. 학교 앞에는 갈월천葛月川, 덩쿨내이 흐르고 갈월교가 놓여 있었다.

경성제이공립고등여학교. 나카무라 미치타로, 『일본지리풍속대계』 조선편, 신광사, 1930.

## 경광사 京光社 영업소 07

1920년 창업한 곳으로 정미기 등을 제작했다. 청파동1가 71.

경광사 영업소. 와다 시게요시,
『대경성도시대관』, 조선신문사, 1937.

## 도보구미 當房組 08

1916년 창업한 토목건축업 회사다. 서계동 19.

도보구미. 와다 시게요시,
『대경성도시대관』, 조선신문사,
1937.

## 미요시三好주택지 02

건축업자 미요시와사부로三好和三郎, 1867-1930의 주택지다. 오사카 출신 미요시는 1899년 2월 인천으로 건너온 뒤, 8월에는 경성으로 옮겨 해산물·곡식·밀가루·설탕 등 다양한 사업을 벌이다가 1919년 조선토지경영주식회사를 설립했다. 조선토지경영주식회사 설립 이후로는 오로지 가옥 개발 및 매매 관련 사업에만 주력했던 그는 동자동 35번지 일대의 미요시주택지 이외에 후암동과 갈월동 등에도 주택 분양지를 경영했다. 미요시 대가부貸家部는 토지를 분할해 분양했다기보다 전체 필지에 여러 주택을 지어 임대했을 것으로 추정된다. 조선토지경영주식회사는 이후 조선토지신탁주식회사, 조선신탁주식회사로 변경했다.*

\* 이경아, 『경성의 주택지: 인구 폭증 시대 경성의 주택지 개발』, 집, 2019, 146쪽.

# 아오키 靑木 상회 03

1922년 창업한 회사로 건축재료를 취급했다. 동자동 19.

아오키상회. 와다 시게요시,
『대경성도시대관』, 조선신문사, 1937.

# 마쓰바구미 松葉組 05

1904년 후암동에서 창업한 토목건축업 회사다. 후암동 244.

마쓰바구미. 와다 시게요시,
『대경성도시대관』, 조선신문사, 1937.

## 미쓰비시三菱 경성합숙소 06

미쓰비시 그룹은 1870년 창립한 복합기업이다. 제2차 세계대전 때 군수기업으로 성장한 일본의 대표적인 극우기업 가운데 하나다. 경성합숙소는 1940년 6월 준공했다. 〈대경성부대관〉에는 '미쓰비시 사택'으로 되어 있다. 후암동.

미쓰비시 경성합숙소. 앞뒤 외관. 조선건축회, 『조선과 건축』, 제19집 제12호, 1940. 12.

미쓰비시 경성합숙소. 현관과 1층 식당. 조선건축회, 『조선과 건축』, 제19집 제12호, 1940. 12.

# 오쓰카 大塚 유리제조소 08

1919년 창업한 회사로 유리 그릇 일체를 만들었다. 후암동 174.

오쓰카유리제조소.
와다 시게요시,
『대경성도시대관』,
조선신문사, 1937.

## 다이쇼大正콘크리트공업소 10

1934년 창업한 회사로 시멘트를 주재료로 한 일체의 건축 설계 시공 청부 및 건축 재료를 판매했다. 갈월동 14.

다이쇼콘크리트공업소.
와다 시게요시,
『대경성도시대관』,
조선신문사, 1937.

# 경성과자주식회사 [11]

1919년 창업했다. 갈월동 2.

경성과자주식회사. 와다 시게요시, 『대경성도시대관』, 조선신문사, 1937.

## 경성전기학교 [12]

1924년 전기 및 토목기술자 양성을 목적으로 경성고등예비학교에 개설한 전기부가 시초다. 1926년 경성전기학교로 정식 인가를 받았다. 오늘날 수도전기공업고등학교의 전신이다. 동자동 18.

경성전기학교. 서울역사박물관.

# 가타야마片山상회 [13]

1930년 창업한 회사로 금속·농기구 등을 취급했다. 동자동 14.

가타야마상회.
와다 시게요시,
『대경성도시대관』,
조선신문사, 1937.

## 도비시마구미飛島組 경성지점 [15]

토목건축업 회사로 1897년 도쿄 본점을 창업했고, 경성지점은 1931년 개설했다. 동자동 14.

도비시마구미 경성지점.
와다 시게요시,
『대경성도시대관』,
조선신문사, 1937.

45

# 도동
# 갈월동
# 후암동

경성역 부근 도동과 갈월동, 후암동, 남산 조선신궁이 있는 지역이다. 도동은 이곳에 복숭아나무가 많이 있어, 복숭아골이라 부르던 것을 한자명으로 표기하여 도동이라고 한 데서 그 이름이 유래했다. 갈월동은 철도와 철도여객 및 운수와 관련된 회사와 업소들이 밀집했지만 도동과 후암동은 일제강점기 당시 일본인들이 선호하는 주택지였다.

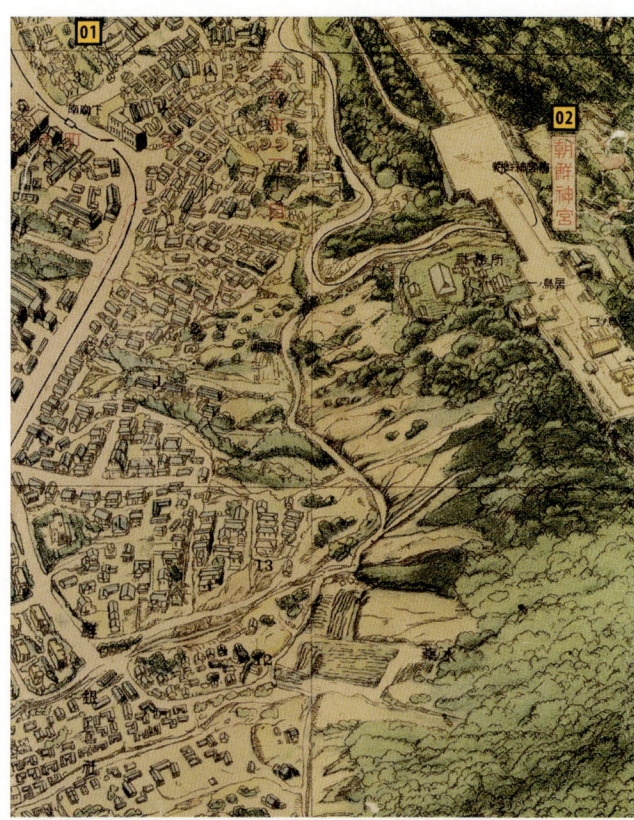

| 01 | 남묘 |
| 02 | 조선신궁 |

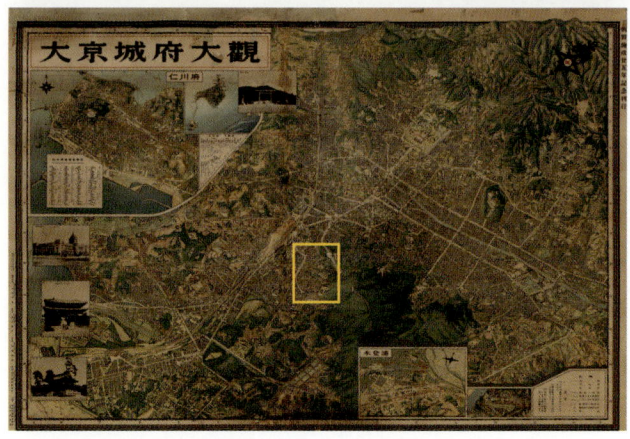

도동, 갈월동, 후암동

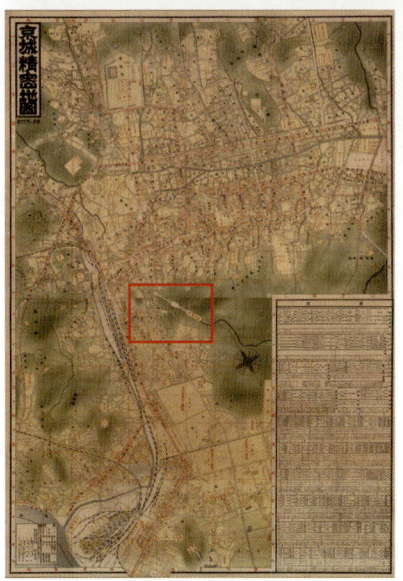

01 남묘
02 하세가와제과소
03 조선신궁
04 가마쿠라보육원 경성지부

도동, 갈월동, 후암동

## 남묘 南廟 01 01

1598년선조31 중국 삼국시대 촉한의 장군 관우를 제사 지내기 위해 남대문 밖에 세운 사당이다. 일제강점기에 조선총독부가 관리하면서부터 부지가 크게 줄었고 1913년에는 개인에게 불하되었다.

남묘 정전. 조선총독부, 『조선고적도보』 11, 1931.

## 조선신궁 02 03

남산 중턱 한양공원에 1920년 착공, 1925년 완공했다. 동화정책 및 황민화 등 국가신도國家神道의 전진 기지 역할을 했다. 식민정권의 국가제사를 수행하고 신사참배를 강제한 식민지 조선을 대표하는 신사였다.*

일제강점기 엽서 속 항공사진으로 촬영한 조선신궁 전경. 아래 표참도에서 두 개의 광장, 네 개의 도리를 거쳐 정전에 이르는 구조로 되어 있다. 서울역사박물관.

* 문혜진, 『경성신사를 거닐다 - 일본제국과 식민지 신사』, 민속원, 2019.

# 하세가와長谷川제과소 02

1917년 창업한 제과소다. 갈월동1가 132.

하세가와제과소. 와다 시게요시, 『대경성도시대관』, 조선신문사, 1937.

# 가마쿠라鎌倉보육원 경성지부 04

근대 일본의 의사·사회사업가 사다케 오토지로佐竹音次郎, 1864~1940가 1896년 설립한 가마쿠라보육원의 경성지부로 1913년 세워졌다. 오늘날 영락보린원의 전신이다. 1921년부터 이곳을 운영한 소다 가이치曾田嘉伊智, 1867~1962는 40년 간 조선 고아 1,100명을 돌본 공을 인정 받아 1962년 대한민국 정부 문화훈장이 추서되었다. 후암동 370.

가마쿠라보육원 경성지부. 조선총독부, 『조선사회사업요람』, 1923.

# 46

남산 자락의 회현동1~2가와 남산동1~2가를 중심으로 한 지역이다. 회현동은 이 일대에 어진 사람들이 많이 모여 살았던 데서 유래되었으며, 회현·회동으로 불렸다. 남산동은 남산 남쪽 기슭 아래에 있는 마을이라 하여 남산골이라고 하였던 것을 한자명으로 표기한 데서 유래했다. 이 지역은 일제강점기 당시 경성 최고의 부촌이었다. 남촌 일본인들의 휴식지인 남산공원, 일본의 식민지 지배와 경성의 번영을 상징하는 조선은행 앞 광장과 경성 최고의 번화가 충무로, 명동이 가까운 거리에 있었기 때문에 일본인 고관, 기업가, 부유한 상인 등 식민지 지배 권력의 상층부에 해당하는 사람들이 주로 거주했다.

# 회현동2~3가
# 남산동1~2가

한편 회현동과 남산동 등 남산 자락에는 고급 일본 요정들이 많았다. 요정은 고급 일본요리를 제공하고 게이샤에 의한 가무가 더해져 유흥의 요소가 있는 음식점이다. 최고급 주택가와 남산자락 곳곳에 고급 유흥업소가 자리하고 있었던 셈이다. 1925년 조선신궁이 건립되기 전까지 경성의 가장 권위 있는 신사였던 경성신사와 섭사|攝社: 본사에 모신 신과 인연이 깊은 신을 모신 곳인 천만궁, 내목신사 등이 이 지역에 있었고, 조선총독부와 총독관저 등 식민지 최고 권력기관이 인접한 예장동에 있었다.

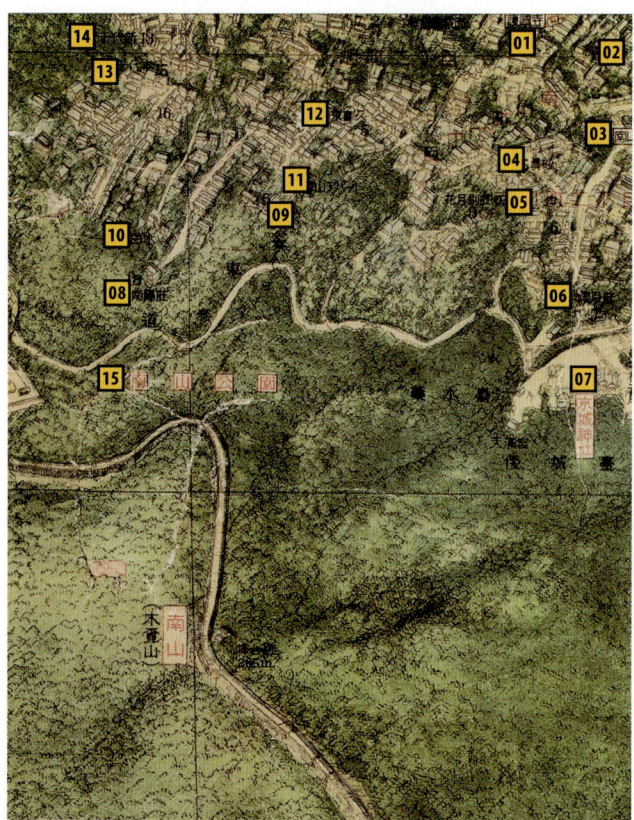

| | |
|---|---|
| 01 | 호국사 |
| 02 | 송엽정 |
| 03 | 남산공립심상소학교 |
| 04 | 진사 |
| 05 | 화월별장 |
| 06 | 은월장 |
| 07 | 경성신사 |
| 08 | 남양장 |
| 09 | 안노료 |
| 10 | 백수 |
| 11 | 남산아파트 |
| 12 | 경희구 |
| 13 | 천대본 |
| 14 | 천대신 |
| 15 | 남산공원 |

회현동2~3가, 남산동1~2가

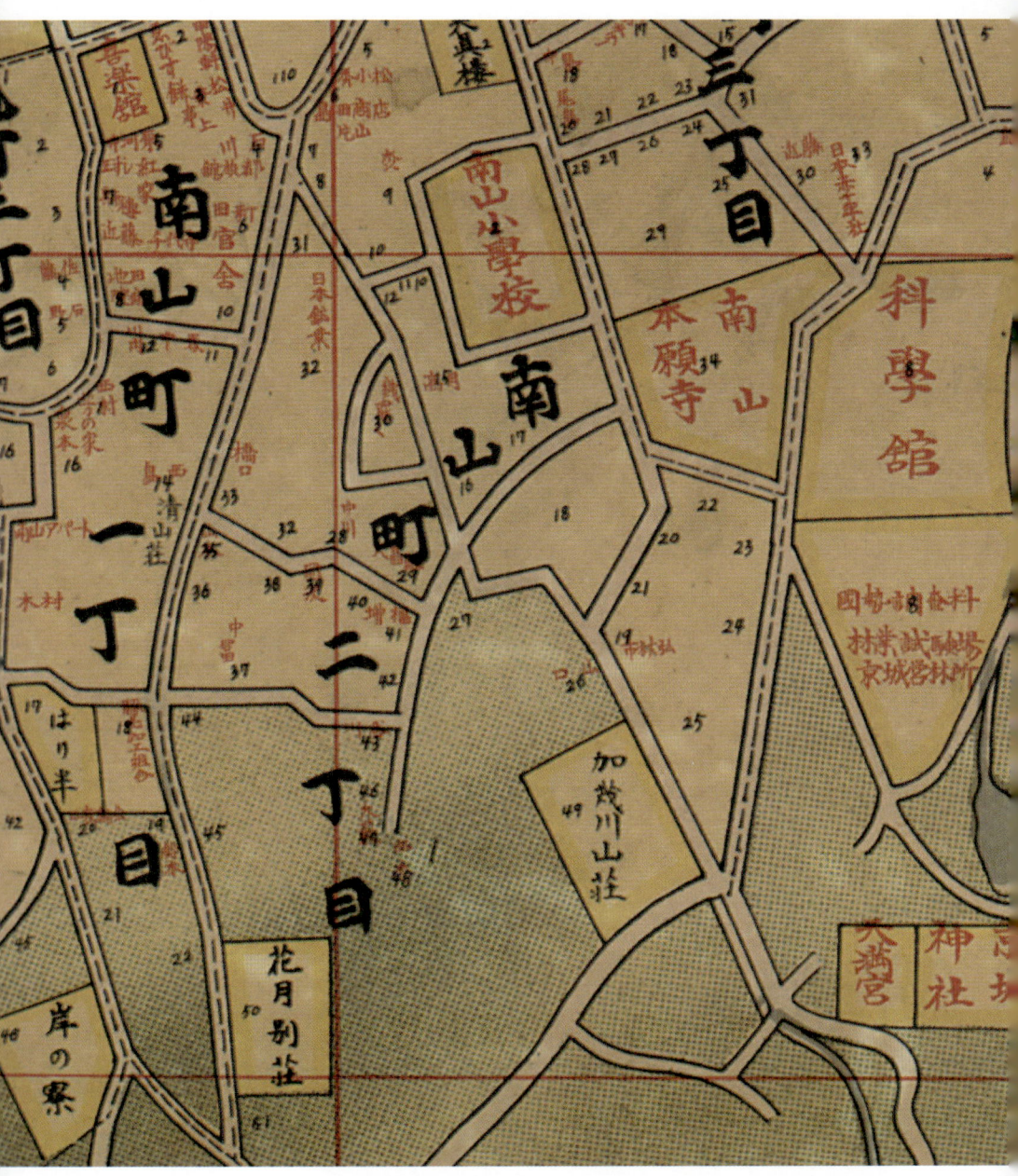

| 01 | 남산공립심상소학교 |
| 02 | 경성신사 |
| 03 | 화월별장 |
| 04 | 안노료 |
| 05 | 남산아파트 |
| 06 | 이케다병원 |

회현동2~3가, 남산동1~2가

## 호국사 護國寺 01

일본 일련종 日蓮宗 사찰로 1895년 이후 건립되었다. 회현동3가 13.

호국사.
조선총독부학무국
사회교육과,
『조선에서의 종교 및
향사일람』, 1933.

## 송엽정 松葉亭 02

1911년 창업한 요정이다. 남산동1가 3.

송엽정. 조선총독부,
『조선사정사진첩』, 1922.

## 남산공립심상소학교 03 01

1923년 개교했다. 오늘날 남산초등학교다. 남산동2가 2.

남산공립심상소학교.
와다 시게요시,
『대경성도시대관』,
조선신문사, 1937.

## 진사 眞砂 04

1921년 창업한 요정이다. 남산동2가 26.

진사. 와다 시게요시,
『대경성도시대관』,
조선신문사, 1937.

# 화월花月별장 05 03

"경성 요리점의 개조開祖, 경성 화류계의 으뜸"이라 불린 요정 화월의 별장이다. 1924년 창업했다. 남산동2가 50.

화월별장. 와다 시게요시, 『대경성도시대관』, 조선신문사, 1937.

# 은월장銀月莊 06

1934년 창업한 요정이다. 남산동2가 49.

은월장. 와다 시게요시, 『대경성도시대관』, 조선신문사, 1937.

## 경성신사 07 02

1898년 경성 거주 일본인들에 의해 남산대신궁南山大神宮으로 창건한 경성 최초의 신사다. 1916년 정식 신사가 되어 경성신사로 개칭했다. 1936년 조선총독부가 관리 비용 일체를 부담하는 국폐소사國幣小社로 격상되었다. 경내에 천만궁天滿宮, 팔번궁八幡宮, 도하사稻荷社, 내목乃木, 노기신사 등의 섭사攝社가 있었다. 섭사는 본사에 모신 신과 인연이 깊은 신을 모신 곳을 뜻한다. 왜성대공원 내.

일제강점기 엽서 속 경성신사. 일본국제문화센터.

## 남양장 南陽莊 08

남산 숲속 경치 좋은 곳에 지은 요정이다. '경성 제일류 요정'이라는 평을 듣기도 했다. 회현동2가39.

남양장. 와다 시게요시,
『대경성도시대관』,
조선신문사, 1937.

## 안노료 岸の寮 09 04

요정이다. 회현동2가 48.

안노료. 와다 시게요시,
『대경성도시대관』, 조선신문사, 1937.

## 백수 白水 10

요정이다. 회현동1가 147.

신문광고에 실린 백수.
『경성일보』, 1932. 4. 23.

## 남산아파트 11 05

1930년 준공한 미쿠니三國상회의 아파트다. 지금도 미쿠니아파트라는 이름으로 남아 있다. 남산동1가.

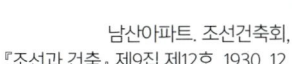

남산아파트. 조선건축회,
『조선과 건축』 제9집 제12호, 1930. 12.

## 경희구 京喜久 12

'경성 제일류 요정'이라는 평을 들었던 요정이다. 회현동2가39.

경희구. 와다 시게요시,
『대경성도시대관』, 조선신문사,
1937.

## 천대본 千代本 13

1916년 창업한 요정이다. 회현동1가 112.

신문광고에 실린 천대본.
『경성일보』, 1932. 4. 23.

## 천대신 千代新 14

1933년 창업한 요정이다. 회현동1가 82.

천대신. 와다 시게요시,
『대경성도시대관』,
조선신문사, 1937.

## 이케다 池田 병원 06

소아내과 병원이다. 남산동1가 8.

이케다병원.
와다 시게요시,
『대경성도시대관』,
조선신문사, 1937.

# 남산공원 15

1885년부터 한성부 거주가 정식으로 허용된 일본인들은 1897년 남산 북쪽 자락을 조선정부로부터 조차해 자신들을 위한 위락시설로 신사와 경승지를 결합한 일본식 형태의 왜성대공원을 조성했다. 왜성대라는 명칭은 임진왜란 당시 남산 일대에 주둔했던 일본군을 기리는 뜻이었다. 일본인 거류민단은 1910년 남산 서쪽 산비탈 부지 30만 평을 한성부로부터 무상대여 받아 또 다른 공원을 만들었다. 고종은 이 공원에 한양공원이라는 이름을 붙여주며 직접 쓴 글씨까지 내렸다.*

〈대경성부대관〉에 표시한 남산공원은 위치상 한양공원을 의미하는 것으로 여겨지며, 일제강점기 당시에는 남산의 왜성대공원과 한양공원을 포괄하여 남산공원이라는 용어를 사용한 것으로 보인다.

남산공원.

* 김해경, 『모던걸 모던보이의 근대공원 산책』, 정은문고, 2020. 150~173쪽.

왜성대공원. 마쓰시타 초헤이,
『조선실업시찰단기념사진첩』, 1912.
서울역사박물관.

한양공원. 조선신궁봉찬회,
『은뢰-조선신궁어진좌10주년기념』, 1937.

# 47

1926년 조선총독부가 광화문으로 이전하기 전까지 남산 예장동藝場洞: 倭城臺町은 식민지 최고의 권력 기관과 종교 시설이 있던 곳이다. 조선통감부총독부, 통감관저총독관저와 같은 식민지 최고 권력기관이 자리했고 일본의 정신적·종교적 지배를 의미하는 경성신사와 일본 불교의 조선 진출의 상징과도 같은 동본원사가 있었다. 예장동과 인접한 필동에는 조선헌병대사령부가 있어 치안 권력도 함께 했음을 알 수 있다.
오늘날 충무로는 일제강점기에 혼마치本町라 불렀으며, 당시 경성에서 가장 번화한 거리였다. 예장동은 이 마을에 있던 조선시대 군사들의 무예 연습 훈련장을 '예장藝場, 무예장'이라 부른 데서 유래했다. 필동은 조선시대 한성부 5부 중 하나인 남부의 부청이 있어 부동部洞이라 했는데, 부동을 붓동으로 읽으면서 붓골이라고 칭하게 되어, 이를 한자명으로 표기하면

# 충무로2~3가, 남산동, 예장동, 남학동, 필동

서 붓 '필筆'자로 잘못 표기한 데서 유래했다. 남학동은 조선 태종 11년1411에 설치된 4부학당의 하나인 남부학당, 곧 남학당이 있던 데서, 남산동은 남산골을 한자명으로 표기한 데서 유래했다. 명동은 조선 초 한성부 행정구역의 남부 명례방의 '명'자를 딴 것에서 유래했다. 원래 명례방 또는 명례방골이라고 하다가 줄여서 명동이라 했다. 일제강점기 당시 예장동은 정치, 종교, 경찰력이 집결해 있는 식민통치의 핵심적 장소였다. 한편 이 지역은 남촌에서 가장 번화한 거리인 충무로 가운데에서도 가장 번화한 곳이라 할 수 있는 충무로2~3가와 명동 등과도 가까운 최고의 주택가 가운데 하나였다. 명동성당, 본정경찰서, 남산소학교와 히노데소학교가 이 지역에 있었다.

01 본정경찰서
02 와카바여관
03 엔케이관
04 히노데소학교
05 시키공업주식회사
06 조선총독관저
07 조선헌병대 사령부
08 총독부과학관(옛 총독부청사)
09 동본원사
10 일본적십자사 조선본부
11 경성호텔
12 메이지제과 경성판매점
13 본정호텔
14 다나카시계점

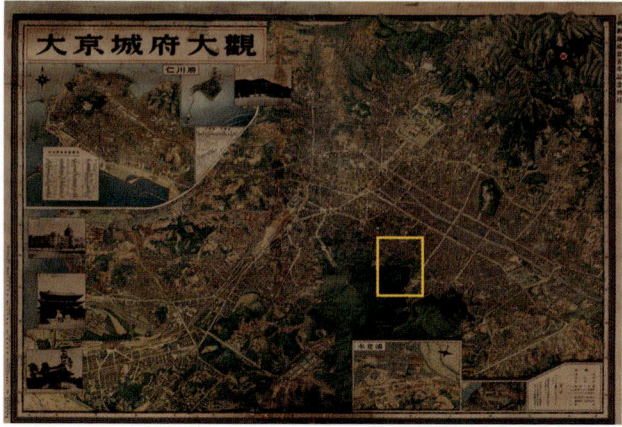

| 01 본정경찰서
| 02 와카바여관
| 03 엔케이관
| 04 히노데소학교
| 05 시키공업주식회사
| 06 조선총독관저
| 07 조선헌병대 사령부
| 08 총독부과학관
　　(옛 총독부청사)
| 09 경성영림소
| 10 동본원사
| 11 일본적십자사 조선본부
| 12 천진루
| 13 경성미술구락부
| 14 경성호텔
| 15 파주정
| 16 메이지제과 경성판매점
| 17 다나카시계점

충무로2~3가, 남산동, 예장동, 남학동, 필동

조선은행 앞 선은전 광장에서 바라본 충무로 입구. 왼쪽의 벽돌건물이 경성우편국, 오른쪽 건물은 사무용품과 측량제도기기 등을 판매하던 시노자키빌딩이다. 같은 공간에 있는 사람들의 다양한 옷차림이 보인다. 일제강점기 엽서. 국제일본문화센터.

충무로1가 히라다백화점 부근에서 바라본 조선은행 앞 광장 방향. 오른쪽 건물이 경성우편국, 정면 조선은행 앞 광장 너머 보이는 건물은 조선 최초의 양식당 아오키도다. 왼쪽으로 다양한 일본어 간판이 보인다. 일제강점기 엽서. 부산박물관.

VIEW OF THE FAMOS PLACE, KEIJYO

【京城】本町通り

朝鮮時代には、この邊を泥峴と稱し〔泥だらけの坂〕と云ふ意〔今は京城目拔の場所にして、内地人商店比し、京城に於て最も往來の繁しい通である。

충무로1가에서 2가 방향으로 바라본 전경. 화면 중앙 왼쪽의 가로줄무늬가 있는 높은 건물이
미쓰코시백화점 전신인 미쓰코시 오복점이다. 오른쪽 전면 유리창이 있는 점포는 다리야백과점으로 추정한다.
일제강점기 엽서. 서울역사박물관.

STREET VIEW OF HONMACHI, KEIJO
(京城) 本町に於ける商店街、零夏の景観

충무로2가 메이지제과 앞에서 충무로1가 방향으로 바라본 전경.
왼쪽에 메이지제과점, 오른쪽에 세에뉴사와 야마구치악기점이 보인다. 일제강점기 엽서. 국제일본문화센터.

충무로1가 야경이다. 일제강점기 엽서, 국제일본문화센터.

충무로 야경이다. 밤거리를 밝히는 비스듬한 등불은 영란등鈴蘭燈으로,
1928년 쇼와천황 즉위를 기념하기 위해 충무로 입구에 처음 설치했다. 영란은 은방울꽃이라는 뜻이다.
조선교육협회, 『(국정교과서에 보이는)조선자료사진』, 1929.

## 본정本町경찰서 01 01

1894년 한성부 경무 남지서로 세워진 이후 1907년 남부경찰서, 1915년 본정경찰서로 개편했다. 오늘날 중부경찰서다. 영락동2가 61.

일제강점기 엽서 속 본정경찰서(위)와 본정경찰서 부근. 아래 왼쪽 건물이 본정경찰서다. 국제일본문화센터.

## 와카바若葉여관 02 02

초동 107에 있던 여관이다.

와카바여관. 와다 시게요시, 『대경성도시대관』, 조선신문사, 1937.

# 엔케이관 演藝館 03 03

1907년 이전 수좌壽座로 창립했다가 1919년 경성극장, 1931년 경성엔케이관으로 이름이 바뀐 극장이다. 충무로2가.

엔케이관. 오카 료스케, 『경성번창기』, 1915.

## 히노데日之出소학교 04 04

1889년 서울에 거주하는 일본인 거류민단이 자녀들을 교육하기 위하여 세운 최초의 일본인 소학교다. 학교 건물은 1905년 6월 기공하여 1906년 11월 준공, 1907년 1월 낙성식을 거행했다. 덕혜옹주 등 조선의 왕족과 일본인 귀족 자제들이 많이 다녀 '경성의 학습원學習院'이라고도 불렸다. 학습원은 일본 황족과 귀족 전용 학교다. 1946년 서울일신국민학교로 교명을 변경했고 1973년 폐교했다. 남학동 11.

히노데소학교. 미국 의회도서관.

# 시키志岐공업주식회사 05 05

1896년 창업한 건축업 회사다. 남학동 13.

와다 시게요시, 『대경성도시대관』, 조선신문사, 1937.

## 조선총독관저 06 06

일본은 갑신정변의 결과로 체결된 한성조약 제4조에 의거해 공사관 부지와 건물의 공사비를 조선 정부에 요구했다. 1893년 남산 북쪽 왜성대 8, 오늘날 예장동 2-1 위치에 신축한 공사관 건물은 1906년 2월 한국 통감부 설치 이후 통감부 청사로 사용했다. 1907년 1월 통감부는 남산 왜성대의 신축 청사로 이전했고 기존 청사는 통감 관저로, 1910년 이후에는 총독 관저로 사용했다. 조선총독부 총독 관저가 경복궁 뒤편 경무대로 옮겨간 1939년 이후 역대 통감과 총독의 초상과 관련 유물을 전시하는 시정始政기념관으로 개편되어 1940년 11월 22일에 개관식을 거행했다.

조선총독관저. 조선사진통신사, 『조선사단창설기념호-조선사진화보특별호』, 1916.

# 조선헌병대사령부 07 07

1910년 한일합병 직전 이른바 헌병경찰제 도입과 더불어 일본군 헌병대사령부가 경무총감부 역할을 겸했다. 이곳의 수장인 경무총감이 헌병대사령관을 겸직했다.

입구에 '조선총독부경무총감부', '조선주차헌병대사령부'라는 간판이 걸려 있다. 국사편찬위원회.

## 총독부과학관(옛 총독부청사) 08 08

1926년 조선총독부가 경복궁에 청사를 신축·이전한 뒤 남산 왜성대 총독부 옛 청사에 14개 상설전시관을 꾸려 1927년 개관한 최초의 과학관이다. 일본 천황으로부터 받은 17만 엔으로 지어져 은사恩賜기념과학관이라고도 했다. 남학동 4.

1927년 총독부과학관이 된 옛 총독부 청사. 『한국명사사적풍속사진첩』, 1910.

# 동본원사 京城東本願寺, 眞宗大谷派京城別院 09 10

1890년 설립한 일본 진종眞宗 사찰이다. 1906년 본당을 완성했다. 남산동 3가 33.

일제강점기 엽서 속 총독부와 동본원사.
왼쪽 큰 기와집이 동본원사, 오른쪽 서양식 건물이 옛 총독부청사다. 국제일본문화센터.

## 일본적십자사 조선본부 10 11

1933년 준공했다. 병원, 구호원 양성 등의 사업을 진행했다. 남산동3가 32.

일본적십자사 조선본부.
일제강점기 엽서.
부산박물관.

## 경성호텔 11 14

남산동3가에 있던 호텔이다.

경성호텔. 조선총독부, 『시정5년기념사진첩』, 1916.

일제강점기 엽서. 왼쪽부터 명동성당, 동본원사, 통감부가 보인다. 국제일본문화센터.

남산에서 시내 쪽을 바라본 전경. 왼쪽부터 명동성당, 동본원사, 통감부가 보인다. 앞쪽 마을은 회현동과 남산동이다. 일제강점기 엽서. 서울역사박물관.

## 메이지明治제과 경성판매점 12 16

1917년 일본에서 창업한 메이지제과의 경성판매점으로 충무로2가 92에 1930년 신축·개업했다. 1~2층 다방의 커피가 유명했고 3층에서는 전시회, 음악회, 강연회 등도 열렸다.

메이지제과. 조선건축회,
『조선과 건축』 제9집 제10호.

## 본정호텔 13

기업가 모리 다쓰오森辰男가 1934년 창업한 호텔이다. 충무로2가 100.

일제강점기 엽서 속
본정호텔.
국제일본문화센터.

# 다나카田中시계점 14 17

1894년 창업했다. 시계, 귀금속, 금은기, 축음기, 사진기, 장신구 등을 판매했다. 충무로2가 208.

다나카시계점.
와다 시게요시,
『대경성도시대관』,
조선신문사, 1937.

## 경성영림소 營林所 09

조선총독부의 산림 관련 사무 담당 관청인 경성영림서營林署로 추정한다. 1926~1932년, 1937~1945년에 운영했다.

경성영림서. 국사편찬위원회.

## 천진루 天眞樓 12

초대 조선통감 이토 히로부미가 애용했다는 여관이다. 남산동2가 2.

천진루. 하기모리 시게루 萩森茂,
『조선의 도시 : 경성과 인천』, 대륙정보사 1930.

## 파주정 巴州亭 15

서양요리점이다. 남산동3가 3.

파주정. 조선매일신문사, 『대경성: 안내서』, 1925.

# 경성미술구락부 13

1922년 창립한 미술품 유통 경매 회사다. 남산동2가 1.

경성미술구락부 2층에서 열린 제2회 조선미술회 전람회 광경. 『매일신보』, 1927. 9. 12.

경성미술구락부. 사사키 초지, 『경성미술구락부 창업20년 기념지: 조선고미술업계 20년의 회고』, 경성미술구락부, 1942.

# 48

을지로3~4가, 초동, 인현동, 충무로4~5가, 예관동, 필동, 묵정동 지역이다. 이 지역은 일제강점기 당시 일본인들의 거주 지역인 남촌에 속하지만 회현동·남산동·예장동 등의 고급 주택지나 소공동·충무로1~2가·명동·을지로1~2가 등과 같은 발달된 상업 지역과는 거리가 있었다. 경성을 대표하는 일본인 거리이자 최고의 번화가인 충무로 거리도 4~5가와 1~3가는 완연히 달랐다. 충무로4가는 병원, 주택, 정미소 등 생활 시설이 많았고 충무로5가는 상점 거리라기보다 주택가라고 할 수 있을 정도였다.

초동은 조선시대 조리·바구니 등 가정 일용품을 팔던 초물전草物廛이 있어 초전골이라 한 데서, 인현동은 조선 선조의 일곱 번째 아들 인성군의 집이 있었으므로 인성부현·인성현이라 했던 것을 줄여서 인현이라 한데서 유래했다. 예관동은 이곳에 있던 교서관校書館의 별칭이 운관芸館·운각芸閣이었는데 '운'芸을 '예'藝로 잘못 읽어 운관을 예관으로 부르던 관행에서 유래했다. 한편 일본 사신이 유숙하는 왜관인 동평관東平館이 있어 왜관동으로 부르던 것이 후일 음이 변하여 예관동藝館洞이 되었다고도 한다. 묵정동은 먹절 혹은 묵사墨寺로 부르던 절의 우물이 깊어 감정우물 곧 묵정이라 불렀던 데서 유래했다.

# 초동, 인현동, 예관동, 충무로4~5가, 필동, 묵정동

초동에는 본파본원사, 인현동 1가에는 약초관음사, 충무로 5가에는 전매국인쇄공장, 남산에 조계사 등이 있었지만 이 지역에서 가장 특징적인 시설 또는 장소는 경성 최대를 넘어 조선 최대의 유곽으로 유명한 신마치유곽이었다. 유곽은 신사와 함께 일본 식민지 도시의 상징이었다. 신사는 식민지 독립 후 남은 곳이 전혀 없으나 일본은 제도화된 매춘인 공창제도를 가지고 들어왔고 전후까지 잔존했다. 신마치유곽이 번성할 수 있었던 요인으로 일본인 거류지의 외곽이면서 자연지형으로 격리된 공간이 형성되었다는 점, 일본 군대 주변에 자리하여 조선인과 부딪칠 장애요소가 적었다는 점 등이 꼽힌다.*

* 하시야 히로시橋谷弘 지음·김제정 옮김, 『일본제국주의, 식민지 도시를 건설하다』, 모티브, 2005. 6, 87~107쪽; 박현, 「1904년-1920년대 경성 신정유곽의 형성과 공간적 특징」, 서울시립대학교 대학원 국사학과 석사학위 논문, 2015. 2.

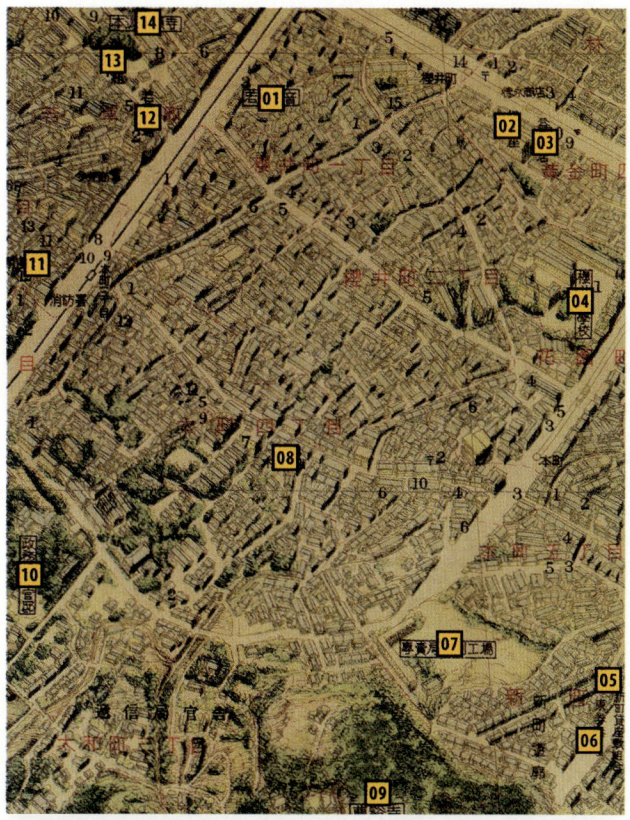

01 약초관음 본당(조동종 별원)
02 쇼치쿠좌(동아구락부·고가네좌)
03 마스다 사다무금물점
04 사쿠라이공립심상소학교
05 신마치대좌부조합
06 동권번
07 전매국 인쇄공장
08 기무라약방
09 조계사
10 정무총감 관저
11 개교원
12 와카쿠사극장
13 니시모토구미 경성지점
14 본파본원사

초동, 인현동, 예관동, 충무로4~5가, 필동, 묵정동

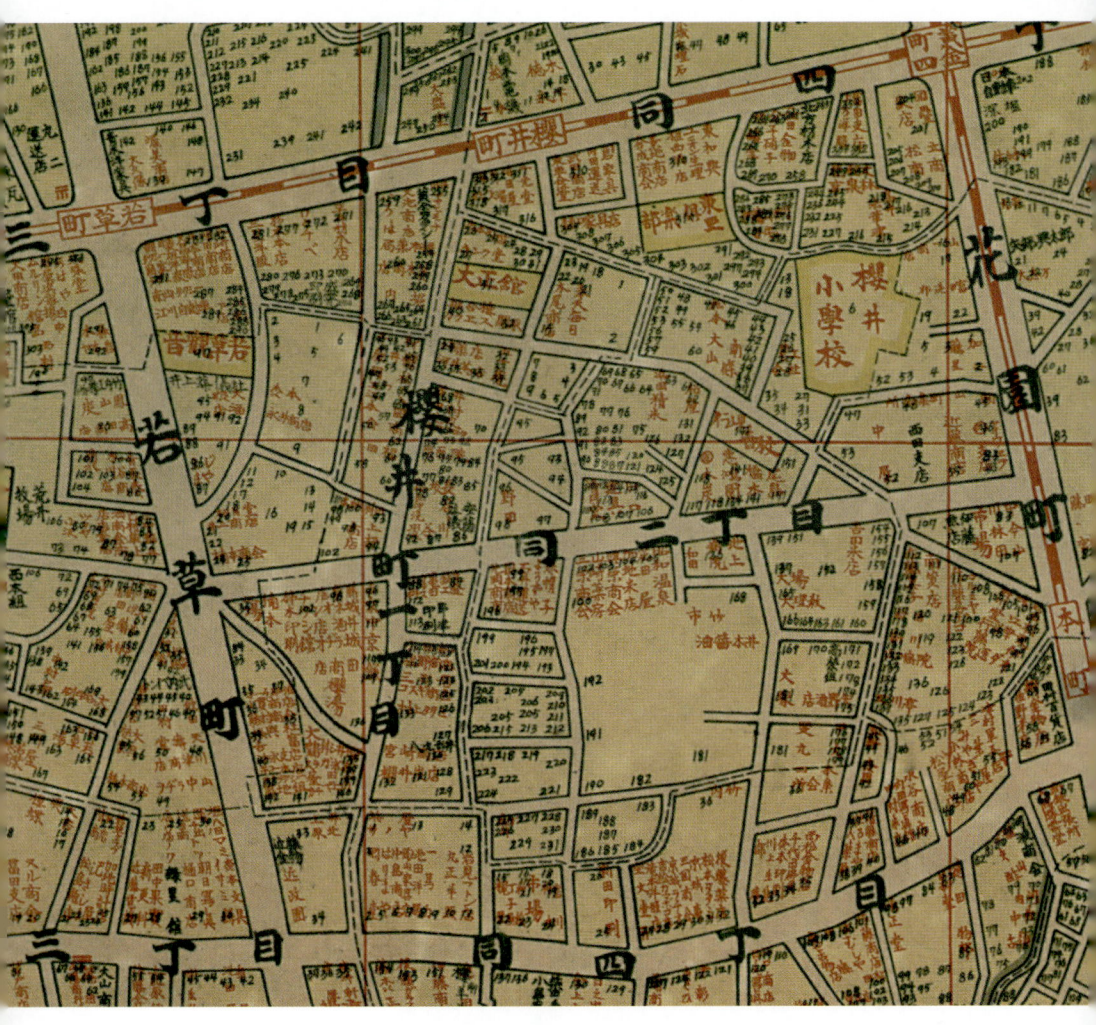

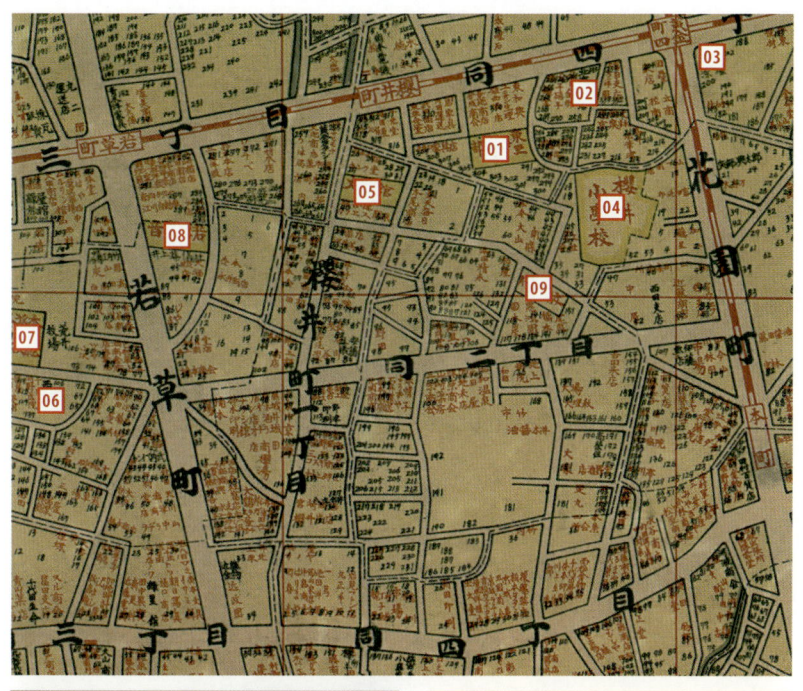

| 01 | 쇼치쿠좌(동아구락부·고가네좌) |
| 02 | 홋포재목점 |
| 03 | 일본자동차 경성출장소 |
| 04 | 사쿠라이공립심상소학교 |
| 05 | 다이쇼관 |
| 06 | 니시모토구미 경성지점 |
| 07 | 본파본원사 |
| 08 | 약초관음 본당 |
| 09 | 인현공립보통학교 |

초동, 인현동, 예관동, 충무로4~5가, 필동, 묵정동

## 약초관음若草觀音 본당(조동종 별원) 01 08

1932년 전 조선총독 사이토 마코토齋藤實가 기증한 목조관세음보살상이 초동 조동종曹洞宗 별원에 봉안된 이후 약초관음당이라 불렸다. 초동 97.

약초관음 본당.
『조선신문』 1936. 7. 15.

기사에 실린 사이토 마코토가
기증한 약초관음.
사진 속 어린이는 사이토 마코토의
손자다. 『부산일보』, 1932. 6. 8.

## 쇼치쿠좌 松竹座 (동아구락부·고가네좌)

활동사진 상영관이다. 1913년 개관한 고가네관黃金館이 1928년 동아구락부, 1934년 쇼치쿠좌, 1936년 고가네좌黃金座, 1940년에는 경성 다카라츠카寶塚극장으로 바뀌었다. 광복 이후에는 국도극장이 되었다가 1999년 폐관했다. 을지로4가 310.

고가네좌. 조선건축회, 『조선과 건축』, 제11집 제12호, 1936. 12.

# 마스다사다무 益田定 금물점 03

1926년 창업한 금속류 판매 상점이다. 을지로4가 26.

마스다사다무금물점. 와다 시게요시,
『대경성도시대관』, 조선신문사, 1937.

# 사쿠라이 櫻井 공립심상소학교 04 04

1910년 개교한 소학교다. 오늘날 영희초등학교의 전신이다. 인현동2가 6.

사쿠라이공립심상소학교. 와다 시게요시,
『대경성도시대관』, 조선신문사, 1937.

## 신마치대좌부조합 05

경성의 대표적 유곽인 신마치유곽의 대좌부조합 사무실이다. 신마치유곽의 구체적인 모습은 앞에 나온 야요이초유곽 부분에서 이미 살펴본 바 있다. 묵정동 13.

신마치대좌부조합. 와다 시게요시, 『대경성도시대관』, 조선신문사, 1937.

## 동권번 東券番 06

1935년 창업한 권번이다. 묵정동 12.

동권번.
와다 시게요시,
『대경성도시대관』,
조선신문사, 1937.

## 전매국 인쇄공장 07

충무로5가.

전매국 인쇄공장의 인쇄 직공 포상식 장면. 『매일신보』, 1929. 10. 15.

## 기무라木村약방 08

1935년 창업한 약방이다. 충무로4가 126.

기무라약방. 와다 시게요시, 『대경성도시대관』, 조선신문사, 1937.

## 조계사 曹谿寺 09

1906년 창립한 일본 조동종 사찰이다. 오늘날 동국대학교 서울캠퍼스 자리에 있었다. 본당은 조선총독부가 매물로 내놓은 경희궁 숭정전 건물을 사들여 조립하여 세운 건물로서 동국대학교 서울캠퍼스 정각원正覺院이다.

조계사 본당. 조선총독부학무국 사회교육과, 『조선에서의 종교 및 향사일람』, 1929.

# 정무총감 관저 10

정무총감은 일제강점기 조선 총독을 보좌하며 총독부 업무를 총괄하던 직책으로 사실상의 부총독이었다. 필동2가.

정무총감 관저에서 열린 외국인 부인 초대 차회 장면. 『경성일보』, 1935. 4. 18.

## 개교원 開教院 11

일본 정토종 포교소다. 1900년 개원한 후, 1912년 건물을 재건하고 이전했다. 충무로3가 50.

개교원 관련 기사. 『경성일보』, 1936. 10. 23.

# 와카쿠사若草극장 12

1935년 개관한 철골 철근 콘크리트 구조의 2개 층 관람석이 있는 대형극장이었다. 광복 이후 수도극장, 스카라극장이 되었다가 2005년 철거되었다. 초동 41.

와카쿠사극장 내부. 조선건축회, 『조선과 건축』, 제11집 제12호, 1936. 12.

와카쿠사극장 정면 외관. 조선건축회, 『조선과 건축』, 제11집 제12호, 1936. 12.

## 니시모토구미 西本組 경성지점 13 06

토목건축업 회사로 본사는 1855년 일본 와카야마 和歌山 현에서 창업했다. 초동 106.

니시모토구미 경성지점. 와다 시게요시, 『대경성도시대관』, 조선신문사, 1937.

## 본파본원사 本派本願寺, 眞宗本願寺別院 14 07

일본 정토 진종眞宗 사찰로 1916년 개원했다. 초동 107.

본파본원사.
조선총독부학무국
사회교육과,
『조선에서의 종교 및
향사일람』, 1928.

## 홋포北方재목점 02

1916년 창업한 건축재료업 회사다. 을지로4가 255.

홋포재목점. 와다 시게요시,
『대경성도시대관』, 조선신문사, 1937.

## 일본자동차 경성출장소 03

1909년 창업한 택시 회사다. 을지로4가 202.

일본자동차 경성출장소.
와다 시게요시, 『대경성도시대관』,
조선신문사, 1937.

## 다이쇼관 大正館 05

1910년 개관한 활동사진 상설관이다. 인현동1가.

다이쇼관. 오카 료스케, 『경성번창기』, 1915.

## 인현仁峴공립보통학교 09

1895년 필동에서 관립남학소학교로 개교 후 1906년 인현동으로 이전하여 관립인현보통학교, 1911년 인현공립보통학교로 개칭했다. 1934년 신당동 195로 이전한 후 오늘날 광희초등학교가 되었다. 〈경성정밀지도〉에는 인현동2가 141로 되어 있다.

신당동 이전 후의 인현공립보통학교. 와다 시게요시, 『대경성도시대관』, 조선신문사, 1937.

# 49

청계천 위쪽 예지동과 청계천 아래 을지로4~5가를 중심으로 주교동, 방산동, 오장동, 쌍림동, 광희동1가 지역이다. 청계천 아래 지역은 대체로 고급 주택지나 상업 시설이 있는 곳이 아닌 서민 주택지 성격이 강했으나, 북촌에 비해 일본인의 비중이 높았고 상권도 일본인들이 장악했다.

조선시대 주교동에는 중인 이하의 신분 계층이 주로 살았다. 한양도성의 남동쪽 문인 광희문은 서쪽의 소의문과 함께 장례 행렬이 통과할 수 있는 사소문 가운데 하나였다. 광희동은 일제강점기 당시 경성의 대표적인 빈민가 가운데 하나였고 광희문 외곽 신당리에는 공동묘지가 조성되었다. 쌍림동 유곽은 신마치 유곽이 일본인 상대 유곽이었던 데에 비하여 조선인 상대의 유곽이었다.

예지동은 동부학당이 근처에 있어 유학의 대강인 예지의 덕목을 이름으로 한 데서, 주교동은

# 예지동, 주교동, 방산동, 을지로5가, 오장동, 쌍림동, 광희동

배다리라는 뜻으로 조선시대 왕이 행차할 때 한강에 배다리를 놓는 일을 맡아보던 주교사舟橋司가 있었던 데에서 유래했다. 방산동은 마을 부근에 있는 가산假山 또는 조산造山이라 부르던 곳에 무궁화꽃을 많이 심어 그 꽃향기가 발산된 데서, 오장동은 옛날 이곳에 힘센 다섯 장사가 살았다고 해서 오장삿골 혹은 오장섯골이라 했고 이를 한자명으로 표기한 데서, 쌍림동은 조선시대에 도둑을 막기 위해 마을 입구에 세웠던 이문里門이 한 쌍 있어서, 광희동은 조선시대 도성인 서울성곽의 4소문 가운데 하나인 광희문에서 유래했다. 이 지역에는 경성사범학교와 부속소학교, 주교보통학교 등의 학교가 있었고 경성승마경마구락부도 있었다. 일제강점기 당시 이 지역에 거주하거나 머문 주요 인사로는 주교보통학교에 재직한 화가·미술평론가·한국미술사가인 윤희순과 서양화가 김종태가 있다.

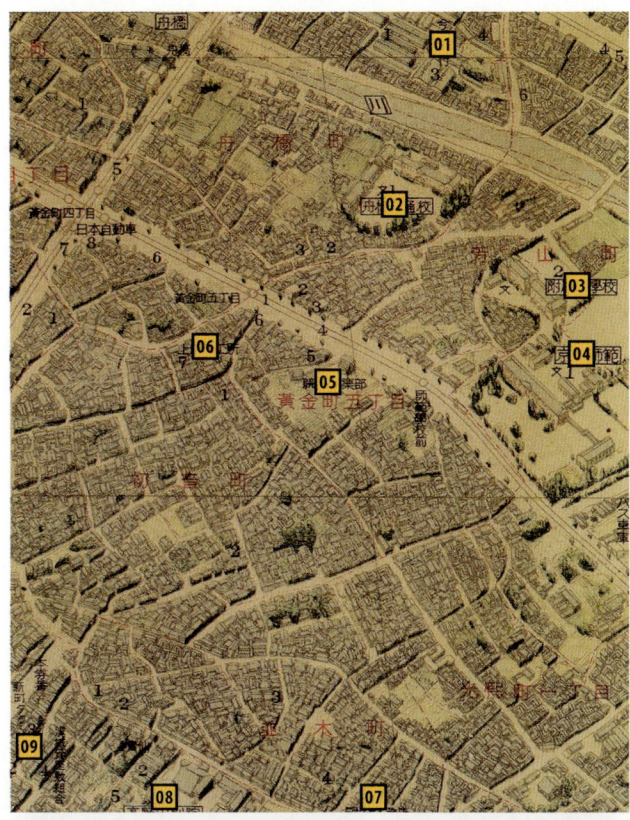

| 01 | 이마무라양행 |
| 02 | 주교공립보통학교 |
| 03 | 경성사범학교 부속소학교 |
| 04 | 경성사범학교 |
| 05 | 경성승마구락부 |
| 06 | 우에다철공소 |
| 07 | 무라카미공무소 |
| 08 | 고야산 조선별원 |
| 09 | 신마치구미택시 |

예지동, 주교동, 방산동, 을지로5가, 오장동, 쌍림동, 광희동

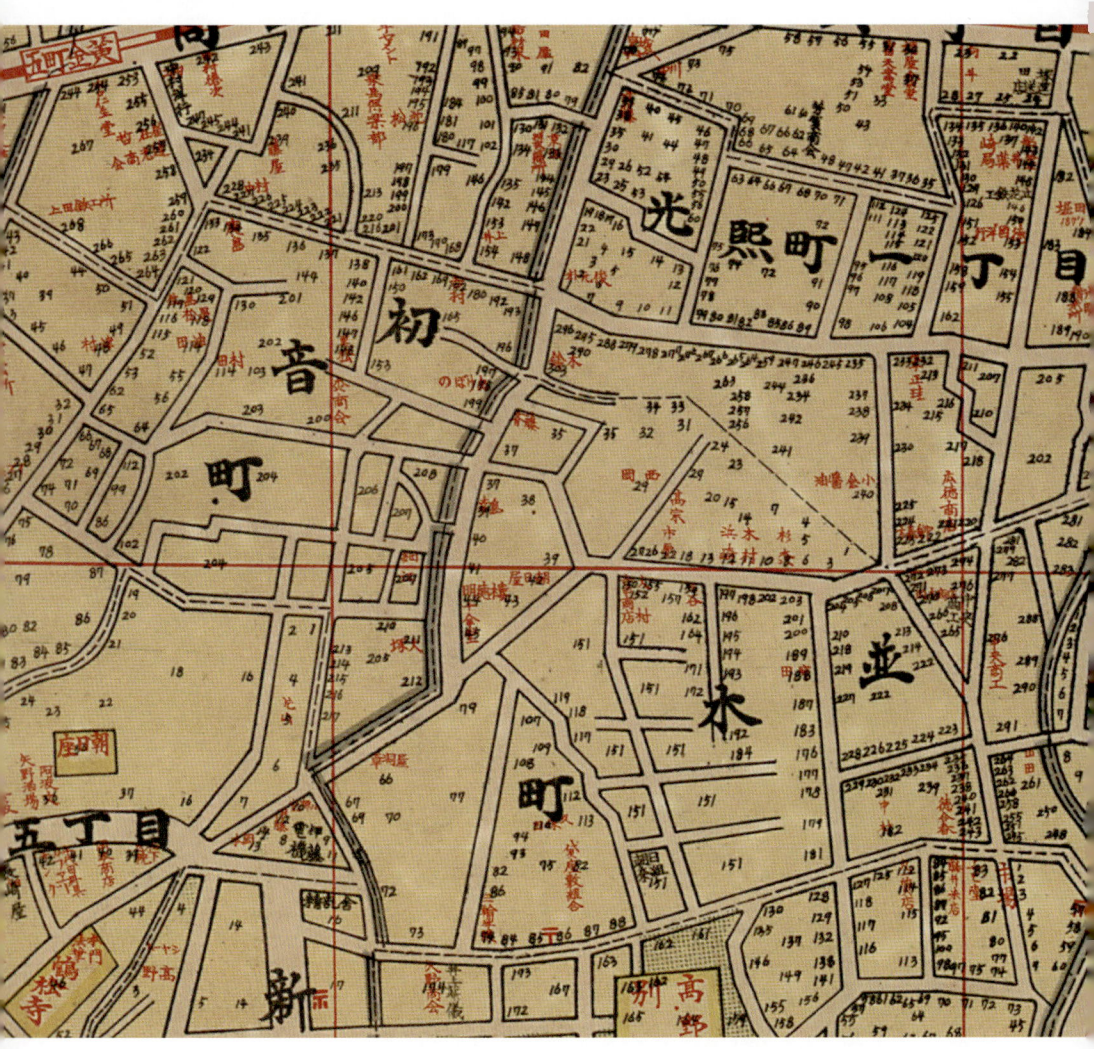

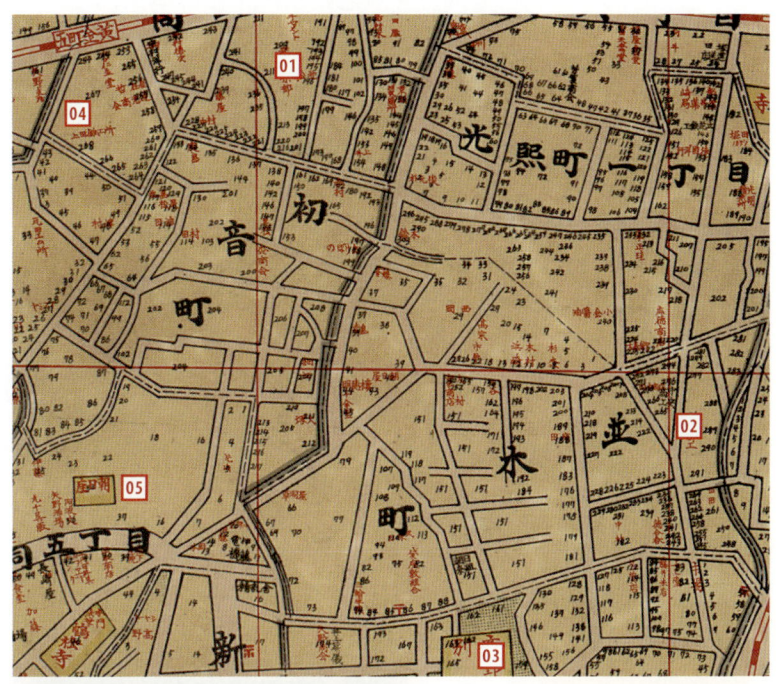

01 경성승마구락부
02 중앙상공주식회사
03 고야산 조선별원
04 아사히좌
05 우에다철공소

예지동, 주교동, 방산동, 을지로5가, 오장동, 쌍림동, 광희동

# 이마무라양행 今村洋行 01

1909년 창업한 식료품 회사다. 예지동 25.

이마무라양행. 와다 시게요시, 『대경성도시대관』, 조선신문사, 1937.

# 주교舟橋공립보통학교 02

1923년 개교한 공립보통학교다. 오늘날 방산초등학교의 전신이다. 주교동 23.

주교공립보통학교. 와다 시게요시, 『대경성도시대관』, 조선신문사, 1937.

# 경성사범학교 부속 소학교 03

1895년 한성사범학교 부속 소학교로 설립한 뒤 1922년 경성사범학교 부속 소학교로 이름을 바꿨다. 오늘날 서울대학교 사범대학 부설 초등학교의 전신이다. 을지로6가.

경성사범학교 부속소학교. 서울특별시 중구 향토사자료 제12집, 『남겨진 풍경 지나간 흔적』, 서울 중구문화원, 2009.

## 경성사범학교 04

1895년 한성사범학교 설립한 뒤 1921년 경성사범학교로 개칭했다. 오늘날 서울대학교 사범대학의 전신이다. 을지로6가.

경성사범학교. 서울역사박물관.

# 경성승마구락부(경마구락부) 05 01

"고대하든 경마대회의 첫날은 일기가 매우 청명하야 작7일 아침부터 모여드는 구경꾼은 거의 용산 우편국 옆길로부터 연병장까지 가득히 찼었다. 경마장의 둘레에는 물론이요 좌우 산상에 입장권 없이 내려다보는 군중까지 합하면 거의 5만여 명 가량이나 되었으며…"*

경마는 마필 개량과 취미 증진 행사이자 합법적 세금 징수 확대를 위한 중요한 산업의 하나였기에 장려되었다. 1913년 수표동에서 결성한 경성승마구락부는 1914년 을지로5가 209로 이전했고 용산연병장, 여의도 등에서 경마대회를 개최했다. 1922년 조선경마구락부가 발족하여 훈련원, 한강 인도교 부근에서 경마대회를 개최했고 1923년에는 남선南鮮, 북선北鮮, 서선西鮮 경마대회를 개최했다. 춘계와 추계의 경마철에는 전국의 도시에서 경마대회가 열릴 정도로 점차 전 조선으로 퍼져나간 경마는 조선에서 가장 각광받는 이벤트가 되었지만, 경마장에는 소매치기가 들끓고 마권사기 등 사건사고가 빈발했다. 1925년 홍수로 한강 인도교 경마장이 유실되자 1927년에 신설동 85로 이전했다.**

---

* 「경마대회의 초일 신연병장의 장관」, 『동아일보』, 1921. 5. 8.
** 『한국경마육십년사』, 한국마사회, 1984; 이경돈, 「미디어텍스트로 표상된 경성의 여가와 취미의 모더니티」, 『일제강점기 경성부민의 여가생활』, 서울역사편찬원, 2018, 29~35쪽.

경성 경마구락부(위, 중간은 신설동)와 경성승마구락부(아래는 을지로).
와다 시게요시, 『대경성도시대관』, 조선신문사, 1937.

신설동 이전 후의 경성 경마구락부 경마 대회 광경. 극동시보사, 『극동시보』, 1929.

## 우에다上田철공소 06 05

1909년 창업한 건축용 금속류 제조업 회사다. 을지로5가 268.

우에다철공소. 와다 시게요시,
『대경성도시대관』, 조선신문사,
1937.

## 무라카미村上공무소工務所 07

1931년 창업한 토목건축청부업 회사다. 쌍림동 182.

무라카미공무소. 와다 시게요시,
『대경성도시대관』, 조선신문사, 1937.

## 고야산高野山 조선별원 08 03

1906년 창건한 일본 불교 진언종眞言宗 사찰이다. 장충동 166.

고야산 조선별원. 와다 시게요시,
『대경성도시대관』, 조선신문사, 1937.

## 신마치구미新町組 택시 09

1927년 창업한 택시회사다. 묵정동 13.

신마치구미택시. 와다 시게요시,
『대경성도시대관』, 조선신문사, 1937.

# 중앙상공商工주식회사 02

1907년 창업한 고무 제조 판매 회사다. 쌍림동 276.

중앙상공주식회사. 와다 시게요시, 『대경성도시대관』, 조선신문사, 1937.

## 아사히좌 朝日座 04

1920년 나니와좌浪花座로 개관, 1930년 아사히좌로 이름을 바꾼 연극장이다. 충무로5가 16.

아사히좌 낙성 기사, 『경성일보』, 1930. 7. 9.

# 50

한양도성의 동쪽 성문인 동대문과 경성운동장을 중심으로 한 지역이다. 동대문 위쪽으로는 도성 안으로 충신동과 효제동이, 도성 밖으로는 창신동이 있다. 동대문 주변에는 전차 차고, 변전소 등이 있었다. 동대문과 을지로6가 사이에는 5개의 홍예가 있는 오간수문이 있었으나 1907년 청계천 물줄기를 원활히 한다는 명분으로 철거한 일제는 이후 그 자리에 콘크리트로 오간수교를 지었다.
동대문 남쪽 청계천 건너편은 을지로6가로 조선시대에는 무관 선발과 무예 및 병법 훈련을

# 종로5~6가
# 을지로6~7가

관장하는 훈련원과 훈련도감 산하 관청으로 치안을 담당하던 하도감이 있었다. 1925년에는 경성운동장이 들어섰다.
경성운동장 부근에는 경성약학전문학교, 동대문소학교, 경성여자실업학교, 경성부민병원, 고양군청 등이 있었다.
일제강점기 당시 종로5가에 서화가 오일영·동양화가 이영일이 살았고 종로6가에는 서화가 유진찬·국학자 최남선이 살았다.

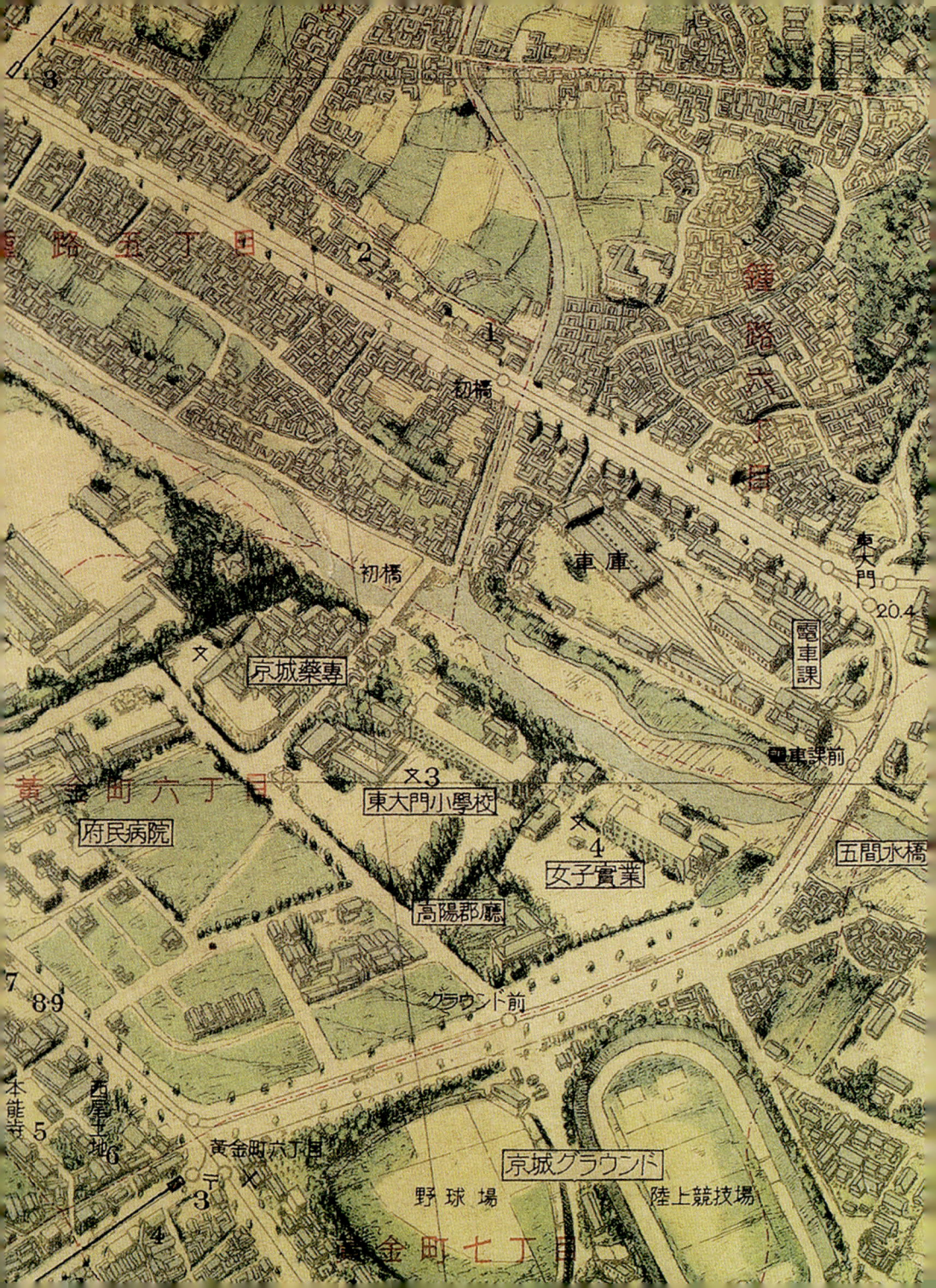

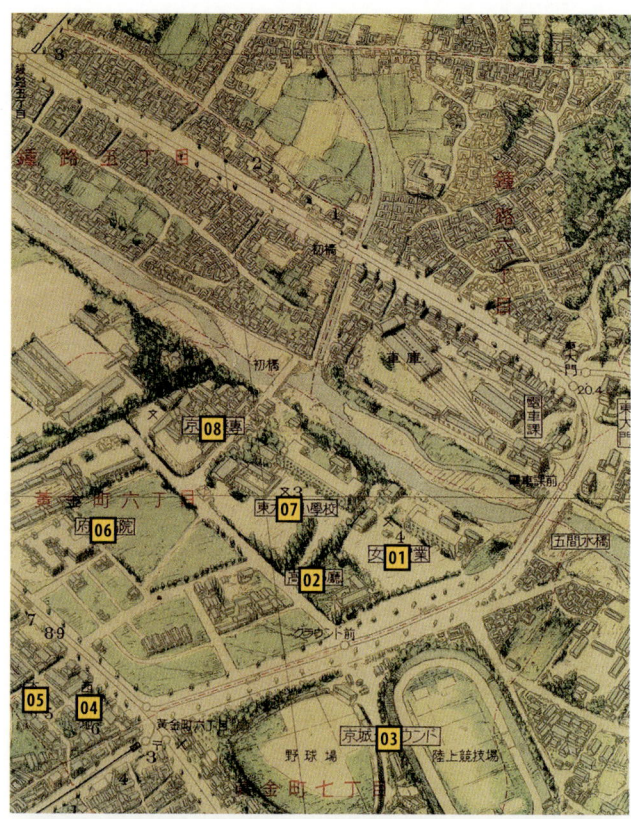

| 01 경성여자고등실업학교
| 02 고양군청
| 03 경성운동장
| 04 니시오토지경영부
| 05 대본산 본능사 경성별원
| 06 경성부립 부민병원
| 07 동대문공립심상소학교
| 08 경성약학전문학교

종로5~6가, 을지로6~7가

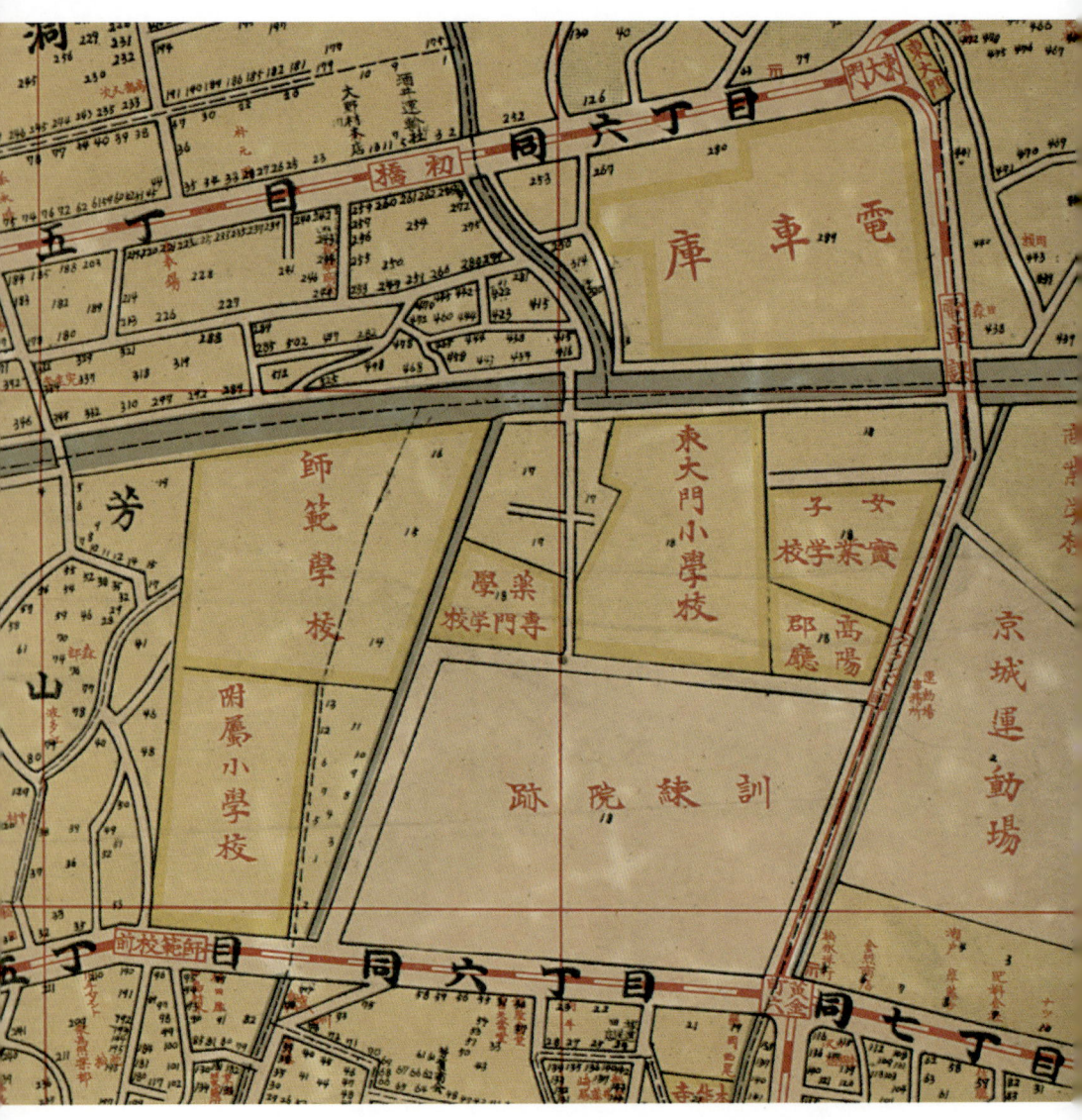

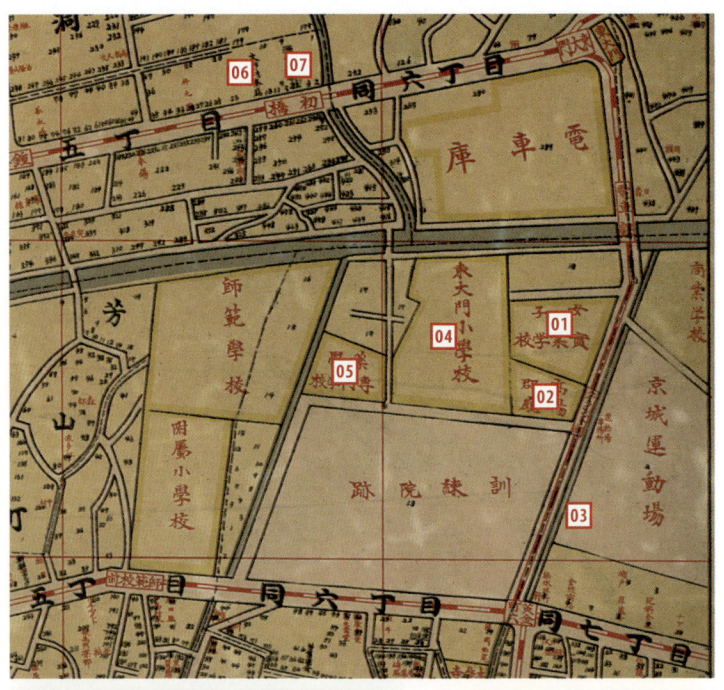

01 경성여자고등실업학교
02 고양군청
03 경성운동장
04 동대문공립심상소학교
05 경성약학전문학교
06 오노재목점
07 사카이운수주식회사

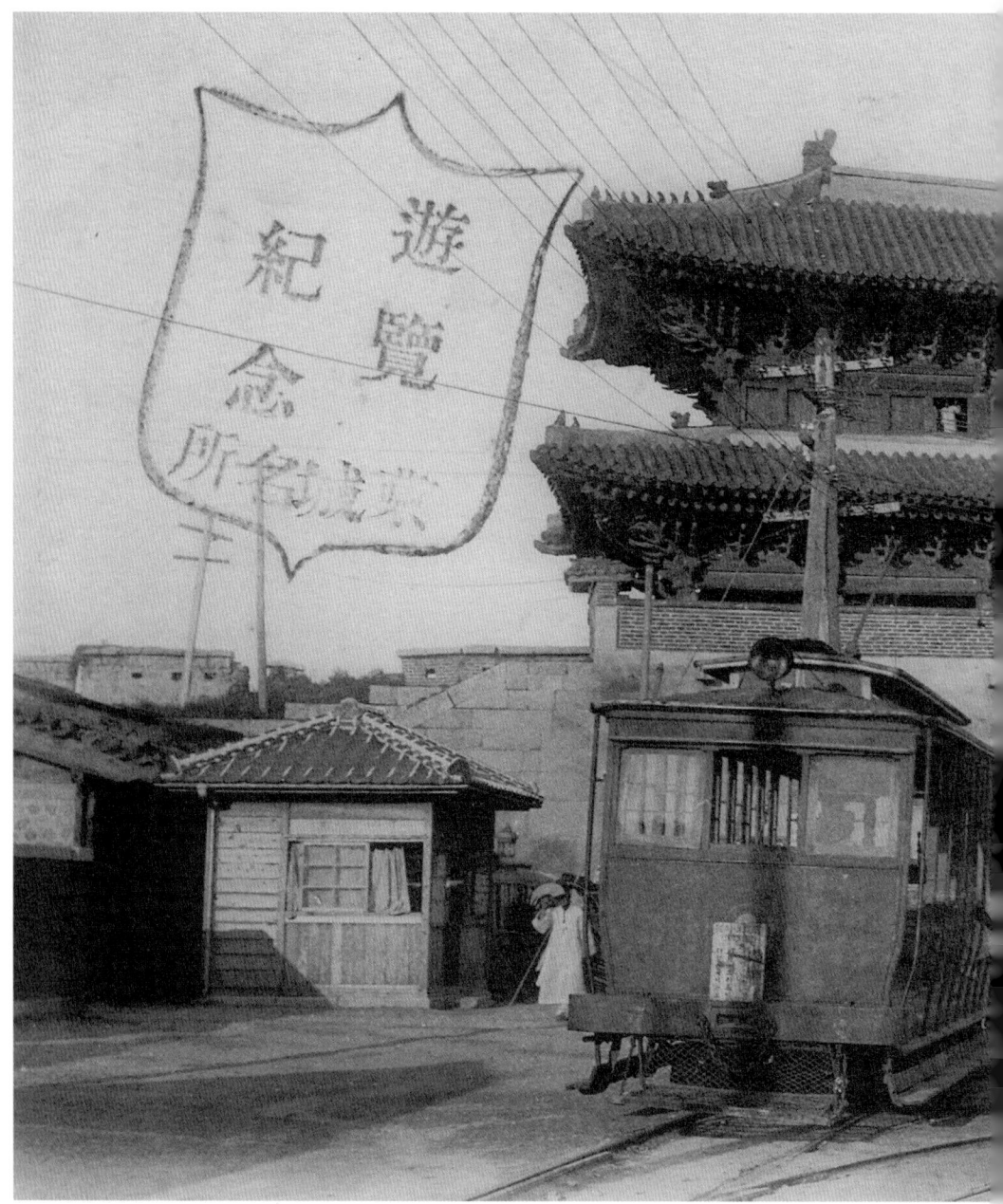

동대문 홍예를 통과하는 전차. 1911년 6월 동대문 북쪽으로 연결된 성벽이 헐리고 전차 선로를 옮겼다. 인근에는 전차과 차고와 동대문변전소 등이 있었다. 소달구지가 지나는 쪽으로 휘어진 전차선로는 전차차고로 들어가는 입구다. 전차 선로를 옮기기 전으로 보인다. 서울역사박물관.

일제강점기 엽서 속 동대문. 국제일본연구센터.

(京城名所) 京城東大門 (興仁之門)
THE KOJIN-MON EAST GATE KEIJO.

일제강점기 엽서 속 동대문. 성문 안 남서쪽에서 바라본 전경이다.
동대문 왼쪽 지붕에 닿아 있는 건물은 1900년 개교한 흥인興仁배재보통학교다. 국제일본연구센터.

전차가 동대문을 뒤로 하고 청계천을 건너오고 있다. 왼쪽은 전차과, 오른쪽은 동대문변전소다.
경성전기주식회사, 『경성전기주식회사 20년 연혁사』, 1929.

동대문 전차 차고. 경성전기, 『뻗어가는 경성전기』, 1935.

## 경성여자고등실업학교 01 01

1926년 개교했다. 을지로6가 18.

경성여자고등실업학교. 와다 시게요시, 『대경성도시대관』, 조선신문사, 1937.

## 고양군청 02 02

경기도 고양군청 청사로 1928년 새로 지었다. 을지로6가 18.

고양군청 신축 낙성 기사, 『경성일보』, 1928. 4. 23.

## 경성운동장 03 03

조선시대에 무관 선발과 무예 및 병법 훈련을 관장하는 관청인 훈련원은 1894년 폐지되었다. 훈련원은 군사 훈련을 위해 주변에 넓은 부지를 확보하고 있었기 때문에 폐지 이후에는 운동회 같은 체육 행사 공간으로 자주 활용되었다. 1907년에는 대한제국 군대 해산, 1919년에는 고종 장례식 등을 이곳에서 거행했다.

1920년대 전반까지 경성의 각종 스포츠 행사는 배재학당을 비롯한 학교 운동장이나 훈련원·장충단·사직단 등의 소규모 운동장을 이용했다. 1924년 조선총독부는 일본 제국 황태자 결혼기념사업으로 훈련원운동장을 재설계했다. 1925년 5월 공사에 착수해 총면적 2만 2,700평에 2만 5,800명을 수용할 수 있는 동양 제일의 종합운동장 경성운동장이 1925년 10월 15일 개장했다.

이후 경성운동장은 조선 스포츠의 중심지였다. 경성운동장은 육상·야구·정구장으로 출발한 이후 수영장과 스케이트장 등의 개장으로, 계절에 관계없이 각종 대규모 스포츠 경기를 즐기는 경성부민의 취미 공간이자 조선 스포츠의 스펙터클한 이벤트 공간이 되었다. 육상·야구·축구·정구·농구·자전거·럭비·배구 등의 경기가 열렸고, 특히 축구와 자전거 경주가 높은 인기를 누렸다. 전시 체제에 들어서면서 총후 위문 체육운동회, 국민정신총동원을 위한 각종의 행사도 이곳에서 열렸다.*

---

\* 정희준, 「뜨거웠던 근대, 잊혀져간 운동장」, 『잘가, 동대문운동장』, 서울역사박물관, 183~190쪽; 이경돈, 「미디어텍스트로 표상된 경성의 여가와 취미의 모더니티」, 『일제강점기 경성부민의 여가생활』, 2018. 4, 26~28쪽.

일제강점기 엽서 속 경성운동장 육상 경기장. 서울역사박물관.

경성운동장. 나카무라 미치타로, 『일본지리풍속대계』 조선편, 신광사, 1930.

일제강점기 엽서 속 경성운동장
테니스장, 야구장, 육상경기장. 서울역사박물관.

일제강점기 엽서 속 경성운동장 야구장. 서울역사박물관.

일제강점기 엽서 속 1924년 5월 훈련원에서 개최된 올림픽 예선 대회 광경.
조선총독부, 『조선: 사진첩』, 1925.

일제강점기 엽서 속 경성운동장 수영장. 서울역사박물관.

## 니시오 西尾 토지경영부 04

토지·주택업 회사로 장충동2가의 동소화원 주택지를 경영했다. 을지로6가 20.

니시오토지경영부가 경영한 동소화원 주택지(장충동2가) 전경이다.
와다 시게요시, 『대경성도시대관』, 조선신문사, 1937.

# 대본산 본능사本能寺 경성별원 05

일본 불교 사찰로 1915년 충무로4가 145에 개설되었다가 1925년 을지로6가 20으로 이전했다.

대본산 본능사. 와다 시게요시, 『대경성도시대관』, 조선신문사, 1937.

## 경성부립 부민府民병원 06

경성부립진료소로 시작하여 1934년 병원 건물 신축과 함께 경성부립 부민병원이 되었다. 광복 이후 시민병원이 되었고, 1958년에는 신설된 국립의료원이 이 자리에 들어섰다. 을지로6가 18.

경성부립 부민병원 본관. 경성전기, 『뻗어가는 경성전기』, 1935.

## 동대문공립심상소학교 07 04

1917년 개교했다. 1946년 을지국민학교, 1969년 동대문국민학교로 교명을 변경했고 1972년 폐교했다. 을지로6가 18.

동대문공립심상소학교. 경성부, 『경성부세일반』, 1938.

# 경성약학藥學전문학교 08 05

1915년 설립한 1년제 조선약학강습소를 1918년 2년제 조선약학교로 인가했고, 1930년 경성약학전문학교로 개편했다. 광복 이후 사립 서울약학대학이 되었다가 서울대학교 약학대학에 편입되었다. 을지로6가 18.

경성약학전문학교. 서울역사박물관.

## 오노大野재목점 06

1930년 창업한 건축재료업 회사다. 종로5가 17.

오노재목점. 와다 시게요시,
『대경성도시대관』, 조선신문사, 1937.

## 사카이酒井운수주식회사 07

운수업 회사로 춘천, 횡성에 출장소가 있었다. 종로5가 4.

사카이운수주식회사. 와다 시게요시,
『대경성도시대관』, 조선신문사, 1937.

# 51

동대문 밖 지역이다. 대체로 창신동과 숭인동에 해당되며 주택지와 농경지로 되어 있다. 동쪽으로 신설동, 청량리, 왕십리 등과 연결된다. 창신동은 1914년의 동명 제정 때, 조선 초부터 있던 한성부 동부의 방 가운데 인창방과 숭신방에서 각각 '창'자와 '신'자를 따서 합성한 데서, 숭인동은 조선 초부터 있던 숭신방과 인창방의 첫 글자를 합성한 데서 유래했다.
이 지역에는 동덕여자고등보통학교, 흥인배재보통학교, 창신보통학교가 있었다.

# 창신동
# 숭인동

창신 2동 안쪽을 홍수동紅樹洞·홍숫골이라 부르는데 복숭아와 앵두나무가 많아 마을 전체가 온통 붉은 열매를 맺는 나무로 싸여 있다 해서 붙여진 이름이며, 숭인동에는 도수장이 있었다. 일제강점기 당시 이 지역에 거주하거나 머문 주요 인사로는 창신동의 서예가 유창환, 숭인동의 독립운동가·정치인 권동진·나전칠기공예가 장기명, 신설동의 언론인 이상협과 서양화가 손응성이 있었고 영화감독 나운규프로모션이 창신동에 있었다.

01 창신공립보통학교
02 동덕여자고등보통학교
03 경성도수장
04 흥인배재보통학교

창신동, 숭인동

1918년 촬영된 동대문 부근에서
숭인동 쪽을 바라본 방향.
오른쪽에 도성 성벽의 훼철된
단면과 동대문의 일부가 보인다.
조선총독부내무국 경성토목출장소,
『경성시구개정사업 회고 20년』,
1930.

# 창신공립보통학교 01

1912년 원흥사에서 설립한 사립 능인학교가 1916년 창신공립보통학교가 되었다. 오늘날 창신초등학교다. 창신동 128.

창신공립보통학교. 와다 시게요시, 『대경성도시대관』, 조선신문사, 1937.

## 동덕여자고등보통학교 02

앞에서 언급했듯 1908년 관훈동에서 설립했으며 1933년 창신동으로 옮겨왔다. 오늘날 동덕여자중고등학교의 전신이다. 창신동.

창신동 이전 관련 기사 속 동덕여자고등보통학교. 『매일신보』, 1933. 9. 22.

# 경성도수장 屠獸場 03

서대문 독립문 근방에 있었다가 1925년 동대문 밖 숭인동 신설리로 옮겨 왔다.

신문기사에 등장한 경성도수장. 『중앙일보』, 1931. 12. 29.

# 흥인興仁배재보통학교 04

1900년 미국 감리교 선교사 조원시趙元時, George. H. Jones, 방거方巨, Dalzell. A. Bunker, 조선인 목사 김우권 등이 세운 학교다. 종로6가.

흥인배재보통학교. 와다 시게요시, 『대경성도시대관』, 조선신문사, 1937.

# 52
# ~
# 54

용산역과 용산역의 북쪽 지역인 원효로1가와 신계동 지역이다. 원효로는 일제강점기에는 원정통元町通, 모토마치도리이라 불렸으며, 광복 후인 1946년 10월 1일 일제식 명칭을 개정할 때 원효로로 가로명을 제정했다. 신계동은 조선 말기부터 일본인들이 거주하기 시작하여 새로 생긴 동네라는 뜻에서, 문배동은 문배산 밑에 있다고 해서 유래했다. 용산역은 1899년 개통된 경인선 인천-노량진역 구간이 1900년 노량진역에서 경성역까지 연장되면서 개설되었다. 용산역을 기점으로 하는 경부선이 1905년, 경의선이 1906년, 경원선이 1914년 개통했다. 용산역은 여객과 화물 운송은 물론 철도차량을 정비하는 곳이어서 광대한 철도부지에 차량기지를 세워 기관차와 객차의 정비를 했으며 일제강점기에는 일본군 기지가 있었기 때문에 군용열차와 군용화물도 많이 운행했다.

# 원효로1가
# 신계동
# 문배동

경성의 인구가 증가함에 따라 일제는 1923년 도심과 가까운 남대문 정거장을 새로운 중앙역인 경성역으로 바꾸기 위해, 남대문 정거장에 대형 역사를 짓고 경의선을 연결하자 용산역의 위상은 낮아졌다. 용산역은 군사적 목적으로 건설된 데다 도심에서 거리가 멀었고, 역 앞에 일본군 사령부가 있어 역세권 발달에도 한계가 있었다. 광복 이후 일본군이 본국으로 돌아간 뒤 용산역은 쇠퇴했다.

용산역 북쪽 지역인 문배동과 신계동은 구용산에 속한다. 1906년 이후로 용산역 앞을 중심으로 새로 시가지가 조성된 한강로동 일대를 신용산이라 부르게 되었다. 이에 대비해서 본래 용산이라 불리던 원효로 일대는 구용산으로 불리게 된 것인데, 일제강점기 당시 문배동과 신계동은 대체로 주택과 각종 공장들이 산재해 있는 곳이었다.

博文寺

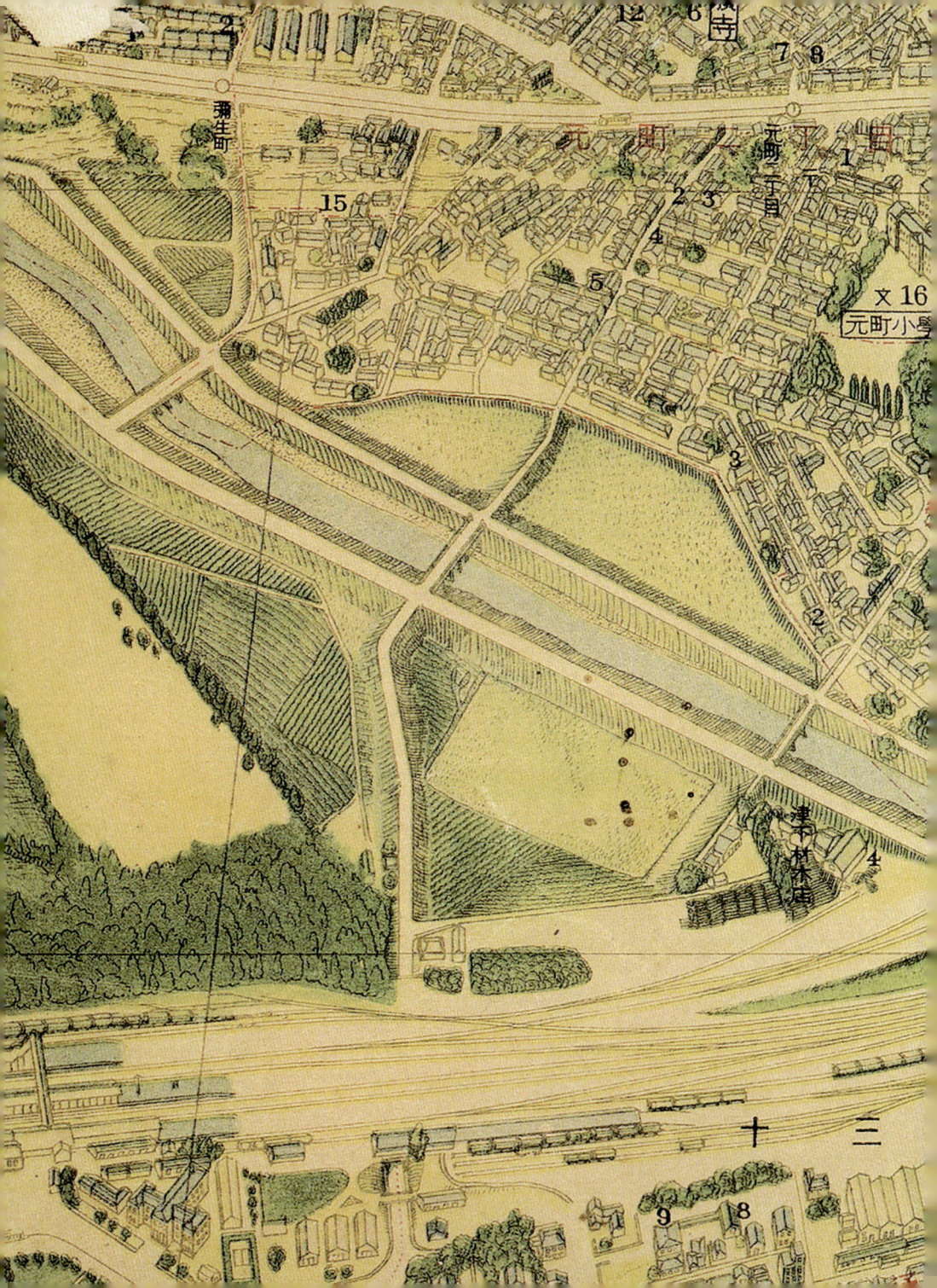

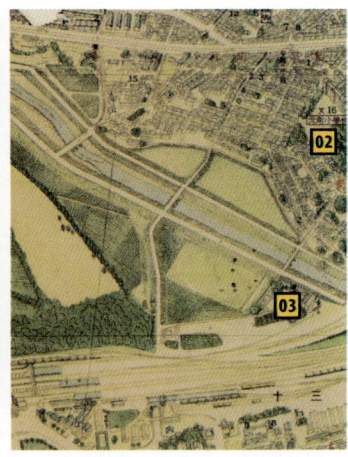

01 용산역
02 모토마치공립심상소학교
03 쓰게재목점

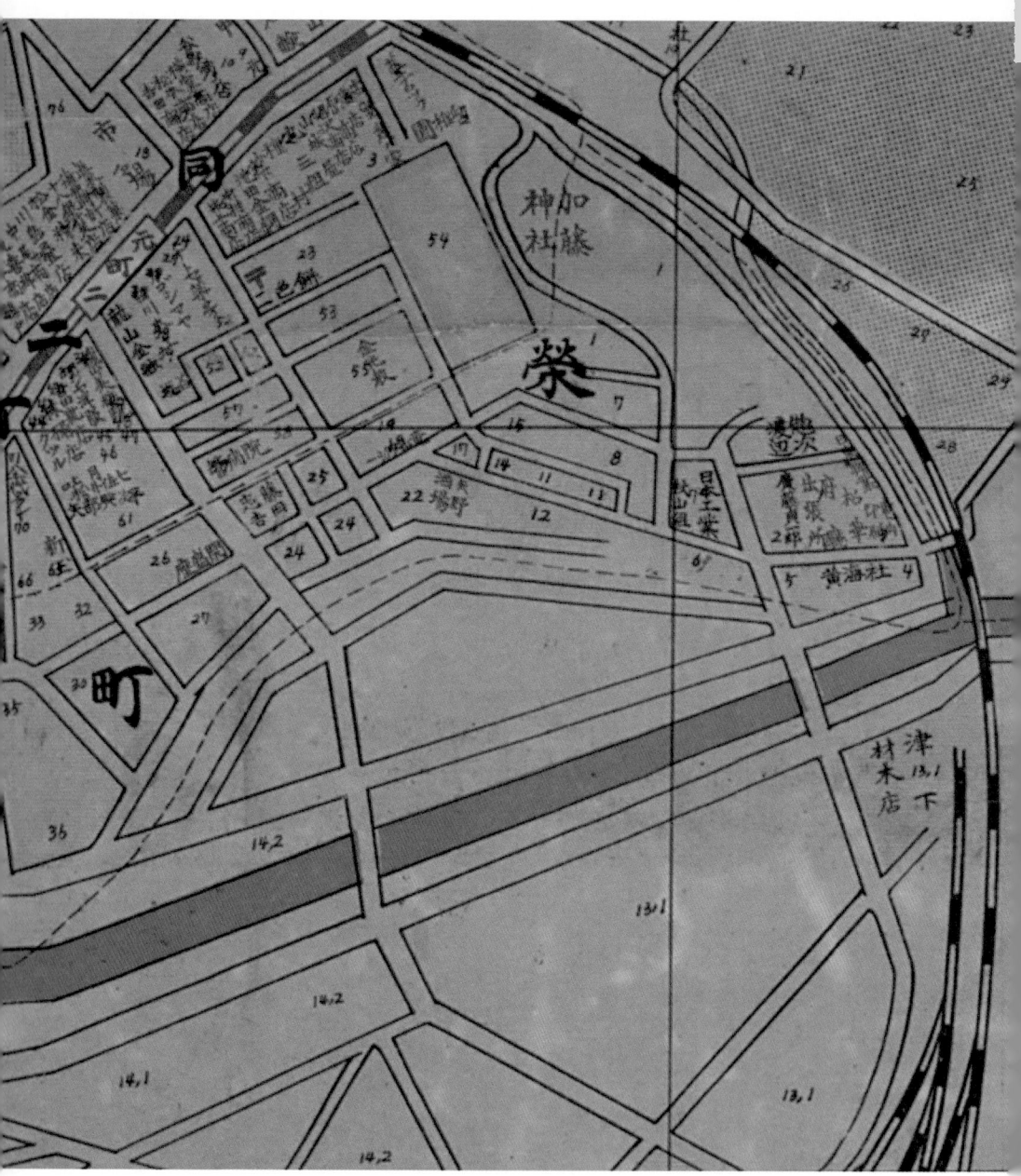

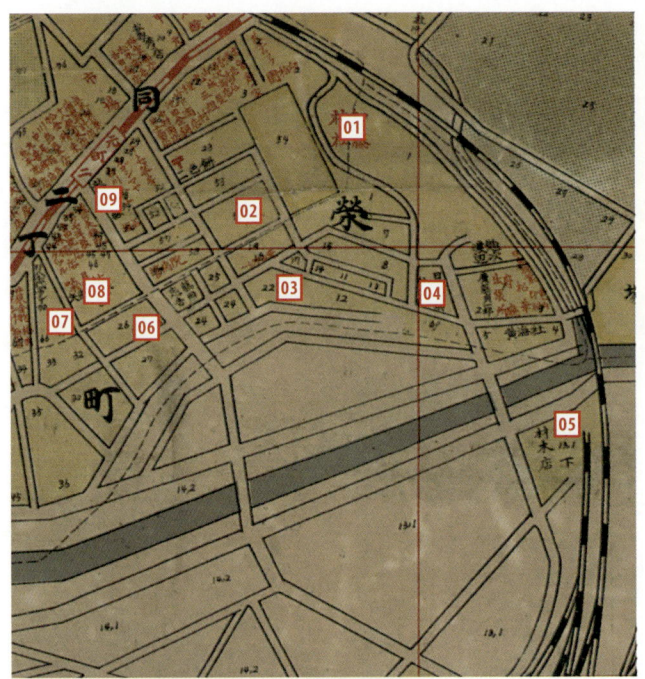

01 가토신사
02 금광교 용산교회소
03 야노주양소
04 일본공업합자회사 경성지점
05 쓰게재목점
06 가이세이좌
07 신옥
08 야베구미
09 용산금융조합

원효로1가, 신계동, 문배동

용산역 부근 항공사진이다.
화면 앞쪽에 용산 철도운동장이
보인다. 그 뒤로 철도관사 등이
넓게 펼쳐져 있다.
화면 오른쪽 위에 용산역과
철도국이 자리하고 있고
화면 왼쪽 상단에 철도와
철도공장들이 보인다.
경성부, 『경성도시계획조사서』,
1928.

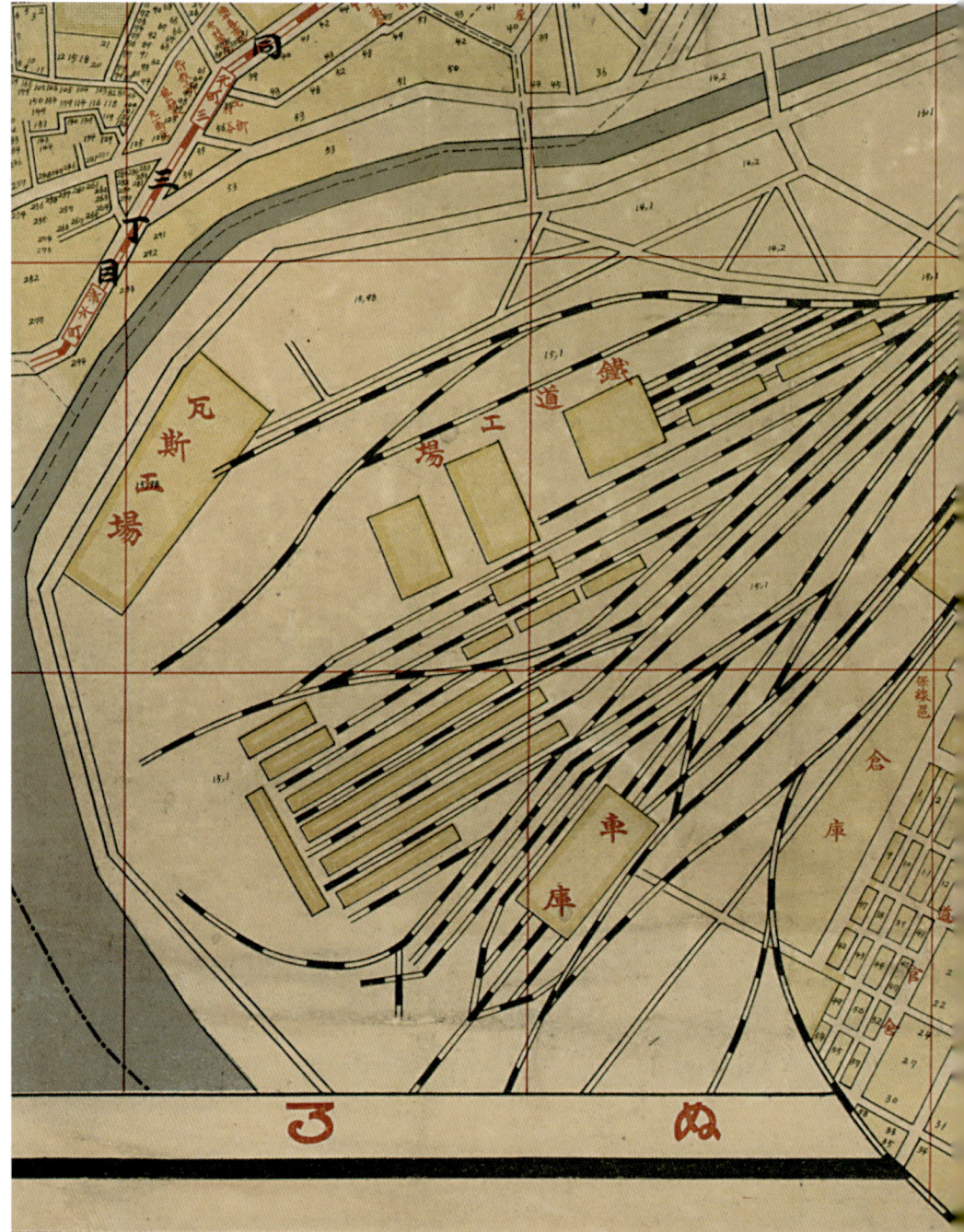

〈경성정밀지도〉의 용산역 부근.

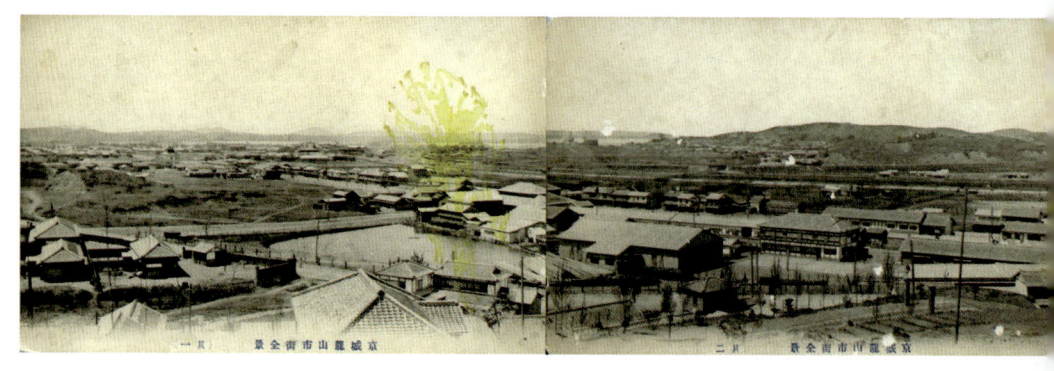

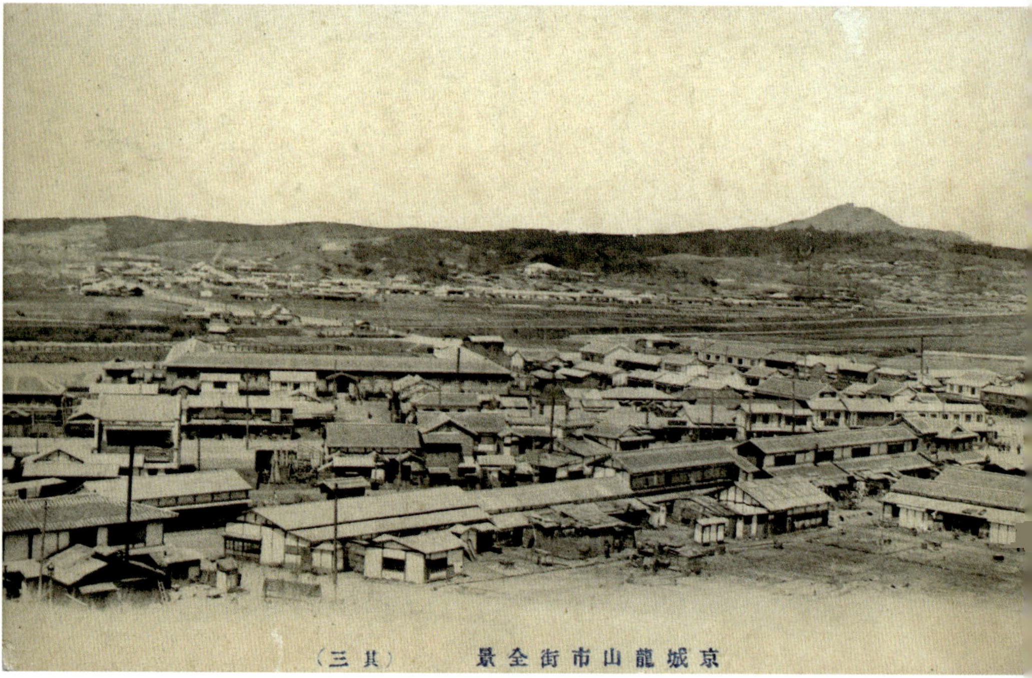


상단 사진 왼쪽에서 세 번째 부분을 확대한 것이다. 사진 오른쪽은 삼각지 구역 일부로
화면 중간 왼쪽의 가로로 길게 이어진 건물은 용산소학교다. 뒤쪽의 산은 연화봉, 산비탈은 청파동 지역이다.



52~54.

일제강점기 엽서 속 용산시가지 전경. 삼각지에 인접한 남쪽 언덕 위에서 용산 일대의 시가지 전경을 파노라마 형태로 담은 4매 연속 사진 엽서다. 일본군 병영지가 막 조성되던 초창기 무렵의 풍경이다. 제일 왼쪽 사진은 용산정거장, 용산철도공장 등의 방향이다. 다음 사진의 중간 도로는 오늘날의 한강로다. 서울역사박물관.

상단 사진 제일 오른쪽 부분을 확대한 것이다. 원경에 남산, 북악산, 북한산이 차례대로 보인다. 왼쪽의 세로 방향으로 길게 난 도로는 오늘날의 한강로, 도로 아래에서 크게 꺾인 부분은 삼각지 구역이다.

# 용산역 01

1900년 경인선의 역으로 개설되었고, 1905년 경부선 개통 이후 부산역으로 가는 열차의 출발역으로 사용되었다. 1906년 러일전쟁 중 용산역을 기점으로 하는 경의선이 완공되었고, 1914년에는 역시 용산역을 기점으로 하는 경원선이 개통되었다. 용산역 주변에는 일본군 주둔지가 많아 군 관련 및 철도 수요가 많았다. 역 앞의 너른 광장은 군대의 사열이 필요한 경우를 대비한 것으로 여겨진다.

경부선 개통과 경의선, 경원선의 기점으로서 교통량이 많아지자 군용철도 부설을 위한 임시 군용 철도감부鐵道監府는 1906년 목조 기반의 서양 지역주의 양식을 채택하여 역사를 준공했지만 화재로 소실되자 대체설계로 재건축했다. 당시 관공서 등의 건축은 대개 석조 기반으로 이루어졌으나, 용산역사는 기둥·대들보 따위의 목재를 외부에 노출시키고 그 틈새를 석재·흙벽·벽돌 같은 것으로 채우는 콜롱바주colombage 양식으로 지어졌다.*

* 황민혜, 「사진으로 본 구 용산역사(1906년-미상) 외관의 양식 절충성에 관한 연구」, 『철도학회논문집』 제108호, 2018. 6, 498~507쪽; 김종헌, 「한국철도역사(1899년-1945년)의 건축적 특성에 관한 연구」, 『대한건축학회논문집』 제14권 제1집, 1908. 1, 179~190쪽.

일제강점기 엽서 속 용산정거장. 국제일본문화센터.

석가장石家莊 함락 축하 용산역 광장 집합.
조선총독부, 『경성휘보』 193, 1937. 10.

용산정거장 구내,
『국정교과서에 보이는 조선사진자료』, 1929.

# 모토마치元町공립심상소학교 02

1905년 용산소학교로 개교 후 1912년 경성 모토마치공립심상소학교로 명칭을 바꿨다. 오늘날 남정초등학교다. 원효로2가.

항공촬영한 모토마치공립심상소학교. 조선건축회, 『조선과 건축』 제11집 제10호, 1936. 10.

## 쓰게津下재목점 03 05

1929년 창업한 건축재료업 회사다. 한강로 13.

쓰게재목점.
와다 시게요시,
『대경성도시대관』,
조선신문사, 1937.

## 가토加藤신사 01

임진왜란에 참전한 가토 기요마사加藤清正를 주제신으로 모신 신사로 1914년 창립했으며, 1934년에는 용산구 신계동에도 창건했다.* 원효로2가.

* 문혜진, 『경성신사를 거닐다: 일본제국과 식민지 신사』, 민속원, 2019, 138쪽.

## 금광교金光敎 용산교회소 02

1859년 시작된 일본의 신종교로서 교파신도 가운데 하나이다. 흑주교黑住敎, 천리교와 함께 막부 말기 3대 신종교로 꼽힌다. 원효로2가 55.

금광교 용산교회소. 조선총독부학무국, 『조선에서의 종교 및 향사일람』, 1931.

## 야노矢野주양소酒釀所 03

청주 제조업 회사다. 신계동 12.

야노주양소. 와다 시게요시,
『대경성도시대관』,
조선신문사, 1937.

## 일본공업합자회사 경성지점 04

1915년 창업한 토목건축청부업 회사다. 신계동 6.

일본공업합자회사
경성지점. 와다 시게요시,
『대경성도시대관』,
조선신문사, 1937.

## 가이세이좌 開盛座 06

극장이다. 신계동.

## 신옥 新玉 07

요정이다. 한강로에 지점을 두었다. 원효로2가.

탈세 의혹 관련 기사 속에 등장한 신옥. 『매일신보』, 1934. 8. 15.

## 야베구미 矢部組 08

1929년 창업한 토목건축업 회사다. 원효로2가 61.

야베구미. 와다 시게요시,
『대경성도시대관』, 조선신문사, 1937.

## 용산금융조합 09

금융조합은 일제강점기에 서민·농민들에게 돈을 융통해주던 조합이다. 농협의 전신이다. 원효로2가 37.

용산금융조합. 와다 시게요시,
『대경성도시대관』, 조선신문사, 1937.

55

# 원효로
# 신계동
# 문배동
# 한강로

서울 서대문구 인왕산 서쪽과 용산구 남산 남서쪽에서 각각 발원하여 삼각지 인근에서 합쳐진 뒤 한강으로 합류하는 하천인 만초천을 중심으로 원효로1가와 신계동, 문배동이 있는 구용산과 한강로 7번지가 있는 신용산의 일부 지역이다.

용산역과 가까운 곳으로 대체로 철도 또는 철도운수와 연관된 공장 지대가 주를 이루고 일부 주택지가 혼재되어 있었다. 원효로1가에는 용산경찰서, 문배동에는 소방서 등 주요 시설이 있었고 구스모토자동차공장, 쓰지무라상점 경성지점, 도요쿠니제분회사, 동아공업주식회사 등 대형 공장과 소규모 공장들이 많았다. 만초천과 철도를 건너 한강로 7번지에는 용산소학교와 창덕가정여학교, 용산공작회사 등이 있었다.

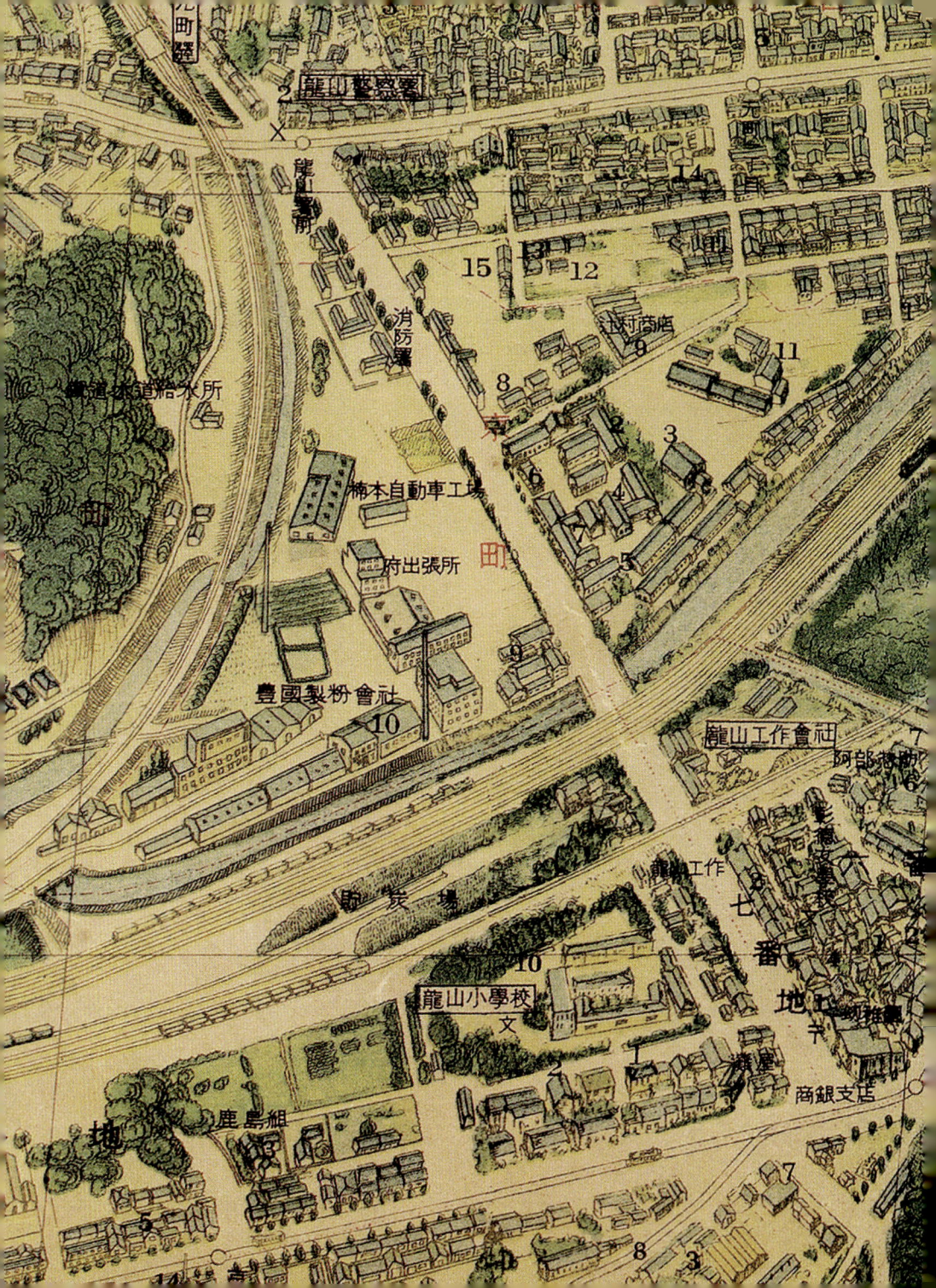

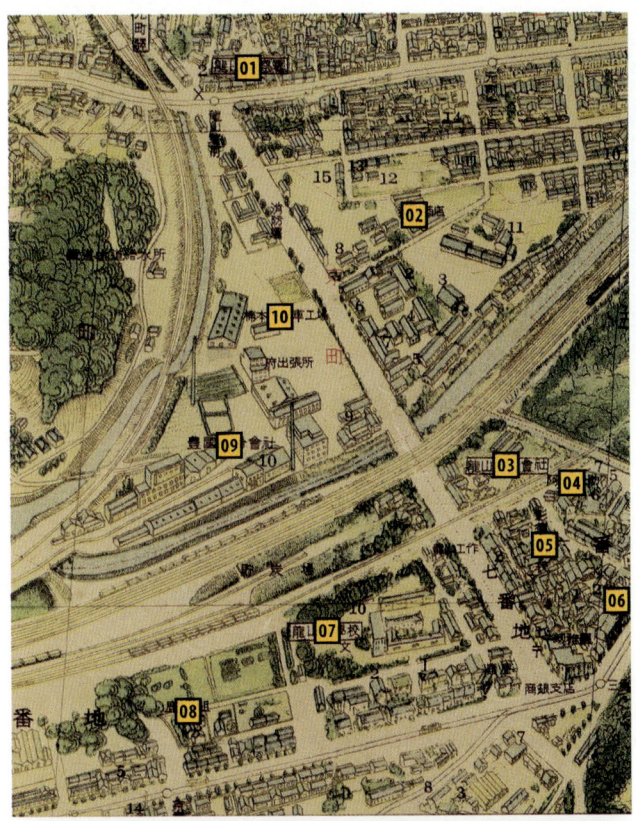

| 01 | 용산경찰서 |
| 02 | 쓰지무라상점 경성지점 |
| 03 | 용산공작주식회사 |
| 04 | 아베 소스케의 집 |
| 05 | 창덕가정여학교 |
| 06 | 오카구미 경성지점 |
| 07 | 용산공립심상소학교 |
| 08 | 가시마구미 |
| 09 | 도요쿠니제분주식회사 |
| 10 | 구스모토자동차공장 |

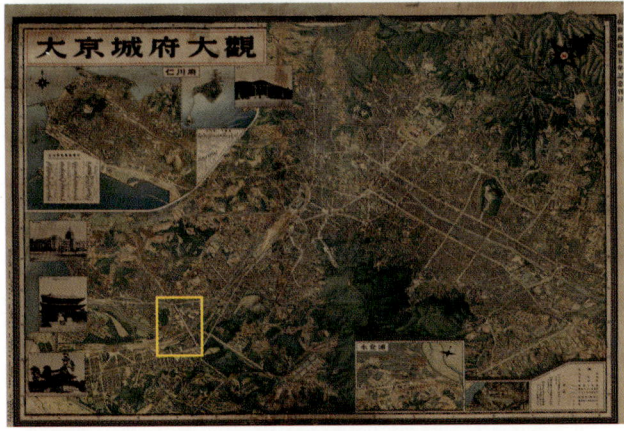

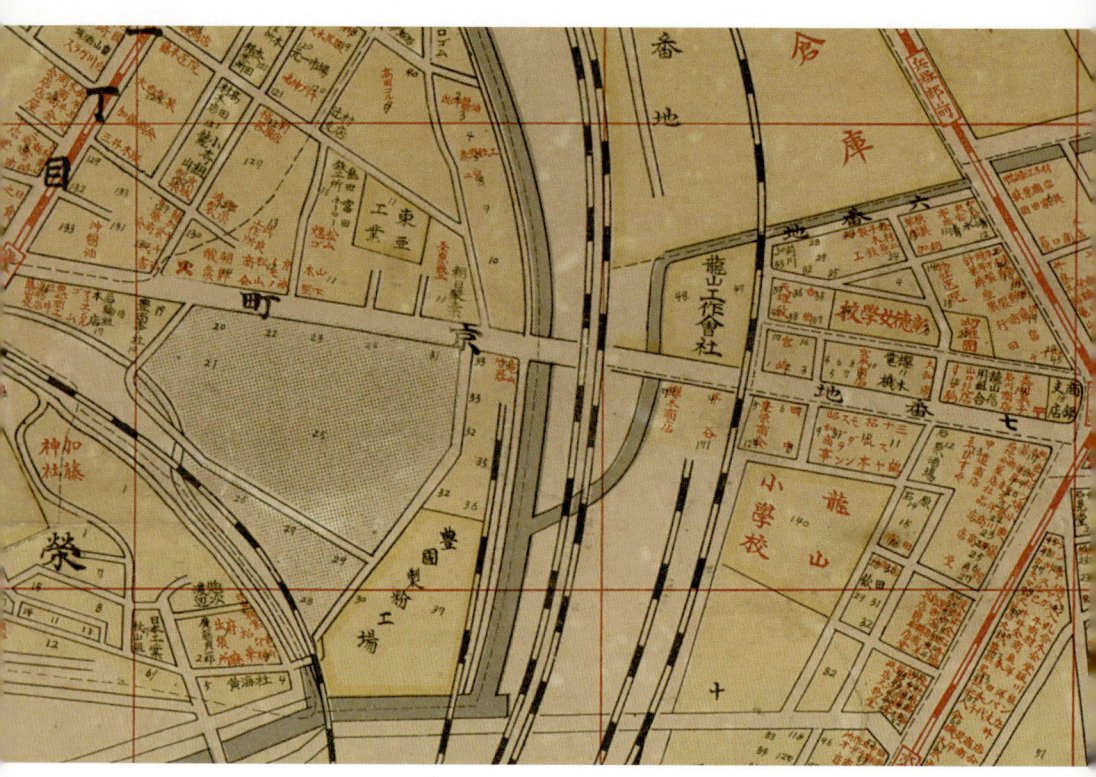

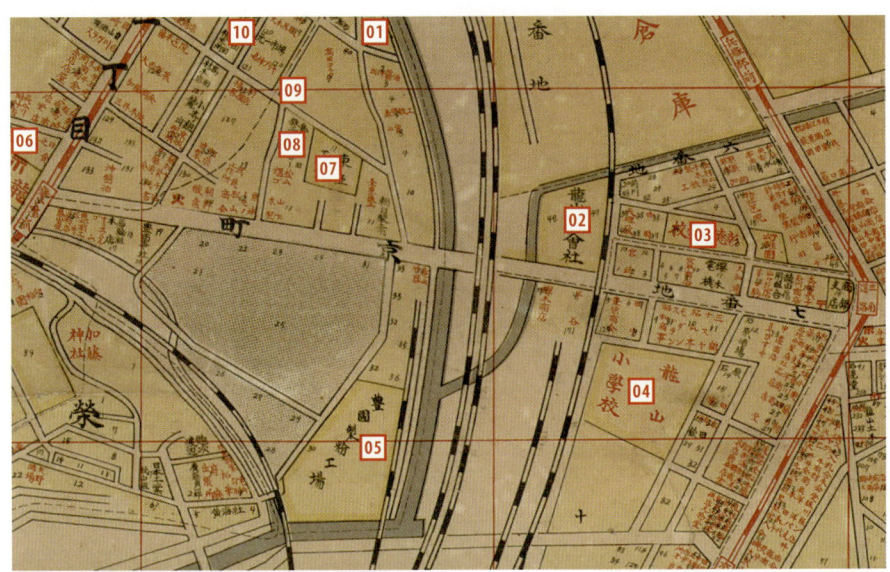

| 01 | 세구치고무공업소 |
| 02 | 용산공작주식회사 |
| 03 | 창덕가정여학교 |
| 04 | 용산공립심상소학교 |
| 05 | 도요쿠니제분주식회사 |
| 06 | 용산경찰서 |
| 07 | 동아공업주식회사 |
| 08 | 시마다철공소 |
| 09 | 쓰지무라상점 경성지점 |
| 10 | 하시모토제작소 |

원효로, 신계동, 문배동, 한강로

남쪽에서 바라본 삼각지 역 방향. 오른쪽에 과자가게 이와미토石見堂 간판이 보인다. 뒤에 보이는 산은 둔지산이다. 일제강점기 엽서. 국제일본연구센터.

# 용산경찰서 01 06

대한제국 당시 영사관 경찰분서로 개설 후 1915년 헌병대로 업무 이관되었다가 1919년 재설치했다. 원효로1가 24.

용산경찰서. 와다 시게요시, 『대경성도시대관』, 조선신문사, 1937.

## 쓰지무라辻村상점 경성지점 02 09

1923년 창업한 기계, 농기구 제작 회사다. 문배동 40.

쓰지무라상점 경성지점.
와다 시게요시,
『대경성도시대관』,
조선신문사, 1937.

## 용산공작주식회사 03 02

1919년 창업한 철도 차량 제작 수리 업체다. 한강로 7.

용산공작주식회사.
제국대관사,
『약진조선대관』, 1938.

## 아베 소스케의 집 04

아베 소스케阿部摠助는 1905년 조선에 온 토목건축업계 주요 인물로 토목건축 업체 아가와구미阿川組 감사역 등을 지냈다. 한강로6가 28.

아베 소스케와 그의 집. 와다 시게요시, 『대경성도시대관』, 조선신문사, 1937.

## 창덕彰德가정여학교 05 03

1928년 개교했다. 한강로 6.

창덕가정여학교. 와다 시게요시,
『대경성도시대관』, 조선신문사, 1937.

## 오카구미岡組 경성지점 06

1920년 창업한 토목건축업 회사다. 한강로 6.

오카구미 경성지점. 와다 시게요시,
『대경성도시대관』, 조선신문사, 1937.

# 용산공립심상소학교 07 04

1903년 개교한 소학교로 1934년 건물을 새로 지었다. 오늘날 용산초등학교다.

용산공립심상소학교.
와다 시게요시,
『대경성도시대관』,
조선신문사, 1937.

# 가시마구미 鹿島組 08

1867년 창업한 토목건축업 회사로 본사는 도쿄에 있었다. 한강로 13.

가시마구미.
와다 시게요시, 『대경성도시대관』,
조선신문사, 1937.

## 도요쿠니豊國제분주식회사 09 05

1921년 건립한 제분회사다. 문배동 37.

도요쿠니제분주식회사.
조선총독부,
『조선사정사진첩』 1922.

## 구스모토楠本자동차공장 10

1913년 창업한 자동차 수리 공장이다. 문배동 24.

구스모토자동차공장.
와다 시게요시,
『대경성도시대관』,
조선신문사, 1937.

## 세구치瀨口고무공업소 01

운동화 제조회사다. 문배동 1.

세구치고무공업소. 와다 시게요시,
『대경성도시대관』, 조선신문사, 1937.

## 동아공업주식회사 07

1928년 창업한 건축 재료, 공사, 시공, 토목 건축업 회사다. 문배동 11.

동아공업주식회사.
와다 시게요시, 『대경성도시대관』,
조선신문사, 1937.

## 시마다島田철공소 08

1931년 창업한 철도용 철골, 토목건축용 금속 제작 가공 수리 업체다. 문배동 7.

시마다철공소. 와다 시게요시,
『대경성도시대관』, 조선신문사, 1937.

## 하시모토橋本제작소 10

1927년 창업한 자동차용품, 포장내장재 등 제작 회사다. 원효로1가 90.

하시모토제작소. 와다 시게요시,
『대경성도시대관』, 조선신문사, 1937.

56
~
60

# 남영동
# 갈월동
# 한강로1~5가

신용산 지역에 속하는 남영동에서 남산 노인정에 이르는 지역이다. 신용산 지역은 대체로 군부대가 많이 주둔해 있는데, 이 지역은 남산 자락에 있어 군부대가 주둔하기 어려워 군부대 등 군사 시설이 쉽게 눈에 띄지 않는다. 한편으로는 지도에 드러나지 않게 했을 가능성도 크다. 남영동은 서울 남쪽인 이곳에 군영이 있던 데서 이름이 유래했다고 전한다.

연병정練兵町역은 전차가 용산과 원효로元町: 모토마치 방향으로 갈라지는 곳에 위치한 역이다. 한강로3~4번지에 해당하며 용산공설시장과 영화관 게이류관이 있는 등 이 지역의 소비생활과 문화생활의 중심 역할을 한 곳으로 여겨진다.

역 주위 일부를 제외하면 철도와 만초천 및 군부대에 둘러싸여 있으며 곳곳에 철공소, 제작소, 정미소, 재목점 등이 상점보다 자주 눈에 띄는 곳이었다.

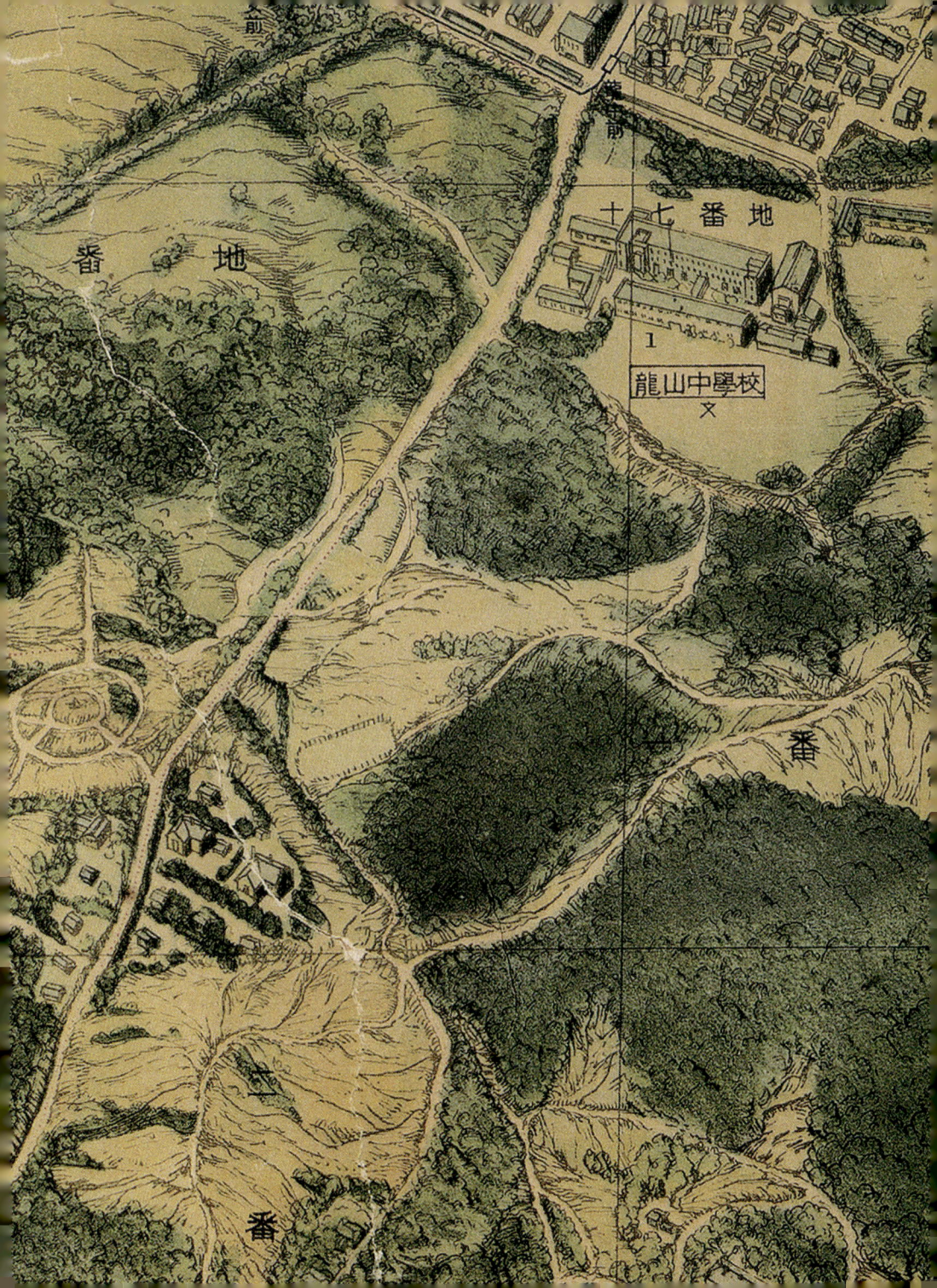

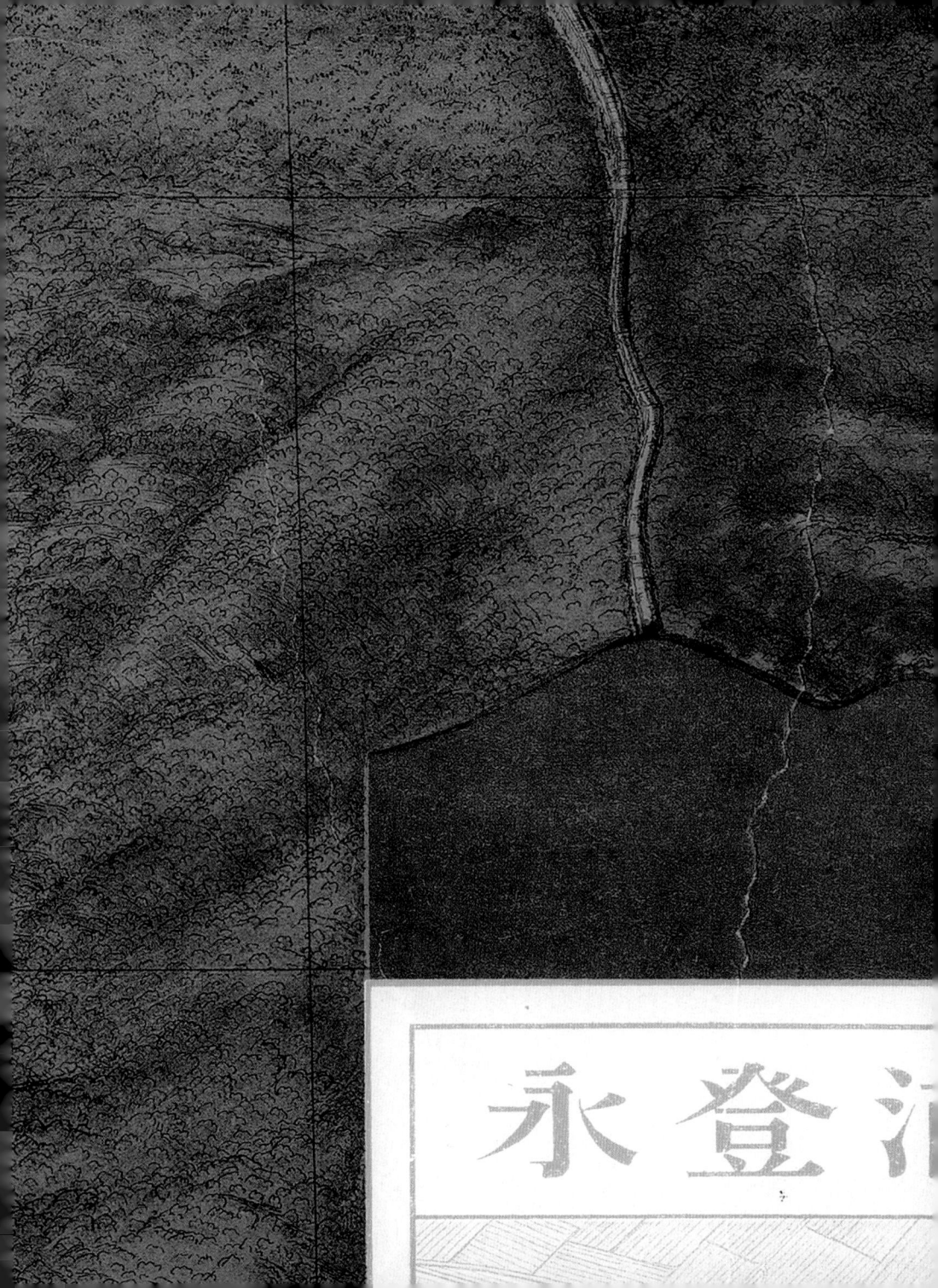

01 게이류관
02 나가오카상점
03 용산중학교
04 노인정

남영동, 갈월동, 한강로1~5가

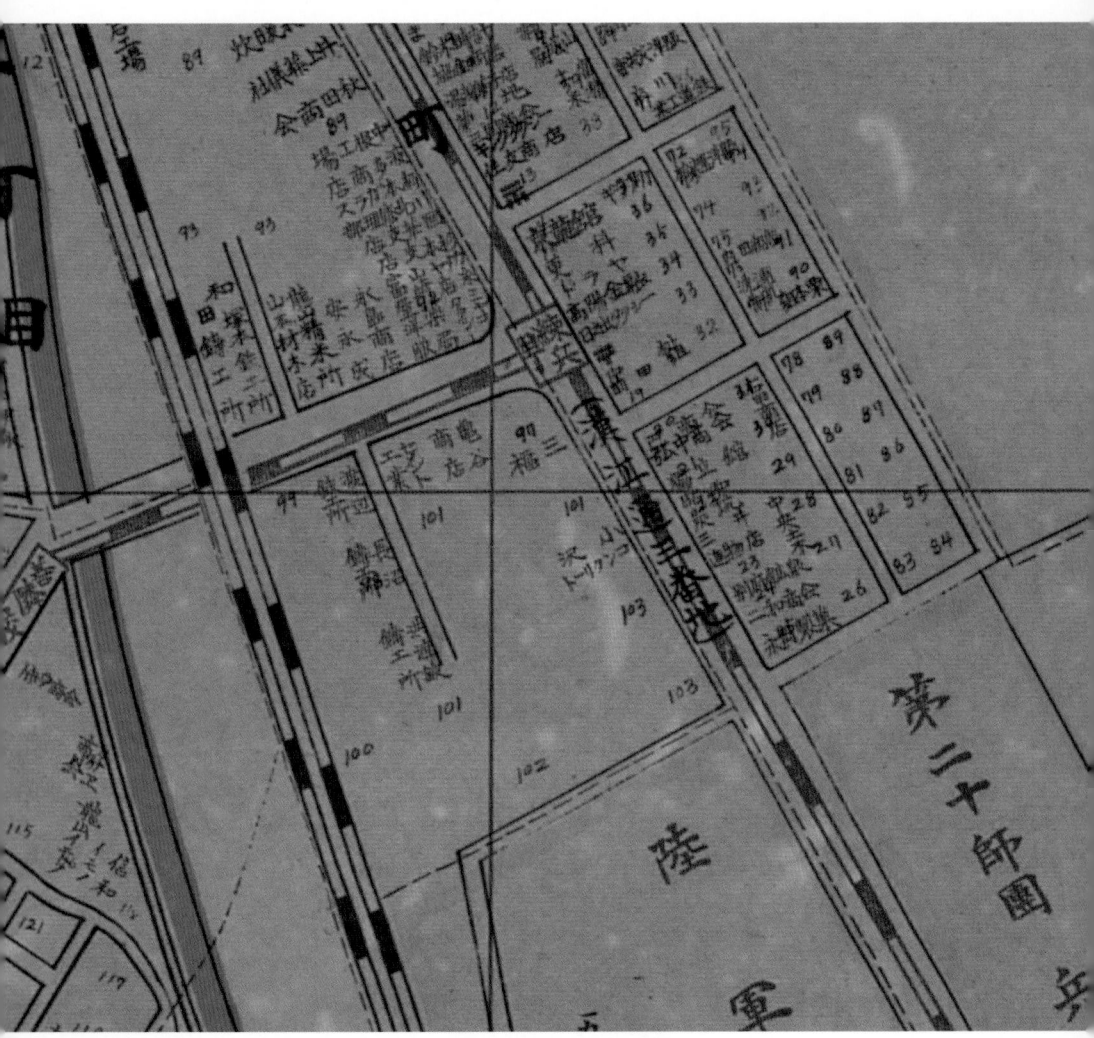

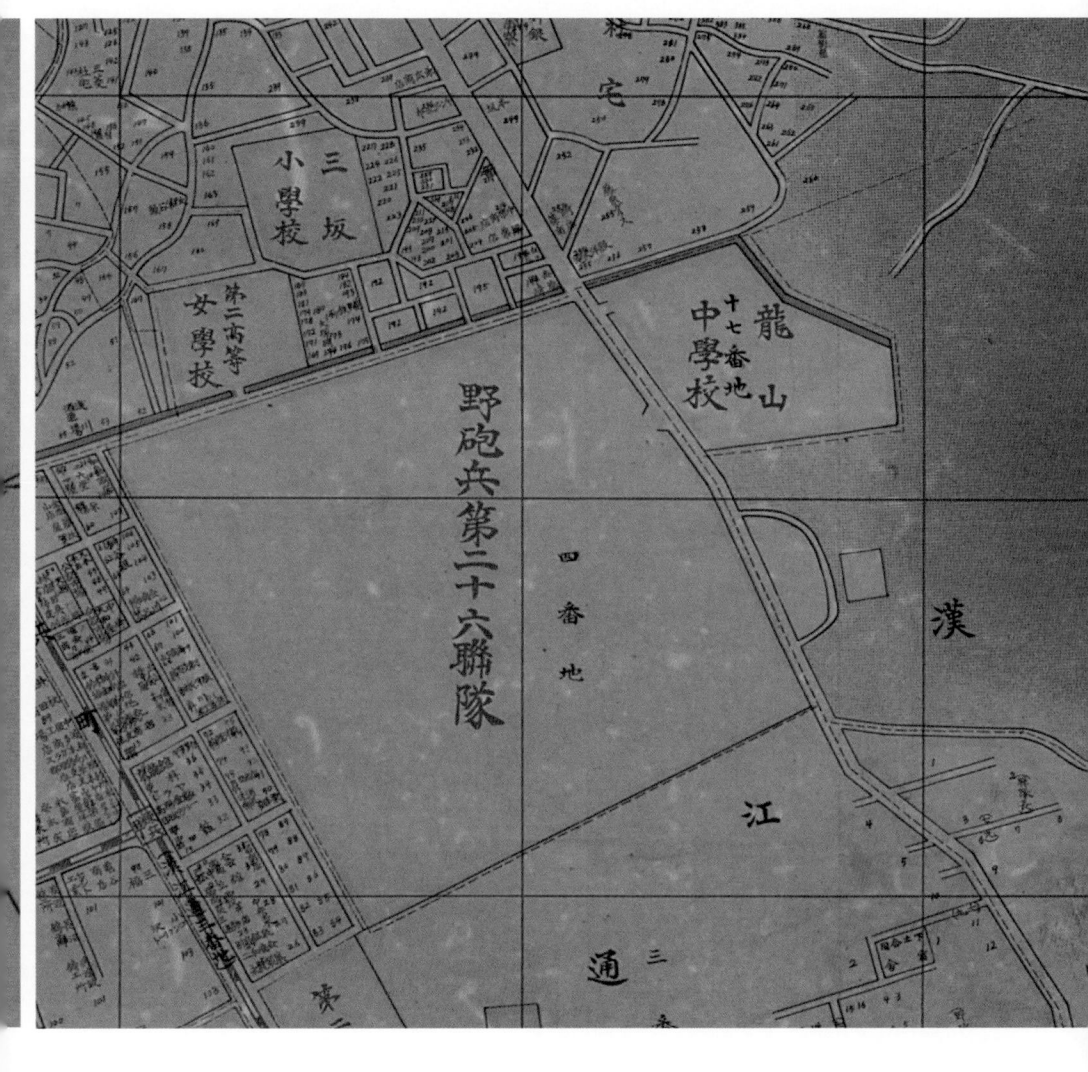

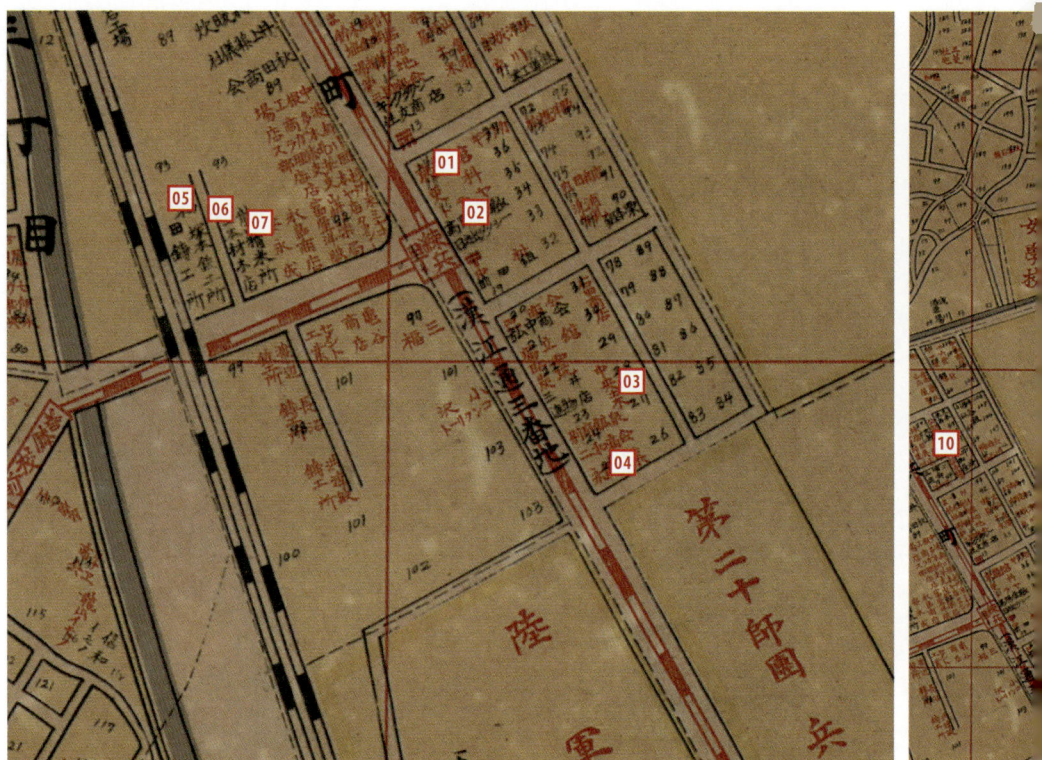

01 게이류관
02 고양금융조합
03 중앙토목합자회사
04 나가오카상점
05 와다주공소
06 야마모토재목점
07 용산정미소
08 용산중학교
09 오쓰카유리제조소
10 용산공설시장

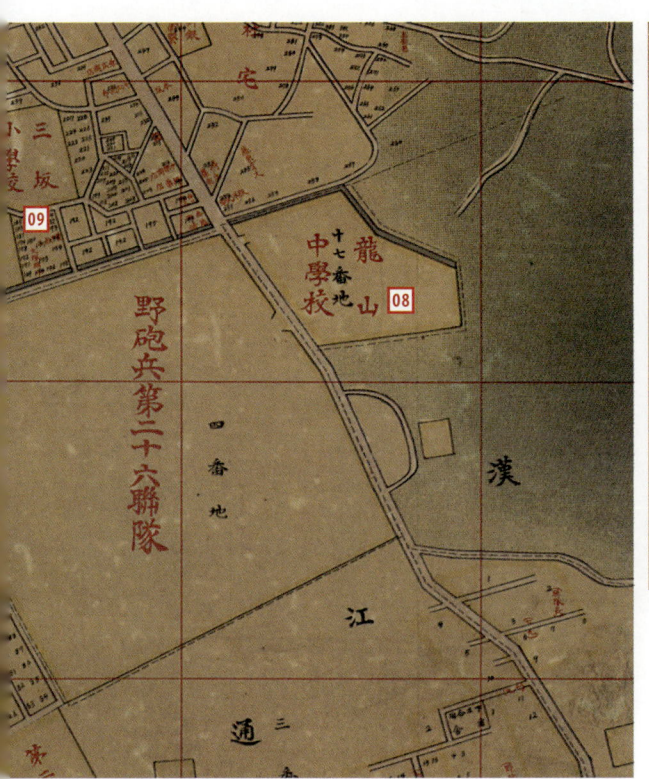

## 게이류관 京龍館 01 01

1918년 개관한 영화관으로 일본 군인을 주요 관객으로 했다. 충무로 지역 영화관에서 개봉한 영화를 다시 상영하는 재개봉관으로 충무로 지역 영화관보다 등급이 낮았다.* 남영동.

게이류관. 『경성일보』, 1921. 7. 20.

* 정충실, 『경성과 도쿄에서 영화를 본다는 것: 관객성 연구로 본 제국과 식민지의 문화사』, 현실문화연구, 2018, 141~142쪽.

## 나가오카永岡상점 02 04

1908년 창업한 제과 회사다. 해태제과의 전신이다. 남영동.

나가오카상점. 와다 시게요시, 『대경성도시대관』, 조선신문사, 1937.

# 용산중학교 03 08

1918년 설립된 중학교로서 일본인 남학생을 위한 학교였다. 경성중학교와 함께 경성에 단 2개만 존재한 일본인 남자중학교였다. 일본군 용산 병영지 확장에 따라 군인이나 철도 관련 종사자들의 아이들이 다닐 학교로 세워졌다. 오늘날 용산중고등학교의 전신이다. 한강로 4.

용산중학교. 서울역사박물관.

# 노인정 老人亭 04

민영준閔泳駿의 별장이다. 민영준은 민영휘의 초명이다. 순조 때 조만영趙萬永, 1776-1846이 건립한 것으로 알려졌다. 청일전쟁 직전 이곳에서 일본의 강요로 내아문독판內衙門督辦 신정희申正熙와 일본 오토리게이스케大鳥圭介 공사 간에 이른바 내정개혁안에 대한 회담이 개최되었다. 필동2가.

노인정. 경성부, 『경성부사』 1, 1934.

# 고양高陽금융조합 02

금융조합은 일제강점기에 서민·농민들에게 돈을 융통해주던 조합으로 농협의 전신이다. 한강로 3.

고양금융조합. 와다 시게요시, 『대경성도시대관』, 조선신문사, 1937.

## 중앙토목합자회사 03

1915년 창업하여 1931년 합자회사로 변경한 토목건축업 회사다. 한강로 3-23.

중앙토목합자회사. 와다 시게요시, 『대경성도시대관』, 조선신문사, 1937.

## 와다주공소 和田鑄工所 05

1909년 창업한 광산용 기계, 토목건축용품 제작소다. 갈월동 93.

와다주공소. 와다 시게요시, 『대경성도시대관』, 조선신문사, 1937.

## 야마모토山本재목점 06

1925년 창업한 재목점이다. 갈월동 93.

야마모토재목점. 와다 시게요시,
『대경성도시대관』, 조선신문사, 1937.

## 용산정미소 07

1932년 창업했다. 갈월동 92-4.

용산정미소. 와다 시게요시,
『대경성도시대관』, 조선신문사, 1937.

## 오쓰카유리제조소 09

앞에서 살핀 바대로 1919년 창업한 유리 제품 제조소다. 후암동 174.

## 용산공설시장 10

앞에서 살핀 바대로 1920년 창업한 곳으로 처음에는 문배동에 있다가 1922년 이전했다. 한강로 3.

용산공설시장. 경성부, 『경성부공설시장요람』, 1936.

# 61 ~ 62

# 장충동

1895년 을미사변으로 명성황후가 살해된 지 5년 뒤인 1900년 고종은 당시 목숨을 바친 시위대장 홍계훈 등 장병들의 영혼을 장충단에 배향하여 매년 봄·가을에 제사를 지냈다. 이후 임오군란·갑신정변 당시에 의를 위해 죽음을 택한 문신들도 추가되어 문무의 많은 열사들이 장충단 제향신위에 포함되었다. 그러나 1910년 장충단을 폐사시킨 일제는 1919년 이곳을 장충단공원으로 바꾸었다.

오늘날 장충동1~2가인 이 지역은 특별한 시설이 들어서지 않고, 장충단이 공원화되면서 일본인들이 꽃놀이를 하러 다닌 곳이 되었다. 장충단 부근은 1924년 백화원 주택지, 1927년 소화원 주택지와 구감천정 주택지, 1929년 남산장 전고대前高臺 주택지 등으로 차례로 개발되었다.

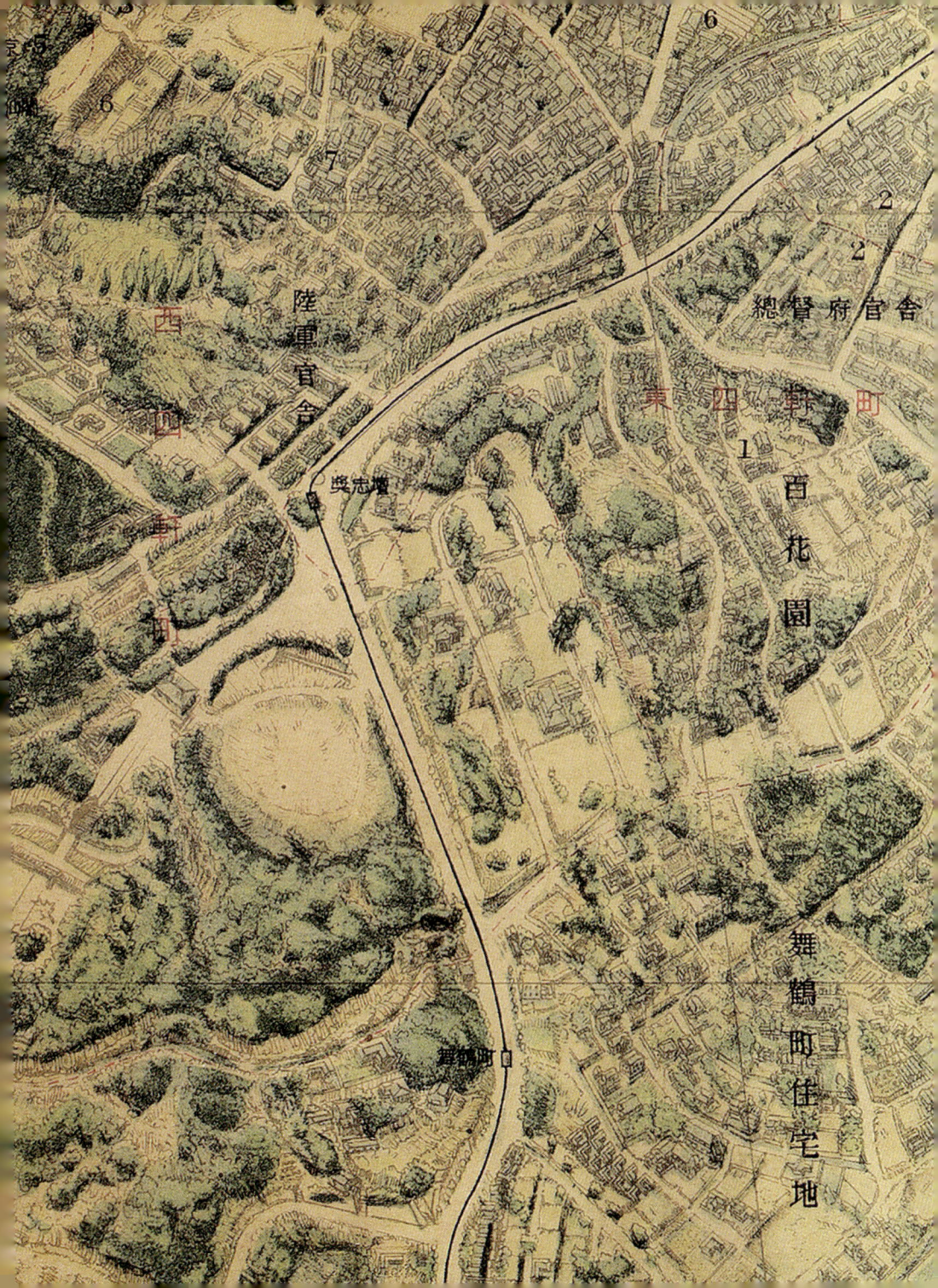

01 남산장
02 장충단공원
03 박문사
04 등선각
05 조선총독부 관사
06 백화원

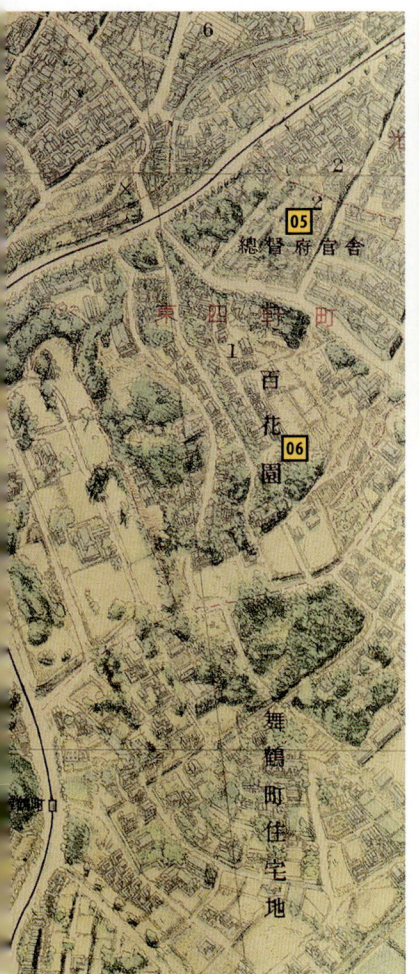

장충동

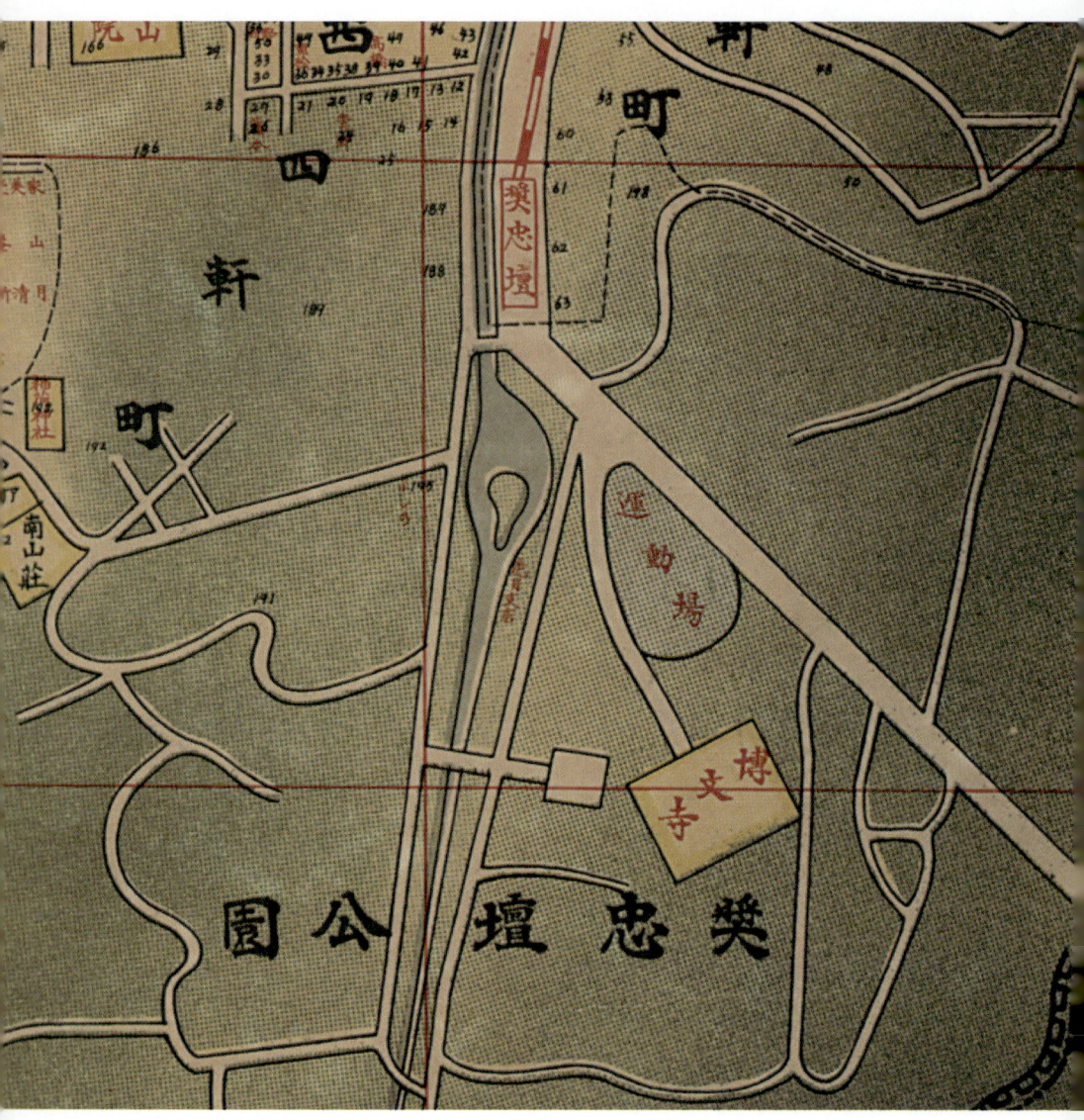

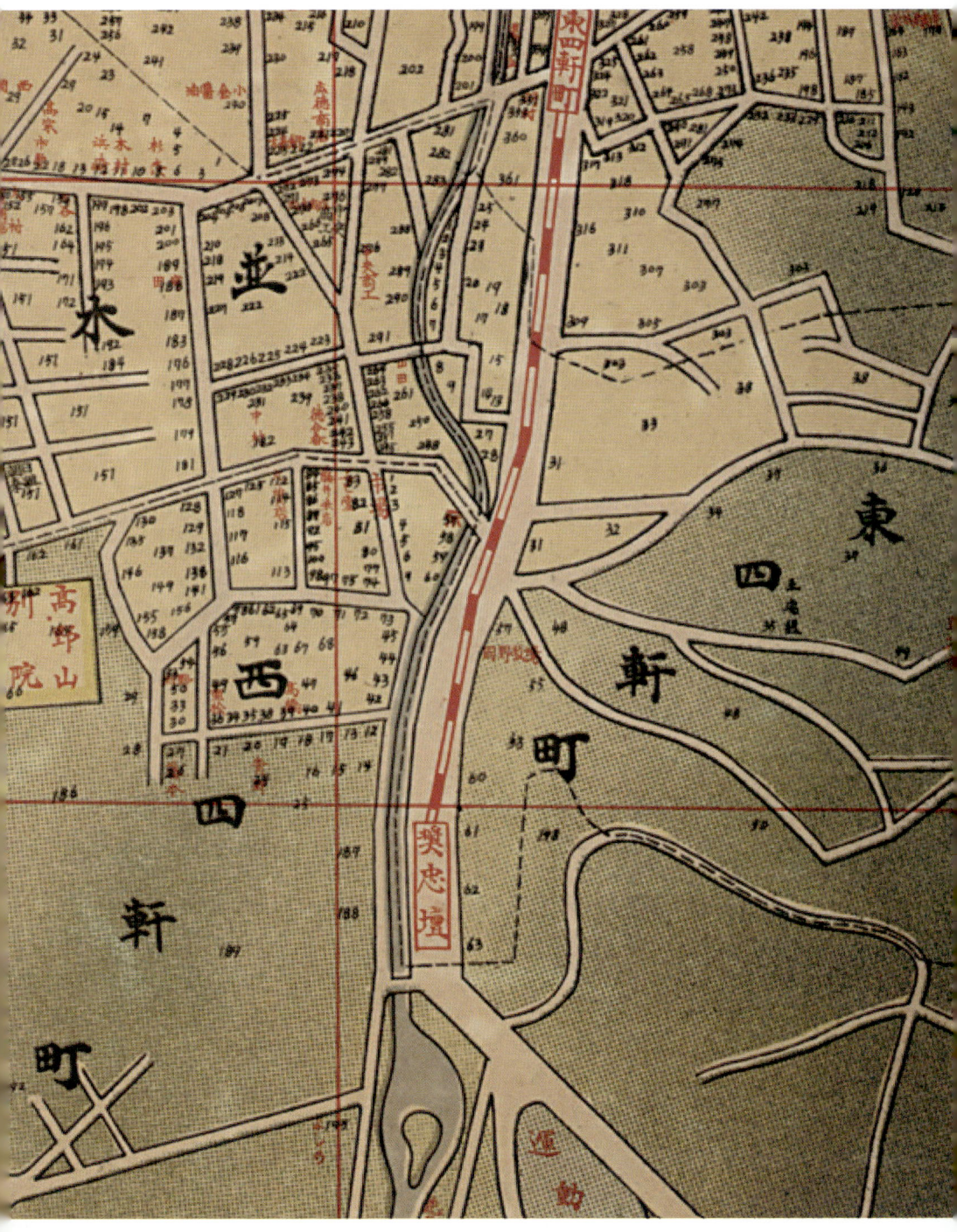

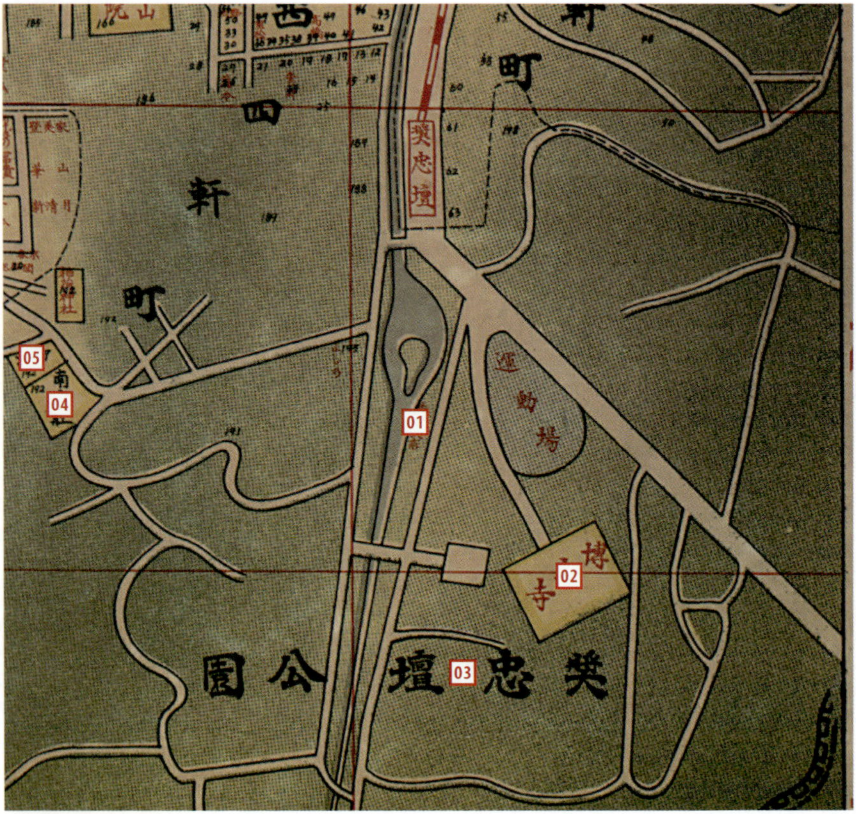

01 화월 지점
02 박문사
03 장충단공원
04 남산장
05 아리랑

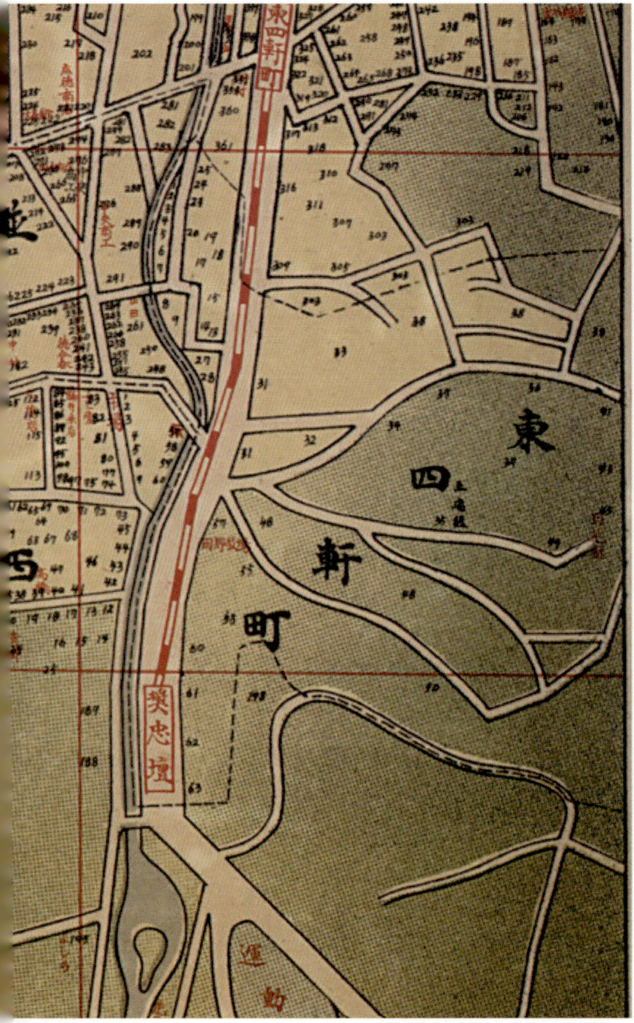

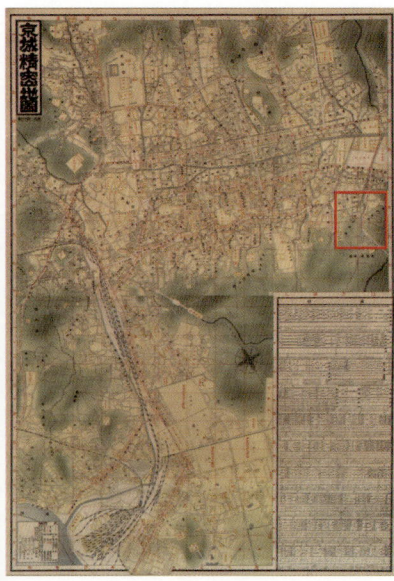

# 남산장 南山莊 01 04

1919년 개업한 요정이다. 근방에서 제일 큰 규모였다. 장충동 192.

남산장. 조선경찰가정신보사, 『조선신궁어좌제기념사진첩』, 1922. 48.

# 장충단공원 02 03

1895년 을미사변으로 명성황후가 살해된 지 5년 뒤인 1900년 9월, 고종은 남소영南小營 자리에 장충단을 꾸며 사전祠殿과 부속건물을 건립, 을미사변 때 순사한 장졸들의 영혼을 배향하여 매년 봄·가을에 제사를 지냈다.

1910년 8월 일제는 장충단을 폐사했고, 1920년대 후반부터는 이 일대를 장충단공원으로 이름하여 벚꽃을 심고 일본식 공원으로 조성했다.

일제강점기 엽서 속 장충단공원과 박문사. 국제일본연구센터.

일제강점기 엽서 속 장충단공원. 국제일본연구센터.

일제강점기 엽서 속 장충단공원 벚꽃(위), 장충단공원과 박문사(아래). 서울역사박물관.

# 박문사 博文寺 03 02

장충단공원 안에 이토 히로부미를 추모하기 위해 건립한 사찰로 1932년 완공했다. 박문사가 자리한 산을 이토의 호 춘무(春畝)에서 따서 춘무산이라 했으며 경희궁의 정문인 흥화문을 옮겨 박문사의 정문으로 하고 경춘문으로 이름을 바꿨다. 박문사는 일본인들에게는 한일합병을 기억하게 해주는 장소로서 조선 및 경성 관광책자에 중요하게 소개되는 방문처의 하나였다.

일제강점기 엽서 속 박문사. 국제일본연구센터.

## 등선각 登仙閣 04

1909년 창업한 대좌부업소다. 묵정동 20.

등선각. 조선경찰가정신보사, 『조선신궁어진좌제기념사진첩』, 1925.

# 조선총독부 관사 05

총독부 관사는 일제강점기의 대표적인 사택으로서, 관등별로 정해진 기준에 따라 그 규모가 다양했으며 경성 여러 곳에 분포되어 있었다. 1934년 개발한 동사헌정 62의 총독부 관사는 1910년대 말 장충단이 폐사되고 공원으로 바뀐 뒤 시도된 여러 주택지 개발 시도 결과물 가운데 하나다.*

조선총독부 관사. 조선건축회, 『조선과 건축』, 1922.

* 김명숙, 「일제시기 경성부 소재 총독부 관사에 관한 연구」, 서울대학교 대학원 건축학과 석사학위 논문, 2004, 7~15쪽; 이경아, 『경성의 주택지: 인구 폭증시대 경성의 주택지 개발』, 집, 2019, 167~169쪽.

## 백화원百花園주택지 06

장충단 부근 민간에 의한 주택개발은 백화원주택지가 시작했다. 백화원은 종묘장이었으나 후에 이 일대가 주택지로 개발되면서 이름을 그대로 이어받은 것으로 보인다. 장충동1가.

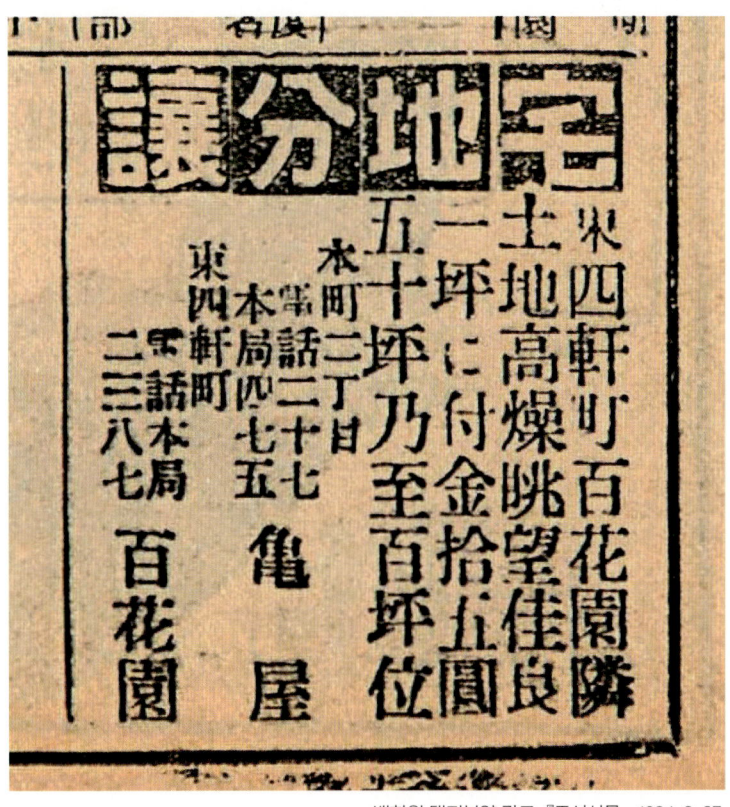

백화원 택지분양 광고, 『조선신문』, 1924. 9. 27.

# 화월花月지점 01

을지로2가 일본생명빌딩에 위치한 일본요리점 화월의 지점이다. 장충단공원 입구.

화월 지점 광고. 『경성일보』, 1932. 4. 23.

## 아리랑 05

1931년 개업한 살롱으로 남산장 요정 옆에 있었다.

'싸론 아리랑' 개업 광고. 도쿄에서 경성에 온 '웨트레쓰' 30여 명을 건물 앞과 2층에 도열시켜 촬영했다. "회비는 매인每人 1원 이상. 모던·씨크한 첨단의 사비-쓰, 청초하고 염려艶麗한 싸론 아리랑"이라고 광고했다. 『조선일보』, 1931. 8. 16.

# 63~64

경성의 동부지역인 광희동, 신설동, 숭인동, 신당동 등은 대체로 빈민가로서 토막촌으로 형성된 경우가 많았다. 광희문 근처는 조선시대부터 빈민가로 잘 알려진 곳이었다. 신설동, 숭인동, 신당동은 과거 청계천 제방에 살던 빈민들이 동대문 밖, 광희문 밖으로 밀려나와서 생긴 동네다. 신당동은 광희문 밖에 있는 신당神堂을 중심으로 무당들이 많이 모여 무당촌을 이루어 신당이라 불렀는데, 갑오개혁 때 발음이 같은 신당新堂으로 바뀌어 불리게 된 것이 유래라 전한다. 광희동은 조선시대 도성인 서울성곽의 4소문 가운데 하나인 광희문에서 유래했다. 이 가운데에서도 가장 대표적인 토막촌은 광희문 밖 일대, 공동묘지와 화장장이 있는 신당동이었다. 신당동 아래편에 위치한 왕십리는 신당동과 큰 차이 없는 빈촌이지만 전차를 이용하여 경성으로 출퇴근하는 사람들이 있었고 고물상이나 야채장사 등이 있어서 그래도 신당동보다는 상대적으로 형편이 나았다고 전한다.

# 신당동
# 광희동

1930년대 들어 경성 공업의 팽창에 따라 광희동, 신설동, 신당동, 왕십리 등 경성 동부에도 많은 공장들이 들어서자 이 지역의 인구가 증가했다. 한편 1934년 보성전문학교가 종로 송현동에서 안암동으로 이전하자 농촌지대와 토막촌 등 빈민가였던 경성 동부는 학교촌·농촌지대·공장지대·상점가가 혼재하는 지역이 되었다. 1939년 구역확장으로 경성에 편입된 동부경성 23개 동은 편입 당시만 해도 처음에는 성안에서 밀려난 세민細民 계급이 인구 증가를 주도했지만 많은 공장이 들어서면서 공장 취업과 관련된 인구 증가가 계속되었다.*

* 유승희, 「식민지기 경성부 동부 교외 지역의 실태와 도시개발」, 『역사와 경계』 86, 2013, 97~130쪽.

01 용곡고등여학교
02 경성원예학교
03 경성공립상업학교

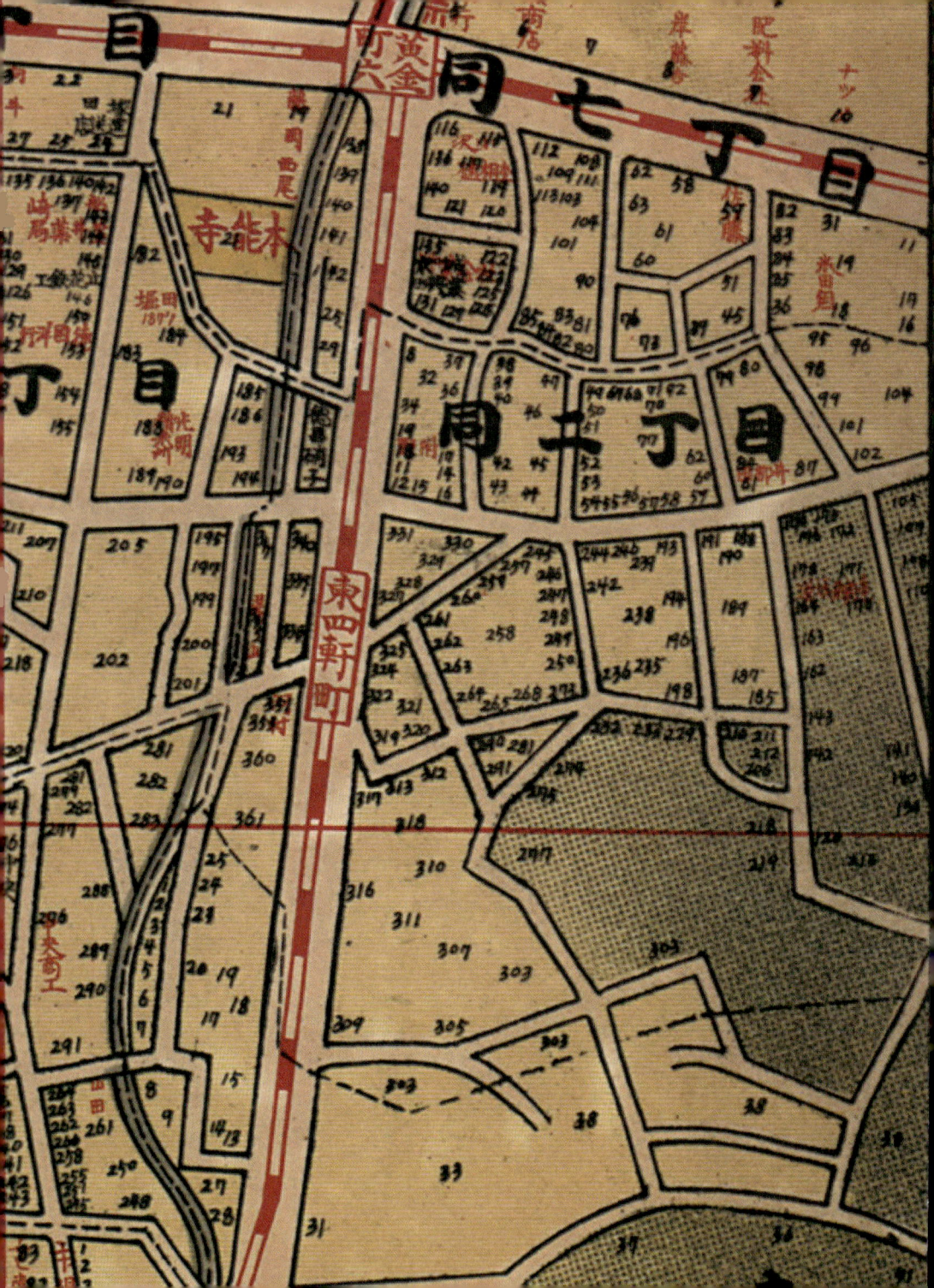

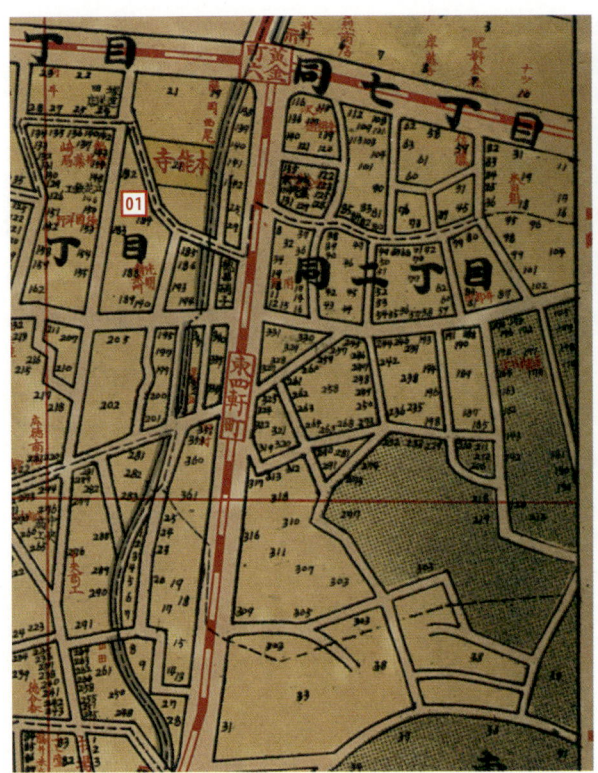

01 훗타철공소

일제강점기 엽서 속 광희문에서 바라본 조선인 거리. 국제일본연구센터.

일제강점기 엽서 속 광희문 밖 조선인 마을. 국제일본연구센터.

# 용곡龍谷고등여학교 01

1921년 창립한 고등여학교다. 신당동.

용곡고등여학교. 조선총독부학무국 사회교육과, 『조선에서의 종교 및 향사일람』, 1936.

# 경성원예학교 02

1933년 원예전수학원으로 개교, 1943년 고계학원 인수 뒤 고계중학교가 되었다. 오늘날 장충고등학교다. 신당동.

## 경성공립상업학교 03

1922년 창립한 상업학교로 학교 건물은 1924년 완공했다. 신당동.

일제강점기 엽서 속 경성공립상업학교. 국제일본연구센터.

## 홋타堀田철공소 01

1922년 창업한 모터발전기, 기타 여러 기계의 제작·수리업 회사다. 광희동1가 187.

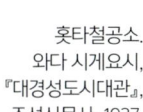

홋타철공소. 와다 시게요시, 『대경성도시대관』, 조선신문사, 1937.

# 65
# ~
# 67

1900년 개설된 용산역의 앞쪽 지역과 용산역 동북쪽 지역 및 용산역 동남쪽 지역이다. 용산역 앞쪽 지역에는 1905년 설립한 철도학교철도종사원양성소, 1906년 만철萬鐵도서관으로 세워진 철도도서관, 1906년 건립한 조선총독부 철도국과 건립을 시작한 철도관사, 1913년 조선철도국 직영이 된 조선 최대의 철도병원1913, 철도국우회철도구락부, 철도운동장, 철도공원 등 철도와 관련된 기관과 시설이 집중되어 있었다. 용산역 앞에는 철도, 철도운송과 관련된 창고·운수·여행·식당·여관 등이 모여 있는 경향은 경성역의 경우와 같다. 다만 용산역 주변에는 일본군 주둔지가 많이 있어 군 관련 업소 등이 분포되어 있었을 것으로 여겨진다. 용산역 부근은 새롭게 개발된 지역이기 때문에 구도심에서 볼 수 있는 복잡한 가로와는 달리 직선으

#  용산

로 잘 구획된 거리로 되어 있다.
용산역 동북쪽 지역은 용산우편국을 중심으로 용산역 앞과 같이 철도, 철도운송과 관련된 업종과 다양한 공장, 상점 등이 모여 있었다. 용산역 동남쪽에는 용산 조선총독관저, 조선군사령부 등 당시 조선의 정치, 군사 방면 최고기관이 있었다. 1933년에 제작된 〈경성정밀지도〉에는 총독관저와 조선군사령부가 표시되어 있으나 1936년에 제작된 〈대경성부대관〉에서는 실제 모습을 그려 넣지 않고 수풀로만 표시한 것은 1930년대 중반 들어 군사상의 필요가 더욱 요청되었기 때문으로 여겨진다.

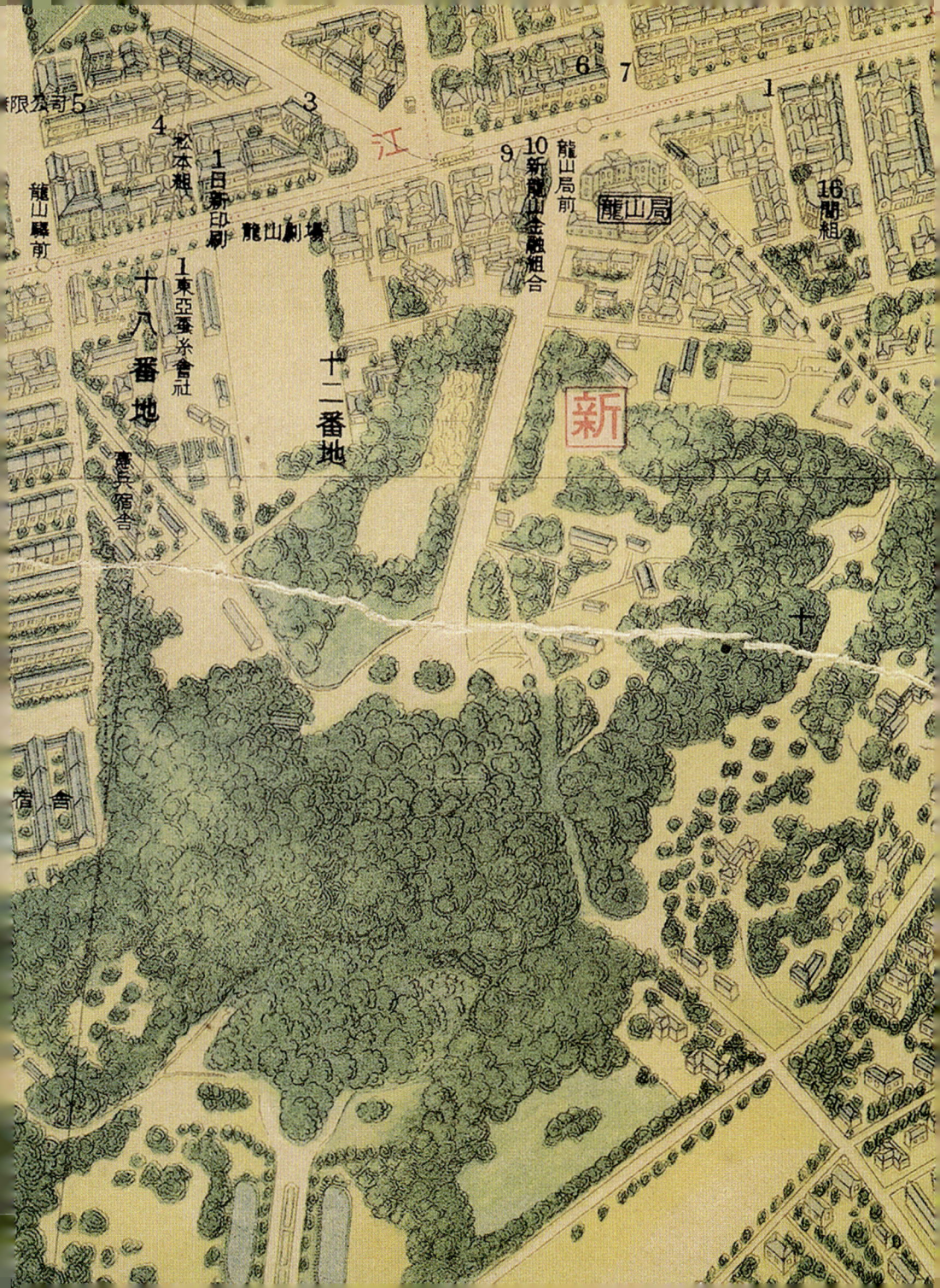

왼쪽 영역은 확대 지도에서 생략함.

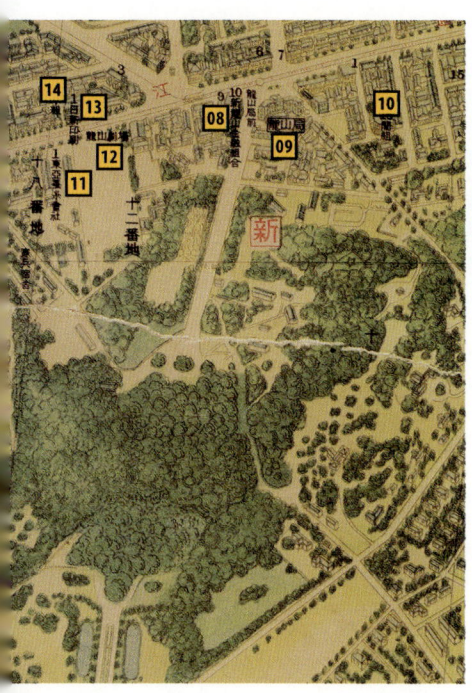

| 01 철도국 | 09 용산우편국 |
| 02 산쿄상회 | 10 하자마구미 조선지점 |
| 03 철도병원 | 11 동아잠사주식회사 |
| 04 철도구락부(철도국우회) | 12 용산극장 |
| 05 철도종사원 양성소 | 13 일신인쇄주식회사 |
| 06 철도공원과 철도운동장 | 14 마쓰모토구미 경성지점 |
| 07 철도관사 | 15 무겐공사 |
| 08 신용산금융조합 | |

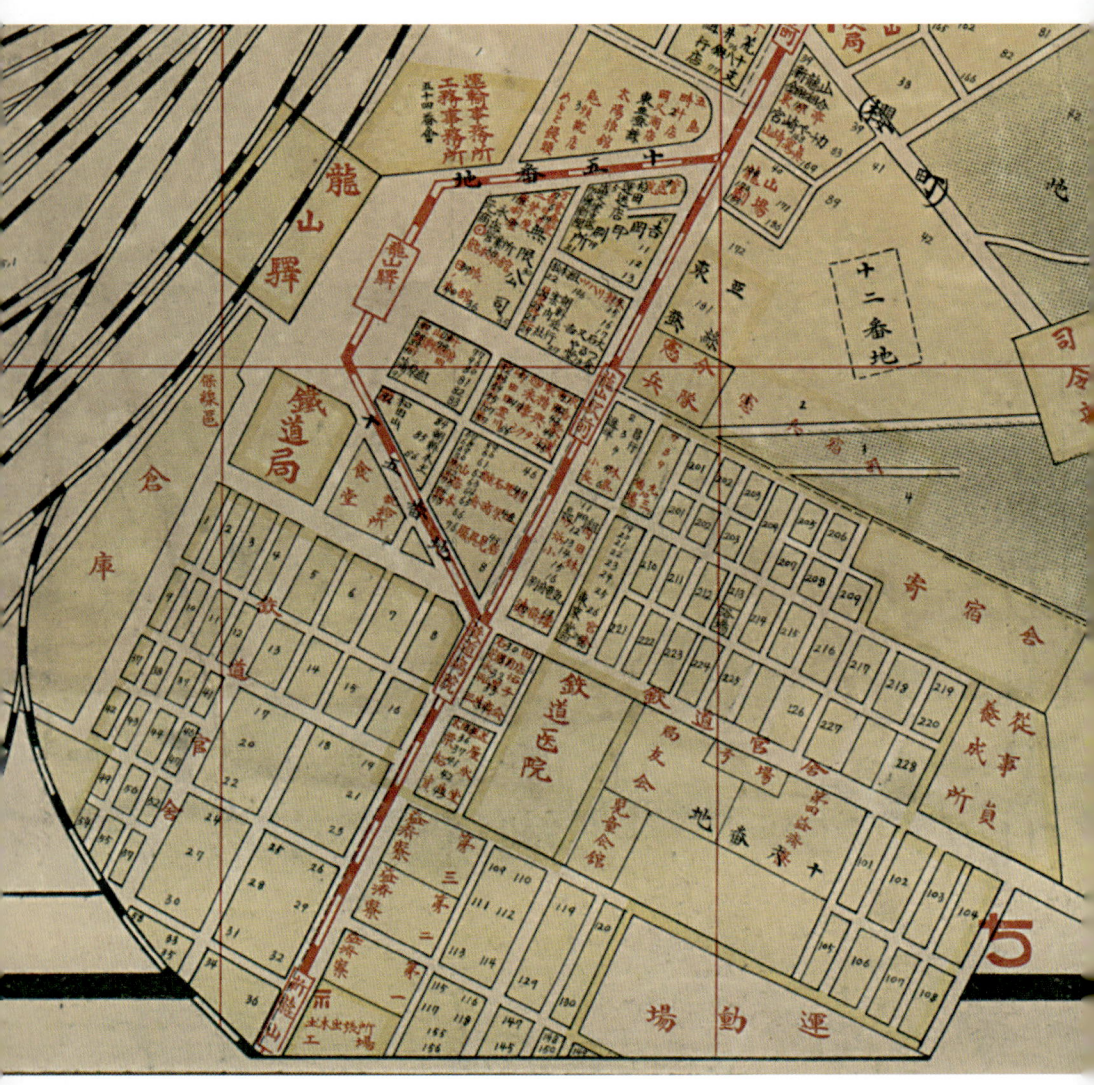

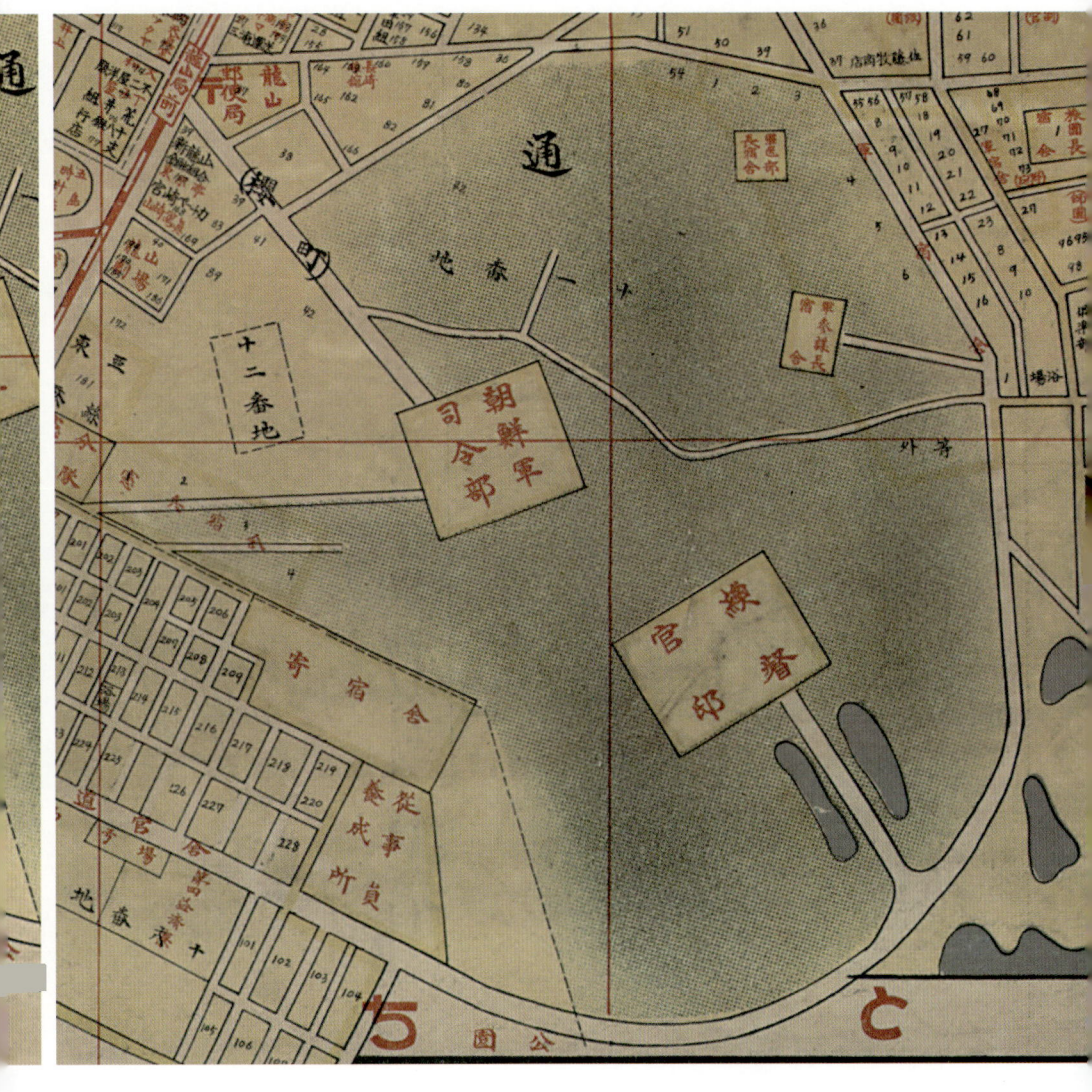

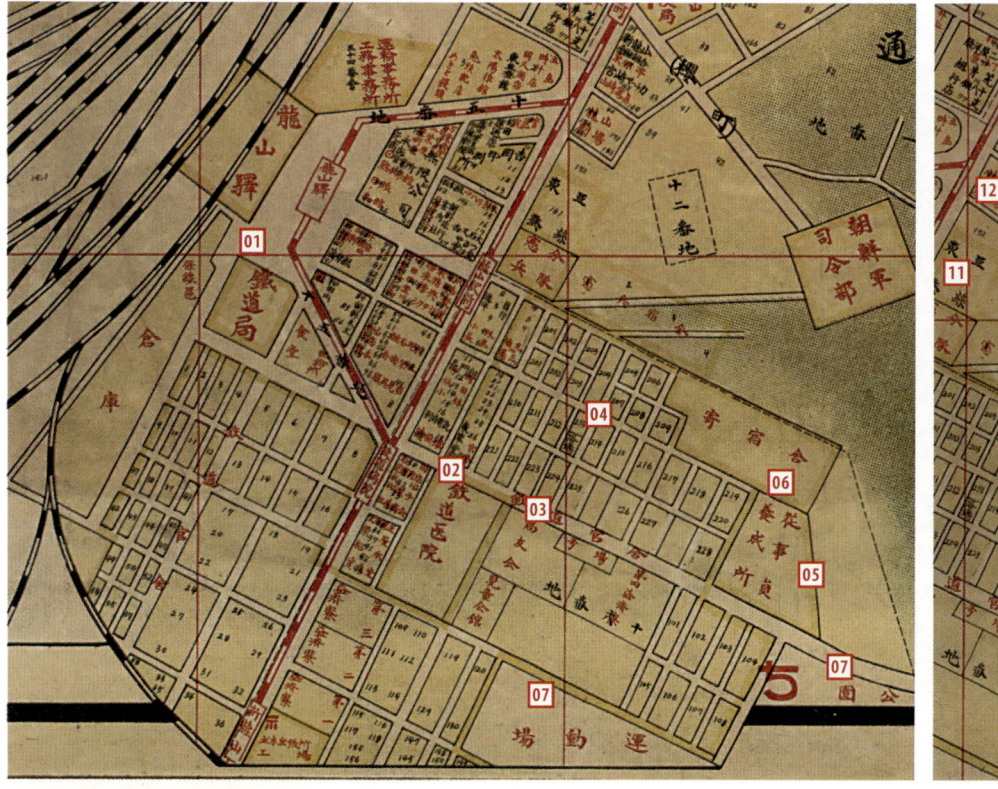

01 철도국
02 철도병원
03 철도구락부(철도국우회)
04 철도관사
05 철도종사원 양성소
06 철도도서관
07 철도공원과 철도운동장
08 용산우편국
09 조선군사령부
10 용산총독관저
11 동아잠사주식회사
12 용산극장
13 신용산금융조합

용산

# 철도국 01 01

조선총독부 산하 행정 기구 중 하나로 일제강점기 한반도 철도를 관리했다. 선철鮮鐵이라는 약칭으로 불리기도 했다. 대한민국 철도청의 전신이다.

구한말 경부선, 경인선, 경의선 등 철도 부설권을 장악한 일제는 1906년 경인철도합자회사, 경부철도주식회사, 삼마철도, 경의철도 등 4개 철도회사를 국영화 후 통합해 한국통감부 산하에 철도관리국을 두기 시작했다. 1909년 12월 일본제국 철도원으로 조직이 이관됐다가 1910년 8월 한일합병 이후 통감부가 조선총독부로 개편되면서 이관되어 철도국으로 개칭되었다.

조선총독부 철도국. 용산박물관.

## 산쿄三協상회 02

1925년 철도국원, 유지 들이 창업한 용산에서 가장 권위 있는 상점이었다. 한강로 16.

산쿄상회. 와다 시게요시, 『대경성도시대관』, 조선신문사, 1937.

## 철도병원 03 02

1913년 철도국 직영이 된 용산철도병원은 조선철도의 중심의료시설로 식민지 조선의 철도병원 가운데 가장 큰 규모였고 일본인 거주지였던 용산 신시가지의 중심 의료 시설이기도 했다. 1919년 목조 2층 건물로 신축한 후 1928년 다시 철근 콘크리트와 벽돌로 병원 건물을 신축했다.* 오늘날 용산역사박물관 건물이다. 한강로 10.

1919년 신축한 철도의원 옛 본관. 용산철도의원, 『용산철도의원요람』, 1929.

1928년 신축한 철도의원 본관. 조선총독부철도국, 『조선철도40년약사』, 1940.

* 이연경, 「철도와 의료, 도시를 연결하다」, 『용산, 도시를 살리다: 철도 그리고 철도병원이야기』, 용산역사박물관, 2022, 146~149쪽.

## 철도구락부(철도국우회 局友會) 04 03

철도종사원의 집합소로서 1936년 신축 준공한 건물에는 식당, 연회실, 오락장 등이 있었다. 한강로 15.

철도구락부. 조선건축회, 『조선과 건축』, 제11집 제8호, 1936. 8.

# 철도종사원양성소 05 05

1905년 철도이원吏員양성소로 발족한 뒤 철도종사원교습소1910~1919, 경성철도학교1919~1925, 철도종사원양성소1925~1941, 중앙철도종사원양성소1941~1943 등으로 변천을 거듭했다. 한강로 16

일제강점기 엽서 속 철도종사원양성소. 이뮤지엄.

## 철도공원과 철도운동장 06 07

1915년 조성된 만철공원은 1925년에는 경성부공원의 하나인 철도공원이 되었다. 철도공원의 철도운동장은 경성 시민들의 일상적인 이용보다 철도 관련 행사, 음악회 등의 행사를 위한 용도로 주로 활용했다.

일제강점기 엽서 속 철도공원. 수원광교박물관.

일제강점기 엽서 속 철도운동장. 수원광교박물관.

# 철도관사 07 04

1906년부터 조선총독부 철도국이 건립하기 시작한 용산 철도관사는 1925년 774동의 거대한 집단주택단지가 되었다. 고위직에게 공급하는 단독사택과 중하위급 종사원이 거주하는 집단관사, 합숙소 등으로 나뉘었다.*

일제강점기 엽서 속 철도관사. 국제일본연구센터.

철도관사. 조선건축회,
『조선과 건축』, 제11집 제3호, 1936. 3.

* 이영남·정재정, 「일제하 서울의 대단위 철도관사단지의 조성과 소멸」, 『서울과 역사』 97, 2017. 10, 215~1556쪽.

## 신용산금융조합 08 13

1922년 설립한 금융조합이다. 한강로 11.

신용산금융조합. 와다 시게요시,
『대경성도시대관』, 조선신문사, 1937.

## 용산우편국 09 08

1899년 설치한 용산우편수취소가 1906년 용산우편국으로 승격했다. 한강로 11-37.

용산우편국.
『사진으로 보는
근대한국』,
서문당, 1987.

용산 한강로 18은행 부근에서 용산우편국을 바라본 광경. 왼쪽 건물이 18은행이다. 일제강점기 엽서. 서울역사박물관.

일제강점기 엽서 속 용산우편국 앞 거리 풍경. 서울역사박물관.

## 하자마구미間組 조선지점 10

1889년 도쿄에서 창업한 토목건축업 회사다. 한강로 11.

하자마구미 조선지점.
와다 시게요시, 『대경성도시대관』,
조선신문사, 1937.

## 동아잠사東亞蠶絲주식회사 11 11

1918년 도쿄에서 창업한 회사로 1928년 경성으로 본점을 이전했다. 한강로 15.

동아잠사주식회사. 와다 시게요시,
『대경성도시대관』, 조선신문사, 1937.

## 용산극장 12 12

1917년경 설립한 극장이다.

용산극장에서 개최한
경성부민대회.
『조선신문』, 1932. 7. 20.

## 일신日新인쇄주식회사 13

1935년 창업한 인쇄소다. 한강로 15.

일신인쇄주식회사.
와다 시게요시,
『대경성도시대관』,
조선신문사, 1937.

## 마쓰모토구미 松本組 경성지점 14

1890년 히로시마에서 창업한 토목건축업 회사의 경성지점이다. 한강로 15.

마쓰모토구미 경성지점.
와다 시게요시,
『대경성도시대관』,
조선신문사, 1937.

## 무겐공사 無限公司 15

1904년 창업한 건축재료업 회사로 본사는 만주 안동현에 있으며 경성지점은 1921년 개설했다. 한강로 15.

무겐공사. 와다 시게요시,
『대경성도시대관』, 조선신문사, 1937.

## 철도도서관 06

1906년 설립해 일제의 대륙침략 전진 기지 역할을 한 남만주철도주식회사의 만철滿鐵경성도서관으로 1920년 개관했다. 1925년 만철에 위탁했던 한반도 철도 운영권이 조선총독부로 다시 넘어오면서 조선총독부 철도국 직속의 '철도도서관'으로 이름을 바꾸었다. 한강로 16.

만철경성도서관:
조선총독부,
『조선: 사진첩』, 1925.

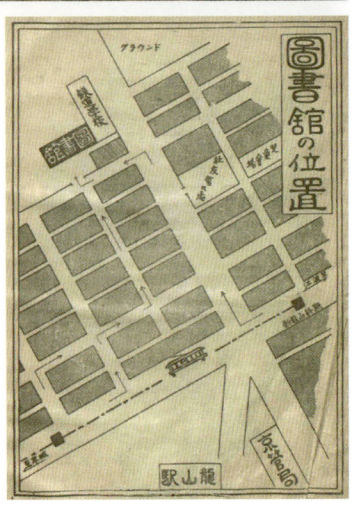

철도도서관 위치.
철도학교 옆에 있었음을 알 수 있다.
만철경성도서관,
『(경성)도서관장서목록』, 1922.

# 조선군사령부 09

한반도에 주둔한 일본의 조선군 사령부다. 한반도 주둔 일본군의 명칭은 한국주차군1904~1910, 조선주차군1910~1918, 조선군1918~1945. 2, 제17방면군 1945.2~1945. 8으로 바뀌었다. 한강로 11.

1908년 완공한 조선군사령부. 조선사진통신사,『조선사단창설기념호: 조선사진화보특별호』, 1916.

# 용산총독관저 10

1909년에 완공한 총독관저다. 2층 건물로, 박공창을 가진 높은 박공지붕으로 구성했으며 입면은 네오바로크 양식으로 장식했다. 건물은 호화로웠지만 도심과 거리가 멀었고 유지비의 과다, 경비의 어려움 등 제반 문제로 인해 공식 연회 등의 행사 이외에는 사용하지 않고 방치되었다. 1950년 한국전쟁 때 멸실되었다. 한강로 11-43.

일제강점기 엽서 속 용산총독관저. 국제일본문화센터.

1912년 3월 15일 용산총독관저에 방문한 조선실업시찰단. 서울역사박물관.

68 ~ 76

# 용산
# 한강로
# 신당동

군부대를 중심으로 조성된, 용산의 한강로 11번지에 해당하는 신용산 지역에서 남산 아래 자락을 거쳐 신당동 까지의 지역이다. 한강로 11번지의 용산전화 분국, 대념사 등을 제외하면 일부 주택가가 보일뿐 특기할 만한 시설 등은 크게 눈에 띄지 않는다. 아마도 많은 군부대와 군부대 관련 시설이 있었을 듯하지만 보안상 표시하지 않은 것으로 여겨진다.

1936년 제작된 〈대경성부대관〉에 보이는 이 지역의 군부대 관련 시설은 제20여단 사령부, 제20사단 사령부, 조선군사령관저, 해행사, 보병 제79연대, 육군위수병원, 육군위수형무소, 사격장, 육군화장장 등이다.

한강로는 서울역에서 한강으로 가는 간선도로인 데서 유래했다. 1914년 3월 11일 경성 시가지의 원표元標 위치와 1·2등 도로를 정할 때 남대문역(서울역) 앞에서 용산구 갈월동과 한강을 건너 목포로 향하는 1등 도로로 정해졌으며, 같은 해 행정구역 개편으로 한강통이라고 했다.

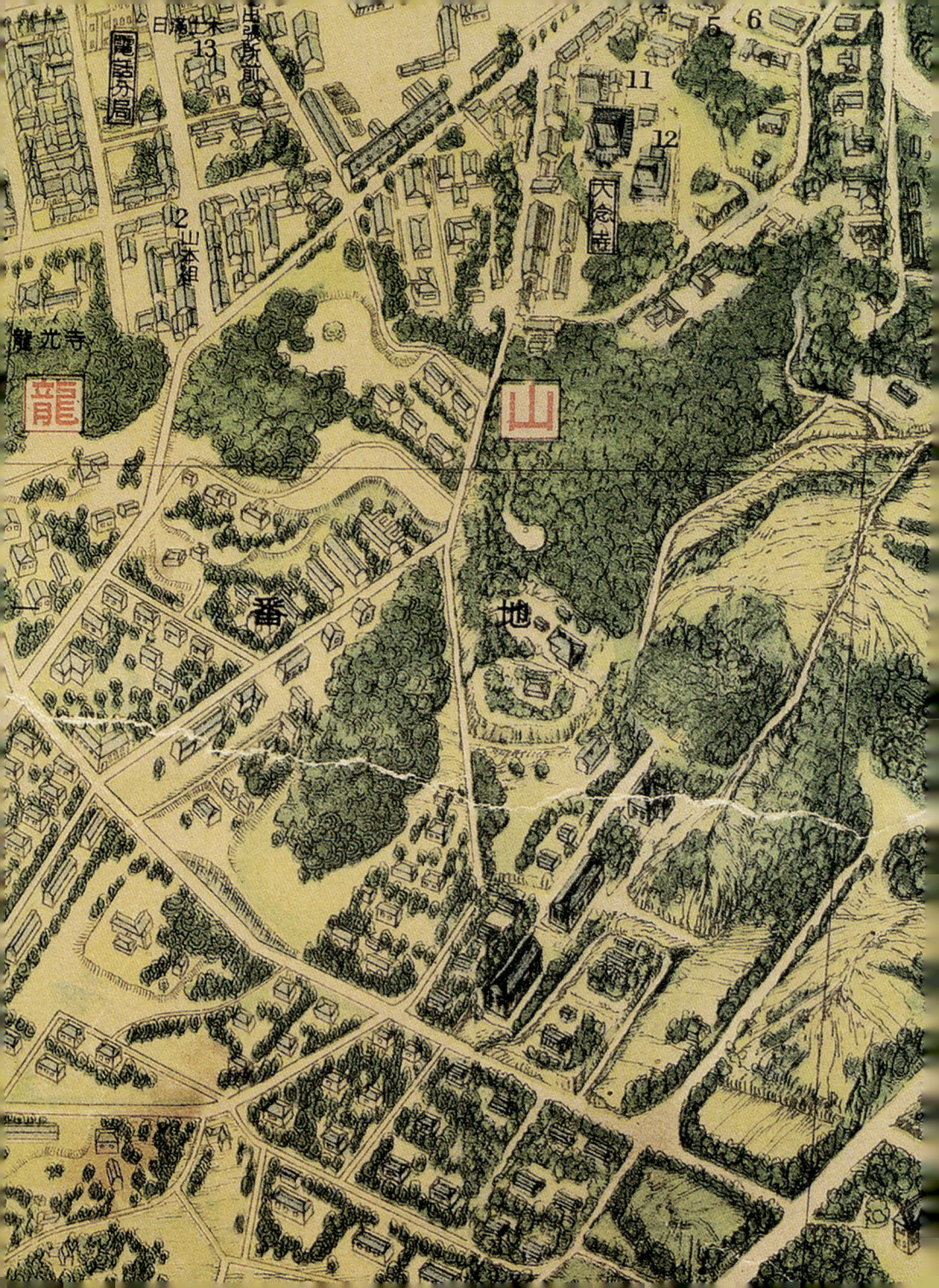

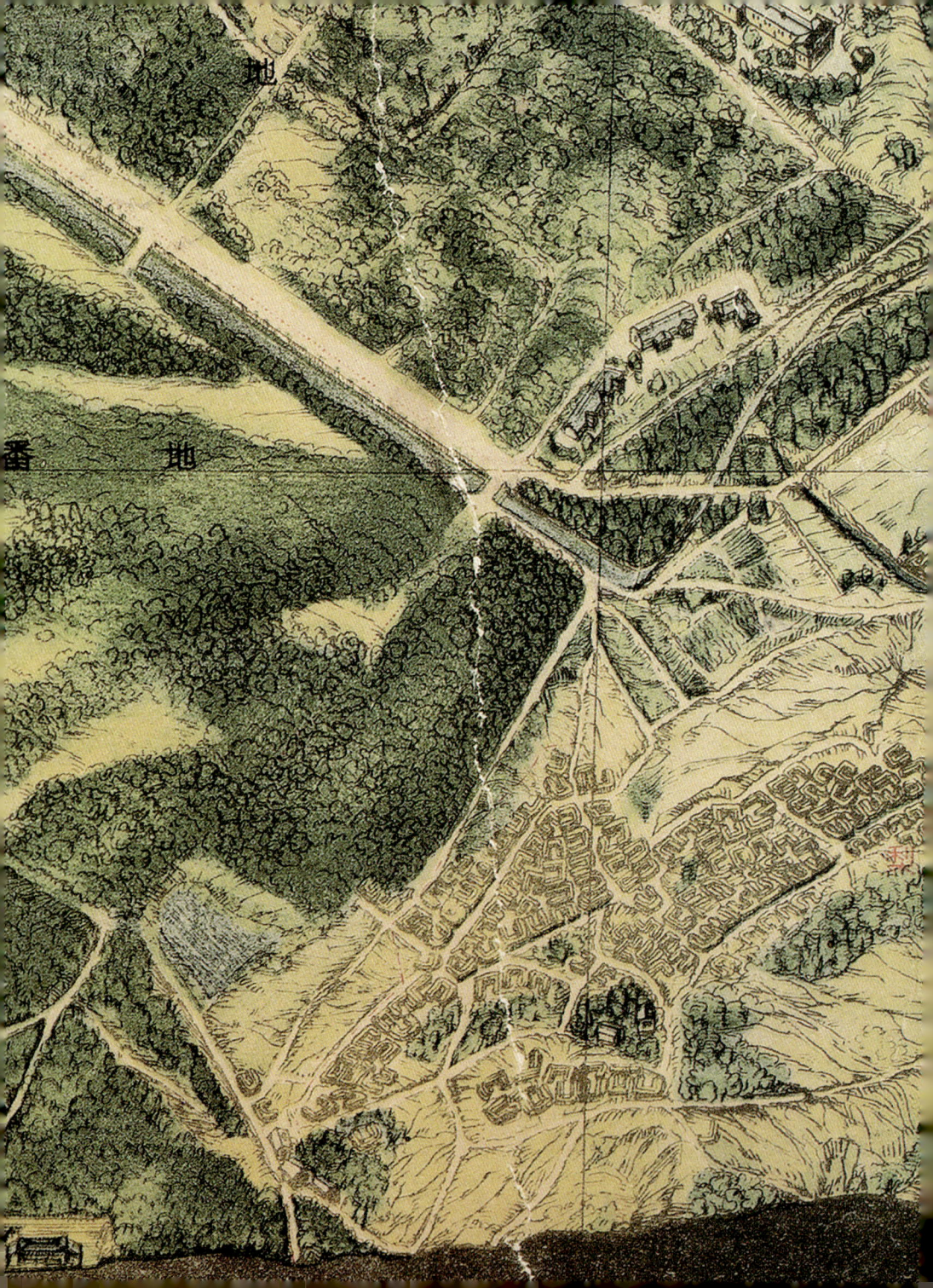

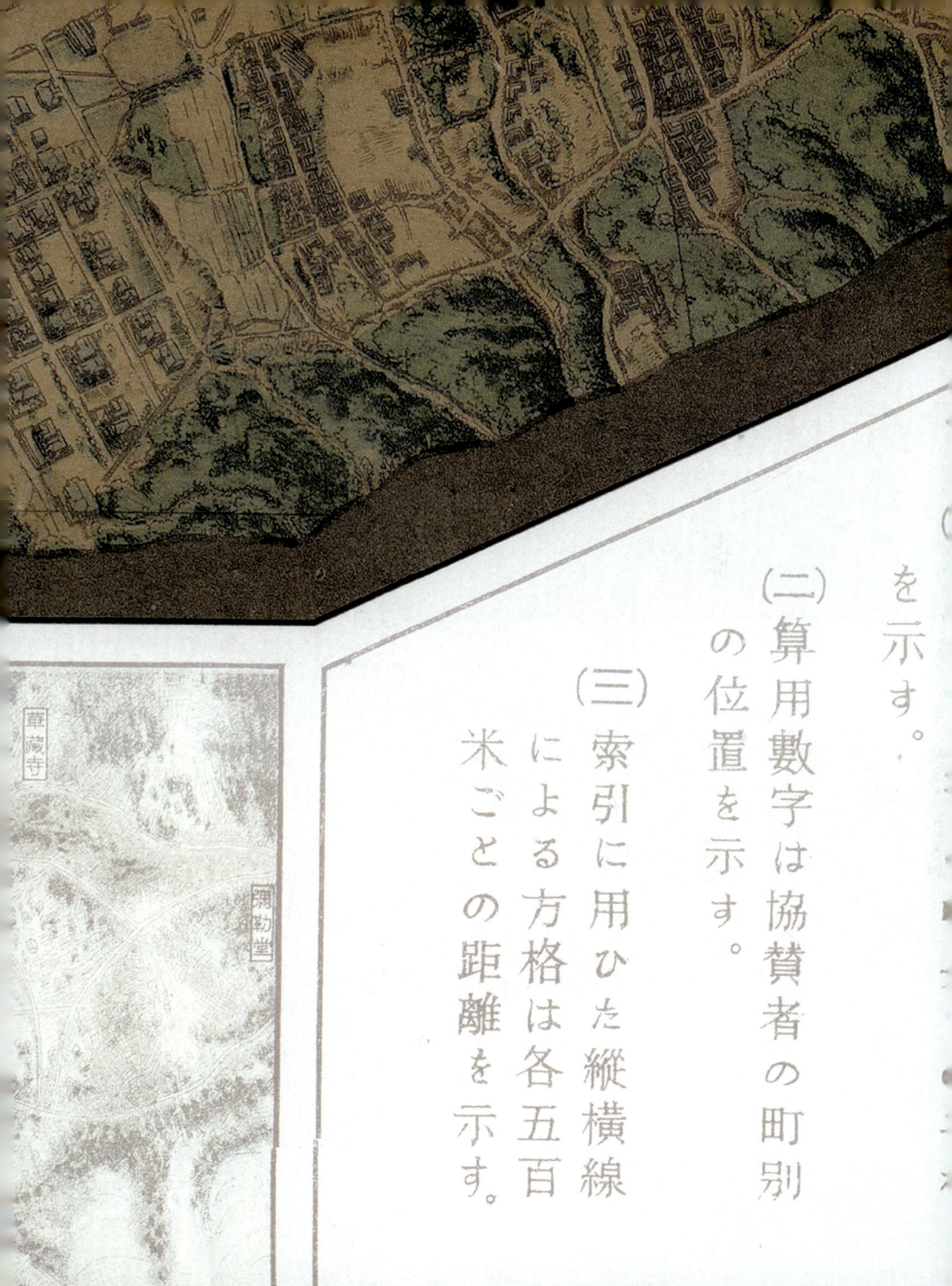

を示す。
(二) 算用数字は協賛者の町別の位置を示す。
(三) 索引に用ひた縦横線による方格は各五百米ごとの距離を示す。

오른쪽 영역은 확대 지도에서 생략함.

01 대념사
02 야마모토구미
03 용광사
04 용산전화분국
05 일만토목주식회사
06 애국장
07 사쿠라가오카 주택지

이 영역은 확대 지도에서 생략함.

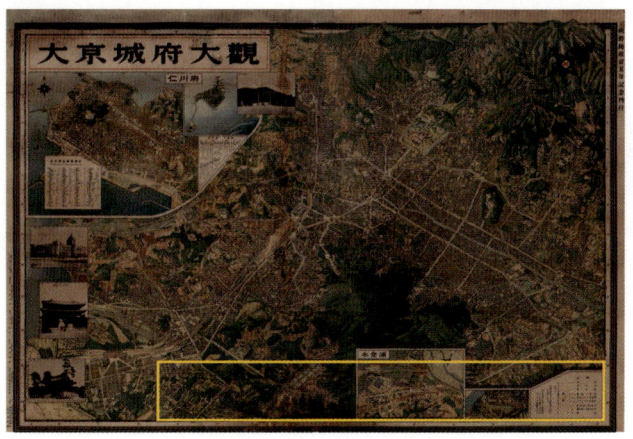

용산, 한강로, 신당동

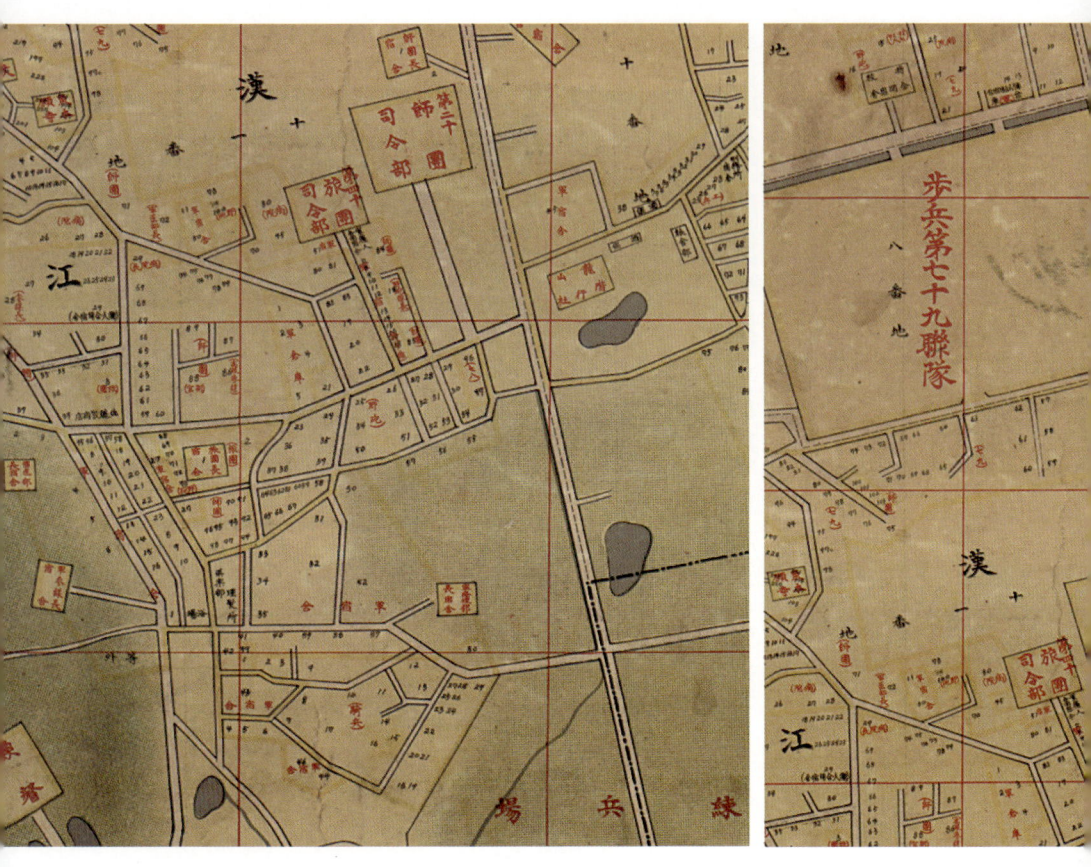

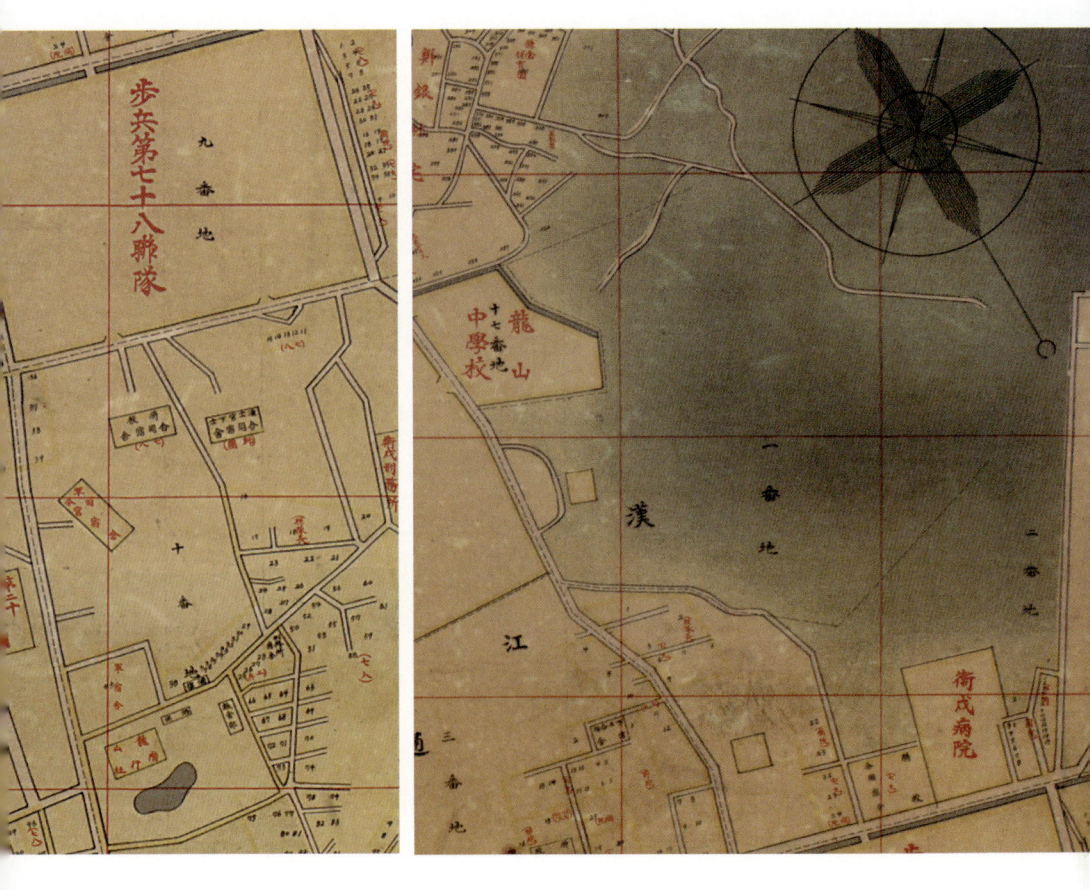

 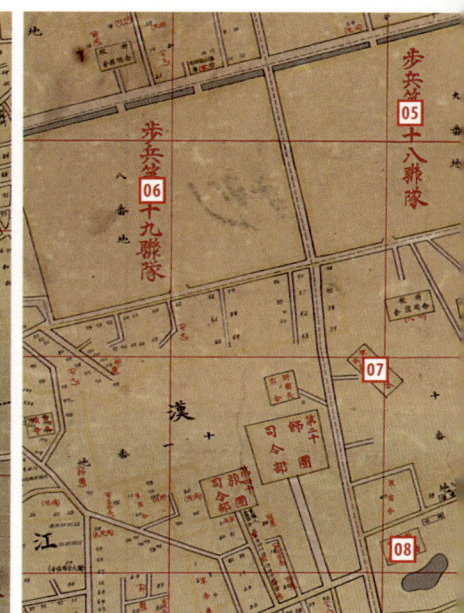

01 대념사
02 보병 제40여단 사령부
03 제20사단 사령부
04 용산연병장
05 보병 제78연대
06 보병 제79연대
07 조선군사령관 숙사
08 용산 해행사
09 위수병원

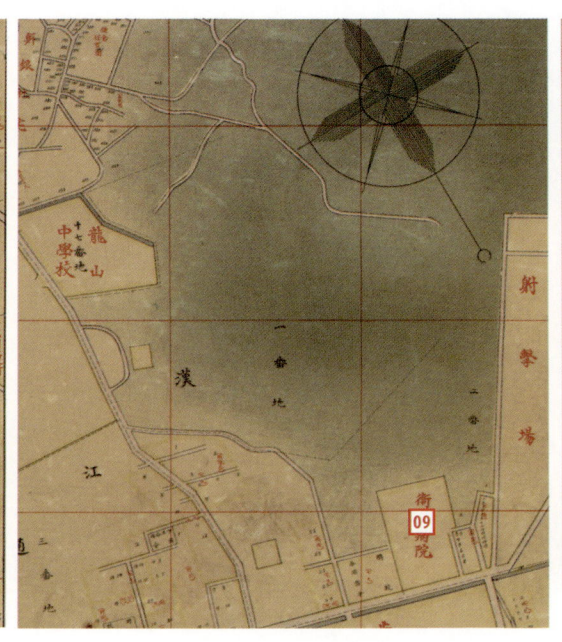

1908년경 일제에 의해 건축 중인 용산기지. 용산학연구센터 김천수 소장, 한일사료 차상석 제공.

68~76.

일제강점기 용산기지의 일본군 보병 제78, 제79연대 병사(兵舍) 전경이다. 오늘날 용산 미군기지 메인 포스트 일대다. 왼쪽 도로는 오늘날 이태원로다. 용산학연구센터 김천수 소장, 한일사료 차상석 제공.

## 대념사 大念寺 01 01

1909년 설립한 일본 정토종 사찰로 본당은 1926년 신축했다. 한강로 11.

대념사. 와다 시게요시,
『대경성도시대관』, 조선신문사, 1937.

## 야마모토구미 山本組 02

1927년 창업한 토목건축업 회사다. 한강로 11.

야마모토구미. 와다 시게요시,
『대경성도시대관』, 조선신문사,
1937.

## 용광사 龍光寺 03

정확한 명칭은 용산 고야산高野山 신광사新光寺로 추정한다. 한강로 11.

## 용산전화분국 04

1922년 건물을 준공했다. 한강로 11-22.

용산전화분국. 침수된 용산전화분국 앞에서의 공병대 활동.
이노우에 이사오 편, 『대경성용산대홍수참상사진첩』, 1925.

# 일만日滿토목주식회사 05

1917년 창업한 토목건축업 회사다. 한강로 11.

일만토목주식회사. 와다 시게요시, 『대경성도시대관』, 조선신문사, 1937.

## 애국장 愛國莊 06

1935년 창업한 요정이다. 신당동.

애국장 전경. 와다 시게요시, 『대경성도시대관』, 조선신문사, 1937.

# 사쿠라가오카櫻ヶ丘주택지 07

1930년대 동양척식주식회사의 방계회사인 조선도시경영주식회사가 경성 동부 신당동에 조성한 대규모 주택지다.

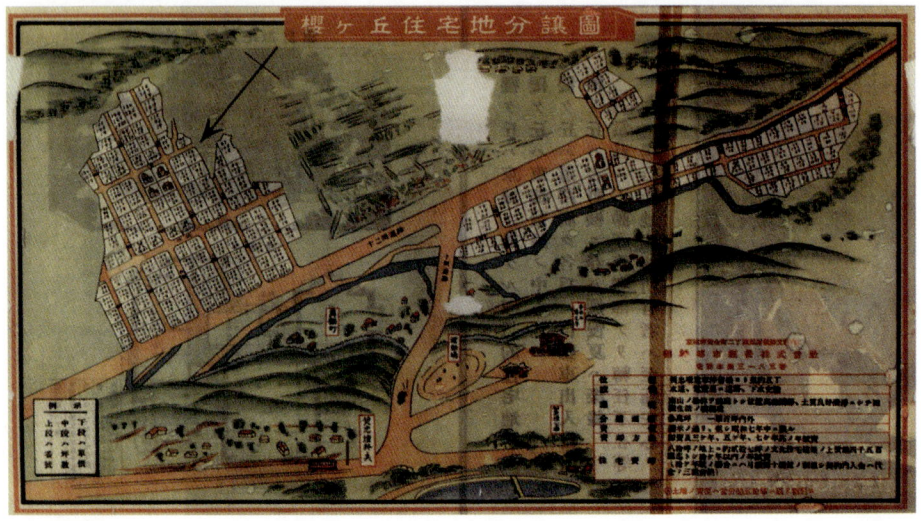

신당동 사쿠라가오카 주택지 분양 안내도. 서울역사박물관.

## 보병 제40여단 사령부 02

보병 제40여단 사령부는 의병을 탄압했던 한반도 남부 지방의 일본군 지휘부인 임시 한국파견대 사령부의 후신이다. 제40여단을 중심으로 상주군 제20사단을 편성했다. 오늘날 국방부 구역 내에 있었다. 한강로 11.

보병 제40여단 사령부. 『용산 79연대 사진첩』, 용산역사박물관.

* 신주백·김천수, 『사진과 지도, 도면으로 본 용산기지의 역사(1906~1945)』 1, 도서출판 선인, 2019, 125쪽.

# 제20사단 사령부 03

1918년 편성된 조선군 사령부 예하의 제20사단은 1916년부터 편성을 시작하여 1921년 완료했다. 한강로 11.

제20사단 사령부 전경. 『용산 79연대 사진첩』, 용산역사박물관.

## 용산연병장 04

1908년 후암동 부근 연병장을 완공하고, 1915년 용산 병영지 확장에 따라 신연병장을 새로 조성했다. 후암동 부근 기존 연병장은 야포병 연대가 사용했고 행정구역도 연병정練兵町이 되었다.*

용산 부대 관병식 장면. 용산연병장으로 추정한다. 조선총독부, 『조선: 사진첩』, 1940. 11.

* 이순우, 『용산, 빼앗긴 이방인들의 땅』 1, 민족문제연구소, 2022, 132~141쪽.

## 보병 제78연대 05

경성을 수비하는 주력부대다. 평양 소재 보병 제39여단의 예하부대로 위수구역은 경성과 인천을 포함한 한강 이북의 경기도 북부 일대였다.*

1916년 5월 1일 보병 제78연대 영내에서 개최된 군기수여식 광경.
조선사진통신사, 『조선사단창설기념호: 조선사진화보특별호』, 1916.

* 이순우, 『용산, 빼앗긴 이방인들의 땅』 1, 민족문제연구소, 2022, 56~69쪽.

## 보병 제79연대 06

의병을 탄압한 보병 제40여단 예하 부대로 3·1운동 당시에는 제암리 학살 사건을 저질렀다. 위수 구역은 경기도 남부지역, 강원도 일대, 충청북도 일대, 충청남도 일부 지역이었다.*

보병 제79연대 정문. 서울역사박물관.

* 이순우, 『용산, 빼앗긴 이방인들의 땅』 1, 민족문제연구소, 2022, 70~85쪽.

## 조선군사령관 숙사 07

조선군사령관 관저다. 조선주차군사령부는 1910년대 중반 한반도 상주사단19, 20사단 창설 결정에 따라 1918년 조선군사령부가 되었다.* 한강로 10.

일제강점기 엽서 속 용산 조선군사령관 관저. 용산학연구센터 김천수 소장, 한일사료 차상석 제공.

* 신주백·김천수, 『사진과 지도, 도면으로 본 용산기지의 역사(1906~1945)』 1, 도서출판 선인, 2019, 10쪽, 102쪽.

## 용산 해행사 偕行社 08

일본군 육군 장교들의 사교집회소다. 각종 환영회, 축하식, 피로연, 기념식, 좌담회, 강습회 등의 공간으로 활용했다.* 한강로 10.

용산 해행사. 용산학연구센터 김천수 소장 제공.

* 이순우, 『용산, 빼앗긴 이방인들의 땅』 1, 민족문제연구소, 2022, 119~131쪽.

## 위수衛戍병원 [09]

일제에 의해 1906년에서 1913년 사이에 이루어진 제1차 병영공사 때 지어진 육군병원이다. 오늘날 주한미군 장병진료소가 있다. 한강로 2.

일제강점기 엽서 속 용산위수병원. 부산박물관.

〈대경성부대관〉 오른쪽 아래 따로 그려 넣은 곳은 오늘날의 동작구 흑석동 일대인 명수대와 영등포다. 조선시대부터 아름다운 경치로 유명했던 명수대는 경성부회 의원 등을 지낸 부호 기노시타 사카에木下榮에 의해 1930년부터 1940년경까지 3차에 걸쳐 개발된 교외 주택지였다. 한강철교와 한강인도교의 개설로 강북에서 다리를 이용해 바로 건너올 수 있게 되어 지리적으로 한층 가까워졌다.*

영등포는 1936년 구역 확장으로 경성에 편입되었다. 1936년 4월 1일 경기도 시흥군 영등포읍과 북면 일부(신길리, 번대방리 일부(현 대방동), 도림리 일부(현 도림동), 노량진리, 상도리, 본동리, 흑석리, 동작리), 고양군 용강면이 경성부에 편입되었고, 옛 시흥군 영등포읍과 북면 일부와 고양군 용강면 여율리(현 여의도동)에 영등포출장소가 설치되었다. 영등포는

# 명수대와 영등포

1930년대 각광받는 공업지대로서, 특히 중일전쟁 이후 경성과 인천을 연결하는 경공업지대의 핵심 지역으로 주목받았으며 독자적인 시가지를 형성하면서 발전했다. 영등포의 발전은 철도교통의 요충지로 원료 및 제품 수송에 편리할 뿐 아니라 배후에 서울이라는 큰 소비시장을 가지고 있었기 때문에 가능했다.

\* 수나모토 후미히코, 「경성부의 교외주택지에 관한 연구-명수대주택지를 둘러싼 언설과 공간을 중심으로」, 『서울학연구』 35, 서울시립대학교 서울학연구소, 2009. 147-246쪽.

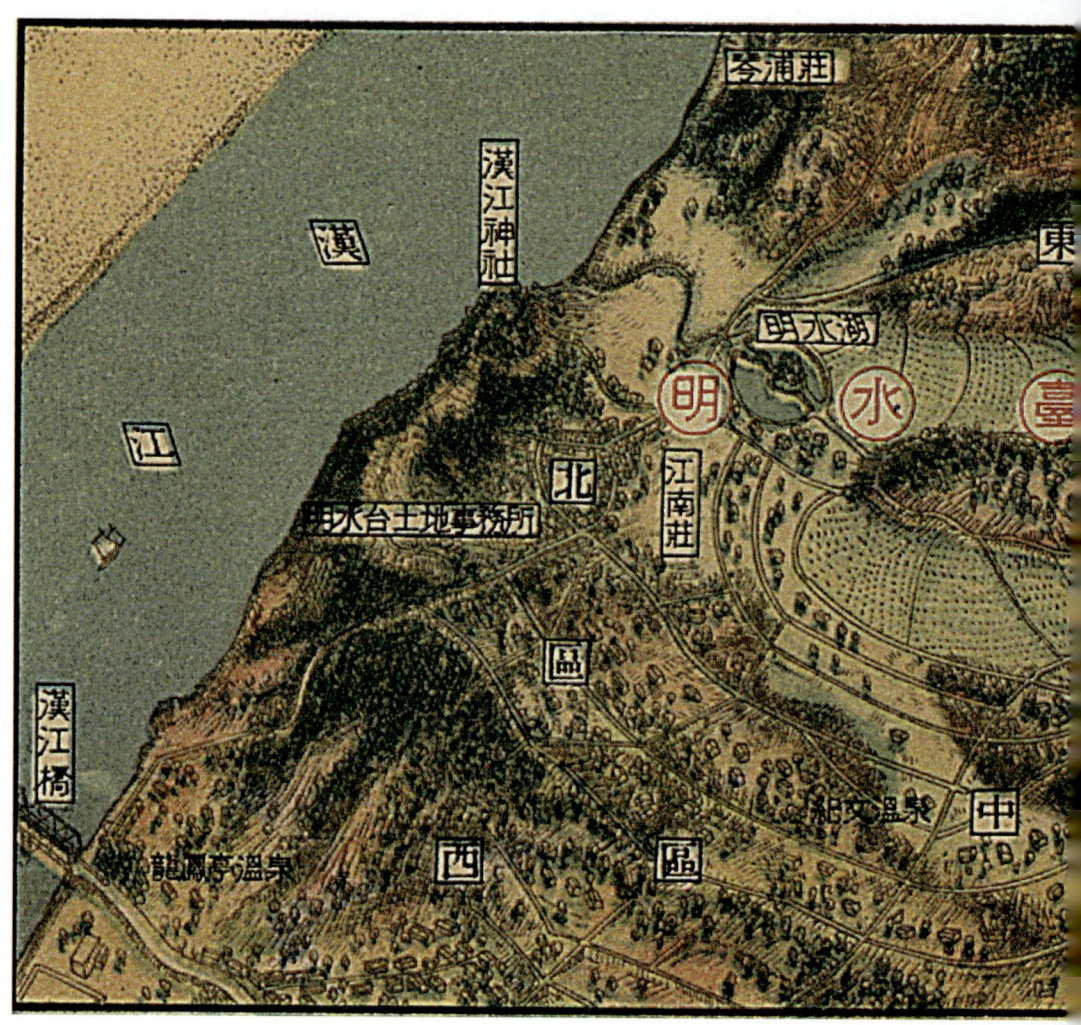

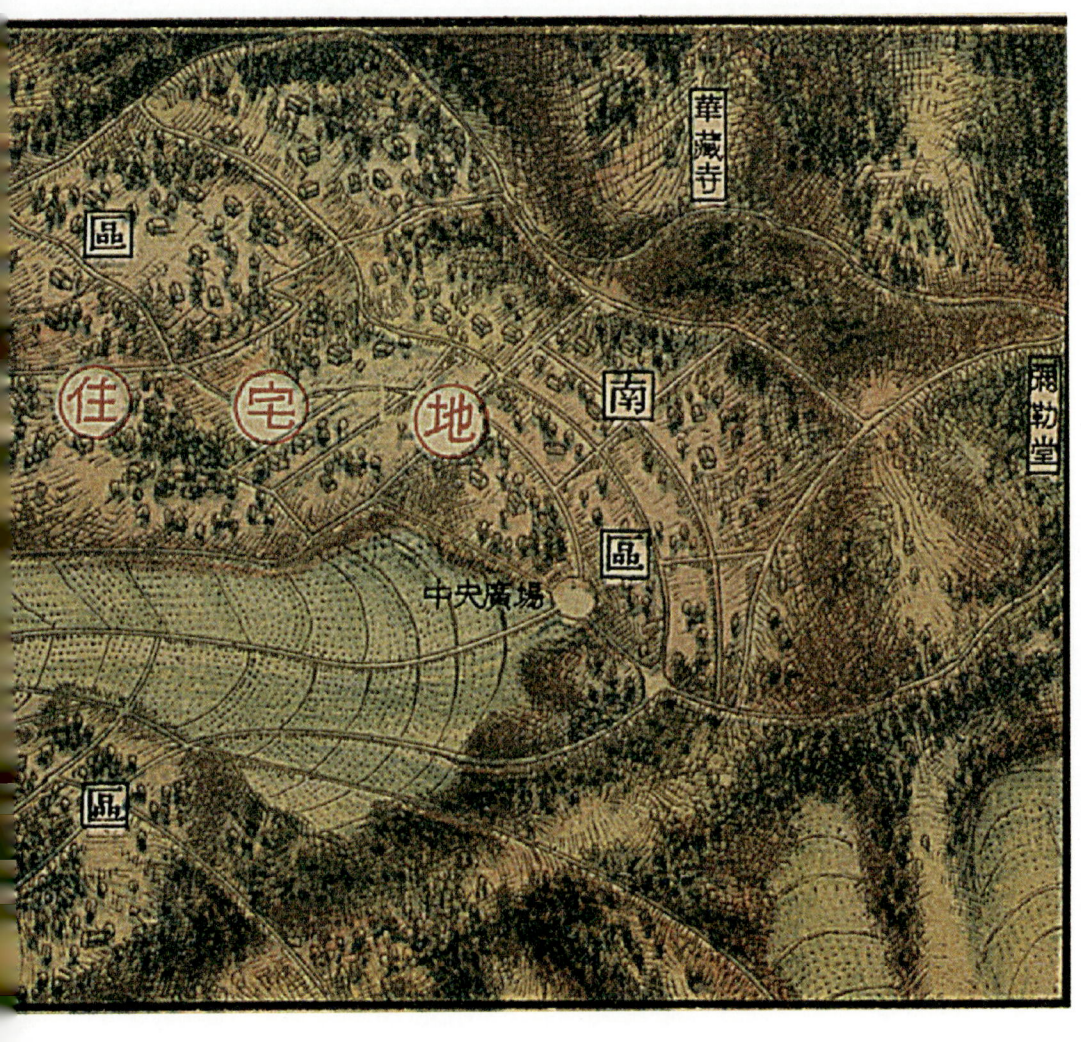

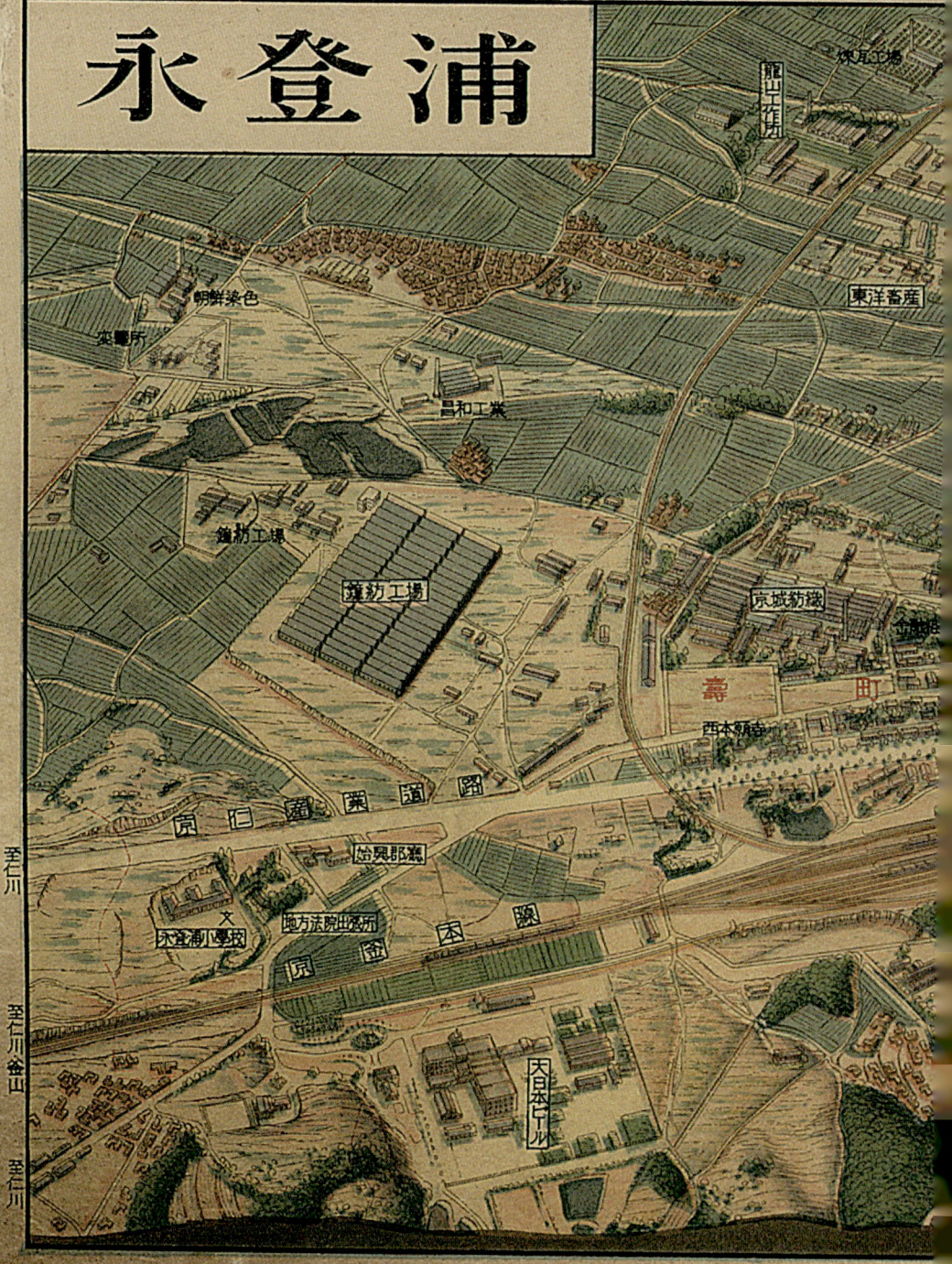

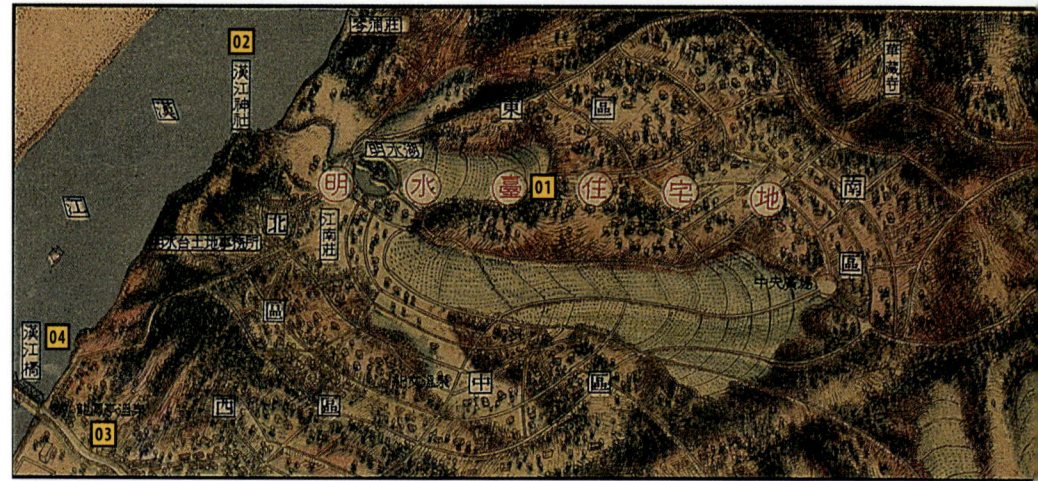

01 명수대주택지
02 한강신사(노량진 웅진강 신사)
03 용봉정 온천
04 한강철교
05 용산공작소(용산공작주식회사) 영등포지점
06 영등포 나가시마 연와 공장
07 경성방직주식회사
08 영등포경찰서
09 대일본맥주(조선맥주)주식회사
10 영등포고등심상소학교
11 가네보방적주식회사
12 영등포변전소
13 조선염색정리공장
14 창화공업주식회사
15 후지세의원
16 영등포우편국
17 영등포연예관
18 경성전기 영등포출장소
19 영등포역
20 소화맥주주식회사

永登浦
05
06
13
12
14
15
16
17
11
07
08
18
19
20
10
09

大京城府大觀
仁川府

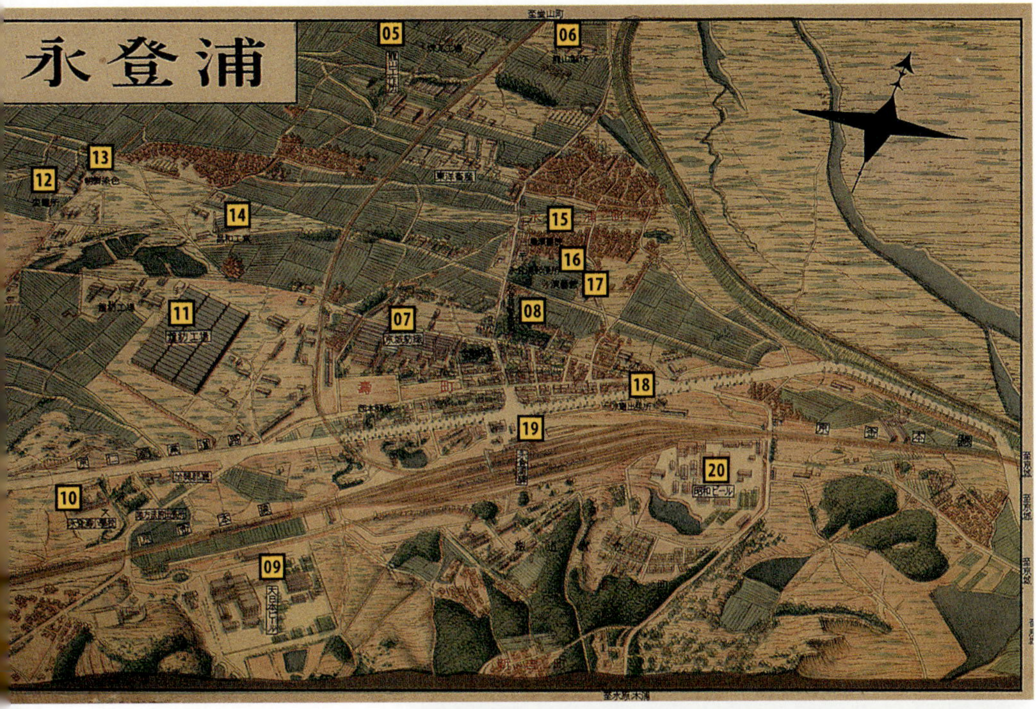

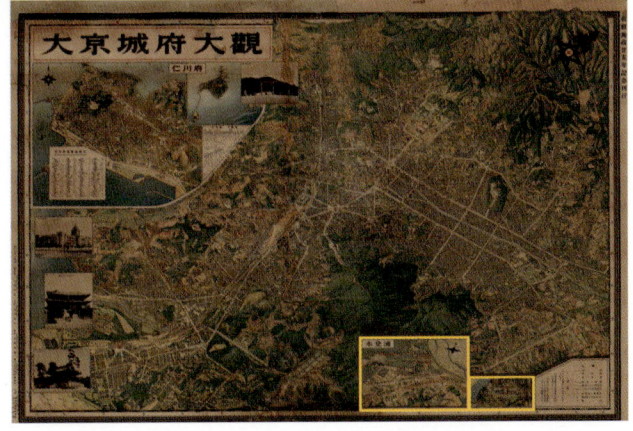

# 명수대주택지 01

일제강점기에 개발한 주택지 가운데 하나다. 1920년대 말부터 계획하여 1932년 1차(3만 3,000평), 1934년 2차, 1935년 3차 분양했다. 오늘날 흑석동에 해당되는 명수대明水臺는 조선시대부터 아름다운 경치로 유명했던 곳으로 한강철교와 한강인도교의 개설로 강북에서 다리를 이용해 바로 건너올 수 있었다. 영등포는 이미 경공업을 중심으로 한 공업지대로 성장이 예고되어 있었기 때문에, 당시 유행하던 '경치 좋고 공기와 물이 깨끗해 건강에도 좋은 교외 주택지이자 전원주택지'의 이미지는 흑석동에 잘 어울렸다. 흑석동은 아직 본격적으로 주목받고 있던 곳이 아니었기 때문에 토지 가격도 상대적으로 저렴했고, 한강철도와 인도교로 자동차와 전차까지 연결되는 최적의 교외주택지였다.* 흑석동 5.

*이경아, 『경성의 주택지: 인구 폭증시대 경성의 주택지 개발』, 집, 2019, 275~298쪽.

명수대 주택지 전경. 경성전기, 『뻗어가는 경성전기』, 1935.

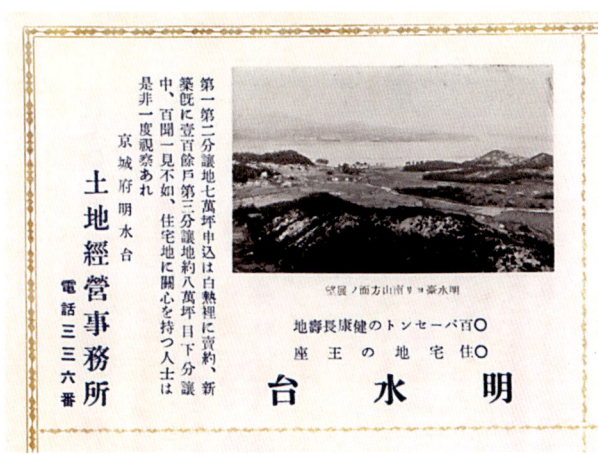

명수대 주택지 광고.
"100퍼센트의 건강장수지"
"주택지의 왕좌" 등
선전 문구가 현란하다.
제국대관사, 『약진조선대관』, 1938.

명수대와 영등포

# 한강신사(노량진 웅진강熊津江 신사) 02

1912년 건립한 신사다.

노량진 웅진강 신사. 오카 료스케, 『경성번창기』, 1915.

한강신사 전경. 서울역사박물관.

## 용봉정 온천 03

용봉정龍鳳亭, 龍驤鳳翥亭은 정조대왕이 능행차할 때 한강을 건너 잠시 쉬던 행궁이었으나 1931년 유원지로 바뀌었다. 온천, 연무장, 운동장, 식당 등이 있었다. 명수대에는 기문紀文온천도 있었다.

노량진 용봉정 온천 전경.
제국대관사,
『약진조선대관』, 1938.

신문 기사에 실린
용봉정 안팎.
『조선신문』, 1934. 4. 3.

## 한강철교 04

1987년 착공, 1900년에 준공했다. 오늘날 용산구 이촌동과 동작구 노량진동을 연결하는 철도교다.

1899년 공사 중인 한강철교. 조선총독부철도국, 『조선철도40년약사』, 1940.

한강철교. 『한국풍속인물사적명승 사진첩』, 일제강점기.

신공업지대로 발흥하는 경성 교외의 영등포. 조선총독부, 『조선』, 1935. 1.

영등포 공업지대 전경. 경성전기주식회사, 『뻗어가는 경성전기』, 1935.

# 용산공작소(용산공작주식회사) 영등포지점 05

1919년 창업한 조선 유일의 철도기구제작소였다.

신문 기사에 등장한
용산공작주식회사.
『조선신문』, 1936. 4. 1.

# 영등포 나가시마長島 연와공장 06

벽돌공장이다.

영등포 나가시마 연와 공장.
사진 속 인물은 사장
나가시마 쓰나요시長嶋綱吉.
『경인통람』, 1912.

## 경성방직 京城紡織 주식회사 07

1919년 김성수를 중심으로 한국인 자산가들이 모여 조선경제의 부흥과 자립을 표방하며 생필품인 면직물을 국내에서 생산하기 위해 설립한 면방직 회사다. 20세기 한국근대화 100년을 함께 한 대표적 기업 가운데 하나다. 1923년 경기도 시흥군 영등포읍에 공장을 개설하고 1930년대 들어서면서 경영 호전 및 본격적인 성장을 시작했다. 오늘날 ㈜경방의 전신이다. 본사는 남대문로1가 116에 있었다.

경성방직주식회사.
『매일신보』, 1930. 11. 7.

경성방직주식회사 내부.
『사진으로 보는 서울 2
일제 침략 아래에서의
서울(1910-1945)』,
서울특별시사편찬위원회, 2002.

# 영등포경찰서 08

1906년 경기도 시흥군 산하 영등포 분파소1907년 영등포 순사주재소로 개칭가 세워졌고 1910년 영등포경찰서를 신설했다. 건물은 1911년 완공했다.

영등포경찰서. 와다 시게요시, 『대경성도시대관』, 조선신문사, 1937.

## 대일본맥주(조선맥주)주식회사 09

1906년 일본맥주, 삿포로맥주, 오사카맥주 3개사가 합병하여 탄생한, 일본제국 최대의 맥주회사다. 1933년 8월 조선 경기도 시흥군 영등포읍에 자회사 조선맥주를 설립하고, 삿포로맥주 등을 생산 판매부지 3만 6,500평했다. 패전 후 미군정에 의해 1949년 일본맥주오늘날 삿포로 맥주, 아사히 맥주 등 2개 회사로 분할되었다. 조선맥주는 오늘날 하이트진로의 전신이다.

일제강점기 엽서에 등장한 대일본맥주주식회사 영등포공장. 서울역사박물관.

## 영등포고등심상소학교 10

1905년 창립했다. 영등포국민학교의 전신이다.

영등포고등심상소학교,
와다 시게요시, 『대경성도시대관』,
조선신문사, 1937.

## 가네보 鐘紡 주식회사 11

일본 방적업체로 1920년대에 한반도에 진출, 1930년대 영등포공장을 건립했다.

일제강점기 엽서에 등장한 종연방적 경성지점 공장. 서울역사박물관.

## 영등포변전소 12

경성전기에 의해 1936년 준공했다.

영등포변전소. 경성전기,
『뻗어가는 경성전기』, 1935.

## 조선염색정리공장 13

1935년 준공했다.

조선염색정리공장.
『조선신문』, 1936. 4. 1.

# 창화昌和공업주식회사 14

1936년 창업했다.

창화공업주식회사. 『조선신문』, 1936. 4. 1.

## 후지세藤瀨의원 15

내과소아과 병원으로 X선·적외선 등의 설비를 갖췄다. 영등포 412.

후지세의원.
와다 시게요시, 『대경성도시대관』,
조선신문사, 1937.

## 영등포우편국 16

1902년 개국했다. 영등포 40.

영등포우편국.
와다 시게요시, 『대경성도시대관』,
조선신문사, 1937.

## 영등포연예관 17

극장이다. 뒤에 영보永寶극장으로 이름을 바꿨다. 영등포 37.

영등포연예관. 와다 시게요시, 『대경성도시대관』, 조선신문사, 1937.

영보극장으로 이름을 바꾼 뒤의 모습. 『매일신보』, 1943. 3. 6.

## 경성전기 영등포출장소 [18]

경성의 전기·전차·가스 등의 사업을 독점한 경성전기의 영등포출장소다.

경성전기 영등포출장소 앞에 경성-인천 간 승합자동차가 서 있다.
경성전기, 『뻗어가는 경성전기』, 1935.

## 영등포역 19

1899년 경인선 개통 당시에는 노량진역이었다가 1900년 노량진에 노량진역이 개설된 뒤 영등포역으로 이름을 바꿨다. 그 뒤 1938년 남경성역이 되었다가 1943년 다시 영등포역이 되었다.

1899년 개통 당시의 영등포역. 조선총독부철도국, 『조선철도40년약사』, 1940.

영등포역. 『사진으로 보는 서울 2 일제 침략 아래에서의 서울(1910-1945)』, 서울특별시사편찬위원회, 2002.

영등포역 앞 거리. 『사진으로 보는 서울 2 일제 침략 아래에서의 서울(1910-1945)』,
서울특별시사편찬위원회, 2002.

## 소화맥주주식회사 [20]

1865년 문을 연 일본 최초의 맥주 회사 기린麒麟, キリン맥주주식회사가 1933년 조선에 설립한 맥주회사다. 회사 이름은 소화昭和기린맥주회사로, 1934년 영등포 공장부지 2만여 평을 준공했다. OB맥주, (주)두산을 거쳐 지금은 벨기에 주류 회사인 AB InBev에 인수되었다.

일제강점기 당시 조선의 맥주시장을 석권한 대일본맥주주식회사(위)와
소화맥주주식회사(아래) 공장을 대비시켜 소개한 기사. 『조선신문』, 1934. 4. 3.

일제강점기 엽서에 등장한 소화기린맥주주식회사 영등포공장. 국제일본문화센터.

부록
•
일제강점기 경성의 지명 변화
주요 참고문헌
유형별 인덱스
이름순 인덱스
•

## 일제강점기 경성의 지명 변화

구한말부터 한성부 일대에 일본인들의 집단 거주가 시작되었다. 그러면서 1900년대 초반부터 '쓰기노데마치'月之出町, つきのでまち, 오늘날 중구 남학동 일대, '아사히마치'旭町, あさひまち, 오늘날 회현동 일대, '혼마치'本町, ほんまち, 오늘날 충무로 일대처럼 ~마치町, まち 를 지명 뒤에 붙인 일본식 지명을 사용했고, 이런 일본식 지명의 사용은 1905년 을사조약 이후 점차 더욱 확산했다.

1910년 한일합병 이후에는 '한성부'를 '경성부'로 개칭, 경기도에 소속시켰다. 거기에 더해 1911년 4월 1일 경기도 행정명령 제3호에 따라, 조선의 전통적인 '서署-방坊-계契'제의 행정구역은 '부部-방坊-면面'제로, 동리명은 '정동명町洞名'으로 바뀌었다. 1914년 4월 1일에는 전국적인 행정구역 전면 개편에 따라 조선 전도全道 부군면의 통합, 경성부 정동명의 공식화를 통해 조선의 전통적인 동리명과 일본식 정명町名: 町, 通, 洞, 丁目 등을 공동으로 사용했다. 대개 조선인이 많이 거주하는 북촌에 속한 마을은 동명洞名으로, 일본인이 많이 거주하는 남촌에 속한 마을은 정명町名 사용이 일반화되었다.*

일제가 우리 고유 지명을 근거 없이 자의적으로 제정, 개정한 유형은

여럿이다. 일본식 표기의 성격이 강한 일본식 지명이나 인물, 풍속 등을 정명町名으로 정하여 왜곡하기도 했고, 조선의 전통적 행정구역을 축소하면서 둘 이상의 고을 이름 중 두 지명을 택하여 그 중 한 글자씩 합성해 지명을 정하기도 했다. 두 개 유형을 각각 표로 정리하면 다음과 같다.

[표1] 1914년 일본식 개정 지명*

| 구분 | 지역(원지명 유래) | 원지명 | 개정지명 | 개정지명 유래 | 기타 |
|---|---|---|---|---|---|
| 1 | 이 지역에서 칡이 많이 났으며 '부룩배기'라는 산줄기가 있었던 데서 유래 | 갈월동 葛月洞 | 강기정 岡崎町 | 1907년 일본군 경성 주차사단인 13사단장 강기생삼岡崎生三의 이름 | 인명 |
| 2 | 을지로 일대(저녁 햇살이 비치면 구리처럼 보이는 야트막한 언덕이 있었음) | 구리개 銅峴 | 황금정 黃金町 | 구리개의 구리를 黃金おうごん, こがね으로 개칭 | 일반 명사 |
| 3 | 남대문로 5가 8번지 순화동巡和洞 일대 | 남정동 藍井洞 | 화천정 和泉町 | 샘의 일본어 화천和泉 사용 | 일반 명사 |
| 4 | 조선시대 4부학당의 하나인 남부학당南部學堂/남학당南學堂이 있던 데서 유래 | 남학동 南學洞 | 일지출정 日之出町 | 일본공사관 아래 마을. 日之出ひので: 해 뜨는 곳 | 지명 |
| 5 | 조선시대에 다도茶道와 다례茶禮를 주관하던 다방茶房이 있던 지역 | 다동茶洞 | 다옥정 茶屋町 | 속칭 다방골을 일본식 이름 茶屋町ちゃやちょう으로 개칭 | 일반 명사 |
| 6 | 복숭아꽃이 많이 피는 곳 | 도동桃洞 | 길야정 吉野町 | 일본 나라현 길야산은 벚꽃의 명소. 일본에서 벚꽃이 많이 피는 곳을 통칭 | 지명 |
| 7 | 복숭아나무가 많은 동네 | 도원동 桃園洞 | 미생정 彌生町 | 일본어로 복숭아꽃이 피는 춘삼월을 '彌生'やよい이라고 함 | 일반 명사 |

* 이 글은 김양진, 「일제강점기 서울지역 지명의 개명 현황과 반성」, 『지명학』 제35집, 한국지명학회, 2021. 12, 6~55쪽을 정리했다.

| 구분 | 지역(원지명 유래) | 원지명 | 개정지명 | 개정지명 유래 | 기타 |
|---|---|---|---|---|---|
| 8 | 서울역 앞(동명 미상) | 동자동 東子洞 일대 | 고시정 古市町 | 일제강점기 일본인 초대 철도관리국장 '고시공위'古市公威에서 유래 | 인명 |
| 9 | 조선 초기 문신 최만리 거주한 동네 | 만리동 萬里洞 일대 | 봉래정 蓬萊町 | 청일전쟁 직전 남대문 밖 거주하던 일본인들이 불안해하다가 일본군이 오자 "지옥에서 신선이 사는 봉래산으로 옮겨온 것" 같다고 하여 붙임 | 일반 명사 |
| 10 | 세조의 수양대군 시절 잠저潛邸 명례明禮坊이 있어 붙여진 이름 | 명례동 明禮洞/ 명동明洞 | 명치정 明治町 | 明治天皇(めいじ てんのう)의 이름을 따서 붙임. めいじ町 | 인명 |
| 11 | 종묘 앞마을 | 묘동廟洞/ 대묘동 大廟洞 | 수은정 授恩町 | 일본이 조선을 병탄한 직후, 공로가 있는 친일인사들과 연로한 양반유생, 효자, 절부 등에게 임시사은금臨時謝恩金을 나누어준 곳. 授恩町じゅおん町, 황실의 은혜를 받은 마을 | 사건 |
| 12 | 깊이가 매우 깊어서 늘 시커멓게 보이는 '감정우물墨井'이 있었던 데서 유래 | 묵정동 墨井洞 | 신정新町 | 공인된 유곽이 있는 오사카 신마치 도리新町通り/しんまちとおり에서 따온 이름 | 지명 |
| 13 | 이곳에 문배산文培山, 일명 文平山이 있었던 대서 유래 | 문배동 文培洞 | 경정京町 | 신용산과 구용산의 경계지점이어서 '경정境町'이라 할 것을 발음이 유사한 '京'을 써서 '京町'이라 함 | 조어 |
| 14 | 광교, 사자청 등 | 삼각동 三角洞 | 삼각정 三角町 | 三角町さんかくちょう은 일본에 흔한 지명 | 지명 |
| 15 | 마을 입구에 한 쌍의 이문里門이 세워져 쌍이문동이라 한 데서 유래 | 쌍림동 雙林洞 | 병목정 並木町 | 가로수길의 일본어 병목並木, なみき에서 가져온 이름 | 일반 명사 |
| 16 | 서부역 건너편 서계동 | 석교동 石橋洞, 주교동 舟橋洞, 신촌동 新村洞 | 서계정 西界町 | 석교동, 주교동, 신촌동 등의 일부를 통합하여 서쪽 경계라는 뜻으로 이름 붙임 | 조어 |

| 구분 | 지역(원지명 유래) | 원지명 | 개정지명 | 개정지명 유래 | 기타 |
|---|---|---|---|---|---|
| 17 | 태종의 둘째 딸 경정공주慶貞公主의 집이 있어 속칭 작은공주골이라 하던 것을 한지명으로 표기 | 소공동<br>小公洞 | 장곡천정<br>長谷川町 | 일제의 초대 조선주차군사령관 장곡천호도長谷川好道가 이곳 언덕 대관정大觀亭에 주차하고 있었던 데서 붙은 이름 | 인명 |
| 18 | 호조戶曹의 별고別庫인 신창新倉 | 신창동<br>新倉洞 | 청수정<br>淸水町 | 淸水町しみずまち은 일본에 흔한 지명 | 지명 |
| 19 | 남대문 밖-남대문통 5정목<br>(볕이 잘 드는 곳. 양지말) | 양동<br>陽洞 | 어성정<br>御成町 | 일본 대정천황이 황태자 시절인 1907년 10월 5일간 머무른 것 기념하여 "御成/おなり: 황송하게도 다녀가셨다" 하였다는 뜻 | 사건 |
| 20 | 조선시대에 일본사신이 머무는 동평관東平館이 있어 왜관동/예관동으로 부른 것에서 유래 | 예관동<br>藝館洞 | 화원정<br>花園町 | '花園はなぞの' 곧 꽃밭이라는 뜻 | 일반<br>명사 |
| 21 | 왜장/왜장터/예장 | 예장동<br>藝場洞 | 왜성대정<br>倭城臺町 | 임진왜란 때 왜군의 남산 주둔지. 구한말 조선에 들어 온 일본인들은 이곳에 일본공사관을 짓고 그 마을을 왜성대정이라 함 | 사건 |
| 22 | 지금의 청계5가와 을지로5가 사이 지역. 청계천 준설에 따른 가산假山, 조산造山이 있던 곳 | 오교동<br>五橋洞/<br>연방동<br>蓮坊洞 | 방산정<br>芳山町 | 청계천 좌우의 가산에 철마다 향기로운 꽃을 심어 '芳山町'이라 명명 | 조어 |
| 23 | 중구 오장동(五壯洞, 충무로5가, 을지로5가 일대(옛날 이곳에 힘센 다섯 장사가 있었다고 해서 붙여진 이름) | 오장동<br>五壯洞 | 초음정<br>初音町 | '初音はつね'은 휘파람새 등 그 해 첫 새 울음소리를 가리키는 일본어. 이 근처에 큰 나무가 많아 새들의 울음소리가 많이 들려서 지음 | 지명 |
| 24 | 모화현 근처에서 흘러내리는 시대가 여기에서 맑은 폭포를 이룬데서 유래 | 옥포동<br>玉瀑洞 | 옥천정<br>玉川町 | '玉川(たまかわ)'은 일본에 흔한 지명 | 지명 |
| 25 | 용문동龍門洞 | 용문방<br>龍門坊<br>동문외계<br>東門外契 | 대도정<br>大島町 | 청일전쟁 당시 만리창에 일본진지를 구축하고 서울 남부에 주둔했던 육군소장 '대도의창大島義昌' 기념 | 인명 |

| 구분 | 지역(원지명 유래) | 원지명 | 개정지명 | 개정지명 유래 | 기타 |
|---|---|---|---|---|---|
| 26 | 원효로 1-4가 | 용산면<br>龍山面<br>일대 | 원정元町 | '元町もとまち'은 일본에 흔한 지명 | 지명 |
| 27 | 신계동新契洞 | 용산방<br>龍山坊<br>동문외계<br>東門外契 | 영정榮町 | '榮町さかえ町'은 일본에 흔한 지명 | 지명 |
| 28 | 산천동山泉洞 | 용산방<br>龍山坊<br>형제정계<br>兄弟井契,<br>탄항계<br>灘項契 등 | 산수정<br>山水町 | 일본에서 도시의 고지대를 '山手やまて', 저지대를 '海手うみて'라고 한 데서 유래 | 일반<br>명사 |
| 29 | 선조의 일곱째 아들 인성군仁城君 집이 있어 인성붓재仁城府峴/仁城峴이라 부르다 줄여 '인현'이라 함 | 인현동<br>仁峴洞 | 앵정정<br>櫻井町 | '櫻井さくらい'은 벚꽃이 피어있는 샘. 일본 도시에 흔한 지명 | 지명 |
| 30 | 1900년 을미사변乙未事變 당시 순국한 장명을 제사 지내기 위한 '장충단奬忠壇'을 설치한 데서 유래 | 장충동 | 동사헌정<br>東四軒町/<br>서사헌정<br>西四軒町 | 1906년 이후 장충단에서 흐르는 냇물 동쪽에 4채 씩 지어진 일본군 관사에 의해 지어진 이름 | 조어 |
| 31 | 조선시대에 모시와 삼베를 팔던 '저포전苧布廛'이 있었던 데서 유래 | 저포전동<br>苧布廛洞/<br>저전동<br>苧廛洞/<br>저동苧洞 | 영락정<br>永樂町 | 이 지역에 있던 영희전永禧殿에 '락樂'자를 붙인 것 'えいらく町' | 조어 |
| 32 | 조선시대에 활자를 만들어 책을 찍어 내던 주자소鑄字所가 있던 데서 유래 | 주자동<br>鑄字洞/<br>주동鑄洞 | 수정<br>壽町 | '주자동鑄字洞'의 '주鑄'의 일부를 활용하여 일본 지명 '壽町ことぶき町'에 빗대 붙인 지명 | 조자<br>造字 |
| 33 | 충무로 일대비가 오고 나면 땅이 질어지는 곳 | 진고개 | 본정통<br>本町通 | 중심거리. 일본인거리 중심지 | 지명 |
| 34 | 이 지역에 '청암淸岩'이라는 큰 바위가 있었음 | 청암동<br>淸岩洞 | 암근정<br>岩根町 | 일본식 지명 '岩根町いわねぢょう'에서 유래 | 지명 |
| 35 | 이곳에 푸른 야산의 언덕이 많았던 데서 유래 | 청파동<br>靑坡洞 | 청엽정<br>靑葉町 | 일본어 '靑葉あおば'은 '새잎', '푸른 잎'의 뜻 | 일반<br>명사 |

| 구분 | 지역(원지명 유래) | 원지명 | 개정지명 | 개정지명 유래 | 기타 |
|---|---|---|---|---|---|
| 36 | 조선시대에 조리, 바구니 등 가정 일용품을 팔던 '초물전草物廛'이 있었던 데서 유래 | 초전동 草廛洞/ 초동草洞 | 약초정 若草町 | 草洞을 일본인이 좋아하는 '若草わかくさ'로 고친 것 | 지명 |
| 37 | 충정로 일대 | - | 죽첨정 竹添町 | 갑신정변 당시 일본공사 '竹添進一郎'의 성을 땀 | 인명 |
| 38 | 원동園洞/원골 | 탑동塔洞/ 교동校洞 | 낙원정 樂園町 | 원동園洞/원골이라는 자연마을에 일본인들이 좋아하는 '樂'을 붙여 만든 지명(영락정의 경우와 같음) | 조어 |
| 39 | 한성부의 남부南部 청사가 있어 '남부동南部洞/남붓골'이라 하던 것을 줄여 '부동部洞/붓골'이라 하였는데 '붓'을 뜻으로 하여 '필동'이 됨 | 필동筆洞 | 대화정 大和町 | 나라奈良의 옛 이름 '大和やまと'에서 따온 이름 | 지명 |
| 40 | 효창공원. 정조의 세자인 문효세자文孝世子의 무덤인 효창원孝昌園이 있던 곳 | 효창동 孝昌洞 | 금정 錦町 | '錦町にしきまち'은 일본에 흔한 지명 | 지명 |
| 41 | 정광필鄭光弼, 이덕형李德馨, 강세황姜世晃 등 어진 선비가 많이 살던 마을에서 유래 | 회현동 會賢洞 | 욱정 旭町 | 일본공사관 윗마을. '旭あさひ' 곧 '아침햇빛'이라는 뜻으로 붙여진 이름 | 지명 |
| 42 | 이 마을에 '두텁바위厚岩'라 불리는 둥글고 두터운 큰 바위가 있던 데서 유래 | 후암동 厚岩洞 | 삼판통 三坂通 | 일본어로 '남산 기슭에 세 개의 언덕이 연이어 있는 곳'이라는 뜻에서 'みさかとおり'라 함 | 지명 |

• 원지명을 기준으로 가나다 순으로 정리했다.
기타는 일본식 개정지명의 어종, 지명·인명·일반명사·조어造語·사건을 표시했다.

## [표 2] 경성부 내 합성 지명과 원래 지명

| 합성 지명 | 원래 지명 | 합성 지명 | 원래 지명 |
|---|---|---|---|
| 인사동仁寺洞 | 관인방寬仁坊 + 대사동大寺洞 | 송월동松月洞 | 송정동松亭洞 + 월암동月岩洞 |
| 옥인동玉仁洞 | 인왕동仁王洞 + 옥동玉洞 | 숭인동崇仁洞 | 숭신방崇信坊 + 인창방仁昌坊 |
| 운니동雲泥峴 | 운현雲峴 + 니동泥洞 | 중림동中林洞 | 약전중동藥田中洞 + 한림동翰林洞 |
| 경운동慶雲洞 | 경행방慶幸坊 + 운현궁雲峴宮 | 행촌동杏村洞 | 은행동銀杏洞 + 신촌동新村洞 |
| 관철동貫鐵洞 | 관자동貫子洞 + 철물교鐵物橋 | 세곡동細谷洞 | 세천리細川里 + 은곡동隱谷洞 |
| 관훈동寬勳洞 | 관인방寬仁坊 + 충훈부내계忠勳府內契 | 자곡동紫谷洞 | 자양동紫陽洞 + 지곡동芝谷洞 |
| 당주동唐珠洞 | 인달방仁達坊 당피동계唐皮洞契 + 적선방積善坊 야주현계夜珠峴契 | 가양동加陽洞 | 가마동加麻洞 + 고양리古陽里 |
| 돈의동敦義洞 | 돈녕동敦寧洞 + 어의동於義洞 | 광장동廣壯洞 | 광진廣津, 광나루 + 장의동壯儀洞 |
| 수송동壽松洞 | 수동壽洞 + 송현松峴 | 구의동九宜洞 | 구정동九井洞 + 산의동山宜洞 |
| 연건동蓮建洞 | 연화방蓮花坊 + 건덕방建德坊 | 상암동上岩洞 | 수상리水上里 + 휴암리休岩里 |
| 익선동益善洞 | 익동益洞 + 정선방貞善坊 익랑翼廊골 | 대신동大新洞 | 대현동大峴洞 + 신촌동新村洞 |
| 청운동淸雲洞 | 청풍계淸風溪 + 백운동白雲洞 | 미근동渼芹洞←尾芹洞 | 미동尾洞/미정동尾井洞 + 근동芹洞 |
| 청진동淸進洞 | 징청방澄淸坊 + 수진방壽進坊 | 홍은동弘恩洞 | 홍제외리弘濟外里 + 은평면恩平面 |
| 통인동通仁洞 | 통곡通谷 + 인왕동仁王洞 | 동선동東仙洞 | 동소문동東小門洞 + 삼선동三仙洞 |
| 창신동昌信洞 | 인창방仁昌坊 + 숭신방崇信坊 | 신정동新亭洞 | 신기新機, 신트리 + 은행정銀杏亭 |
| 홍파동紅把洞 | 홍문동紅門洞 + 파발동把撥洞 | 상봉동上鳳洞 | 상리上里 + 봉황리鳳凰里 |
| 수창동需昌洞 | 내수동內需洞 + 대창동大昌洞 | 신내동新內洞 | 신현新峴 + 내곡內谷 |
| 궁정동宮井洞 | 육상궁동毓祥宮洞 + 온정동溫井洞/박정동朴井洞 | 중하리中下里 →中和洞 | 중리中里 + 하리下里 |

[표 1]의 지명들은 일본색이 짙어 광복 이후 대개 우리 옛 지명으로 회귀했지만, [표 2]의 지명들은 대부분 오늘날까지 아무런 문제의식 없이 사용되고 있다. 오히려 '수동'壽洞과 '송현'松峴을 합한 이름 '수송동'壽松洞은 "이 지역에 오래된 소나무헌법재판소 안의 백송白松가 있어서 붙은 이름"이라는 등으로 전통지명으로 오인, 지명의 실체와 무관한 스토리텔링의 대상이 되기도 한다. 또한 인의동仁義洞, 예지동禮智洞, 효제동孝悌洞, 충신동忠信洞, 와룡동臥龍洞, 봉익동鳳翼洞 등 봉건왕조적 개념의 지명 사용은 일본에서의 동양적 지식과 조선에서의 동양적 이념이 우연히 일치한 결과일 뿐이다. 이를 두고 일제가 조선왕조의 지식을 계승했다고 보는 것은 문제가 있다. 오늘날 우리가 익숙하게 사용하는 지명들 역시 일제에 의해 왜곡된 역사의 하나로 바라보는 쪽이 낫다.

# 주요 참고문헌

## 사료·보고서
경성부 교육회,『경성안내』, 1926.
경성부 편저, 서울특별시 시사편찬위원회 편역,『(국역)경성부사』1, 2, 3, 서울특별시 시사편찬위원회, 2015.
경성부,『경성도시계획조사서』, 1928.
_____,『경성부공설시장요람』, 1936.
_____,『경성부내사회사업개황』, 1927.
_____,『경성부사』, 1936.
_____,『경성부세일반』(京城府勢一班), 1938.
_____,『경성휘보』(京城彙報) 188. 1938.5.
경성전기주식회사,『경성전기주식회사 20년 연혁사』, 1929.
_____,『뻗어가는 경성전기』(伸び行く京城電氣), 1935.
경성치과의학회,『경성치과의학잡지』1, 1932.
경성토목건축업협회,『경성토목건축업협회보』, 1937.5.
김유동(金逌東),『순종국장록』(純宗國葬錄), 조선박문사(朝鮮博文社), 1926.
나카무라 겐도(中村玄濤),『경성부근 수해실황기』(京城附近水害實況記), 대륙지일본인사(大陸之日本人社), 1925.
나카무라 미치타로(中村道太郎),『일본지리풍속대계』조선편, 신광사(新光社), 1930.
마쓰시타 쵸헤이(松下長平),『조선실업시찰단기념사진첩』, 민우사(民友社), 1910.
백관수(白寬洙),『경성편람』(京城便覽), 홍문사(弘文社), 1929.
사사키 쵸지(佐々木兆治),『경성미술구락부 창업20년 기념지: 조선고미술업계20년의 회고』(京城美術俱樂部創業二十年記念誌:朝鮮古美術業界二十年の回顧), 경성미술구락부, 1942.

아오야키 난메이(靑柳南冥), 『신찬 경성안내』, 조선연구회, 1913.
야노 타테키(矢野干城)·모리카와 키요토(森川淸人), 『신판 대경성안내』(新版 大京城案內), 경성도시문화연구소 출판부, 1936.
양재기(梁在璣) 편, 『순종국장사진첩』, 경성사진통신사, 1926
오카 료스케(岡良助), 『경성번창기』, 박문사(博文社), 1915.
와다 시게요시(和田重義), 『대경성도시대관』, 조선신문사, 1937.
요시카와 후미타로(吉川文太郎), 『조선의 종교』(朝鮮の宗敎), 조선인쇄, 1921.
요코다 야스시(橫田康), 『조선신궁기』, 경성: 국제정보사, 1926.
이노우에 이사오(井上勇夫) 편, 『대경성용산대홍수참상사진첩』(大京城龍山大洪水慘狀寫眞帖), 1925.
이데 쇼이치(井手正一), 『한국병합기념첩』(韓國倂合紀念帖), 침침사(駸々社), 1910.
일본전보(電報)통신사, 『신문총람』, 1936.
제국대관사(帝國大觀社), 『약진조선대관』(躍進朝鮮大觀), 1938.
조선건축회, 『조선과 건축』(朝鮮と建築), 1922-1945.
_____, 『조선신궁사진도집』(朝鮮神宮寫眞圖集), 1925.
조선경찰가정신보사(朝鮮警察家庭新報社), 『조선신궁어진좌제기념사진첩』(朝鮮神宮御鎭座祭紀念寫眞帖), 1925.
조선공론사(朝鮮公論社), 『조선사정사진첩』(朝鮮事情寫眞帖), 1922.
조선교육협회, 『국정교과서에 보이는 조선자료사진』(國定敎科書に現はれたる朝鮮資料寫眞), 1929.
조선매일신문사, 『대경성(大京城): 안내서』, 1925.
조선사진통신사, 『조선사단창설기념호: 조선사진화보특별호』(朝鮮師團創設記念號:朝鮮寫眞畵報特別號), 1916.
조선산림회(朝鮮山林會), 『반도의 취록』(半島の翠錄), 1926.
조선신궁봉찬회(朝鮮神宮奉贊會), 『은뢰: 조선신궁어진좌10주년기념』(恩賴:朝鮮神宮御鎭座10周年記念), 1937.
조선신궁사무소 편, 『조선신궁사진첩』(朝鮮神宮寫眞帖), 1926.
조선신문사, 『대경성도시대관』, 1937.
_____, 『조선봉축사진첩』(朝鮮奉祝寫眞帖), 1928.
조선연구회, 『대경성』, 1925.
조선연합청년단, 『조선연합청년단발단식 기념사진첩』, 1938.
조선의 관광사(朝鮮之觀光社), 『조선의 관광』(朝鮮之觀光), 1939.
조선중앙경제회, 『경성생산품품평회선전사진첩』(京城生産品品評會宣傳寫眞帖), 1921.
조선총독부 경찰관강습소, 『조선총독부경찰관강습소일람』(朝鮮總督府警察官講習所一覽), 1930.
조선총독부 내무국 경성토목출장소, 『경성시구개정사업(京城市區改正事業) 회고 20년』, 1930.

조선총독부 상공장려관, 『조선의 오미야게품』(朝鮮のおみやげ品), 1933.
조선총독부 서무부, 『조선의 시장』(朝鮮の市場), 1924.
조선총독부 전매국, 『전매국사업개요』, 1937.
_____, 『조선의 전매』, 1941.
조선총독부 지질조사소, 『경성 부근에서의 한강범람조사 보문(京城附近ニ於ケル漢江氾濫調査報文-조선지질조사요보(要報) 제5권의 1), 1925.
조선총독부 철도국, 『반도의 근영』(半島の近影), 1938.
_____, 『조선의 산업과 철도』(朝鮮の産業と鐵道), 1925.
_____, 『조선의 풍광』(朝鮮之風光), 1927.
_____, 『조선철도40년약사』, 1940.
_____, 『조선철도여행안내』, 1924.
_____, 『조선철도연선시장일반』(朝鮮鐵道沿線市場一斑), 1912.
조선총독부 체신국, 『조선의 체신사업』(朝鮮の遞信事業), 1930.
_____, 『조선체신사업연혁사』, 1938.
조선총독부 학무국, 『조선교육요람』, 1921.
_____, 『조선교육요람』, 1928.
_____, 『조선에서의 종교 및 향사일람』(朝鮮に於ける宗教及享祀一覽), 1933.
_____, 『조선의 사회사업』(朝鮮の社會事業), 1933.
조선총독부, 『시정(施政)25년사』, 1935. 국립중앙도서관.
_____, 『신흥의 조선』(新興の朝鮮), 1929.
_____, 『조선』, 1921-.
_____, 『조선박람회기념사진첩』, 1930.
_____, 『조선사정』, 1934.
_____, 『조선사진첩』1925.
_____, 『조선사회사업요람(要覽), 1933.
_____, 『조선요람』(朝鮮要覽), 1923-1933.
_____, 『조선의 물산』(朝鮮の物産), 1927.
_____, 『조선의 시장경제』(朝鮮の市場經濟), 1929.
_____, 『조선의 홍수』(大正十四年)朝鮮ノ洪水), 1926.
_____, 『조선총독부제생원사업요람』, 1935.
조선치형(治刑)협회, 『조선형무소사진첩』, 1924.
조선풍속연구회, 『조선풍속풍경사진첩』, 우쓰보야(ウツボヤ)서적점, 1920.
조선홍보사(朝鮮興報社), 『시정 5주년기념사진첩』, 1926.
중앙정보선만지사(中央情報鮮滿支社), 『대경성사진첩』, 1937.
하기 모리다케(萩森茂), 『조선의 도시: 경성과 인천』(朝鮮の都市:京城と仁川), 대륙정보사 1930.
후지사와 세이지로(藤澤淸次郎), 『조선금융조합과 인물』(朝鮮金融組合と人物), 대륙민우사(大

陸民友社), 1937.
발행처 미상, 『한국명사사적풍속사진첩』(韓國名士事蹟風俗寫眞帖), 1910.
발행처·발행년도 미상, 『한국풍속인물사적명승사진첩』.


**도록·사전·자료집**

고려대학교 글로벌연구원 재조일본인 정보사전 편찬위원회, 『개화기·일제강점기(1876-1945) 재조일본인 정보사전』, 보고사, 2018.
국가보훈처·독립기념관 한국독립운동사연구소, 『서울 독립운동 사적지』, 2008.
김근수, 『정도 600년 미니 서울백과』, 한국학연구소, 1994.
김원모·정성길 엮음, 『사진으로 본 백년 전의 한국』, 가톨릭출판사, 1986.
문화재청 창덕궁관리소, 『(일본 궁내청 소장) 창덕궁 사진첩』, 2006.
민족문제연구소, 『거대한 감옥, 식민지에 살다』, 2010.
박도 엮음, 『일제강점기(1910-1945)』, 눈빛, 2011.
부산근대역사관, 『백화점: 근대의 별천지』, 2013.
부산박물관, 『사진엽서로 본 근대풍경』, 민속원, 2009.
서대문형무소역사관, 『독립과 민주의 현장 서대문형무소역사관』, 2010.
서울대학교 미술대학 응용미술학과 동문회, 『하라(賀羅) 이순석(李順石) 작품집』, 1993.
서울시립대학교박물관, 『엽서로 보는 근대이야기』, 2003.
서울시정개발연구원·서울시립대학교 서울학연구소, 『100년의 사진 기록 서울 20세기』, 2000.
서울역사박물관, 『서울 지도』, 2006.
_____, 『광화문 연가, 시계를 되돌리다』, 2009.
_____, 『서울의 근대건축』, 2006.
_____, 『딜쿠샤에서 청계천까지: 세 이방인의 서울 회상』, 2009.
_____, 『한 가족의 독립운동 이야기: 조국으로 가는 길』, 2013.
_____, 『동소문별곡』, 2014.
_____, 『옛 서울 지도』, 2016.
_____, 『〈대경성부대관〉과 『대경성도시대관』으로 보는 경성상점가』, 2016.
_____, 『남대문시장』, 2017.
_____, 『서울의 전차』, 2019.
_____, 『북촌: 경복궁과 창덕궁 사이의 터전』, 2019.
_____, 『북촌: 열한 집의 오래된 기억』, 2019.
_____, 『육조거리: 한양의 상징대로』, 2021.
_____, 『화신백화점』, 2021.
_____, 『탑골공원: 서울 최초의 도시공원』, 2022.
_____, 『딜쿠샤: 서울 앨버트 테일러 가옥』, 2023.

서울역사편찬원,『경성부 건축도면 자료집』, 2018.
_____,『이미지로 읽는 근대 서울』1-2, 2023.
서울특별시립박물관,『서울의 옛 모습: 서울특별시립박물관 개관준비특별전 2』, 1998.
서울특별시사편찬위원회,『사진으로 보는 서울 1: 개항 이후 서울의 근대화와 시련(1876-1910)』, 2002.
_____,『사진으로 보는 서울 2: 일제 침략 아래에서의 서울(1910-1945)』, 2002.
서울특별시 중구 향토사자료 제12집,『남겨진 풍경 지나간 흔적』, 서울 중구문화원, 2009.
서울특별시,『사진으로 보는 서울백년』, 1984.
서울YMCA,『사진으로 보는 서울YMCA 운동 100년』, 2003.
성균관대학교박물관,『잃어버린 시간, 식민지의 삶』, 2015.
용산역사박물관,『용산, 도시를 살리다: 철도 그리고 철도병원 이야기』, 2022.
_____,『스쿨 오브 용산: 용산에 뿌리내린 학교들』, 2023.
이규헌 해설,『사진으로 보는 근대 한국』상/하, 서문당, 1986.
일민문화재단,『황금광시대: 근대 조선의 삽화와 앨범』, 2020.
청계천문화관,『이방인의 순간포착, 경성 1930』, 2011.
_____,『청계천, 1930』, 2013.
청계천박물관,『남소문동천』, 2018.
_____,『천변풍경』, 2018.
_____,『광통교』, 2021.
최길성 기획,『그림엽서로 보는 근대조선』, 민속원, 2017.
한국미술연구소,『조선미술전람회 기사자료집』, 시공사, 1999.
한양대학교 건축학부 동아시아건축역사연구실,『용산공원』, 서울특별시, 2015.
해보라기획,『눈으로 본 잃어버린 시대: 1910-1945』, 1983.


**저서·번역서**

강명관 풀어 엮음,『사라진 서울: 20세기 초 서울 시민들의 서울 회상기』, 푸른역사, 2009.
경성제국대학 위생조사부 엮음·박현숙 옮김,『1940년, 경성의 풍경 토막민의 생활과 위생』, 민속원, 2010.
계숙향 등 편역,『조선 속 일본인의 에로경성 조감도』, 도서출판 문, 2012.
구선아 엮음,『경성 방랑』, 알비, 2020.
국사편찬위원회 편,『근대와 만난 미술과 도시』, 두산동아, 2008.
권오만 외,『종로 : 시간, 장소, 사람: 20세기 서울변천사연구 Ⅱ』, 서울시립대학교 부설 서울학연구소, 2002.
권은,『경성 모더니즘 - 식민지 도시 경성과 박태원 문학』, 일조각, 2018.
김경민,『건축왕, 경성을 만들다』, 이마, 2017.

김기철, 『라이더, 경성을 누비다』, 시공사, 2023.
김기호 외, 『서울 남촌 : 시간, 장소, 사람: 20세기 서울변천사연구 Ⅲ』, 서울시립대학교 부설 서울학연구소, 2003.
김상엽, 『미술품 컬렉터들: 한국의 근대 수장가와 수집의 문화사』, 돌베개, 2015.
김소연, 『경성의 건축가들』, 루아크, 2017.
김영나 편, 『한국 근대 미술과 시각문화』, 조형교육, 2002.
김영나, 『한국의 미술들: 개항에서 해방까지』, 워크룸프레스, 2024.
김을한, 『신문야화: 30년대의 기자수첩』, 일조각, 1971.
_____, 『무명기자의 수기』, 탐구당, 1984.
김정동, 『고종황제가 사랑한 정동과 덕수궁』, 발언, 2004.
김진송, 『서울에 딴스홀을 허하라』, 현실문화연구, 1999.
김진아, 『동순태호: 동아시아의 화교자본과 근대 조선』, 경북대학교출판부, 2011.
김천수, 『(우리가 몰랐던) 용산기지 일제침탈사』, 동북아역사재단, 2023.
김해경, 『모던걸 모던보이의 근대공원 산책』, 정은문고, 2020.
김현숙 외, 『식민지 근대의 내면과 매체 표상』, 깊은샘, 2006.
문혜진, 『경성신사를 거닐다: 일본제국과 식민지 신사』, 민속원, 2019.
박광현·신승모 편저, 『월경(越境)의 기록: 재조(在朝)일본인의 언어·문화·기억과 아이덴티티의 분화』, 어문학사, 2013.
박철수 등, 『경성의 아파트』, 집, 2021.
박현수, 『식민지의 식탁』, 이숲, 2022.
_____, 『경성 맛집 산책』, 한겨레출판, 2023.
서울시정개발연구원·서울시립대학교 서울학연구소, 『서울 20세기 생활·문화변천사』, 서울시정개발연구원, 2001.
서울특별시 시사편찬위원회, 『서울 2천년사 24: 근대 서울의 종교와 사상』, 2014.
_____, 『서울 2천년사 25: 근대 문물의 도입과 일상문화』, 2014.
서울역사편찬원, 『서울 2천년사 26: 경성부 도시행정과 사회』, 2015.
_____, 『서울 2천년사 29: 일제강점기 서울의 교육과 문화』, 2015.
_____, 『서울 2천년사 30: 일제강점기 서울 도시문화와 일상문화』, 2015.
_____, 『서울역사중점연구 03: 일제강점기 경성부민의 여가생활』, 2018.
_____, 『서울역사중점연구 13: 경성의 소리문화와 음악공간』, 2022.
소래섭, 『에로·그로·넌센스: 근대적 자극의 탄생』, 살림, 2005.
손정목, 『일제강점기 도시사회상연구』, 일지사, 1996.
신기수 엮음, 이은주 옮김, 『한일합병사 1875-1945: 사진으로 보는 굴욕과 저항의 근대사』, 눈빛, 2009.
신명직, 『모던보이, 경성을 거닐다』, 현실문화연구, 2003.
신주백·김천수, 『용산기지의 역사(1906-1945) Ⅰ』, 선인, 2019.
신혜승 등, 『100년 전 경성의 음악공간을 산책하다』, 우리에뜰, 2021.

심승희, 『서울 시간을 기억하는 공간』, 나노미디어, 2004.
연세대학교 국학연구원 편, 『일제의 식민지배와 일상생활』, 혜안, 2004.
염복규, 『서울은 어떻게 계획 되었는가』, 살림, 2005.
_____, 『서울의 기원 경성의 탄생』, 이데아, 2016.
오인환, 『일제강점기 경성을 누비다』, 한국학술정보, 2018.
우동선, 『궁궐의 눈물, 백년의 침묵』, 효형출판, 2009.
유민영, 『한국 근대극장 변천사』, 태학사, 1998.
이경아, 『경성의 주택지: 인구 폭증시대 경성의 주택지 개발』, 집, 2019.
이돈수·이순우 지음, 『꼬레아 에 꼬레아니 사진해설판』, 하늘재, 2009.
이동초, 『보국안민의 길로 서울을 걷다: 서울 지역 동학 천도교 사적 이야기』, 도서출판 모시는 사람들, 2017.
이상금, 『한국 근대 유치원 교육사』, 이화여자대학교 출판부, 1987.
이순우, 『광화문 육조앞길』, 하늘재, 2010.
_____, 『용산, 빼앗긴 이방인들의 땅』 1·2, 민족문제연구소, 2022.
이승만, 『풍류세시기』 중앙선서 1, 중앙일보·동양방송, 1977.
이연경, 『한성부의 작은 일본 진고개 혹은 본정』, 스페이스타임, 2015.
이영천, 『역사 따라 살펴보는 경성 근대건축』, 루아크, 2022.
이태진, 『고종시대의 재조명』, 태학사, 2015.
임석재, 『개화기-일제강점기 서울 건축』, 이화여자대학교출판부, 2011.
전봉관, 『황금광시대: 식민지 시대 한반도를 뒤흔든 투기와 욕망의 인간사』, 살림, 2005.
장유정, 『다방과 카페, 모던보이의 아지트』, 살림, 2008.
_____, 『오빠는 풍각쟁이야: 대중가요로 본 근대의 풍경』, 민음in, 2006.
정재정·염인호·장규식, 『서울 근현대 역사기행』, 혜안, 1998.
정지희, 『일제강점기 은공예품과 제작소』, 민속원, 2018.
정충실, 『경성과 도쿄에서 영화를 본다는 것: 관객성 연구로 본 제국과 식민지의 문화사』, 현실문화연구, 2018.
조용만, 『일제하 한국신문화운동사』, 정음문고 67, 『정음사』, 1975.
_____, 『울 밑에 핀 봉선화야: 남기고 싶은 이야기, 30년대 문화가 산책』, 범양사출판부, 1985.
_____, 『경성야화(京城野話)』, 도서출판 창, 1992.
조이담·박태원, 『구보씨와 더불어 경성을 가다』, 바람구두, 2005.
최병택·예지숙, 『경성리포트: 식민지 일상에서 우리를 보다』, 시공사, 2009.
최열, 『한국 근대미술의 역사: 1800-1945 한국미술사사전』, 열화당, 1998.
최종현·김창희, 『오래된 서울』, 동하, 2013.
최지혜, 『딜쿠샤, 경성 살던 서양인의 옛집』, 혜화1117, 2021.
하시야 히로시(橋谷弘) 지음·김제정 옮김, 『일본 제국주의, 식민지도시를 건설하다』, 모티브, 2005.

하츠타 토오루(初田 亨) 지음·이태문 옮김, 『백화점: 도시문화의 근대』, 논형, 2003.
하야시 히로시게(林廣茂) 지음·김성호 옮김, 『미나카이 백화점(幻の三中井百貨店)』, 논형, 2007.
한국문학연구원, 『모던 경성과 전후 서울』, 모던앤북스, 2022.
한상언, 『조선 영화의 탄생』, 박이정, 2018.
홍선표, 『한국근대미술사: 갑오개혁에서 해방 시기까지』, 시공사, 2009.
홍선표 외, 『근대의 첫 경험-개화기 일상문화를 중심으로』, 이화여대출판부, 2006.
_____, 『모던 경성의 시각문화와 관중』한국 근대미술 시각 이미지 총서 1·2·3, 한국미술연구소, 2018.
홍성철, 『유곽의 역사』, 페이퍼로드, 2007.

**학위 논문**

김대한, 「일제강점기 경성 도심부 공간구조의 변동」, 서울시립대학교 대학원 건축학과 박사학위 논문, 2023.
김병민, 「1930년대 관광명소로서의 경성 이미지」, 홍익대학교 대학원 미술사학과 석사학위 논문, 2010.
김순주, 「식민지시대 경성의 극장 문화에 관한 연구」, 한국학중앙연구원 한국학대학원 인류학전공 박사논문, 2010.
김연희, 「일제하 경성지역 카페의 도시문화적 특성」, 서울시립대학교 대학원 국사학과 석사학위 논문, 2002.
니평순, 「권력관계로 본 근대 서울 북촌의 장소성 해석」, 공주대학교 대학원 지리교육전공 박사학위 논문, 2019.
류수민, 「20세기 전반 경성의 숙박시설에서 재료와 입지의 변화에 대한 연구」, 한국예술종합학교 예술전문사과정 미술원 건축과 논문, 2020.
서지민, 「이왕직미술품제작소 연구」, 이화여자대학교 대학원 미술사학과 석사학위 논문, 2015.
성효진, 「서울의 도시 이미지 형성(1897년-1939년)에 대한 연구」, 서울대학교 대학원 고고미술사학과 박사학위 논문, 2020.
아라이 요시코(Arai Yoshiko), 근대기(1875-1941)의 서울 일본음식점 연구」, 이화여자대학교 대학원 한국학과 석사학위 논문, 2021.
여환진, 「본정과 종로: 재현을 통해 본 1930년대 경성 '번화가'의 형성과 변용」, 연세대학교 대학원 건축공학과 석사학위 논문, 2010.
이가혜, 「식민지 재조일본인 화류계 여성의 표상 연구」, 고려대학교 대학원 중일어문학과 박사학위 논문, 2019.
장병극, 「조선광문회 연구」, 성균관대학교 일반대학원 동아시아학과 박사학위 논문, 2011.
정서희, 「일제강점기 공예품 연구」, 홍익대학교 대학원 미술사학과 석사학위 논문, 2021.
하시모토 세리(橋本妹里), 「한국 근대공원의 형성」, 성균관대학교 일반대학원 동아시아학과 박사학위 논문, 2016.

**논문**
강명관, 「근대 계몽기 출판운동과 그 역사적 의의」, 『민족문학사연구』 14, 1990.
권행가, 「1930년대 고미술전람회와 경성의 미술 시장」, 『한국근현대미술사학』 19, 2009.
김양진, 「일제강점기 서울지역 지명의 개명 현황과 반성」, 『지명학』 35, 2021.12.
김영근, 「일제하 경성 지역의 사회·공간구조의 변화와 도시경험」, 『서울학연구』 20, 2003.
_____, 「일제하 식민지적 근대성의 한 특징」, 『사회와 역사』 57, 2006.
김영희, 「일제 지배시기 한국인의 신문접촉 경향」, 『한국언론학보』 46-1, 2001.12.
김정선, 「1920년대 경성의 전람회와 미술의 '대중화'」, 『미술사논단』 44, 2017.6.
김순주, 「식민지시대 도시생활의 한 양식으로서의 대극장」, 『서울학연구』 56, 2014.
김종근, 「서울 중심부의 일본인 시가지 확산」, 『서울학연구』 20, 2003.
김종수, 「일제강점기 경성의 출판문화 동향과 문학서적의 근대적 위상」, 『서울학연구』 35, 2009.
김현숙, 「창경원 밤 벚꽃놀이와 야앵(夜櫻)」, 『한국근현대미술사학』 19, 2009.
목수현, 「1930년대 경성의 전시 공간」, 『한국근현대미술사학』 20, 2009.
박광현, 「재조선 일본인 지식사회 연구」, 『일본학연구』 19, 2006.10.
박명진, 「1930년대 경성의 시청각 환경과 극장문화」, 『한국극예술연구』 27, 2008.
박찬승, 「서울의 일본인 거류지 형성 과정」, 『사회와 역사』 62, 2002.
방효순, 「박문서관의 출판활동에 관한 연구」, 『국회도서관보』 제37권 5호, 2000.9.
서지영, 「상실과 부재의 시공간: 1930년대 요리점과 기생」, 『정신문화연구』 116호. 2009.
오미일·조정민, 「제국의 주변·조선의 중심, 경성 일본인의 심상」, 『일본학연구』 38, 2013.
오영섭, 「조선광문회 연구」, 『한국사학사학보』 3. 2001.
오윤정, 「1930년대 경성 모더니스트들과 다방 낙랑파라」, 『한국근현대미술사학』 33, 2017.
우정권, 「30년대 경성과 동경의 '카페' 유흥문화 비교 연구」, 『한국현대문학연구』 26, 2008.
이경훈, 「미쓰코시, 근대의 쇼윈도우 - 문학과 풍속 1」, 『현대문학의 연구』 15, 2000.
이준식, 「일제강점기 경성부의 공간구조 변화와 인구변동」, 『향토서울』 69, 2007.
이찬·양보경, 「서울 고지도 집성을 위한 연구」, 『서울학연구』 3, 1994.
이혜은, 「경성부의 민족별 거주지 분리에 대한 연구」, 『지리학』 29, 1984.6.
전우용, 「종로와 본정: 식민도시 경성의 두 얼굴」, 『역사와 현실』 40, 2001.6.
_____, 「저자로 나온 궁중: 한국 요정의 표상 명월관」, 『동아시아문화연구』 71, 2017.
정영효, 「조선호텔 - 제국의 이상과 식민지 조선의 표상」, 『한국어문학연구』 55, 2010.
정지희, 「일제강점기 은세공상회를 통해 본 종로의 공간성과 형성배경」, 『서울학연구』 74, 2019.
주영하, 「조선요리옥의 탄생: 안순환과 명월관」, 『동양학』 50, 2011.
홍선영, 「경성의 일본인 극장 변찬사」, 『일본문화학보』 43, 2009.

## 아카이브 및 홈페이지

### 국내
국립고궁박물관 www.gogung.go.kr
국립문화재연구소 문화유산 연구지식포털 https://portal.nrich.go.kr/kor/index.do
국립중앙도서관 nl.go.kr
국립중앙도서관 대한민국신문 아카이브 http://nl.go.kr/newspaper/- 320
국립중앙박물관 소장 조선총독부박물관 유리건판 http://www.museum.go.kr/dryplate/main.do
국사편찬위원회 한국사데이터베이스 https://db.history.go.kr/
대구광역시립중앙도서관 일제시기 자료 http://daegulib.koreanhistory.or.kr/dslList.do
문화재청 국가문화유산포털 http://www.heritage.go.kr/heri/idx/index.do
서울사진아카이브 http://photoarchives.seoul.go.kr/col
서울역사아카이브 https://museum.seoul.go.kr/archive/NR_index.do
조선총독부 관보 활용시스템 http://gb.nl.go.kr/Default.aspx

### 해외
뉴욕공립도서관 디지털 컬렉션(NYPL Digital Collections digitalcollections) nypl.org
미국 의회도서관 PPOC(Library of Congress The Prints and Photographs Online Catalog) http://www.loc.gov/pictures/
일본국립국회도서관 디지털 컬렉션(National Diet Library Digital Collection) http://dl.ndl.go.jp/
국제일본문화센터 조선사진그림엽서데이터베이스 https://www.nichibun.ac.jp/ja/db/category/chousen/

# 유형별 인덱스

본문에 수록한 항목을 유형별로 나누어 페이지 수와 함께 정리한 것으로, 각 유형 안의 배치는 가나다 순이다. | 편집자 주

## 관공서

경기도청 223 | 경성부청사 426 | 경성상공회의소 438 | 경성세무감독국 186 | 경성영림소營林所 779 | 경성재판소 464 | 경성지방전매국 624 | 경성측후소測候所 168 | 고양군청 834 | 상공장려관(상품진열관) 379 | 세균검사실·두묘痘苗작업소(세균시험소) 118 | 이왕직李王職 298 | 전매국 522 | 전매국 인쇄공장 792 | 조선총독부 중앙시험소 642 | 조선총독부 토목출장소 170 | 조선총독부청사 216 | 조선총독부 체신국 241 | 중추원中樞院 463 | 체신국 간이보험국 239 | 체신국이원吏員양성소 103

## 교육 및 의료 관련 기관 및 업장

가명加明보통학교 356 | 경기상업학교 65 | 경성고등공업학교 643 | 경성고등상업학교 319 | 경성공립상업학교 947 | 경성공립여자고등보통학교 260 | 경성공립직업학교 136 | 경성남자공립고등소학교 344 | 경성덕수德壽보통학교 189 | 경성부립 부민府民병원 842 | 경성부립 순화順化병원 103 | 경성부립도서관 485 | 경성부립도서관 종로분관 600 | 경성사범학교 811 | 경성사범학교 부속 소학교 810 | 경성약학藥學전문학교 844 | 경성여자고등실업학교 834 | 경성여자기예학교 376 | 경성여자상업학교 266 | 경성원예학교 946 | 경성유치원 563 | 경성유치원 615 | 경성의학전문학교 644 | 경성의학전문학교 병원 274 | 경성전기학교 719 | 경성제국대학 639 | 경성제국대학 의학부와 부속병원 638 | 경성제이第二고등보통학교 101 | 경성제이第二공립고등여학교 711 | 경성제일고등보통학교 254 | 경성제일공립고등여학교 197 | 경성중학교 202 | 경성치과의학전문학교 457 | 경성향상向上여자실업학교(향상회관) 167 | 경신儆新학교 650 | 공옥攻玉보통학교 458 | 관립경성법학전문학교 240 | 관립경성여자사범학교 264 | 교동校洞보통학교 262 | 균명학교均明學校 344 | 근화槿花여학교 272 | 나가시마中島병원 570 | 나카무라中村의원 487 | 남대문공립심상소학교 377 | 남산공립심상소학교 739 | 다케조에竹添공립보통학교 150 | 대동大東상업학교 295 | 동대문공립심상소학교 843 | 동덕여자고등보통학교 267, 853 | 동성東星상업학교 318 | 마쓰오카松岡의원 407 | 마포공립보통학교 662 | 매동梅洞보통학교 92 | 모토마치元町공립심상소학교 872 | 미동渼洞공립보통학교 159 | 미사카三坂심상尋常고등소학교 710 | 배재학교(배재학당) 157 | 배화培花여자고등보통학교 91 | 법정학교 424 | 보성普成고등보통학교 315 | 보성普成전

문학교 273 | 보인輔仁보통학교 182 | 사카이酒井부인외과의원 578 | 사쿠라이櫻井공립심상소학교 790 | 삼산三山소학교 125 | 삼흥三興보통학교 231 | 서대문공립소학교 155 | 선린善隣상업학교 685 | 세브란스병원 383 | 수송壽松공립보통학교 233 | 수하동水下洞공립보통학교 521 | 숙명여자고등보통학교 232 | 신명新明보통학교 90 | 아현공립보통학교 137 | 양정養正고등보통학교 367 | 어의동보통학교 645 | 에가시라江頭안과의원 562 | 영등포고등심상소학교 1028 | 와타나베渡邊치과의원 569 | 용곡龍谷고등여학교 946 | 용산공립보통학교 689 | 용산공립심상소학교 890 | 용산중학교 908 | 우에무라植村외과병원 577 | 이케다池田병원 745 | 이화학교(이화학당) 156 | 인현仁峴공립보통학교 801 | 재동齋洞보통학교 255 | 적십자병원 152 | 정동貞洞보통학교 462 | 정신貞信여학교 648 | 종로소학교 227 | 주교舟橋공립보통학교 809 | 중동中東학교 224 | 중앙고등보통학교 294 | 중앙불교전문학교 314 | 진명眞明여자고등보통학교 103 | 창덕彰德가정여학교 889 | 창신공립보통학교 852 | 철도도서관 973 | 철도병원 960 | 청운淸雲보통학교 101 | 총독부도서관 435 | 태화泰和여학교 608 | 협성실업학교 분관 649 | 협성協成보통학교 184 | 협성協成실업학교 593 | 혜화惠化보통학교 316 | 화광和光보통학교 596 | 화산華山보통학교 78 | 효창孝昌보통학교 693 | 후지세藤瀬의원 1031 | 휘문徽文고등보통학교 300 | 홍인興仁배재보통학교 855 | 히노데日之出소학교 767

**통신 및 우편 관련 시설**

경성우편국 446 | 경성중앙전화국 광화문 분국 242 | 광화문우편국 234 | 서대문우체국 160 | 영등포우편국 1031 | 용산우편국 965 | 용산전화분국 995 | 조선체신사업회관 420 | 철도우편국 390

**교통 및 운수 관련 시설 및 업장**

경성역 360 | 경성자동차 484 | 공덕동 경의선 철교 334 | 국제운수 빌딩 406 | 동양자동차학교 549 | 봉래교 392 | 신마치구미新町組택시 817 | 아사히朝日자동차 364, 407 | 영등포역 1034 | 용산역 870 | 일본자동차 경성출장소 800 | 조선우선郵船주식회사 382 | 조선운송주식회사 389 | 조선철도주식회사 708 | 철도구락부(철도국우회局友會) 961 | 철도국 958 | 철도종사원양성소 962 | 한강철교 1020

**언론 및 출판 관련 시설 및 업장**

경성방송국 206 | "경성일보사·매일신보사·서울프레스The Seoul Press 421 | 금강당金剛堂 569 | 대해당大海堂인쇄주식회사 495 | 동아일보사 236 | 마루젠丸善서점 경성출장소 547 | 박문서관博文書館 612 | 이문당以文堂 268 | 조선공론사 491 | 조선도서주식회사 246 | 조선서적인쇄주식회사 670 | 조선신문사 378 | 조선인쇄주식회사 366 | 조선일보사 190 | 중앙일보사(조선중앙일보사) 229 | 하시모토橋本인쇄소 578 | 한성도서주식회사 282 | 활문사活文社 280 | 회동서관匯東書館 556

**문화 관련 시설**

가이세이좌開盛座 876 | 게이류관京龍館 906 | 경복궁 동십자각 222 | 경성부민관府民館 194 | 광화문 276 | 기념비전 238 | 기라쿠관喜樂館 526 | 나니와관浪花館 536 | 남묘南廟 728 | 다이쇼관大正館 800 | 단성사團成社 609 | 덕수궁 석조전 198 | 독립문과 독립관 80 | 동양극장 153 | 메이지좌明治座 530 | 박물관(조선

민족미술관) 116 | 북단北壇 126 | "쇼치쿠좌松竹座(동아구락부·고가네좌)" 789 | 아사히좌朝日座 819 | 아악대雅樂隊(이왕직 아악부) 185 | 엔케이관演藝館 766 | 영등포연예관 1032 | 와카쿠사若草극장 796 | 용봉정 온천 1019 | 용산극장 971 | 우미관優美館 602 | 이왕가박물관 296 | 제일극장 625 | 조선극장 603 | 조선미술원 244 | 조선총독부 박물관 275 | 중앙관中央館 523 | 창경궁 식물원 310 | 창덕궁 별궁 270 | 총독부과학관(옛 총독부청사) 771

## 근린 시설

경성승마구락부(경마구락부) 812 | 경성식료품시장(남대문시장) 454 | 경성어시장(경성수산주식회사) 394 | 경성운동장 835 | 기무라木村약방 792 | 남산공원 746 | 명동 공설시장 568 | 사직단社稷壇공원 93 | 야마토탕大和湯 573 | 영등포변전소 1029 | 용산공설시장 691 , 913 | 장충단공원 925 | 종로중앙시장 227 | 천일天一약방 626 | 천풍당天風堂약국 598 | 철도공원과 철도운동장 963 | 파고다공원(탑골공원) 599 | 평화당주식회사 247 | 효창원(효창공원) 682

## 상업 시설

경성호텔 773 | 미나카이三中井백화점 443 | 미쓰코시三越백화점 449 | 미에三重여관 391 | 민토明東호텔 559 | 본정호텔 777 | 봉래각蓬萊閣 533 | 비젠야備前屋여관 477 | 식도원食道園 557 | 아서원雅敍園 474 | 아오키도青木堂 500 | 와카바若葉여관 765 | 조선호텔 436 | 조지야丁子屋백화점 441 | 천진루天眞樓 780 | 파주정巴州亭 780 | 하야시야林屋호텔 364 | 화신和信백화점 515 | 화월花月지점 932 | 후타미二見여관 406 | 히노마루日の丸여관 567

## 종교 관련 시설

가토加藤신사 873 | 각황사覺皇寺 225 | 감리교신학교 138 | 개교원開敎院 795 | 경성기독교청년회관 461 | 경성불교 자제원慈濟院 688 | 경성신사 741 | 고야산高野山 조선별원 817 | 구세군 사관학교 196 | 구세군 조선 본영本營 201 | 금광교金光敎 용산교회소 874 | 기독감리회 597 | 기독교청년회관(YMCA) 604 | 대념사大念寺 994 | 대본산大本山 묘심사妙心寺 별원 596 | 대본산 본능사本能寺 경성별원 841 | 동본원사京城東本願寺, 眞宗大谷派京城別院 772 | 동양선교회 142 | 박문사博文寺 928 | 본파본원사本派本願寺, 眞宗本願寺別院 799 | 부상교扶桑敎 히도노미치人の道 교단 388 | 서룡사瑞龍寺 688 | 서본원사西本願寺 668 | 세계홍만자회世界紅卍字會(벽수산장) 104 | 시천교당 281 | 약초관음若草觀音 본당(조동종 별원) 788 | 용광사龍光寺 995 | 조계사曹谿寺 793 | 조선불교중앙교무원 226 | 조선신궁 729 | 천도교 중앙대교당 263 | 천리교 조선포교관리소 708 | 천리교天理敎 경성지교회京城支敎會 523 | 천주교당(약현성당) 357 | 천주당 317 | 프랑스교회(예수성심성당) 663 | 프랑스교회(천주교회당·명동성당) 524 | 한강신사(노량진 웅진강熊津江 신사) 1018 | 호국사護國寺 738

## 치안 및 군 관련 시설

경무국警務局 183 | 경성형무소 335 | 경찰관 강습소 243 | 기마경찰 힐소詰所 233 | 동대문경찰서 624 | 보병 제40여단 사령부 999 | 보병 제78연대 1002 | 보병 제79연대 1003 | 본정本町경찰서 764 | 서대

문경찰서 152 | 서대문형무소 76 | 영등포경찰서 1026 | 용산 해행사偕行社 1005 | 용산경찰서 886 | 용산연병장 1001 | 위수衛戌병원 1006 | 제20사단 사령부 1000 | 조선군사령부 974 | 조선헌병대사령부 770 | 종로경찰서 230 | 창덕궁 경찰서 299

**해외 영사관**

독일영사관 169 | 러시아영사관 200 | 미국영사관 199 | 영국영사관 196 | 중국영사관 531 | 프랑스영사관 141

**기업체 및 일반 상점**

가네보서비스스테이션 527 | 가네보주식회사 1028 | 가네사ヵネサ장유醬油 695 | 가시마구미鹿島組 890 | 가타야마片山상회 720 | 가타쿠라片倉제사방적주식회사 78 | 간토구미關東組 710 | 경광사京光社 영업소 712 | 경성고무공업소 694 | 경성과자주식회사 718 | 경성도쿠리키德力주식회사 565 | 경성미술구락부 781 | 경성방직京城紡織주식회사 1025 | 경성전기 영등포출장소 1033 | 경성전기주식회사 539 | 경성철공소 365 | 경일京一텐트상회 404 | 공제무진共濟無盡주식회사 579 | 구니유키國行도료점 567 | 구라하시다다미점倉橋疊店 경성지점 570 | 구스모토楠本자동차공장 891 | 구스미구미楠見組 경성지점 709 | 길성吉星지물포 601 | 나가오카永岡상점 907 | 나카니시中西텐트 404 | 나카무라구미中村組 140 | 나카야마양지中山洋紙 544 | 남계양행南桂洋行 228 | 노다野田장유주식회사 조선 출장소 460 | 니시모토구미西本組 경성지점 798 | 니시오西尾토지경영부 840 | 다나카田中사진관 484 | 다나카田中시계점 778 | 다다공무점多田工務店 425 | 다마다玉田건축사무소 528 | 다이쇼大正콘크리트공업소 717 | 다카노高野상점 496 | 다카세高瀬합명회사 502 | 다키가와瀧川자전거 본점 564 | 대륙고무공장 356 | 대륙상회 544 | 대일본맥주(조선맥주)주식회사 1027 | 대창大昌산업 151 | 도다戸田사무소 381 | 도미타야富田屋 477 | 도보구미當房組 712 | 도비시마구미飛島組 경성지점 721 | 도요쿠니豊國제본주식회사 891 | 도자와戸澤상점 497 | 도쿠모토德本상점 381 | 동순태同順泰 본점 572 | 동아공업주식회사 892 | 동아잠사東亞蠶絲주식회사 970 | 동양면화주식회사 549 | 동양척식주식회사 조선지점 532 | 마스다다무力益田定금물점 790 | 마쓰모토구미松本組 경성지점 972 | 마쓰미야松宮석회공장 662 | 마쓰바구미松葉組 714 | 마쓰시게松繁상점 566 | 메이지明治제과 경성판매점 776 | 명시당明時堂 405 | 모리나가森永제과 440 | 무겐공사無限公司 972 | 무라카미공무소村上工務所 816 | 무라카미유리점村上硝子店 577 | 문명상회文明商會 494 | 미쓰비시三菱 경성합숙소 715 | 미쓰이三井물산 경성지점 548 | 미야바야시宮林상점 475 | 미유키三幸양행 694 | 미쿠니三國상회 558 | 미키三木합자회사 161 | 백상회白商會 518 | 복수양행壽洋行 669 | 불이흥업不二興業주식회사 434 | 사이토齋藤임업공무소 108 | 사카이酒井운수주식회사 845 | 사카이坂井모자점 503 | 사카자와近澤상점 475 | 산쿄三協상회 959 | 삼영三榮상회 521 | 선광鮮光인쇄주식회사 283 | 선일지물鮮一紙物 283 | 성문당盛文堂 497 | 세구치瀬口고무공업소 892 | 세에뉴사精乳舍 576 | 소화기린맥주주식회사 경성지점 409 | 소화맥주주식회사 1036 | 수향水鄕상회 516 | 시노자키篠崎빌딩 448 | 시마다島田철공소 893 | 시마다성창당島田誠昌堂 566 | 시마야島屋양조소 690 | 시미즈구미清水組 545 | 시바타구미柴田組 164 | 시키志岐공업주식회사 768 | 쓰게津下재목점 873 | 쓰지무라辻村상점 경성지점 887 | 쓰키모토月本상점 528 | 아가와구미阿川組 459 | 아사히구미朝組 359 | 아사히旭빌딩 451 | 아사히朝日비누 690 | 아오키青木상회 714 | 아

카오赤尾상점 경성출장소 499 | 야노矢野주양소 875 | 야마모토구미山本組 994 | 야마모토山本재목점 912 | 야마무라山邑주조 경성지점 529 | 야베구미矢部組 877 | 영등포 나가시마長島 연와공장 1024 | 오기와라지점荻原紙店 499 | 오노大野재목점 845 | 오쓰카大塚유리제조소 716, 913 | 오카구미岡組 경성지점 889 | 오타키大瀧상점 546 | 와다주공소和田鑄工所 911 | 용산공작소(용산공작주식회사) 영등포지점 1024 | 용산공작주식회사 887 | 용산발전소(마포발전소) 671 | 용산정미소 912 | 우메사와梅澤 오복점 571 | 우에다上田철공소 816 | 옥문당郁文堂 568 | 이데미쓰出光상회 408 | 이마무라양행今村洋行 808 | 이와무라구미岩村組 경성출장소 692 | 일만日滿토목주식회사 996 | 일본공업합자회사 경성지점 875 | 일본타이프라이타タイプライタ주식회사 경성출장소 498 | 일본항공운수주식회사 456 | 일신日新인쇄주식회사 971 | 전매지국공장 158 | 조선계기計器회사 668 | 조선미술관 203 | 조선미술품제작소 188 | 조선염색정리공장 1029 | 조선유지油脂공업소 166 | 조선제련製鍊주식회사 187 | 조선제약합자회사 476 | 조선토지신탁주식회사 486 | 종로양복점 554 | 중앙물산주식회사 380 | 중앙상공商工주식회사 818 | 중앙토목합자회사 911 | 창화昌和공업주식회사 1030 | 테일러Taylor상회 488 | 하라다原田상회 490 | 하세가와長谷川석회공장 333 | 하세가와長谷川양복점 476 | 하세가와長谷川제과소 730 | 하시모토橋本제작소 893 | 하야시카네林兼상점 경성냉동판매소 459 | 하자마구미間組 조선지점 970 | 한성정미소 171 | 형무소 연와공장(마포연와제조소) 332 | 홋타堀田철공소 947 | 홋포北方재목점 799 | 후쿠시마구미福島組 경성출장소 358

**금융기관 및 보험회사**

경성주식현물거래소(조선취인소) 534 | 고양高陽금융조합 910 | 닛타 요시타미新田義民상점 535 | 다이이치은행 경성지점 538 | 대동大同생명 558 | 동일東—은행 517 | 미와은행 경성지점 538 | 서대문금융조합 171 | 신용산금융조합 965 | 야스다安田은행 경성지점 440 | 오하라大原증권 530 | 용산금융조합 877 | 일본생명빌딩 541 | 일화日華생명빌딩 380 | 제국생명보험주식회사 546 | 조선금융조합연합회 154 | 조선금융조합연합회 경기도지부 235 | 조선상업은행 442 | 조선생명보험주식회사 269 | 조선식산殖産은행 540 | 조선식산은행 사택 271 | 조선신탁주식회사 520 | 조선은행 455 | 조선저축은행 450 | 조선화재해상보험주식회사 186, 565 | 치요다千代田생명보험주식회사 경성지점 537 | 한성漢城은행 519 | 해동海東은행 520

**유흥업소**

경희구京喜久 744 | 낙랑파라 492 | 낙원회관 610 | 남산장南山莊 924 | 남양장南陽莊 742 | 동권번東券番 791 | 등선각登仙閣 929 | 마루비루丸ビール회관 529 | 멕시코다방 611 | 명월관 분점 245 | 명월관明月館 594 | 백수白水 743 | 백운장 66 | 본권번本券番 452 | 송엽정松葉亭 738 | 신마치대좌부조합 791 | 신옥新玉 876 | 아리랑 933 | 안노료岸の寮 742 | 애국장愛國莊 997 | 야요이초유곽 664 | 엔젤카페 613 | 은월장銀月莊 740 | 진사眞砂 739 | 천대본千代本 744 | 천대신千代新 745 | 카페 후지富士 502 | 화단花壇 564 | 화월花月별장 740

**공관 및 개인 거주지**

고희동의 집 301 | 금화원金華園(금화장주택지) 165 | 김성수의 집 303 | 남산아파트 743 | 딜쿠샤 79 | 명

수대주택지 1016 | 무샤 렌조의 집 116 | 미도리가오카綠ヶ丘주택지 345 | 미요시三好주택지 713 | 민규식의 집 116 | 민병석의 집 302 | 민홍기의 집 284 | 박승빈의 집 284 | 박승직의 집 626 | 박영철의 집 285 | 박용남朴容南의 집(박태원) 560 | 박흥식의 집 303 | 방응모의 집 610 | 백화원百花園주택지 931 | 사쿠라가오카櫻ヶ丘주택지 998 | 송진우의 집 301 | 아베 소스케의 집 888 | 양재하의 집 301 | 연희장延禧莊 사무소 136 | 용산총독관저 975 | 윤치소의 집 284 | 윤택영의 집 285 | 이강 공의 집 125 | 이건 공의 집 265 | 이병직의 집 627 | 이용문의 집 651 | 이우 공의 집 261 | 이항구의 집 109 | 이해창의 집 92 | 임종상의 집 651 | 전형필의 집 627 | 정무총감 관저 794 | 조선군사령관 숙사 1004 | 조선총독관저 769 | 조선총독부 관사 930 | 철도관사 964 | 최린의 집 302 | 최석익의 집 245 | 한상룡의 집 302 | 한창수의 집 303 | 효창동錦町 철도관사 689

**기타**

가마쿠라鎌倉보육원 경성지부 731 | 경성구락부 458 | 경성도수장屠獸場 854 | 경성목장 64 | 계명구락부 614 | 구세군 남자 육아 홈 143 | 국민협회 회관 376 | 노인정老人亭 909 | 수양단修養團조선연합 본부 684 | 신문관과 조선광문회 555 | 영추문 부근 106 | 일본적십자사 조선본부 773 | 제생원 맹아부(양육부) 81 | 제생원 양육부(맹아부) 100 | 조선주양조조합 514

# 이름순 인덱스

본문에 수록한 항목을 가나다 순서로 정리한 것으로 각 유형과 페이지 수를 함께 표시했다. | 편집자 주

## ㄱ

가네보서비스스테이션(기업체 및 일반 상점) 527
가네보주식회사(기업체 및 일반 상점) 1028
가네사ヵネサ장유醬油(기업체 및 일반 상점) 695
가마쿠라鎌倉보육원 경성지부(기타) 731
가명加明보통학교(교육 및 의료 관련 기관 및 업장) 356
가시마구미鹿島組(기업체 및 일반 상점) 890
가이세이좌開盛座(문화 관련 시설) 876
가타야마片山상회(기업체 및 일반 상점) 720
가타쿠라片倉제사방적주식회사(기업체 및 일반 상점) 78
가토加藤신사(종교 관련 시설) 873
각황사覺皇寺(종교 관련 시설) 225
간토구미關東組(기업체 및 일반 상점) 710
감리교신학교(종교 관련 시설) 138
개교원開敎院(종교 관련 시설) 795
게이류관京龍館(문화 관련 시설) 906
경광사京光社 영업소(기업체 및 일반 상점) 712
경기도청(관공서) 223
경기상업학교(교육 및 의료 관련 기관 및 업장) 65
경무국警務局(치안 및 군 관련 시설) 183
경복궁 동십자각(문화 관련 시설) 222
경성고등공업학교(교육 및 의료 관련 기관 및 업장) 643
경성고등상업학교(교육 및 의료 관련 기관 및 업장) 319
경성고무공업소(기업체 및 일반 상점) 694
경성공립상업학교(교육 및 의료 관련 기관 및 업장) 947
경성공립여자고등보통학교 (교육 및 의료 관련 기관 및 업장) 260
경성공립직업학교(교육 및 의료 관련 기관 및 업장) 136
경성과자주식회사(기업체 및 일반 상점) 718

경성구락부(기타) 458
경성기독교청년회관(종교 관련 시설) 461
경성남자공립고등소학교(교육 및 의료 관련 기관 및 업장) 344
경성덕수德壽보통학교(교육 및 의료 관련 기관 및 업장) 189
경성도수장屠獸場(기타) 854
경성도쿠리키德力주식회사(기업체 및 일반 상점) 565
경성목장(기타) 64
경성미술구락부(기업체 및 일반 상점) 781
경성방송국(언론 및 출판 관련 시설 및 업장) 206
경성방직京城紡織주식회사(기업체 및 일반 상점) 1025
경성부립 부민府民병원(교육 및 의료 관련 기관 및 업장) 842
경성부립 순화順化병원(교육 및 의료 관련 기관 및 업장) 103
경성부립도서관(교육 및 의료 관련 기관 및 업장) 485
경성부립도서관 종로분관(교육 및 의료 관련 기관 및 업장) 600
경성부민관府民館 (문화 관련 시설) 194
경성부청사(관공서) 426
경성불교 자제원慈濟園(종교 관련 시설) 688
경성사범학교(교육 및 의료 관련 기관 및 업장) 811
경성사범학교 부속 소학교(교육 및 의료 관련 기관 및 업장) 810
경성상공회의소(관공서) 438
경성세무감독국(관공서) 186
경성승마구락부[경마구락부](근린 시설) 812
경성식료품시장[남대문시장] (근린 시설) 454
경성신사(종교 관련 시설) 741
경성약학藥學전문학교(교육 및 의료 관련 기관 및 업장) 844
경성어시장[경성수산주식회사](근린 시설) 394
경성여자고등실업학교(교육 및 의료 관련 기관 및 업

장) 834
경성여자기예학교(교육 및 의료 관련 기관 및 업장) 376
경성여자상업학교(교육 및 의료 관련 기관 및 업장) 266
경성역(교통 및 운수 관련 시설 및 업장) 360
경성영림소營林所 (관공서) 779
경성우편국(통신 및 우편 관련 시설) 446
경성운동장(근린 시설) 835
경성원예학교(교육 및 의료 관련 기관 및 업장) 946
경성유치원(교육 및 의료 관련 기관 및 업장) 563
경성유치원(교육 및 의료 관련 기관 및 업장) 615
경성의학전문학교(교육 및 의료 관련 기관 및 업장) 644
경성의학전문학교 병원(교육 및 의료 관련 기관 및 업장) 274
경성일보사 · 매일신보사 · 서울프레스The Seoul Press (언론 및 출판 관련 시설 및 업장) 421
경성자동차(교통 및 운수 관련 시설 및 업장) 484
경성재판소(관공서) 464
경성전기 영등포출장소(기업체 및 일반 상점) 1033
경성전기주식회사(기업체 및 일반 상점) 539
경성전기학교(교육 및 의료 관련 기관 및 업장) 719
경성제국대학 (교육 및 의료 관련 기관 및 업장) 639
경성제국대학 의학부와 부속병원(교육 및 의료 관련 기관 및 업장) 638
경성제이第二고등보통학교(교육 및 의료 관련 기관 및 업장) 101
경성제이第二공립고등여학교(교육 및 의료 관련 기관 및 업장) 711
경성제일고등보통학교(교육 및 의료 관련 기관 및 업장) 254
경성제일공립고등여학교(교육 및 의료 관련 기관 및 업장) 197
경성주식현물거래소[조선취인소](금융기관 및 보험회사) 534
경성중앙전화국 광화문 분국(통신 및 우편 관련 시설) 242
경성중학교(교육 및 의료 관련 기관 및 업장) 202

경성지방전매국(관공서) 624
경성철공소(기업체 및 일반 상점) 365
경성측후소測候所(관공서) 168
경성치과의학전문학교(교육 및 의료 관련 기관 및 업장) 457
경성향상向上여자실업학교[향상회관](교육 및 의료 관련 기관 및 업장) 167
경성형무소(치안 및 군 관련 시설) 335
경성호텔(상업 시설) 773
경신儆新학교(교육 및 의료 관련 기관 및 업장) 650
경일京-텐트상회(기업체 및 일반 상점) 404
경찰관 강습소(치안 및 군 관련 시설) 243
경희구京喜久(유흥업소) 744
계명구락부(기타) 614
고야산高野山 조선별원(종교 관련 시설) 817
고양高陽금융조합(금융기관 및 보험회사) 910
고양군청(관공서) 834
고희동의 집(공관 및 개인 거주지) 301
공덕동 경의선 철교(교통 및 운수 관련 시설 및 업장) 334
공옥攻玉보통학교(교육 및 의료 관련 기관 및 업장) 458
공제무진共濟無盡주식회사(기업체 및 일반 상점) 579
관립경성법학전문학교(교육 및 의료 관련 기관 및 업장) 240
관립경성여자사범학교 (교육 및 의료 관련 기관 및 업장) 264
광화문(문화 관련 시설) 276
광화문우편국(통신 및 우편 관련 시설) 234
교동校洞보통학교(교육 및 의료 관련 기관 및 업장) 262
구니유키國行도료점(기업체 및 일반 상점) 567
구라하시다다미점倉橋疊店 경성지점(기업체 및 일반 상점) 570
구세군 남자 육아 홈(기타) 143
구세군 사관학교(종교 관련 시설) 196
구세군 조선 본영本營(종교 관련 시설) 201
구스모토楠本자동차공장(기업체 및 일반 상점) 891
구스미구미楠見組 경성지점(기업체 및 일반 상점) 709
국민협회 회관(기타) 376
국제운수 빌딩(교통 및 운수 관련 시설 및 업장) 406

균명학교均明學校(교육 및 의료 관련 기관 및 업장) 344
근화槿花여학교(교육 및 의료 관련 기관 및 업장) 272
금강당金剛堂(언론 및 출판 관련 시설 및 업장) 569
금광교金光敎 용산교회소(종교 관련 시설) 874
금화원金華園[금화장주택지](공관 및 개인 거주지) 165
기념비전(문화 관련 시설) 238
기독감리회(종교 관련 시설) 597
기독교청년회관[YMCA](종교 관련 시설) 604
기라쿠관喜樂館(문화 관련 시설) 526
기마경찰 힐소詰所(치안 및 군 관련 시설) 233
기무라木村약방(근린 시설) 792
길성吉星지물포(기업체 및 일반 상점) 601
김성수의 집(공관 및 개인 거주지) 303

ㄴ

나가시마中島병원(교육 및 의료 관련 기관 및 업장) 570
나가오카永岡상점(기업체 및 일반 상점) 907
나니와관浪花館(문화 관련 시설) 536
나카니시中西텐트(기업체 및 일반 상점) 404
나카무라구미中村組(기업체 및 일반 상점) 140
나카무라中村의원(교육 및 의료 관련 기관 및 업장) 487
나카야마양지中山洋紙(기업체 및 일반 상점) 544
낙랑파라(유흥업소) 492
낙원회관(유흥업소) 610
남계양행南桂洋行(기업체 및 일반 상점) 228
남대문공립심상소학교(교육 및 의료 관련 기관 및 업장) 377
남묘南廟(문화 관련 시설) 728
남공공립심상소학교(교육 및 의료 관련 기관 및 업장) 739
남산공원(근린 시설) 746
남산아파트(공관 및 개인 거주지) 743
남산장南山莊(유흥업소) 924
남양장南陽莊(유흥업소) 742
노다野田장유주식회사 조선 출장소(기업체 및 일반 상점) 460
노인정老人亭(기타) 909

니시모토구미西本組 경성지점(기업체 및 일반 상점) 798
니시오西尾토지경영부(기업체 및 일반 상점) 840
닛타 요시타미新田義民상점(금융기관 및 보험회사) 535

ㄷ

다나카田中사진관(기업체 및 일반 상점) 484
다나카田中시계점(기업체 및 일반 상점) 778
다다공무점多田工務店(기업체 및 일반 상점) 425
다마다玉田건축사무소(기업체 및 일반 상점) 528
다이쇼관大正館(문화 관련 시설) 800
다이쇼大正콘크리트공업소(기업체 및 일반 상점) 717
다이이치은행 경성지점(금융기관 및 보험회사) 538
다카노高野상점(기업체 및 일반 상점) 496
다카세高瀬합명회사(기업체 및 일반 상점) 502
다케조에竹添공립보통학교(교육 및 의료 관련 기관 및 업장) 150
다키가와瀧川자전거 본점(기업체 및 일반 상점) 564
단성사團成社(문화 관련 시설) 609
대념사大念寺(종교 관련 시설) 994
대동大東상업학교(교육 및 의료 관련 기관 및 업장) 295
대동大同생명(금융기관 및 보험회사) 558
대륙고무공장(기업체 및 일반 상점) 356
대륙상회(기업체 및 일반 상점) 544
대본산大本山 묘심사妙心寺 별원(종교 관련 시설) 596
대본산 본능사本能寺 경성별원(종교 관련 시설) 841
대일본맥주[조선맥주]주식회사(기업체 및 일반 상점) 1027
대창大昌산업(기업체 및 일반 상점) 151
대해당大海堂인쇄주식회사(언론 및 출판 관련 시설 및 업장) 495
덕수궁 석조전(문화 관련 시설) 198
도다戶田사무소(기업체 및 일반 상점) 381
도미타야富田屋(기업체 및 일반 상점) 477
도보구미當房組(기업체 및 일반 상점) 712
도비시마구미飛島組 경성지점(기업체 및 일반 상점) 721

도요쿠니豊國제분주식회사(기업체 및 일반 상점) 891
도자와戶澤상점(기업체 및 일반 상점) 497
도쿠모토德本상점(기업체 및 일반 상점) 381
독립문과 독립관(문화 관련 시설) 80
독일영사관(해외 영사관) 169
동권번東券番(유흥업소) 791
동대문경찰서(치안 및 군 관련 시설) 624
동대문공립심상소학교(교육 및 의료 관련 기관 및 업장) 843
동덕여자고등보통학교(교육 및 의료 관련 기관 및 업장) 267, 853
동본원사京城東本願寺, 眞宗大谷派京城別院 (종교 관련 시설) 772
동성東星상업학교(교육 및 의료 관련 기관 및 업장) 318
동순태同順泰 본점(기업체 및 일반 상점) 572
동아공업주식회사(기업체 및 일반 상점) 892
동아일보사(언론 및 출판 관련 시설 및 업장) 236
동아잠사東亞蠶絲주식회사(기업체 및 일반 상점) 970
동양극장(문화 관련 시설) 153
동양면화주식회사(기업체 및 일반 상점) 549
동양선교회(종교 관련 시설) 142
동양자동차학교(교통 및 운수 관련 시설 및 업장) 549
동양척식주식회사 조선지점 (기업체 및 일반 상점) 532
동일東一은행(금융기관 및 보험회사) 517
등선각登仙閣(유흥업소) 929
딜쿠샤(공관 및 개인 거주지) 79

## ㄹ

러시아영사관(해외 영사관) 200

## ㅁ

마루비루丸ビール회관(유흥업소) 529
마루젠丸善서점 경성출장소 (언론 및 출판 관련 시설 및 업장) 547
마스다사다무益田定금물점(기업체 및 일반 상점) 790
마쓰모토구미松本組 경성지점(기업체 및 일반 상점) 972
마쓰미야松宮석회공장(기업체 및 일반 상점) 662
마쓰바구미松葉組(기업체 및 일반 상점) 714
마쓰시게松繁상점(기업체 및 일반 상점) 566
마쓰오카松岡의원(교육 및 의료 관련 기관 및 업장) 407
마포공립보통학교(교육 및 의료 관련 기관 및 업장) 662
매동梅洞보통학교(교육 및 의료 관련 기관 및 업장) 92
메이지明治제과 경성판매점(기업체 및 일반 상점) 776
메이지좌明治座(문화 관련 시설) 530
멕시코다방(유흥업소) 611
명동 공설시장(근린 시설) 568
명수대주택지(공관 및 개인 거주지) 1016
명시당明時堂(기업체 및 일반 상점) 405
명월관 분점(유흥업소) 245
명월관明月館(유흥업소) 594
모리나가森永제과(기업체 및 일반 상점) 440
모토마치元町공립심상소학교(교육 및 의료 관련 기관 및 업장) 872
무겐공사無限公司(기업체 및 일반 상점) 972
무라카미공무소村上工務所(기업체 및 일반 상점) 816
무라카미유리점村上硝子店(기업체 및 일반 상점) 577
무샤 렌조의 집(공관 및 개인 거주지) 116
문명상회文明商會(기업체 및 일반 상점) 494
미국영사관(해외 영사관) 199
미나카이三中井백화점(상업 시설) 443
미도리가오카綠ヶ丘주택지(공관 및 개인 거주지) 345
미동渼洞공립보통학교 (교육 및 의료 관련 기관 및 업장) 159
미사카三坂심상尋常고등소학교(교육 및 의료 관련 기관 및 업장) 710
미쓰비시三菱 경성합숙소(기업체 및 일반 상점) 715
미쓰이三井물산 경성지점(기업체 및 일반 상점) 548
미쓰코시三越백화점(상업 시설) 449
미야바야시宮林상점(기업체 및 일반 상점) 475
미에三重여관(상업 시설) 391
미와은행 경성지점(금융기관 및 보험회사) 538
미요시三好주택지(공관 및 개인 거주지) 713

미유키三후양행(기업체 및 일반 상점) 694
미쿠니三國상회(기업체 및 일반 상점) 558
미키三木합자회사(기업체 및 일반 상점) 161
민규식의 집(공관 및 개인 거주지) 116
민병석의 집(공관 및 개인 거주지) 302
민토明東호텔(상업 시설) 559
민홍기의 집(공관 및 개인 거주지) 284

## ㅂ

박문사博文寺(종교 관련 시설) 928
박문서관博文書館(언론 및 출판 관련 시설 및 업장) 612
박물관[조선민족미술관] (문화 관련 시설) 116
박승빈의 집(공관 및 개인 거주지) 284
박승직의 집(공관 및 개인 거주지) 626
박영철의 집(공관 및 개인 거주지) 285
박용남朴容南의 집[박태원](공관 및 개인 거주지) 560
박흥식의 집(공관 및 개인 거주지) 303
방응모의 집(공관 및 개인 거주지) 610
배재학교[배재학당](교육 및 의료 관련 기관 및 업장) 157
배화培花여자고등보통학교 (교육 및 의료 관련 기관 및 업장) 91
백상회白商會(기업체 및 일반 상점) 518
백수白水(유흥업소) 743
백운장(유흥업소) 66
백화원百花園주택지(공관 및 개인 거주지) 931
법정학교(교육 및 의료 관련 기관 및 업장) 424
보병 제40여단 사령부(치안 및 군 관련 시설) 999
보병 제78연대(치안 및 군 관련 시설) 1002
보병 제79연대(치안 및 군 관련 시설) 1003
보성普成고등보통학교(교육 및 의료 관련 기관 및 업장) 315
보성普成전문학교(교육 및 의료 관련 기관 및 업장) 273
보인輔仁보통학교(교육 및 의료 관련 기관 및 업장) 182
복수양행福壽洋行(기업체 및 일반 상점) 669
본권번本券番(유흥업소) 452
본정本町경찰서(치안 및 군 관련 시설) 764
본정本町호텔(상업 시설) 777

본파본원사本派本願寺, 眞宗本願寺別院(종교 관련 시설) 799
봉래각蓬萊閣(상업 시설) 533
봉래교(교통 및 운수 관련 시설 및 업장) 392
부상교扶桑敎 히도노미치人の道 교단(종교 관련 시설) 388
북단北壇(문화 관련 시설) 126
불이흥업不二興業주식회사(기업체 및 일반 상점) 434
비젠야備前屋여관(상업 시설) 477

## ㅅ

사이토齋藤임업공무소(기업체 및 일반 상점) 108
사직단社稷壇공원(근린 시설) 93
사카이酒井부인외과의원(교육 및 의료 관련 기관 및 업장) 578
사카이酒井운수주식회사(기업체 및 일반 상점) 845
사카이坂井모자점(기업체 및 일반 상점) 503
사카자와近澤상점(기업체 및 일반 상점) 475
사쿠라가오카櫻ヶ丘주택지(공관 및 개인 거주지) 998
사쿠라이櫻井공립심상소학교(교육 및 의료 관련 기관 및 업장) 790
산쿄三協상회(기업체 및 일반 상점) 959
삼산三山소학교(교육 및 의료 관련 기관 및 업장) 125
삼영三榮상회(기업체 및 일반 상점) 521
삼흥三興보통학교(교육 및 의료 관련 기관 및 업장) 231
상공장려관[상품진열관](관공서) 379
서대문경찰서(치안 및 군 관련 시설) 152
서대문공립소학교(교육 및 의료 관련 기관 및 업장) 155
서대문금융조합(금융기관 및 보험회사) 171
서대문우체국(통신 및 우편 관련 시설) 160
서대문형무소(치안 및 군 관련 시설) 76
서룡사瑞龍寺(종교 관련 시설) 688
서본원사西本願寺(종교 관련 시설) 668
선광鮮光인쇄주식회사(기업체 및 일반 상점) 283
선린善隣상업학교(교육 및 의료 관련 기관 및 업장) 685
선일지물鮮一紙物(기업체 및 일반 상점) 283
성문당盛文堂(기업체 및 일반 상점) 497

세계홍만자회世界紅卍字會[벽수산장](종교 관련 시설) 104
세구치瀨口고무공업소(기업체 및 일반 상점) 892
세균검사실·두묘痘苗작업소[세균시험소](관공서) 118
세브란스병원(교육 및 의료 관련 기관 및 업장) 383
세에뉴사精乳舍(기업체 및 일반 상점) 576
소화기린맥주주식회사 경성지점(기업체 및 일반 상점) 409
소화맥주주식회사(기업체 및 일반 상점) 1036
송엽정松葉亭(유흥업소) 738
송진우의 집(공관 및 개인 거주지) 301
쇼치쿠좌松竹座[동아구락부·고가네좌]"(문화 관련 시설) 789
수송壽松공립보통학교(교육 및 의료 관련 기관 및 업장) 233
수양단修養團조선연합 본부(기타) 684
수하동水下洞공립보통학교(교육 및 의료 관련 기관 및 업장) 521
수향水鄕상회(기업체 및 일반 상점) 516
숙명여자고등보통학교 (교육 및 의료 관련 기관 및 업장) 232
시노자키篠崎빌딩(기업체 및 일반 상점) 448
시마다島田철공소(기업체 및 일반 상점) 893
시마다성창당島田誠昌堂(기업체 및 일반 상점) 566
시마야島屋양조소(기업체 및 일반 상점) 690
시미즈구미淸水組(기업체 및 일반 상점) 545
시바타구미柴田組 (기업체 및 일반 상점) 164
시천교당 (종교 관련 시설) 281
시키志岐공업주식회사(기업체 및 일반 상점) 768
식도원食道園(상업 시설) 557
신마치구미新町組택시(교통 및 운수 관련 시설 및 업장) 817
신마치대좌부조합(유흥업소) 791
신명新明보통학교(교육 및 의료 관련 기관 및 업장) 90
신문관과 조선광문회(기타) 555
신옥新玉(유흥업소) 876
신용산금융조합(금융기관 및 보험회사) 965
쓰게津下재목점(기업체 및 일반 상점) 873

쓰지무라辻村상점 경성지점(기업체 및 일반 상점) 887
쓰키모토月本상점(기업체 및 일반 상점) 528

**ㅇ**

아가와구미阿川組(기업체 및 일반 상점) 459
아리랑(유흥업소) 933
아베 소스케의 집(공관 및 개인 거주지) 888
아사히구미朝日組 (기업체 및 일반 상점) 359
아사히旭빌딩(기업체 및 일반 상점) 451
아사히朝日비누(기업체 및 일반 상점) 690
아사히朝日자동차(교통 및 운수 관련 시설 및 업장) 364, 407
아사히좌朝日座(문화 관련 시설) 819
아서원雅敍園(상업 시설) 474
아악대雅樂隊[이왕직 아악부](문화 관련 시설) 185
아오키도靑木堂(상업 시설) 500
아오키靑木상회(기업체 및 일반 상점) 714
아카오赤尾상점 경성출장소(기업체 및 일반 상점) 499
아현공립보통학교(교육 및 의료 관련 기관 및 업장) 137
안노료岸の寮(유흥업소) 742
애국장愛國莊(유흥업소) 997
야노矢野주양소(기업체 및 일반 상점) 875
야마모토구미山本組(기업체 및 일반 상점) 994
야마모토山本재목점(기업체 및 일반 상점) 912
야마무라山邑주조 경성지점(기업체 및 일반 상점) 529
야마토탕大和湯(근린 시설) 573
야베구미矢部組(기업체 및 일반 상점) 877
야스다安田은행 경성지점(금융기관 및 보험회사) 440
야요이초유곽(유흥업소) 664
약초관음若草觀音 본당[조동종 별원] (종교 관련 시설) 788
양재하의 집(공관 및 개인 거주지) 301
양정養正고등보통학교(교육 및 의료 관련 기관 및 업장) 367

어의동보통학교(교육 및 의료 관련 기관 및 업장) 645
에가시라江頭안과의원(교육 및 의료 관련 기관 및 업장) 562
엔젤카페(유흥업소) 613
엔케이관演藝館(문화 관련 시설) 766
연희장延禧莊 사무소(공관 및 개인 거주지) 136
영국영사관(해외 영사관) 196
영등포 나가시마長島 연와공장(기업체 및 일반 상점) 1024
영등포경찰서(치안 및 군 관련 시설) 1026
영등포고등심상소학교(교육 및 의료 관련 기관 및 업장) 1028
영등포변전소(근린 시설) 1029
영등포역(교통 및 운수 관련 시설 및 업장) 1034
영등포연예관(문화 관련 시설) 1032
영등포우편국(통신 및 우편 관련 시설) 1031
영추문 부근(기타) 106
오기와라지점荻原紙店(기업체 및 일반 상점) 499
오노大野재목점(기업체 및 일반 상점) 845
오쓰카大塚유리제조소(기업체 및 일반 상점) 716, 913
오카구미岡組 경성지점(기업체 및 일반 상점) 889
오타키大瀧상점(기업체 및 일반 상점) 546
오하라大原증권(금융기관 및 보험회사) 530
와다주공소和田鑄工所(기업체 및 일반 상점) 911
와카바若葉여관(상업 시설) 765
와카쿠사若草극장(문화 관련 시설) 796
와타나베渡邊치과의원(교육 및 의료 관련 기관 및 업장) 569
용곡龍谷고등여학교(교육 및 의료 관련 기관 및 업장) 946
용광사龍光寺(종교 관련 시설) 995
용봉정 온천(문화 관련 시설) 1019
용산 해행사偕行社(치안 및 군 관련 시설) 1005
용산경찰서(치안 및 군 관련 시설) 886
용산공립보통학교(교육 및 의료 관련 기관 및 업장) 689
용산공립심상소학교(교육 및 의료 관련 기관 및 업장) 890

용산공설시장(근린 시설) 691, 913
용산공작소[용산공작주식회사] 영등포지점(기업체 및 일반 상점) 1024
용산공작주식회사(기업체 및 일반 상점) 887
용산극장(문화 관련 시설) 971
용산금융조합(금융기관 및 보험회사) 877
용산발전소[마포발전소](기업체 및 일반 상점) 671
용산역(교통 및 운수 관련 시설 및 업장) 870
용산연병장(치안 및 군 관련 시설) 1001
용산우편국(통신 및 우편 관련 시설) 965
용산전화분국(통신 및 우편 관련 시설) 995
용산정미소(기업체 및 일반 상점) 912
용산중학교(교육 및 의료 관련 기관 및 업장) 908
용산총독관저(공관 및 개인 거주지) 975
우메사와梅澤 오복점(기업체 및 일반 상점) 571
우미관優美館(문화 관련 시설) 602
우에다上田철공소(기업체 및 일반 상점) 816
우에무라植村외과병원(교육 및 의료 관련 기관 및 업장) 577
욱문당郁文堂(기업체 및 일반 상점) 568
위수衛戍병원(치안 및 군 관련 시설) 1006
윤치소의 집(공관 및 개인 거주지) 284
윤택영의 집(공관 및 개인 거주지) 285
은월장銀月莊(유흥업소) 740
이강 공의 집 (공관 및 개인 거주지) 125
이건 공의 집(공관 및 개인 거주지) 265
이데미쓰出光상회(기업체 및 일반 상점) 408
이마무라양행今村洋行(기업체 및 일반 상점) 808
이문당以文堂(언론 및 출판 관련 시설 및 업장) 268
이병직의 집(공관 및 개인 거주지) 627
이와무라구미岩村組 경성출장소(기업체 및 일반 상점) 692
이왕가박물관(문화 관련 시설) 296
이왕직李王職(관공서) 298
이윤문의 집(공관 및 개인 거주지) 651
이우 공의 집(공관 및 개인 거주지) 261
이케다池田병원(교육 및 의료 관련 기관 및 업장) 745
이항구의 집 (공관 및 개인 거주지) 109
이해창의 집(공관 및 개인 거주지) 92

이화학교[이화학당](교육 및 의료 관련 기관 및 업장) 156
인현仁峴공립보통학교(교육 및 의료 관련 기관 및 업장) 801
일만日滿토목주식회사(기업체 및 일반 상점) 996
일본공업합자회사 경성지점(기업체 및 일반 상점) 875
일본생명빌딩(금융기관 및 보험회사) 541
일본자동차 경성출장소 (교통 및 운수 관련 시설 및 업장) 800
일본적십자사 조선본부(기타) 773
일본타이프라이타タイプライタ주식회사 경성출장소(기업체 및 일반 상점) 498
일본항공운수주식회사(기업체 및 일반 상점) 456
일신日新인쇄주식회사(기업체 및 일반 상점) 971
일화日華생명빌딩(금융기관 및 보험회사) 380
임종상의 집(공관 및 개인 거주지) 651

## ㅈ

장충단공원(근린 시설) 925
재동齋洞보통학교 (교육 및 의료 관련 기관 및 업장) 255
적십자병원(교육 및 의료 관련 기관 및 업장) 152
전매국(관공서) 522
전매국 인쇄공장(관공서) 792
전매지국공장(기업체 및 일반 상점) 158
전형필의 집(공관 및 개인 거주지) 627
정동貞洞보통학교(교육 및 의료 관련 기관 및 업장) 462
정무총감 관저 (공관 및 개인 거주지) 794
정신貞信여학교(교육 및 의료 관련 기관 및 업장) 648
제20사단 사령부(치안 및 군 관련 시설) 1000
제국생명보험주식회사(금융기관 및 보험회사) 546
제생원 맹아부(양육부)(기타) 81
제생원 양육부(맹아부)(기타) 100
제일극장(문화 관련 시설) 625
조계사曹谿寺(종교 관련 시설) 793
조선계기計器회사(기업체 및 일반 상점) 668
조선공론사(언론 및 출판 관련 시설 및 업장) 491

조선군사령관 숙사(공관 및 개인 거주지) 1004
조선군사령부(치안 및 군 관련 시설) 974
조선극장(문화 관련 시설) 603
조선금융조합연합회(금융기관 및 보험회사) 154
조선금융조합연합회 경기도지부(금융기관 및 보험회사) 235
조선도서주식회사(언론 및 출판 관련 시설 및 업장) 246
조선미술관(기업체 및 일반 상점) 203
조선미술원(문화 관련 시설) 244
조선미술품제작소(기업체 및 일반 상점) 188
조선불교중앙교무원(종교 관련 시설) 226
조선상업은행(금융기관 및 보험회사) 442
조선생명보험주식회사(금융기관 및 보험회사) 269
조선서적인쇄주식회사(언론 및 출판 관련 시설 및 업장) 670
조선식산殖産은행(금융기관 및 보험회사) 540
조선식산은행 사택(금융기관 및 보험회사) 271
조선신궁(종교 관련 시설) 729
조선신문사(언론 및 출판 관련 시설 및 업장) 378
조선신탁주식회사(금융기관 및 보험회사) 520
조선염색정리공장(기업체 및 일반 상점) 1029
조선우선郵船주식회사 (교통 및 운수 관련 시설 및 업장) 382
조선운송주식회사(교통 및 운수 관련 시설 및 업장) 389
조선유지油脂공업소(기업체 및 일반 상점) 166
조선은행(금융기관 및 보험회사) 455
조선인쇄주식회사(언론 및 출판 관련 시설 및 업장) 366
조선일보사(언론 및 출판 관련 시설 및 업장) 190
조선저축은행(금융기관 및 보험회사) 450
조선제련製鍊주식회사(기업체 및 일반 상점) 187
조선제약합자회사(기업체 및 일반 상점) 476
조선주양조조합(기타) 514
조선철도주식회사(교통 및 운수 관련 시설 및 업장) 708
조선체신사업회관(통신 및 우편 관련 시설) 420
조선총독관저(공관 및 개인 거주지) 769

조선총독부 관사(공관 및 개인 거주지) 930
조선총독부 박물관(문화 관련 시설) 275
조선총독부 중앙시험소(관공서) 642
조선총독부 토목출장소(관공서) 170
조선총독부청사(관공서) 216
조선총독부체신국(관공서) 241
조선토지신탁주식회사(기업체 및 일반 상점) 486
조선헌병대사령부(치안 및 군 관련 시설) 770
조선호텔(상업 시설) 436
조선화재해상보험주식회사(금융기관 및 보험회사) 186, 565
조지야丁子屋백화점(상업 시설) 441
종로경찰서(치안 및 군 관련 시설) 230
종로소학교 (교육 및 의료 관련 기관 및 업장) 227
종로양복점(기업체 및 일반 상점) 554
종로중앙시장(근린 시설) 227
주교舟橋공립보통학교(교육 및 의료 관련 기관 및 업장) 809
중국영사관(해외 영사관) 531
중동中東학교(교육 및 의료 관련 기관 및 업장) 224
중앙고등보통학교(교육 및 의료 관련 기관 및 업장) 294
중앙관中央館(문화 관련 시설) 523
중앙물산주식회사(기업체 및 일반 상점) 380
중앙불교전문학교(교육 및 의료 관련 기관 및 업장) 314
중앙상공商工주식회사(기업체 및 일반 상점) 818
중앙일보사[조선중앙일보사] (언론 및 출판 관련 시설 및 업장) 229
중앙토목합자회사(기업체 및 일반 상점) 911
중추원中樞院(관공서) 463
진명眞明여자고등보통학교(교육 및 의료 관련 기관 및 업장) 103
진사眞砂(유흥업소) 739

**ㅊ**

창경궁 식물원(문화 관련 시설) 310
창덕궁 경찰서(치안 및 군 관련 시설) 299
창덕궁 별궁(문화 관련 시설) 270
창덕彰德가정여학교(교육 및 의료 관련 기관 및 업장) 889
창신공립보통학교(교육 및 의료 관련 기관 및 업장) 852
창화름和공업주식회사(기업체 및 일반 상점) 1030
천대본千代本(유흥업소) 744
천대신千代新(유흥업소) 745
천도교 중앙대교당(종교 관련 시설) 263
천리교 조선포교관리소(종교 관련 시설) 708
천리교天理敎 경성지교회京城支敎會(종교 관련 시설) 523
천일天一약방(근린 시설) 626
천주교당[약현성당](종교 관련 시설) 357
천주당(종교 관련 시설) 317
천진루天眞樓(상업 시설) 780
천풍당天風堂약국(근린 시설) 598
철도공원과 철도운동장(근린 시설) 963
철도관사(공관 및 개인 거주지) 964
철도구락부[철도국우회局友會] (교통 및 운수 관련 시설 및 업장) 961
철도국(교통 및 운수 관련 시설 및 업장) 958
철도도서관(교육 및 의료 관련 기관 및 업장) 973
철도병원(교육 및 의료 관련 기관 및 업장) 960
철도우편국(통신 및 우편 관련 시설) 390
철도종사원양성소(교통 및 운수 관련 시설 및 업장) 962
청운淸雲보통학교(교육 및 의료 관련 기관 및 업장) 101
체신국 간이보험국(관공서) 239
체신국이원吏員양성소(관공서) 103
총독부과학관[옛 총독부청사] (문화 관련 시설) 771
총독부도서관(교육 및 의료 관련 기관 및 업장) 435
최린의 집(공관 및 개인 거주지) 302
최선익의 집(공관 및 개인 거주지) 245
치요다千代田생명보험주식회사 경성지점(금융기관 및 보험회사) 537

## ㅋ, ㅌ, ㅍ

카페 후지富士(유흥업소) 502
태화泰和여학교(교육 및 의료 관련 기관 및 업장) 608
테일러Taylor상회(기업체 및 일반 상점) 488
파고다공원[탑골공원] (근린 시설) 599
파주정巴州亭(상업 시설) 780
평화당주식회사(근린 시설) 247
프랑스교회[예수성심성당] (종교 관련 시설) 663
프랑스교회[천주교회당·명동성당](종교 관련 시설) 524
프랑스영사관(해외 영사관) 141

## ㅎ

하라다原田상회(기업체 및 일반 상점) 490
하세가와長谷川석회공장(기업체 및 일반 상점) 333
하세가와長谷川양복점(기업체 및 일반 상점) 476
하세가와長谷川제과소(기업체 및 일반 상점) 730
하시모토橋本인쇄소(언론 및 출판 관련 시설 및 업장) 578
하시모토橋本제작소(기업체 및 일반 상점) 893
하야시야林屋호텔(상업 시설) 364
하야시카네林兼상점 경성냉동판매소(기업체 및 일반 상점) 459
하자마구미間組 조선지점(기업체 및 일반 상점) 970
한강신사[노량진 웅진강熊津江 신사](종교 관련 시설) 1018
한강철교(교통 및 운수 관련 시설 및 업장) 1020
한상룡의 집(공관 및 개인 거주지) 302
한성도서주식회사(언론 및 출판 관련 시설 및 업장) 282
한성정미소(기업체 및 일반 상점) 171
한성漢城은행(금융기관 및 보험회사) 519
한창수의 집(공관 및 개인 거주지) 303
해동海東은행(금융기관 및 보험회사) 520
협성실업학교 분관(교육 및 의료 관련 기관 및 업장) 649
협성協成보통학교(교육 및 의료 관련 기관 및 업장) 184
협성協成실업학교(교육 및 의료 관련 기관 및 업장) 593

형무소 연와공장[마포연와제조소](기업체 및 일반 상점) 332
혜화惠化보통학교(교육 및 의료 관련 기관 및 업장) 316
호국護國寺(종교 관련 시설) 738
홋타堀田철공소(기업체 및 일반 상점) 947
홋포北方재목점(기업체 및 일반 상점) 799
화광和光보통학교(교육 및 의료 관련 기관 및 업장) 596
화단花壇(유흥업소) 564
화산華山보통학교(교육 및 의료 관련 기관 및 업장) 78
화신和信백화점(상업 시설) 515
화월花月별장(유흥업소) 740
화월花月지점(상업 시설) 932
활문사活文社(언론 및 출판 관련 시설 및 업장) 280
회동서관滙東書館(언론 및 출판 관련 시설 및 업장) 556
효창동錦町 철도관사(공관 및 개인 거주지) 689
효창원[효창공원] (근린 시설) 682
효창孝昌보통학교(교육 및 의료 관련 기관 및 업장) 693
후지세藤瀨의원(교육 및 의료 관련 기관 및 업장) 1031
후쿠시마구미福島組 경성출장소(기업체 및 일반 상점) 358
후타미二見여관(상업 시설) 406
휘문徽文고등보통학교(교육 및 의료 관련 기관 및 업장) 300
흥인興仁배재보통학교(교육 및 의료 관련 기관 및 업장) 855
히노데日之出소학교(교육 및 의료 관련 기관 및 업장) 767
히노마루日の丸여관(상업 시설) 567

# 이 책을 둘러싼 날들의 풍경

한 권의 책이 어디에서 비롯되고, 어떻게 만들어지며,
이후 어떻게 독자들과 이야기를 만들어가는가에 대한 편집자의 기록

2019년 9월 18일. 이 책의 출간계약서를 작성하다. 저자와의 인연은 편집자가 이전 직장에서 2015년에 편집을 맡은 책 한 권으로부터 비롯하다. 그 이후로 저자가 한국미술정보개발원에서 운영하는 웹사이트 'koreanart21'에 '경성미술지도-1930년대'라는 제목으로 시작한 격주 연재의 글을 지켜보며 근대 시기에 관한 저자의 각별한 관심의 정도를 알게 된 편집자는 저자와 이어서 다른 책을 펴내기를 희망했으나 오랜 시간 뜻을 이루지 못하다. 2018년 출판사를 시작한 편집자는 2019년 저자가 속한 기관에서 모 언론사에 연재한 글을 묶어 책으로 펴내는 일을 맡게 되었고, 저자와 새 책의 출간을 모색할 계기를 마련하게 되다. 저자가 오랜 시간 축적해온 1930년대 경성 관련 아카이브에 대해 몇 차례 이야기를 나눈 뒤 출간을 하기로 결정, 9월 18일 서울역 인근 건물 1층 스타벅스에서 계약서를 작성하기에 이르다. 저자가 미국 워싱턴 D. C.로 발령을 받아 조만간 출국을 하게 되어 구체적인 작업의 일정은 현지 적응 이후 다시 논의하기로 하다. 편집자는 내심 이 책 출간을 핑계로 삼아 저자의 임기 중 한 번은 미국을 다녀와도 좋겠다는 꿈을 꾸기도 하다.

2019년 10월. 저자가 예정보다 조금 일찍 미국 워싱턴 D. C.로 떠나게 되다. 출국 전 저자에게 받은 〈대경성부대관〉과 〈경성정밀지도〉 파일을 열어보며 백 년 전 경성의 시가지 구석구석을 일별한 편집자는 향후 과연 어떤 책이 나올 것인가, 매우 궁금해하다.

2020~2023년. 저자가 미국으로 발령을 받아 한국을 떠난 그 이듬해인 2020년 초부터 전 세계를 공포와 혼란에 빠뜨린 코로나19팬데믹 국면이 시작되다. 저자가 미국에 있는 동안 한 번은 다녀올 거라는 편집자의 기대는 물거품이 되었을 뿐만 아니라 미국 현지에서 보내는 저자의 일상 역시 계획과는 사뭇 다른 양상으로 펼쳐지다. 그리하여 저자는 물론 편집자 역시 안위를 챙기는 것이 우선인 상황에서 책의 집필이나 출간 등에 대해서는 서로 살펴볼 엄두를 내지 못하다. 2018년 첫 책을 낸 뒤 출간의 종수가 한두 권씩 늘어나는 상황에서 저자와의 책 출간의 일정은 기약하지 못하고 시간만 자꾸자꾸 흘러가다. 출간 계약서를 작성한 책의 출간이 이어질 때마다, 출간 전 계약서 폴더에서 출간 후 계약서 폴더로 파일을 옮길 때마다 여전히 출간 전 상태로 멈춰 있는 이 책의 계약서 파일을 안타까운 마음으로 내내 지켜보기만 하다. 그 사이 저자와는 메일이나 메신저 등을 통해 서로의 안부를 나누며 안위를 확인하며 교신을 이어가다.

2023년 5월. 어느덧 시간은 흘러 저자는 미국에서의 임기를 마치고 돌아왔고, 한국에서의 업무에 복귀하다. 그동안 지체되어 있던 책 출간을 위한 원고 검토를 위해 약속을 정하다. 상암동 생선구이집에서 함께 식사를 하며 키오스크로 주문을 하게 된 세태의 변화, 미국에서 머무는 동안 건강 관리에 기울인 노력 등에 대해 이야기를 나누다. 이후 자리를 옮겨 그동안 몰두해온 작업의 전모를 보여주다. 지난 몇 년 동안 저자가 축적한 엄청난 자료를 일별하며 편집자

는 10여 년에 걸친 저자의 노력에 경외심을 느끼는 동시에 개인이 어떤 열의를 가지면 이런 작업을 할 수 있을까, 하는 생각과 함께 이 방대한 아카이빙의 결과물을 과연 어떻게 책으로 담아낼 수 있을까를 고민하다. 한편으로 원고와 자료를 보여주기 전 행여나 충격 등으로 인해 문제가 생길까 하여, 몇 겹으로, 단단하고 정성스럽게 포장한 외장하드를 가방에서 꺼내 펼치는 저자를 지켜보며 편집자는 수년 동안 간직해온 이 책의 출간을 대하는 저자의 마음을 가늠하다. 묵직한 책임감과 함께 지금까지 없던 새로운 책을 만들 수 있을 거라는 기대를 품게 되다. 책의 대략적인 구성안에 대해 1차 논의를 하다.

2024년 1월. 책에 더 좋은 상태의 사진을 싣기 위해 저자는 진작부터 1937년 출간한 『대경성도시대관』을 새롭게 촬영해 수록하기로 마음을 먹다. 이를 위해 이 책을 소장하고 있는 문우서림 대표 김영복 선생에게 일찌감치 도움을 요청하다. 김영복 선생은 흔쾌히 허락을 했으나 수많은 자료 가운데 이 책을 찾는 데 몇 달의 시간이 걸리다. 선생의 노력과 배려로 가까스로 책을 찾아 저자의 바람대로 촬영을 할 수 있게 되다.

2024년 2월. 저자의 옛 동료이자 사진전문가인 최중화 선생이 기꺼이 촬영을 돕기로 하다. 익선동 시습학사에서 책 전체를 촬영하다. 애초에 이틀을 예정했으나 전문가의 신속한 진행으로 이른 아침부터 시작한 덕분에 하루에 모두 다 촬영을 마치다. 촬영을 마친 최중화 선생으로부터 정성을 쏟아 보정 작업까지 마무리한 최종 파일을 건네받다. 이로써 이 책에 실린 사진의 상태는 이전과는 비교할 수 없을 정도로 훌륭해지다. 편집자는 한 권의 책에 담긴 협력의 힘에 대해 다시 한 번 생각하게 되다.

2024년 5월. 저자로부터 지금까지 축적한 거의 모든 자료를 담은 USB를 받다. 방대한 자료를 어떻게 구성할까에 대한 최종안을 아직 정하지 못하다. 장소의 특성에 따라 나누는 유형 중심의 방식을 택할 것인가, 지리적인 구획을 기준으로 나누는 방식을 택할 것인가를 두고 저자와 의논을 이어가다. 각각의 장단점이 있으나 편집자는 1차적으로 경성 시가지를 지리적으로 구획한 뒤 그곳에 실재한 주요 건물을 보여줌으로써 시가 구성의 특징을 제시하고, 이를 통해 1차적인 아카이브 구축이라는 기본 역할에 충실한 책을 만드는 것이 우선이라는 의견을 피력하다. 그것을 기반으로 경성의 시가지에 대한 기본 이해를 구축한 뒤 당시 문화 경제 산업 전반의 특징을 드러내는 개별 장소들을 유형별로 정리해서 보여주는 책을 다시 준비하자는 의견을 전하다.

2024년 12월. 광화문 세종문화회관 옆 스타벅스에서 저자가 새롭게 정리한 목차안을 놓고 꽤 오랜 시간 회의를 거쳐 방향을 정하다. 확정한 구성안에 맞춰 정리한 원고가 순차적으로 당도하다. 앞부분 원고는 이메일을 통해, 몇 차례 확인을 거쳐 전체 원고가 담긴 USB를 우편으로 받은 뒤 편집자는 각각의 원고를 일별하고 폴더를 만들어 관리를 시작하다. 원고의 분량이 워낙 방대하여 혼선이 생기지 않도록 각별히 주의를 기울이다. 우선 받은 원고로 디자이너 김명선에게 본문 디자인 시안을 의뢰하다. 새해 출간 예정 목록을 전하며 이 책의 일정을 미리 확보해둘 것을 따로 요청하다. 해가 바뀌기 전 본문 시안을 입수, 몇 차례 수정 및 보완을 거쳐 디자인을 확정하다.

2025년 2월~3월. 확정한 구성안에 맞춰 정리한 원고가 순차적으로 들어오기 시작하다. 원고를 받는 대로 편집자는 화면 초교를 거치고, 레이아웃 요소에 맞춰 이미지를 정리하는 작업을 시작하다. 전체 텍스트의 분량은 많지 않으나 개별 정보 및 구성 요소의 다양성, 지도와 지도 위의 표시 위치, 일련번호에 따른 순서, 이미지 특성 및 개수 등을 맞춰 페이지를 정리하는 데 시간이 예상보다 오래 걸리다. 한편에서는 저자가 합의한 책의 구성안에 맞춰 원고 및 이미지 등을 정리하고, 또 한편에서는 이를 받아 편집자가 다시 디자인 작업을 위해 정리하고, 또 한편에서는 이를 받아 디자이너가 순차적으로 본문 디자인 작업을 하는, 마치 공정별 컨베이어벨트가 작동하는 듯한 시간을 보내다. 해놓고 나면 단순해 보이는 작업임에도 공정별로 예상보다 시간이 지체되는 상황이 이어지다. 이로 인해 저자에게 약속한 출간의 기일이 계속해서 늦어지게 되어 편집자는 차차 저자에게 면목이 없는 동시에 이 책에만 발목이 잡혀 다른 책들의 출간 일정까지 혼선이 생기는 상황에 맞닥뜨리다. 갈수록 부피가 커지는 교정지를 이고 지고 편집자와 저자는 광화문, 합정역 인근 등 장소를 바꿔가며 만나고, 만나서 페이지를 함께 넘겨가며 넣을 것과 뺄 것을 합의하며 점점 빙산의 일각을 만들어나가다. 여기에서 빙산의 일각이라 한 것은, 책에 담은 것이 방대해 보이나, 그 밑에는 그보다 더 엄청난 분량의 자료들이 산을 이루고 있고, 그 산 같은 자료들 속에서 저자와 숱한 논의를 거쳐 골라낸 것들을 교정지에 담아놓고 보니 마치 빙산의 일각이 구체화되었다는 느낌을 받았기 때문이다.

**2025년 4월.** 약 2개월여에 걸쳐 진행한 본문의 1차 조판이 드디어 마무리가 되다. 그러나 이것으로 끝이 아니어서 컨베이어벨트 작동 중 누락된 것들이 보이고, 추가할 것들이 생기고, 순서와 재배치를 조정할 곳들이 눈에 띄고, 책의 구성 요소로 넣어야 할 것들이 연달아 등장하다. 늦어도 6월 초에는 출간 작업을 마무리해서 2025서울국제도서전 첫 책으로 공개하려던 계획을 세웠으나 그 시간 안에 맞추기는 어려울 것으로 편집자는 판단하다. 이 책에만 집중하려 했으나 혼자 꾸려가는 출판사에서 약 6개월여 동안 새 책이 나오지 않는 상황에 대한 우려, 이미 완성 원고를 보내온 다른 저자들의 책을 무작정 미뤄둘 수는 없다는 현실적인 고민을 거듭한 편집자는 우선 다른 책의 출간을 먼저 진행하는 것이 여러 면에서 좋겠다고 결론을 내리다. 그리하여 한편으로 이 책의 저자 교정 및 편집자 교정을 진행하면서 다른 두 권의 책 출간을 병행하여 진행하기에 이르다. 이로써 저자의 하염없는 기다림이 이어지게 되고, 훗날 저자로부터 '성불할 것 같았다'는 점잖은 아쉬움을 전해듣기에 이르다.

**2025년 5월.** 추가할 이미지, 추가하는 내용, 보완할 사항이 업데이트되고, 한편으로 조판 및 수정, 교정과 보완이 동시다발적으로 이어지다. 이런 와중에 책의 페이지는 점점 늘어나고, 혜화1117 소셜미디어 등을 통해 출간 소식을 접한 독자들의 기대가 점점 높아지고, 출간을 기다리고 있다는 회신이 이어지다. 편집자는 출간을 결정할 때부터 마음먹은 대로 국내 제본소에서 제작 가능한 범위 안에서 가능한 최대한의 자료를 총집대성한 책을 만들겠다는 생각을 더욱 굳건히 하게 되었고, 지금까지 어디에서도 볼 수 없는, 백 년 전 경성 시가지를 생생하게 보여주는 전범을 만들어내겠다는 다짐을 거듭하다. 책의 제목 및 부제를 정하다. 그때까지 암묵적으로 '경성문화지도'로 부르던 이 책은 이때로부터 '경성풍경'이라는 이름을 갖게 되다.

**2025년 6월.** 저자 교정이 거듭되고, 본문의 수정이 이어지면서 책은 점점 그 정체를 갖춰나가고 비로소 그 규모를 구체적으로 가늠할 수 있는 단계에 이르다. 적어도 1천 페이지는 넘지 않는 것이 좋지 않을까 하는 생각을 하기도 했으나 이 무렵에 이르러서는 굳이 그럴 필요가 없겠다는 생각에 이르렀고, 독자들에게 가능한 더 많은 자료를 덜 아쉽게 제공할 수 있는 현실적인 방안을 찾는 데 집중하기로 결심하다. 책의 사전 홍보를 위해 온라인서점 예스24 손민규 엠디에게 의논을 시작하다. 손민규 엠디는 2024년 예스24 선편딩 프로그램인 '그래제본소'를 통해『조선시대 궁중기록화, 옛 그림에 담긴 조선 왕실의 특별한 순간들』을 독자들에게 적극적으로 알리는 데 큰 도움을 준 바 있을 뿐만 아니라 이 책의 출간 진행 상황에도 지속적으로 관심을 보여줌으로써 편집자로 하여금 힘을 잃지 않게 해줬음으로 편집자는 이 엄청난 분량과 고가의 책 출간을 앞두고 다시 한 번 그에게 도움을 요청하다. 인문이냐, 역사냐 하는 분야를 고려하기보다 이 책을 수많은 책 가운데 한 권이 아닌, 지금 이 순간 집중해야 할 한 권으로 바라봐줄 것이라 편집자 맘대로 기대를 품은 그에게 그냥 해달라는 막무가내 땡깡을 시전하다.

**2025년 7월.** 펀딩 페이지를 만들기 위해 표지 디자인을 먼저 진행하다. 본문의 요소를 확정하다. 펀딩 참여 독자들을 위한 대형 포스터의 시안을 준비하다. 이를 위해 혜화1117의 책 제작을 늘 맡아주는 제이오와 하나부터 열까지 모든 것을 의논하고 점검하여 준비를 해나가다. 펀딩 페이지에는 저자의 새 책『경성 풍경』과 같은 시기를 다룬 최지혜 선생님의 책『경성백화점 상품박물지』와『경성 주택 탐구생활』을 함께 담기로 하다. 이는 단순히 다른 책의 홍보 및 판매를 도모하기 위해서라기보다 예상 페이지 수 1056쪽, 정가 10만 원의 책을 출간하는 혜화1117 출판사가 이 시기를 다룬 책을 내는 것이 처음이 아님을, 경성이라는 시대에 대한 한 출판사의 관심의 정도를 보여줌으로써 새 책에 대한 독자들의 신뢰 획득 방편으로 삼기 위해서이기도 하다.

2025년 7월 11일. '예스24' '그래제본소' 펀딩 페이지를 오픈하다. 과연 얼마나 많은 독자들의 호응으로 이어질 것인가, 설렘과 우려가 동시에 극도로 교차하다. 저자와 예스24 손민규 엠디의 노력으로 첫날 목표액에 도달하다. 편집자는 내심 2024년 진행한 '조선시대 기록화'의 기록을 넘어서기를 희망했으나 감히 입밖으로 꺼내지는 못하고 홀로 삼키다. 펀딩 페이지에 들어가 새로고침을 누르는 것이 아침과 저녁의 주요 일과가 되다. 펀딩의 성공을 위해 예스24 손민규 엠디의 생색 없는 노력이 이어지다. 예스24 독자들을 대상으로 한 수백만 통(과장 아님!)의 앱푸쉬와 LMS를 발송했으며, 예스24 첫 화면에 일주일 내내 전면 노출의 광경을 이루어내다. 이로 인해 하루가 다르게 가파르게 숫자가 치솟았으며 편집자가 내심 기대한 목표치를 일찌감치 도달하는 혁혁한 성과를 거두다. 편집자는 데스크탑, 모바일웹, 앱 화면에서 시도때도없이 등장하는 펀딩 홍보 배너를 마주하며 책 한 권을 알리는 데 진심인 서점인의 노력을 다시 한 번 생각하다. 편집자는 한편으로 펀딩에 한정한 대형 포스터를 원하는 동네책방 독자들을 위해 펀딩 종료 전 전국 동네책방을 향해 대형 포스터 관련 안내 메일을 발송하고 소셜미디어를 통해 최선을 다해 알리다.

2025년 8월. 저자와 디자이너, 편집자의 거듭 되는 확인과 수정의 분투 끝에 드디어 책의 실체가 드러나다. 8월 5일. 저자와 디자이너가 혜화1117로 모여 마지막 점검 작업을 하다. 8월 8일. 모든 작업을 완료하다. 펀딩 종료 전 모든 작업을 마무리하고 펀딩 종료 이후 제작을 위한 준비를 마치다. 『경성 풍경』에는 펀딩 참여자 명단을 책에 싣고, 『경성백화점 상품박물지』와 『경성 주택 탐구생활』에는 펀딩 참여자 명단을 별도 엽서로 제작하기로 하다.

2025년 8월 10일. 저자와 디자이너, 편집자의 거듭 되는 확인과 수정의 분투 끝에 드디어 모든 작업을 완료하다. 선생에게 마지막 점검을 요청하다. 표지 및 부속의 최종 작업을 마무리하다. 표지 및 부속의 디자인을 확정하다. 최종 수정 및 점검을 마치다. 이로써 모든 작업을 마치다. 펀딩 당시 고지한 페이지 수는 1056쪽이었으나 작업 과정에서 페이지 수는 더 늘어나 최종 1080쪽으로 마감하다. 페이지 수는 늘어났으나 책값은 그대로 두다. 표지 및 본문 디자인은 김명선이, 제작 관리는 제이오에서 (인쇄 : 민언프린텍, 제본 : 소노마엠지, 용지 : 커버 아르떼 160그램 울트라화이트, 표지 아르떼 310그램 울트라이트, 본문 : S-플러스 100그램 백색, 부록 백색모조 80그램), 기획 및 편집은 이현화가 맡다.

2025년 8월 11일. 펀딩이 마감되다. 7월 21일부터 8월 11일 자정까지 20일 동안 모두 252명의 독자분이 참여해주셨고, 총액 29,324,000원에 도달하다. 기대 이상의 호응에 감사한 마음을 표하기 위해 편집자는 펀딩에 참여해준 모든 분들께 펀딩 유료 옵션 중 하나인 A3 크기의 포스터를 무상으로 제공하기로 하다. 혹시라도 도서정가제에 위반될 여지는 없는지 미리 점검하는 것을 잊지 않다. 참여해주신 분들의 이름을 여기에 남기다. 게재를 사양하신 분들의 이름은 제외하다.


감사합니다

혜화1117 출판사는 2025년 여름, 김상엽 선생님의 책 『경성풍경』 출간을 준비하면서 온라인서점 '예스24' '그래제본소'를 통해 선펀딩을 시도했습니다. 성원해주신 분들 덕분에 기대 이상의 큰 성과를 거뒀습니다. 아울러 같은 시기를 다룬 최지혜 선생님의 책 『경성백화점 상품박물지』와 『경성 주택 탐구생활』에도 관심을 보여주신 덕분에 작은 출판사로서는 이후 또다른 책으로 향하는 큰 힘을 얻었습니다. 참여해주신 분들의 성함을 한 분 한 분 찬찬히 읽었습니다.

강영주, 강은아, 강은주, 강지원, 강하윤, 강한훈, 강혜진, 강희원, 고대혁, 고정현, 곽창용, 구순옥, 권오궁, 권행가, 권혜리, 김경연, 김경주, 김계성·이재우, 김규태, 김기돈, 김낙원, 김대경, 김대영, 김대중, 김덕상, 김동현, 김동환, 김만석, 김문석, 김미란, 김성욱, 김수연, 김영웅, 김영은, 김예린, 김용민, 김이삭, 김인경,

김인수, 김자림, 김정곤, 김종헌, 김진하, 김형보, 김형석, 남은경, 노연수, 노의성, 류재민, 무경, 문석준, 문정란, 박광국, 박상욱, 박숙희, 박승리, 박신애, 박신정, 박은영, 박정서, 박철호, 박태석, 박형중, 배대식, 배명은, 배성원, 백동현, 백종일, 석지훈, 설철수, 손경희, 송광준, 송수연, 송치호, 송혁기, 수신지, 신은준, 심용환, 안나리, 안정화, 엄명숙, 여고은, 연건흠, 연희철, 염복규, 오가음, 오민우, 유육화, 유해준, 이건철, 이경모, 이규석, 이동수, 이미경, 이상기, 이수형, 이영춘, 이영환, 이옥경, 이용찬, 이용훈, 이원국, 이원욱, 이재엽, 이준영, 이지선, 이진휴, 이창익, 이철호, 이충렬, 이태훈, 이혜영, 이혜지, 임윤미, 임현경, 잘익은 언어들, 장은미, 장진희, 전일현, 전혜진, 정다움, 정상운, 정현정, 주식회사 마이아트옥션, 지승규, 지우진, 진민희, 차주영, 최대림, 최영숙, 최용근, 최윤경, 최정준, 최중화, 최지원, 최지향, 최태환, 최현채, 편지혜, 퐁이*듀이*당이, 하성대, 하은지, 한세현, 허윤정, 허장원, 홍시후, jj3544, Nahema AS

보내주신 크고 단단한 응원의 마음을 잊지 않고 귀하게 간직하며 저는 성실하고 꾸준히 이 길 위에 있겠습니다.

2025년, 여름
혜화1117 이현화 드림

* 감사의 뜻을 담아 1930년대 경성 지도로 제작한 A3 포스터를 모든 분들께 전합니다.(펀딩하실 때 이 옵션을 선택하신 분들께는 두 장을 동봉합니다.) 작지만 반가운 선물로 여겨주시면 더없이 기쁘겠습니다.

2025년 9월 5일. 혜화1117의 서른다섯 번째 책, 『경성 풍경-지도와 사진으로 만나는 근대 서울의 원형』이 출간되다. 이후의 기록은 2쇄 이후 추가하기로 하다.

## '옛 그림으로 본 연작'을 마치며

"실경의 숲에서 보낸 나의 서른 해는 이렇게 책이 되어
독자들에게로 향한다. 지난 시간 내내 내가 기뻤듯
여러분들도 앞으로의 시간 내내 이 숲에서 기쁘시길." _최열

**옛 그림으로 본 서울**
- 서울을 그린 거의 모든 그림

최열 지음 · 올컬러 · 436쪽 · 값 37,000원
• 문재인 대통령 재임 중 추천도서
• 제4회 혜곡 최순우상 수상작

**옛 그림으로 본 제주**
- 제주를 그린 거의 모든 그림

최열 지음 · 올컬러 · 480쪽 · 값 38,500원

**왕이 사랑한 화가,
김홍도와 떠나는 금강산 유람**
- 정조 임금께 바친 《해산도첩》 명작 24선

최열 엮음 · 올컬러 · 48쪽 · 값 6,000원

**옛 그림으로 본 조선 1, 금강**
- 천하에 기이한, 나라 안에 제일가는 명산

최열 지음 · 올컬러 · 528쪽 · 값 40,000원
• 2024년 세종도서 교양 부문 선정

**옛 그림으로 본 조선 2, 강원**
- 강원이여, 우리 산과 강의 본향이여

최열 지음 · 올컬러 · 400쪽 · 값 35,000원

**옛 그림으로 본 조선 3,
경기 · 충청 · 전라 · 경상**
- 과연 조선은 아름다운 실경의 나라

최열 지음 · 올컬러 · 592쪽 · 값 45,000원

## 경성 풍경
지도와 사진으로 만나는 근대 서울의 원형

2025년 9월 5일 초판 1쇄 발행     **지은이** 김상엽
**펴낸이** 이현화
**펴낸곳** 혜화1117   **출판등록** 2018년 4월 5일 제2018-000042호
**주소** (03068)서울시 종로구 혜화로11가길 17(명륜1가)
**전화** 02 733 9276   **팩스** 02 6280 9276   **전자우편** ehyehwa1117@gmail.com
**블로그** blog.naver.com/hyehwa11-17   **페이스북** /ehyehwa1117   **인스타그램** /hyehwa1117

ⓒ 김상엽

ISBN 979-11-91133-34-9 03910

이 책에 실린 모든 내용의 무단 전재와 복제를 금합니다. 이 책의 전부 또는 일부를 재사용하려면
반드시 서면을 통해 저자와 출판사 양측의 동의를 받아야 합니다.

책값은 뒤표지에 있습니다.

잘못된 책은 구입하신 곳에서 바꿀 수 있습니다.

No part of this book may be reprinted or reproduced without permission in writing from the publishers.
Publishers : HYEHWA1117 11-gagil 17, Hyehwa-ro, Jongno-gu, Seoul, 03068, Republic of Korea.
Email. ehyehwa1117@gmail.com